宁夏回族自治区旅游局重大科研项目

宁夏文化资源与文化
旅游产业发展丛书

宁夏旅游资源与文化旅游产业发展报告

Ningxia Lvyou Ziyuan Yu Wenhua Lvyou Chanye Fazhan Baogao

杨占武◎主编

黄河出版传媒集团
宁夏人民出版社

图书在版编目(CIP)数据

宁夏旅游资源与文化旅游产业发展报告 / 杨占武主编. —银川：宁夏人民出版社，2015.11
(宁夏文化资源与文化旅游产业发展丛书)
ISBN 978-7-227-06153-3

I. ①宁… II. ①杨… III. ①地方旅游业—旅游业发展—研究报告—宁夏 IV. ①F592.743

中国版本图书馆CIP数据核字(2015)第287797号

宁夏文化资源与文化旅游产业发展丛书
宁夏旅游资源与文化旅游产业发展报告 杨占武 主编

责任编辑 赵学佳 杨 皎 丁丽萍
封面设计 邵士雷
责任印制 肖 艳

黄河出版传媒集团
宁夏人民出版社 出版发行

地 址 宁夏银川市北京东路139号出版大厦（750001）
网 址 http://www.yrpubm.com
网上书店 http://www.hh-book.com
电子信箱 renminshe@yrpubm.com
邮购电话 0951-5052104
经 销 全国新华书店
印刷装订 宁夏银报印务有限公司
印刷委托书号 （宁)0001294

开 本 787 mm × 1092 mm 1/16
印 张 24.75
字 数 350千字
版 次 2015年12月第1版
印 次 2015年12月第1次印刷
书 号 ISBN 978-7-227-06153-3/F·441

定 价 88.00元

总　序

杨占武

文化是某一特定区域的个性和灵魂，积淀深厚的地域文化是推动区域发展和社会经济进步的重要引擎。就此而言，具有独特魅力、引人入胜而又激发人类认知、探奇、旅游动机的地域文化是推动区域旅游产业发展的增长极。

宁夏回族自治区地小物博，山河壮美，黄河、贺兰山、黄土高原、腾格里沙漠、六盘山脉、宁夏平原巧妙融合，自然条件的过渡性、多样性造就了多姿多彩的塞上自然旅游资源；古老深远的黄河文化、特色鲜明的回族文化、神秘的西夏文化、独具特色的移民文化与浓郁粗犷的边塞文化共聚在这块神奇的土地上。文化的渗透、交流、交汇，文明间的对话与融合，成就了悠久的历史和独特浓郁的回族风情，孕育出风格迥异、多姿多彩的宁夏人文旅游资源，为宁夏旅游业提供了深厚的文化基础。

21世纪以来，全球旅游业和旅游市场发生着巨大的变化。目前，我国已经成为世界上旅游产业发展最快、旅游群体最有活力、出行人数最多、对世界旅游产业影响最为深刻的国家。旅游产业和文化旅游产业成为我国新兴产业中增长最快的产业之一。国家也陆续出台了一系列支持和鼓励文化旅游业发展的政策措施。宁夏回族自治区党委、政府也把旅游业的发展摆到了自治区新兴、绿色产业的核心位置，明确提出“培育旅游主导产业”的战略思想。加快推动宁夏建设面向国际的旅游产业，将文化旅游产业发展成为自治区新兴产业增长极和主导产业，以文化提升旅游内涵，以旅游扩大文化传播和消费，形成宁夏回族自治区文化内容与旅游载体相互促进、文化形象与经济实力相互支撑、文化旅游深度融合、社会效益与经济效益相统一的生动发展格局，逐步把宁夏建设成为我国黄河文化旅游的高地、回族文化旅游的核心区、西夏文化旅游的王牌区、沙漠文化旅游的示范区、山水文化旅游的精品区、丝绸之路文化旅游的重地、西部重要的国际旅游目的地，是宁夏旅游产业发展的战略定位。

为了更好地挖掘宁夏旅游资源和推进文化与旅游融合，做好宁夏文化旅游业发展的顶层设计，以及向广大读者特别是游客推介宁夏独特的人文、自然和城乡旅游资源，在宁夏回族自治区旅游局的大力支持下，我们组织编写了这套《宁夏文化资源与文化旅游产业发展丛书》，内容包括《宁夏旅游资源与文化旅游产业发展报告》《宁夏人文旅游》《宁夏风光旅游》和《宁夏城乡旅游》。

《宁夏旅游资源与文化旅游产业发展报告》采用田野调查和文献分析相结合、定性分析与定量分析相结合、文化旅游调查与统计分析相结合、历史分析与空间分析相结合、生态环境分析与经济社会分析相结合、案例分析与规范研究相结合的综合集成研究方法，全面分析和总结了宁夏回族自治区旅游资源的基本情况与分类、评价，开展了宁夏旅游市场基本情况调查与分析，以宁夏文化旅游市场的特征、存在的问题与发展对策为主线，充分借鉴国内外文化旅游产业发展的新业态，探讨了宁夏文化旅游产业新业态的引入可能，针对宁夏文化旅游产业市场的开拓重点与品牌建设进行了深入探讨，并通过数学模型对宁夏文化旅游产业的PEST及保障机制进行了分析，从而建构起宁夏文化旅游产业体系及产业集群设计路径；以宁夏文化旅游产业体系创新建设为框架，进一步针对自治区建设“中国西部特色旅游目的地和面向世界穆斯林地区和阿拉伯国家的国际旅游目的地”的目标进行了可行性分析，并针对宁夏文化旅游产业发展现状及存在的主要问题，新常态下宁夏文化旅游产业发展的基本思路提出了若干建议。本报告对宁夏文化旅游业的产业设计、对旅游学的研究都有借鉴意义。

《宁夏人文旅游》《宁夏风光旅游》《宁夏城乡旅游》主要是提供给普通读者和游客的。外地的客人到宁夏以后，经常会有人问到宁夏旅游的特点是什么？怎么去体验这些特点？这三本著作就是为了解决“游什么、怎么游”的问题。具体的写法是把宁夏旅游归纳在人文、自然、城乡三个单元下，对其中最主要的特点进行概括和描述，然后给出旅游体验的路径选择，既让游客对宁夏旅游资源有深度的把握，又让他们顺利地完成一次自己所需要的旅游体验。比如，宁夏号称是“中国的长城博物馆”，看了《宁夏人文旅游》的相关章节，就不仅知道宁夏境内长城的历史来源，还能够很快明了长城的分布和体验路线，顺利地完成自己的长城之旅。

《宁夏人文旅游》对宁夏境内现存的多元文化进行了归纳，分别对边塞文化、丝路文化、西夏文化、黄河文化、红色文化、回乡文化进行了重点阐述，并对游客如何体验这些文化给出了建议，还比较细致地介绍了宁夏境内3A级以上人文旅游景区和景点的深厚文化内涵。既展示博大深邃的区域文化，又详解承载区域的人文内涵。这种解读是动态式的，能够激发旅游者“游中学、学中游”的浓厚兴趣。这既是一本介绍宁夏人文旅游的著作，也是一本雅俗共赏的宁夏文化读本。

《宁夏风光旅游》重点以体验塞北江南、大漠风情为主旨。描述到宁夏亲水、登山、拥黄河、揽沙漠的风光旅游特点。为了使游客深度把握宁夏自然风光的特点，不仅对宁夏自然风光进行了概述，还对生成的地理地质基础做了进一步的挖掘，比如：宁夏为什么会成为中国自然风光的博物馆？黄河为什么自此向北流？本书在写法上，作者首先置身其中，以对宁夏自然风光的热爱之情，描物状景，借景抒情，构成了一幅幅生动的宁夏风光旅游图画。

《宁夏城乡旅游》本着“一切皆为旅游资源”的理念，对宁夏五市即银川市、石嘴山市、吴忠市、固原市和中卫市的都市旅游和乡村旅游进行了分类描述，从每个城市的历史传承到文化风情，从城市风貌到特色景观，从风味美食到旅游购物，全方位展示了宁夏五市南北迥异的城乡旅游，并对“宁夏新十景”、五市部分3A级以上的城乡旅游景区进行了详细描述。本书是宁夏自然旅游资源和人文旅游资源之外的旅游资源的重要补充，也本着能使城市和乡村变成游客新的旅游目的地的初衷，为宁夏城乡旅游开发提供引导。

本丛书从着手调研、写作到完稿，时间也比较紧，错误在所难免，恳望广大读者予以批评指正。

目 录

CONTENTS

第一章 绪 论

一、理论支撑与技术方法

(一)旅游资源与文化旅游资源

1. 旅游资源

旅游资源是一个地区旅游产业发展的基石，是区域旅游能力可持续发展的最基本潜力所在。西方国家将旅游资源称作旅游魅力源泉，意为旅游地最吸引旅游者，与旅游者引起心理共鸣的所有因素的集合。它不仅包括旅游地引人入胜的旅游资源，也包括各类接待设施和优质服务要素，以及具有舒适性特征的旅游基础设施条件。

我国学者对旅游资源的概念进行了探讨和界定，比较有代表性的有：

> 凡能为旅游者提供观光游览、知识乐趣、度假疗养、娱乐休息、探险猎奇、考察研究、寻根访祖、宗教朝拜、商务交往以及人民友好往来的客体与劳务等，并具有开发价值者，均可称为旅游资源。①
>
> 旅游资源是在现实条件下，能够吸引人们产生旅游动机并进行旅游活动的各种因素的总和。②
>
> 旅游资源是指对旅游者具有吸引力的自然存在和历史文化遗

---

①郭来喜.一门新兴的学科——旅游地理学［A].中国科学院地理研究所编.旅游地理文集[C].北京：科学出版社，1982：11~18.

②陈传康等.旅游资源鉴赏与开发[M].上海：同济大学出版社，1990.

产，以及直接用于旅游目的的人工创造物。①

能够使旅游者产生旅游动机，并可能被利用来开展旅游活动的各种因素，都可称为旅游资源。②

自然界和人类社会凡能对旅游者产生吸引力，可以为旅游业开发利用，并可产生经济效益、社会效益和环境效益的各种事物现象和因素，均称为旅游资源。③

纵观上述相关旅游资源评价体系，侧重点虽各有不同，但其基本内涵都包括：旅游资源能够以其独特的魅力对旅游者产生吸引力；旅游资源既包括有形资源，也包括无形资源；既有物质资源，也有非物质资源；既包括已被开发利用资源，也包括未被开发利用资源；旅游资源具有明显的经济性。从一定意义上说，资源是一个经济学概念，其概念内涵即包含有“可利用性”。旅游资源能够产生经济效益。现代社会，旅游资源的内涵在不断扩大和延伸，范围越来越广，趋向“泛旅游资源化”。以往旅游资源仅被限定于各类自然与人文景观及各类社会活动，而现在凡是能够产生旅游吸引的各种因素都已经开始成为旅游资源，比如各种世界各地的美食（中国菜系、法国菜、日本料理等）、充满浪漫色彩的轻松惬意生活氛围（如慢城生活、生态旅游、休闲农庄等休憩旅游方式）、能带来特殊体验的环境（自驾游、探险游、极限挑战、环境自我挑战等）等都属于旅游资源范畴。

对于旅游资源的分类，一般根据旅游资源的相似性和差异性进行归并或划分出具有一定从属关系的不同等级类别。

比较常见的旅游资源分类主要有以下几种划分方法。

(1)两分法：传统上把旅游资源按成因和属性分为自然旅游资源和人文旅游资源两大系列的分类系统，这是目前国内外学术界最常用的分类方

①保继刚，楚义芳等.旅游地理学[M].北京：高等教育出版社，1993.

②甘枝茂，马耀峰.旅游资源与开发[M].南开大学出版社，2000：264.

③《旅游规划通则》(GB/T 18971-2003).

法。由各种自然环境、自然要素、自然物质、自然现象构成的自然景观，凡能够引起人们较大兴趣，具有观赏、游览、休憩或疗养价值者，都属于自然旅游资源的范畴，如气候、地形地貌、动植物、滩涂湿地、自然风景等。由各种社会环境、社会生活、历史、文化、民族风情和物质生产构成的人文景观，因其传统特色而成为旅游者游览观赏的对象，均可包括在人文旅游资源的范畴内，如民族、风土、人情、历史古迹、博物馆、饮食菜肴、工艺美术、文学音乐、舞蹈、电影、电视及众多的娱乐设施等。

(2)级别分类法：按照不同旅游资源的吸引力和影响力大小，以其所接待的游客来源（国际游客、国内游客或本地游客）和知名度的差别进行分类。具体可分为国家级、省级和市（县）级旅游资源。

(3)专题型分类法：根据生态型、文化型、经济型等旅游专题进行分类的方法。生态型旅游资源，如森林旅游资源、野生动植物旅游资源、湖泊旅游资源等；文化型，如博物馆、文化遗产、古建筑、民俗风情等；经济型有商贸交易会、博览会、城市 RBD（Recreation Business District 游憩商贸区）等。

(4)功能型分类法：根据旅游资源主要功能和旅游者的旅游动机，把旅游资源分为观光游览型、购物型、度假型和参与型等旅游资源。

(5)色彩分类法：根据旅游资源的抽象色彩进行分类。如把生态旅游资源称为绿色旅游资源；把革命纪念地、纪念物及其所承载有革命精神的吸引物称为红色旅游资源；把工业旅游产品称为灰色旅游资源；把灾难发生地、纪念场馆称为黑色旅游资源等。

(6)国标法：即国家旅游局颁发的《旅游资源分类、调查与评价》（GB/T18972-2003）中的分类方法为国家标准。依据旅游资源性状，即现存状况、形态、特性、特征划分，对象包括稳定的、客观存在的实体旅游资源和不稳定的、客观存在的事物和现象，共分为 8 个主类、31 个亚类、155 个基本类型。本书采用的即为此种方法。

2. 文化旅游资源

文化旅游资源是指那些能够吸引旅游者产生旅游动机，并能够用来开发旅游活动的、能体现人类文化内涵的各种自然、人文或者其他因素的总和。有些观点认为，文化旅游资源就是能使旅游者涉足、接触、观赏、体验异地文化及其环境氛围的资源。

翟仁祥、马晓东把文化旅游资源划分为文化景观、文化风情和文化艺术三个层次：文化景观是最基础层次，它是一种静态文化，如建筑、古迹、名胜、文物、服饰、器物等；文化风情是第二个层次，它是一种动态文化，如风俗、节庆、祭典、宗教礼仪等；文化艺术是最高层次，它是一种抽象文化，如书法、绘画、戏剧、舞蹈、音乐、文学等。

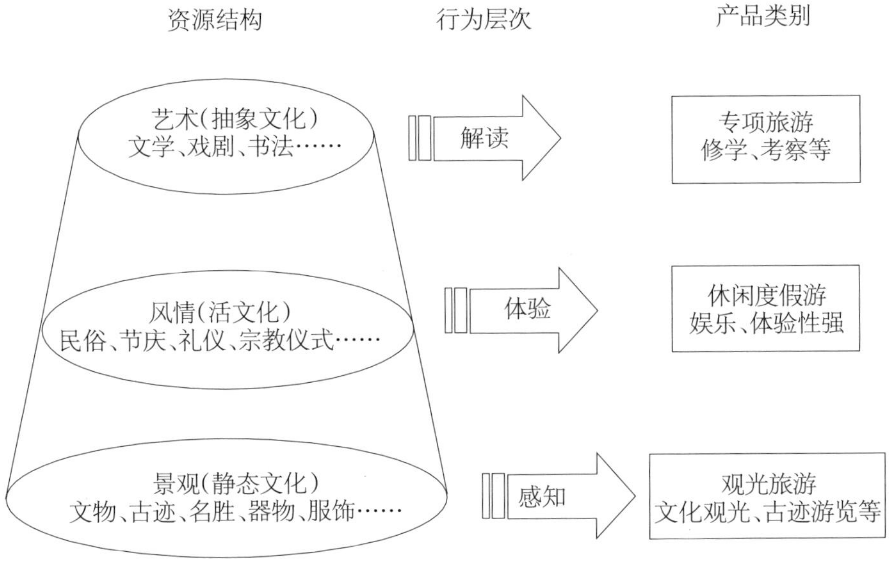

图 1–1　文化旅游资源系统层次结构

其实，站在人类文化视角没有绝对的自然景观和人文景观之分。几乎所有的旅游资源都有着这样或那样的文化含义。在传统农业社会，自然哲学的发展就是自然和文化相互整合的结果，自然地理被人格化的同时，人也在类似的文化活动中被自然地理化。特殊文化形成特殊环境，从而构成自然景观；不同文化内质差异，构成了丰富庞杂的全球各地人文景观。美国东部的鳕鱼岬本身是一个自然港湾，但正是由于第一批欧洲移民从这里上岸，它才有了特殊的文化含义；科罗拉多大峡谷原本只是一处自然奇观，但与土著印第安人的命运及美国西部开发的历史相连之后，就有了独特的文化意蕴；山东高密的高粱地因诺贝尔文学奖得主莫言的《红高粱》《丰乳肥臀》等小说，促成了作者独特的文学意境，进而引发了人们无限的遐想与旅游冲动；《消失的地平线》让国内外游客对梦幻之境香格里拉充满向往，大香格里拉旅游显著促进了云南藏区旅游业的发展；贺兰山山下一个废弃的明代古堡——镇北堡因电影《大话西游》《红高粱》等让全国各地的旅游者纷至沓来，趋之若鹜。自然环境和文化环境相互交织重叠和互相作用，自然环境是人类活动的背景，只有当其与人类活动发生关联后，自然环境才会富有意义，才具有人类赋予的审美价值。

（二）文化旅游与旅游文化

1. 文化旅游

文化与旅游的关系很早就被人们所认识，但是文化旅游作为一个专业名词，是随着旅游业的发展近期才出现的。瓦伦·L·史密斯 1977 年主编的《东道主与游客：旅游人类学研究》是对文化与旅游关系理论研究的重要里程碑。19 世纪，瑞士阿尔卑斯山地区曾流行一种自助度假旅游，特别受到市民阶层的青睐。1857 年成立的第一个市民旅游者自助协会——登山俱乐部，以家庭式、参与式新兴旅游形式抵抗城市中刻板的大机器生产工业规范（标准化、配件化和流程化）的侵入与干扰。1895 年瑞士工人组织的“自然之友”会，进一步推动了自助旅游。山区的居民和农民十分认同这些游客，认为它们既是顾客也是朋友。这些游客自觉地保护当地的民风民俗和传统工艺，自发组织了“风土保存会”，编订农民歌舞和庆典仪式，定期举办节日巡游等，对中世纪以来欧洲阿尔卑斯地区社会文化生活遗存进行了有效的保护和促进，有效带动了地区旅游业的兴旺。瑞士自助旅游的成功，使得许多地方开始发展地方特色和塑造文化身份，由此奠定了“文化旅游”的原型。狄特·柯立玛于 1983 年创造了“软性旅游”概念，用以特指那种可以被当地的自然环境和社会人情容许的旅游。与“软性旅游”配合，欧洲各国旅游部门越来越对“文化旅游”发生浓厚兴趣。这被视为是一种兼顾人文和自然景观、促进地区民主参与和身份认同、照顾地方小企业经济收入的可持续旅游发展模式。由于文化消费不像物质消费，永远不存在饱和状态，这给旅游业提供了可持续发展的无限可能。这一形式得到了国际旅游组织的广泛推介，到 20 世纪 90 年代，文化旅游正式进入全球化发展战略的议程。1996 年，世界旅游组织和联合国教科文组织正式确认旅游业可持续发展与文化的关系，签订了《可持续发展的旅游事业协议》。1998 年，联合国教科文组织发布了主题为“文化、创造力与市场”的《世界文化报告》，文化被认为是发展和组织社会经济知识的重要因素。1999 年 10 月，世界银行在意大利的佛罗伦萨召开“文化有价——文化在可持续发展中的财务管理、资源开拓与经济学”的研讨会，文化被正式提上了全球化经济发展的议程。

旅游作为一种旅行方式和一种休闲观光活动，与社会、经济和文化紧密相连。随着旅游业的全球化发展，文化——作为可持续发展的关键因素之一，正在引起更广泛、更深入的关注。

由于构成文化旅游的两大要素“文化”和“旅游”在外延和内涵上都存在模糊性和开放性，因此对于文化旅游概念的界定，目前学术界还没有一个统一的认识，世界旅游组织将文化旅游定义为：“人们想了解彼此的生活和思想所发生的旅行。”欧洲旅游与休闲教育协会（ATLAS）对文化旅游的定义：“是指人们为了满足自身的文化需求而前往日常生活以外的文化景观所在地进行的非营利性活动。”

Reisinger（1994）认为文化旅游是指那些对体验文化经历有特殊兴趣的游客发生的旅游行为，文化旅游除了一般的遗产旅游，还包括艺术、信仰、习俗等，如民族宗教活动、风味小吃的品尝以及地方音乐戏剧舞蹈等等；同时，自然历史的旅游，了解旅游目的地人文景观与独特资源的生态旅游，参加体育活动和观看体育赛事的体育旅游以及农业旅游等都在文化旅游之列。Jamieson（1994）把文化旅游置于旅游的系统语境中，认为它包含了人、地方以及文化资源之间的相互关系，文化旅游应该包括以下内容：手工艺、语言、艺术和音乐、建筑、对旅游目的地的感悟、古迹、节庆活动、遗产资源、技术、宗教、教育等。

克雷克（1997）认为文化旅游是旅游者通过旅游进入到另一种文化和地方中去了解当地人们的生活方式、遗产和艺术等，以最直接的方式了解这些文化在现实中的表现。Bob Mekereher 和 Hilary du Cros （2005）在其著作*Cultural Tourism*：*The Partnership Between Tourism and Heritage Management*一书中指出，文化旅游是由各种产品和体验组成的特殊旅游产品，且可以从文化旅游衍生于旅游的、动机性的、经验性的以及操作性的四个方面对其进行论断，认为文化旅游是人们对异地异质文化的求知和憧憬引发的，离开自己的生活环境，观察、感受、体验异地异质文化，满足文化介入或参与需求冲动的过程。

国内关于文化旅游的定义较为流行的是："那些以人文资源为主要内容的旅游活动，包括历史遗迹、建筑、民族艺术和民俗、宗教等方面。"还有观点认为文化旅游属于专项旅游的一种，是集政治、经济、教育、科技等于一体的大旅游活动。文化旅游是人们以参观人文旅游资源为主，满足其文化旅游消费需求或精神需求的旅游活动。总体来看，目前国内对文化旅游的定义范围相对片面、狭窄与刻板，局限于旅游资源的属性特征，强调游览目的地的学术性定义与内容，而国外对其的定义则侧重旅游主体——游客的动机和需求。

所有旅游者出行的动机都是暂时离开所在的熟悉环境，到不太熟悉或陌生的环境去寻找一种新的体验，以丰富自己的阅历。随着社会文明的进步、人们生活方式和价值观念的改变，旅游者渴望对异地异质文化的了解与认知、经历丰富化的探求，从而产生了文化旅游的动机。文化旅游是以文化的差异为诱因，以文化的碰撞、互动为过程，以文化的对话、交流、融合为结果的旅游行为；是以旅游经营者创造的观赏对象和休闲娱乐方式为消费内容，使旅游者获得富有文化内涵和深度参与旅游体验的旅游活动的集合。文化旅游的过程就是旅游者对旅游资源的文化内涵进行体验的过程，这也是文化旅游的主要功能之一，它给人一种超然的文化感受，这种文化感受以饱含文化内涵的旅游景点为载体，体现了审美情趣激发功能、教育启示功能和民族、宗教情感寄托功能。

2. 旅游文化

在 1984 年出版的《中国大百科全书·人文地理学》部分对“旅游文化”做了详细的说明：“旅游与文化有着不可分割的关系，而旅游本身就是一种大规模的文化交流。从原始文化到现代文化都可以成为吸引游客的因素，游客不仅汲取游览地的文化，同时也把所在国的文化带到游览地，使地区间的文化差别日益缩小。”[①]旅游文化作为一种特定的文化形态，与其他文化类型诸如饮食文化、茶文化、玉石文化一样，有其特定的内涵和相应的外延。广义的理解，旅游文化是人类所创造的与旅游有关的物质财富和精神财富的总和。它是以一般文化的内在价值因素为依据，以旅游诸要素为依托，作用于旅游全过程的一种特殊文化形态。自有史以来，口述历史和欧美文化中的 Legend 成为古老相传的人类对于外界文化的认知过程，显著促进了人类发展与历史演进，并对旅游文化传播产生重要的影响。旅游文化是旅游行为的综合性、时间空间的延展性、景观意态的趣味性、旅游内容的丰富性，以及满足游客文化需求多样化的客观规定性的综合体现。旅游业必须具有适合自身发展需要的文化形态。旅游文化可以分为传统旅游文化和现代旅游文化，前者主要包括旅游者和旅游景观文化；后者则增加了旅游业文化和文化传播。

文化旅游是一种具有文化动机的旅游形式，旅游的项目和目的决定了其文化含量。如：中国文化旅游中就包括古诗词旅游、历史探秘旅游、书法学习旅游、围棋交流旅游、名人足迹寻访旅游、民族风俗旅游，可谓种类众多，文化深厚。这类旅游活动均被冠名为文化旅游。如长城游览作为一种典型的文化旅游，毛泽东《清平乐·六盘山》中的一句“不到长城非好汉”，激发了无数游客登临北京慕田峪八达岭长城，攀上最高点的勇气和毅力。长城游览既反映了游客感受中国灿烂的古代文明的需求，也反映了享受精神上当一个好汉的心情。旅游文化则是供游客共享的不同国家、不同区域旅游目的地物质文明、制度文明、精神文明的结果。因此，文化旅

①中国大百科全书出版社编辑部编.中国大百科全书·人文地理学［M］.北京：中国大百科全书出版社，1984：98.

游与旅游文化的联系和区别表现在：文化旅游是感受过程，旅游文化是结果认同；文化旅游重在参与，旅游文化注重共享；文化旅游是有形的，旅游文化是无形的，没有文化旅游就没有旅游文化。

（三）文化产业与文化旅游产业

文化产业，这一术语产生于20世纪40年代。首次出现在霍克海默和阿多诺合著的《启蒙的辩证法》一书之中，他们从哲学与艺术学价值判断的双重角度对文化产业进行了否定性的批判，认为它是资本主义技术统治和工具理性的发展，并指出："文化元素一旦与现代科技结合形成工业体系，就会产生巨大的影响社会的力量。"20世纪80年代，日本学者日下公人从在《新文化产业论》中认为："文化产业的目的就是创造一种文化符号，然后销售这种文化和文化符号。"20世纪90年代，美国学者将文化产业视为"可商品化的信息内容产业"。联合国教科文组织给文化产业的定义为：文化产业就是按照工业标准，生产、再生产、储存以及分配文化产品和服务的一系列活动。2004年3月29日，由国家统计局正式发文公布的《文化及相关产业分类》中，从统计意义上首次对文化及相关产业概念和范围做了权威性的界定，认为文化及相关产业是指："为社会公众提供文化、娱乐产品和服务活动，以及与这些活动有关联的活动的集合。"

我国将文化产业划分为文化产业核心层、文化产业外围层和相关文化产业层。核心层包括：新闻服务、出版发行和版权服务、广播、电视、电影服务、文化艺术服务。外围层包括：网络文化服务、文化休闲娱乐服务、其他文化服务。相关文化产业层包括：文化用品、设备及相关文化产品的生产，文化用品、设备及相关文化产品的销售。

联合国教科文组织的划分认为，传媒、卡通、影视、娱乐、游戏、旅游、教育、网络及信息服务、音乐、戏剧、艺术博物馆等都属于文化产业。

20年前，美国未来学家阿尔温·托夫勒预言："一个高技术的社会必然也是一个高文化的社会。"今天，这一预言正在被高速发展的世界经济和文化产业所印证：美国创造了电影产业，其电影出口额在所有产品中仅次于航空产品，位居第二，占据了世界电影市场份额的80%；日本几乎垄断了全球的唱片业、出版业和动漫卡通业。文化产业发展空间广阔，在全球范围内成为培育新的经济增长点和改变经济增长方式的最有效途径之一。在国际范围内，文化产业成为推动本国经济发展，提升国家“软实力”的竞争利器，越来越多的国家将文化产业视为一种战略产业，加以系统规划和积极推动。我国政府也将文化产业的发展提上了日程，以 1998 年文化部成立文化产业司为标志，我国政府提出了文化创意战略。2009 年国务院审议通过我国第一部文化产业专项规划——《文化产业振兴规划》，正式将文化体制改革和大力发展文化产业上升到国家战略的高度。2010 年党的十七届五中全会进一步明确提出推动文化产业成为国民经济支柱性产业的建议，再一次把文化产业提升到社会发展和国民经济的战略地位。2010 年 6 月文化部发布通知:《关于加强文化产业园区基地管理、促进文化产业健康发展的通知》。2010 年 7 月文化部出台了《国家级文化产业示范园区管理办法（试行）》。2011 年在十七届六中全会上，审议通过了《中共中央关于深化文化体制改革、推动社会主义文化大发展大繁荣若干重大问题的决定》，提出建设社会主义文化强国目标。文化产业的产业地位提升后，大量的资金与政策开始扶持文化产业项目。2012 年我国文化产业进入新时期，温家宝总理做的政府工作报告经过全国人民代表大会的表决通过，通过法定程序明确了“提高文化产业规模化、集约化、专业化水平，推动文化产业成为国民经济支柱性产业”发展目标。2012 年 2 月底文化部发布了《“十二五”时期文化产业倍增计划》，进一步规定了文化产业发展的目标、任务和手段。党的十八大报告提出：“扎实推进社会主义文化强国建设。并指出文化是民族的血脉，是人民的精神家园。全面建成小康社会，实现中华民族伟大复兴，必须推动社会主义文化大发展大繁荣，兴起社会主义文化建设新高潮，提高国家文化软实力，发挥文化引领风尚、教育人民、服务社会、推动发展的作用。”2013 年 11 月，习近平总书记在《十八届三中全会公报》中指出：要紧紧围绕建设社会主义核心价值体系、社会主义文化强国深化文化体制改革，加快完善文化管理体制和文化生产经营体制，建立健全现代公共文化服务体系、现代文化市场体系，推动社会主义文化大发展大繁荣。全会进一步提出，建设社会主义文化强国，增强国家文化软实力，必须坚持社会主义先进文化前进方向，坚持中国特色社会主义文化发展道路，坚持以人民为中心的工作导向，进一步深化文化体制改革。要完善文化管理体制，建立健全现代文化市场体系，构建现代公共文化服务体系，提高文化开放水平。

国家对文化产业和旅游业的政策导向，加快了我国文化旅游产业的兴起。文化旅游产业，作为现代旅游产业的一个重要产业效益增长点，是一种文化的经济效益。文化旅游产业作为一种特殊的综合性产业，因其关联性高、涉及面广、辐射性强、带动性大而成为新世纪经济社会发展中最具有活力的新兴产业。

文化产业和旅游产业相互紧密关联，同时又具备与其他产业强大的耦合共生关系。Khalid（2005）在其论文中使用了文化旅游产业一词，但并未对之做任何界定。从目前来看国内外对文化旅游产业概念也没有统一的定义与内涵界定。

从产业划分角度，文化旅游产业属于文化产业与旅游产业的交集。它是以文化创意产业为内容，以旅游为依托的综合性产业，其本质是文化产业与旅游产业在市场需求、技术推动力等因素的作用下相互交叉、相互结合，最后逐步形成一种新产业的动态过程。

文化与旅游有着天然的紧密联系，文化是旅游的灵魂，旅游是文化的重要载体。旅游过程中，旅游者对文化有所诉求，而文化是旅游资源的灵魂，进而产生了文化和旅游的耦合共生发展模式。在产业发展过程中，旅游本身就是一个带动能力很强的文化产业，而文化产业的多样化、多元化更促进了旅游产业获得更多发展潜力和增值空间，促进了文化旅游产业的兴盛。

为推动我国文化产业向规模化、集聚化和专业化方向发展，加快文化产业集聚区建设，2004 年至 2013 年 1 月，文化部先后命名了 5 批 266 家①国家文化产业示范基地、4 批 8 家国家级文化产业示范园区和首批 4 家国

①5 批国家文化产业示范基地共有 273 家，截至 2013 年 1 月，共有 7 家基地被撤销资格，现共有 266 家国家文化产业示范基地。

家级文化产业试验园区，旨在通过规划引导、政策扶持、典型示范，带动引领全国文化产业的发展。通过强化管理，引导地方政府完善政策服务，国家级文化产业园区获得了有效的发展，产业规模化、集聚化水平大幅提升，已经成为我国文化产业发展的重要载体。

文化旅游产业园区是文化产业园区的一种，是以一定的具有旅游功能的区域为平台和发展空间，聚合了文化会展、文化旅游、艺术品和工艺美术、艺术创意及设计、演艺、动漫、文化娱乐、游戏、网络文化、文化产品数字制作与相关服务等文化产业门类活动的园区。其中一定的区域可以是旅游景区，也可以是文化街区。园区内旅游业是基础，在吸引游客发展旅游业的基础上，聚合发展其他文化产业形态。文化旅游产业园区是文化产业园区最具有活力的组成部分。文化旅游产业园区偏重文化旅游产业，以文化旅游为产业发展核心，以旅游景区或者园区为基础。

目前，我国的文化旅游产业园区形成了 5 大产业集群：以西安为中心的古城历史文化、休闲旅游产业集群，以深圳为中心的主题公园文化旅游产业集群，以北京为中心的古城历史文化旅游产业集群，以洛阳为中心的中原历史文化和以开封为中心的旅游商品文化产业集群。

二、研究视角

(一)旅游可持续发展视角

1. 可持续发展

可持续发展概念的明确提出，最早可以追溯到 1980 年由世界自然保护联盟（IUCN）、联合国环境规划署（UNEP）、野生动物基金会（WWF）共同发表的《世界自然保护大纲》。1987 年，以布伦兰特夫人为首的世界环境与发展委员会（WCED）发表了报告《我们共同的未来》。这份报告正式使用了可持续发展概念，并对之做出了比较系统的阐述，产生了广泛的影响。有关可持续发展的定义有 100 多种，但被广泛接受影响最大的仍是世界环境与发展委员会在《我们共同的未来》中的定义。该报告中，可持续发展被定义为：能满足当代人的需要，又不对后代人满足其需要的能力构成危害的发展。它包括两个重要概念：需要的概念，尤其是世界各国人们的基本需要，应将此放在特别优先的地位来考虑；限制的概念，技术状况和社会组织对环境满足眼前和将来需要的能力施加的限制。由于可持续发展涉及自然、环境、社会、经济、科技、政治等诸多方面，所以，研究者所站的角度不同，对可持续发展所做的定义也就不同。

可持续发展包含三个原则：公平性原则，代内公平与代际公平，强调当代人在考虑自己的需求和消费时，也要对未来各代人的需求与消费负起责任，保证各代人都有同样发展的机会。可持续性原则，即要求人们放弃传统的高消耗、高增长、高污染的粗放式生产方式和即用即弃型消费生活方式，鼓励实现生态化的生产和适度消费，其核心内容是要人类社会的经济和社会发展与环境的承载力相协调。共同性原则，该理论提出了“阶段性开发”的理念，即采取阶段性和局部性开发，以便为今后进一步的开发和建设留有空间；另一方面，要注意开发规模的控制，防止出现过度开发和过滥开发的局面，在满足当代人需求的同时要考虑满足下几代人的需求。

2. 旅游可持续发展

在全世界可持续发展理论的推动下，旅游业在可持续发展中占有重要地位，在1990年加拿大温哥华举行的全球持续发展旅游组行动策划委员会会议上，与会专家提出了旅游持续发展行动战略草案。1992年，联合国召开的环境与发展会议发表的《21世纪议程》中共有7处直接提到了旅游业。这些均已成为旅游业可持续发展的理论基础和战略总纲。

根植于可持续发展理论，旅游可持续发展可以被认为是在保持和增强未来发展机会的同时，满足目前游客和旅游地居民当前的各种需求。旅游可持续发展的实质是指要求旅游与自然、文化和人类的生存环境成为一个整体。旅游可持续发展的三重含义：一是满足需要，发展旅游业首先是通过适度利用环境资源，实现经济创收，满足当地社区的需要，改善当地居民的生活水平，满足旅游者的更高生活质量的渴求，满足其发展享乐等更高层次的需要。在发展中国家考虑旅游业可持续发展时，都把旅游业作为

"可持续"财富增长的概念。二是环境限制，资源满足人类目前和未来需要的能力是有限的，这种限制体现在旅游业中的旅游环境承载力，可持续旅游的首要标志就是旅游开发与环境的协调，旅游环境承载力（又称"旅游容量"）是判断旅游可持续发展和增长是否能够实现的重要指标。通过寻找到旅游承载力的一个合理阈值，并将旅游开发控制在这一范围内，才能够有效保证环境系统自我调节功能的正常发挥，对于可再生资源必须保证其利用（如生态旅游中的赏鸟、旅游纪念品的制作）与该资源的可持续发展生产一致，否则会产生恶性累积循环。对于不可再生资源，强调资源的节约利用，再利用再循环。三是平等，包括代内公平和代际公平。如在世界部分发展中国家开展旅游业能够对当地带来有效的经济收益，但是如果盲目提高对外接待人数，虽然表面上区域经济发展了，但是实际上造成的环境污染、疾病一定程度上从侧面抵消了旅游所带来的经济效益，这就是一种同代人之间利益分派不平等。各代人之间的不平等是指虽然现存一代获得了利益，但这是牺牲了资源的隐藏价值而取得的，对于下一代就是应该利用的资源价值的一种损失，由于盲目利用，导致代际发展的不公平。

（二）泛旅游时代

我国旅游业发展虽起步较晚，但发展速度举世瞩目。改革开放前，旅游业以外事接待为主，只具备产业雏形，不完全属于产业范畴。改革开放后，我国旅游业快速发展，产业规模不断扩大，产业体系日趋完善。随着我国工业化、城镇化的快速发展，人民生活水平的显著提高，日益增长的大众化、多样化消费需求为我国旅游业发展提供了新的机遇。经过多年发展，中国旅游业从观光旅游发展到休闲旅游、体验旅游，旅游业已经实现了从大众观光的"门票旅游时代"向深度休闲度假的"泛旅游时代"转变，中国目前已经成为世界上旅游产业发展最快、旅游群体最有活力、出行人数最多、对世界旅游产业影响最为深刻的国家，中国旅游产业大发展的格局带动了全球旅游产业的重新洗牌。

与大众观光旅游相比，泛旅游打破了传统旅游产业的界限，使得旅游经济的带动效应得到有效扩散和增强。泛旅游时代的特点主要可以从四个方面进行概括：第一是游客层面，旅游者泛化，称为广义游客；第二，旅游活动的泛化，称为无限活动；第三，旅游活动空间的泛化，即全景空间；第四，旅游产业的综合化，即综合产业。

1. 广义游客

“广义游客”即谁是游客说不清楚，每个人都可以成为“泛旅游”中的游客。

早在 1963 年，世界旅游组织提出了游客（Visitor）的概念，认为游客即为离开其惯常居住地所在国到其他国家去，且主要目的不是在所访问的国家内获取收入的旅行者。在传统的观光旅游中，游客的旅游目的相对单一，在地域上必须是离开了客源地。而随着旅游活动从观光向休闲体验旅游的升级，很多游客本身就是客源地当地的居民，客源地目的地化，目的地客源地化。游客的身份开始出现泛化，成为一种广义游客。

2. 无限活动

“泛旅游”将进一步淡化“旅游”和“游憩”在定义上的区别。在传统的观光旅游中，旅游活动基本上以游览、参观为主，而在泛旅游时代下，旅游活动可以变得很丰富，打高尔夫，林间野餐，滨河漫步都可以称得上是游憩休闲旅游。相比传统的观光旅游，泛旅游时代的活动增加了更多娱乐和互动的成分，也进一步淡化了旅游和游憩的区别。

3. 全景空间

只要有特别体验的地方都是“泛旅游”涉及的空间，不再强调特定的景区景点。传统的旅游活动，主要发生在旅游景区景点以及相关的宾馆饭店内，游客在目的地的活动空间范围也仅仅局限于这些场所，要发展旅游业，只需搞好这几个点就行了。而在泛旅游时代，游客在目的地的活动范围更为多样化、多元化、丰富化，城市每个角落都有可能成为旅游目的地，这个时候，城市整体，目的地的整个空间都是旅游空间，如我国云南的丽江景区、香格里拉景区就可称之为全景空间。

4. 综合产业

所谓泛旅游时代的综合产业，是指超出观光、休闲、度假等传统旅游概念的更加泛化的旅游产业概念，是为人们提供具备趣味性、艺术性、知识性、刺激性等特性体验消费的一系列产业的总称，其内容包括会展、运动、康体、娱乐等，产业链延伸到餐饮、运输、酒店、商业、农业等。单一特性的消费内容已无法满足人们的消费需求，因此，各产业之间有很强的融合性，融合之后的产业结构形成更高的旅游产业附加值和溢出效应。

(三)全域旅游开发

全域旅游是把一个行政区当作一个旅游景区，是旅游产业的全景化、全覆盖，是资源优化、空间有序、产品类型丰富、产业发达、基础设施有效支撑的科学系统旅游。"全域旅游"所追求的，不再停留在旅游人次的增长上，而是旅游质量的提升，追求的是旅游对人们生活品质提升的意义，追求的是旅游在人们新财富革命中的价值。相应地，全域旅游目的地就是一个旅游相关要素配置完备、能够全面满足游客体验需求的综合性旅游目的地、开放式旅游目的地，是一个能够全面动员（资源）、立足全面创新、可以全面满足的旅游目的地。从实践的角度，以城市（镇）为全域旅游目的地的空间尺度最为适宜。

全域旅游的核心是通过对资源的重新整合，在各个空间板块上形成不同特色的旅游产品或业态集群，打破都市（或单一景区）旅游一枝独秀的接待格局。中国旅游业当前还是一个以观光为主、休闲为辅的大众旅游时代，旅游者在目的地选择上主要受到时间的限制，一般旅游活动集中在已开发成熟、接待成熟的城市或景区。所以，目前几乎所有旅游目的地的旅游活动都集中在城市内或成熟景区内，比如北京、杭州、大连、泰山等，而远离城市的郊区，即使生态环境和旅游资源非常优越，依然不能进入旅游者的视线。因此，全域旅游战略的提出，最根本的就是打破这种都市（或单一景区）旅游一枝独秀的接待格局，在不同的区域内打造各自旅游吸引物和服务业态。当然，全域旅游并不是对都市旅游的否定和排斥，相反的，全域不同旅游吸引物的打造更是对都市旅游的有力佐助，延长游客的停留时间，丰富旅途的观光体验，增加游客的重游概率，同时，也是满足本地市民休闲需求的必然要求。

宁夏行政区域面积小，资源类型众多而又极富地方特色、民族特色，开展宁夏全域旅游开发，能够让游客在所到之处均流连忘返，使游客觉得宁夏整体都是一个旅游景区，甚至是一种文化、一种信仰、一种民俗、一种其他地方无法企及的境地，而不是单一的沙湖、沙坡头等景点，这样才可以使游客延长逗留时间，从而促进宁夏旅游可持续发展。

（四）社区参与旅游理论

社区参与旅游是指在旅游的决策、开发、规划、管理、监督等旅游发展过程中，充分考虑社区的意见和需要，并将其作为开发主体和参与主体，以保证旅游可持续发展和社区发展。在一般的认识中社区参与似乎是一个具有通性的概念，是一个可以借鉴、易于操作的手段。但真正意义上的社区参与却是一个十分具象并且个性化很强的实践过程。社区参与旅游既可以看作是旅游可持续发展的一种途径，又可以看作是参与旅游发展的一种行为。社区参与旅游把社区居民视为旅游主体真正进入到旅游规划、开发、建设中，目的是社区居民得到多方面发展。

1985 年，墨菲首次在旅游研究中引入了社区参与的概念，他在《旅游：社区方法》一书中指出：旅游业从其一产生，就有着巨大的经济效益和社会效益，如果能够将它从纯商业化的运作模式中脱离出来，从生态环境和当地居民的角度出发，将旅游考虑为一种社区的活动来进行管理，那么一定能够获得更佳的效果，这就是社区方法。自此，社区参与旅游发展的研究日益受到人们的重视。1997 年 6 月，世界旅游组织、世界旅游理事会与地球理事会联合颁布了《关于旅游业的 21 世纪议程》，明确提出：可持续发展的旅游业必须保证社区成员，包括妇女和当地人，都能享受旅游所带来的益处。这是在旅游业的官方文件中首次明确提出将社区居民作为关怀对象，并把社区居民参与旅游发展当作旅游业可持续发展过程中一项重要内容和不可缺少的环节。

社区参与型旅游产品是以旅游目的地居民的活动为资源，以旅游者和当地居民的互动为主要形式，以满足旅游者审美和愉悦为目的而开发的旅游经历。全球旅游业的发展已经让单纯的观光旅游退位到初级旅游产品的地位，经历丰富的旅游者开始更多地追求对异地人文的认知。而当地居民的日常生活是再好不过的人文素材，对游客具有巨大的吸引力。

与其他性质的旅游相比，宁夏文化旅游在区域范围上，有自己的鲜明特点。它不仅仅是旅游景区，也是宁夏各族居民生活起居的空间范围。居民是文化旅游的主人，是文化旅游的灵魂。尤其是回族特色社区旅游和回乡体验旅游，是宁夏面向未来、面向阿拉伯国家和穆斯林地区实现旅游开放和建设国际旅游目的地的重要窗口和支点，是宁夏积极参与丝绸之路经济带建设的重要突破口。

(五)旅游“微托邦”

微托邦，就是微型乌托邦，特指旅游中的度假。微的物理和生理释义是指微时间、微空间和微费用，缩短人们从备受限制的现实生活到达乌托邦的距离；微的社会和经济释义是指微主题、微推广和微利润，对应多元小众文化集群逐步取代单一主流文化的趋势。旅行的终点是人们心中的乌托邦，它们在想象的世界中无比美好，却又难以企及。乌托邦是那么的遥远，我们走到终点时少有梦境成真的感受，往往是“不去后悔一辈子，去了一辈子后悔”的尴尬心情，却又忍不住一次又一次梦想着乌托邦胜境，以此来平衡无趣的现实消磨希望的残忍。这给有可能发展旅游的地方带来了新的商机。2012 年 8 月，由旅设网发起的“集客·微托邦”在农业展览馆首届中国房车展览会上举行了“集客概念”亮相活动，意味着“集客梦想之旅”即将开始。喊着“拖着箱子去旅行”的召集口号，通过对集装箱改造的精品房屋，搭上载重汽车，开启万里旅途，“拖着箱子去旅行”如此浪漫的旅行方式已经由梦想变成了现实。

(六)旅游产业集群

产业集群（Industrial Cluster）是指集中于一定区域内特定产业的众多具有分工合作关系的不同规模等级企业与其发展有关的各种机构、组织等行为主体，通过纵横交错的网络关系紧密联系在一起的空间集聚体，代表着介于市场和等级制之间的一种新的空间经济组织形式。

产业集群的概念最早可以追溯到英国新古典经济学家马歇尔提出的“产业区”（Industrial District）理论。波特在其《国家竞争优势》一书中提出“产业集群”这一专业术语，他认为产业集群是指某一特定产业，大量产业联系紧密的企业以及相关的支撑机构在空间上的聚集，并形成强劲、持续竞争优势的现象，是在某一特定领域内互相联系的、在地理位置上集中的公司和机构集合。

旅游产业集群是指由旅游要素企业、关联企业以及辅助企业和相关机构，围绕优势旅游资源或区位条件优越的旅游目的地而形成的空间地域集聚体。加拿大政府经济办公室的报告将旅游产业集群定义为：“集中了有相似或相关需求和能产生外部规模经济和创新利益的众多旅游公司的地理区域”；Tebogo Molefe 则认为：Tourism Cluster 是指地方旅游活动的地理集中，形成基于国内水平的旅游活动的旅游价值链；集群集聚是为了通过合作提高竞争力，或者是通过集群的努力加速经济发展。

波特指出产业集群的竞争能力与产业的性质并无直接联系，旅游业是集群效应最明显、最适合集群化发展的行业之一，旅游企业集群应作为一个国家或地区的重点培育对象。欧洲旅游研究机构的 Sara Nordi 认为集群理论不仅适用于制造业，而且对于提高以旅游业为主的服务业实现创新能力和竞争力也非常重要。

在国外的研究和实践中，旅游集群包含了三方面的含义：首先，旅游产业集群在概念上是指旅游业的整体，将旅游业定义为一个产业群体；其次，旅游产业集群组织或战略强调旅游产业内部的联合和集团，或作为地方旅游业发展战略，并不要求产业地理上接近，更多的是指为了促成企业合作竞争的战略联盟或虚拟组织；最后，旅游产业集群强调地理上的旅游产业各部门的集聚，其基础是本地产业文化和创业氛围。

如美国加利福尼亚州葡萄酒产业集群包括 680 个葡萄酒厂和几千个独立的葡萄栽培园，以及在酿酒和葡萄栽培方面，包括制造葡萄储存设备、灌溉设备、采摘设备、桶、瓶、瓶盖和软木塞、标签等多种相关产品的企业，专业化的公共关系和广告商，以及针对商贸读者的与葡萄酒相关的众多出版商。此外，还包括与葡萄酒有关的许多地方机构，例如在加州议会酒业委员会、在加州大学戴维斯分校有世界著名的葡萄栽培和葡萄酿造研究机构。该集群也与加州在农业、食品业和餐饮业，以及乡村酿酒旅游业等其他集群有一些联系。由牙买加出口协会创始的牙买加旅游产业群网络，是由超过 60 个公司组成的协会组织，旨在强调通过旅游企业间的合作增强旅游竞争力，促进旅游产业各部门合作。由非洲管理服务公司发起的“加纳旅游集群（Ghana Tourism Cluster）”则是一个虚拟组织，它把旅游各部门组合到以此命名的旅游英特网社区，旨在通过网络和电子商务提高加纳旅游产业竞争力。

简言之，旅游产业集群是以旅游业为主导，以旅游消费需求为驱动力形成的产业集群，由旅游核心产业、旅游相关产业和旅游支持产业三部分构成，是旅游产业适应经济全球化和集群化发展的必然趋势。

（七）创意城市和文化创意产业集群

1. 创意城市

创意城市是一种推动城市复兴和重生的模式。它强调消费引导经济、以科技创新和文化创意双轮驱动经济发展。在全球性竞争日趋激烈、资源环境的约束日渐增强的形势下，它使地方城市从主要依赖自然客体资源的发展转向着重开发人类主体资源，努力解放文化生产力，重塑城市形象，再获生机，实现持续发展的战略转型。

创意形成创意产业，创意产业构筑创意城市，创意城市又萌生新的创意。创意城市思想最早可追溯到英国维多利亚时期 John Ruskin 和 William Morris 所创立的文化经济学。而 P.Geddes 和 L. Mumford 则首次将 Ruskin 和 Morris 的思想引入到城市意象研究中来，但创意城市理论的研究则是随着近年来创意经济时代的到来才开始。

英国创意城市研究机构 Comedia 的创始者 Landry 认为：城市要达到复兴，只有通过城市整体的创新，而其中的关键在于城市的创意基础、创意环境和文化因素。因此，任何城市都可以成为创意城市，或者在某一方面具有创意，从而带来城市文化旅游发展的潜力。

构建创意城市的关键要素是“3T”理论：技术（technology）、人才（talent）和包容度（tolerance），即为了吸引有创意的人才、产生创意和刺激经济的发展，一个创意城市必须同时具备这三者。技术是一个地区的创新和高科技的集中表现；包容度可以定义为对城市所有族裔和生活态度的开放、包容和多样性；人才则指那些获得学士学位以上的群体，即所谓的创意阶层。Landry 认为：创意城市的基础是由人员品质、意志与领导素质、人力的多样性与各种人才的发展机会、组织文化、地方认同、都市空间与设施、网络动力关系 7 大要素构成。通过这些要素，营造出 Landry 所谓的创意环境，让创意在最适宜的环境中成长繁盛。

伦敦南岸艺术区位于泰晤士河边，是利用废旧港口码头和古老仓库改造的文化旅游区，其历史可以追溯到 20 世纪 50 年代。特色的影院、漂亮的餐厅、纪念品商店，风格迥异的咖啡厅、酒馆和游船，现代化大桥飞架两岸，高速火车穿梭而过。用旧发电厂改造的泰特艺术馆，是专门展示 20 世纪艺术品的专题艺术馆，以其独特的建筑风格与现代艺术藏品的完美结合，成为艺术区的灵魂。艺术区集现代文化、旅游、休闲、商业功能于一体，古老、现代风格交织，游览内容丰富而新鲜，为游人提供了浑然天成的休闲去处。经过半个多世纪的不断发展，现已成为欧洲最大的艺术中心，每年吸引着 300 万的参观者。形形色色的街头艺术家使出浑身解数向世人展示他们出人意料的绝招：有肢体雕塑，有沙雕，有各类重金属、摇滚、蓝调特色乐队等。集中在桥底的涂鸦，在狂野的反叛中居然带有几分含蓄。充满创意的“会唱歌的墙”，只要游客触摸墙上凸出的“音符”，就会听见几十种乐器声响；就连一旁的公共座椅也由设计师精心组装，游客可以通过手机蓝牙和这些附有播放器的座椅交换歌曲，当然通过蓝牙也可以为旁边的客人点歌，寻觅知己。这些都在一定程度上带动了周边特色文化产业的兴起，进而带动了旅游业的发展。

2. 文化创意产业集群

文化创意产业集群与一般产业集群不同，创意产业首先是体现创意，其次才是产业；而一般的产业集群是先有产业，然后才是改进技术和创意工艺，提高效率。文化创意产业集群是产业集群中新产生的一类具体形态，是指相互关联的创意企业、创意工作者与相关机构在具有一定的文化地理空间（主要包括高校、文化遗址地、艺术场所以及新规划的文化发展区域等）内，形成相对集中的区域集合体。产业集群化发展是产业内外部组织的更高形式，通过集聚集群模式，有效实现资源共享和降低交易成本，从而创造更多有效的供需市场，实现整体产业水平与竞争力的提升。文化创意产业集群与其他产业组织形式相比，表现出明显的群体竞争优势和集聚发展所带来的规模化效益和外部效益，它的崛起是创意产业发展的必然趋势。

制造一个产品，拥有一批客户，塑造一个品牌，占有一片市场，是美国迪斯尼公司的战略管理特征。80 多年来，迪斯尼公司秉承高质量创意与传奇故事的丰富遗产，创造了与众不同的娱乐体验，从一个以主题公园和娱乐为主、立足美国市场的企业，发展成为以传媒经营为主的世界著名的大型跨国公司。迪斯尼公司不仅仅是全球技术和娱乐经济的开拓者之一，也是文化创意产业的始作俑者之一。迪斯尼公司是包括影业娱乐、主题公园、消费产品和传媒网络四大板块的文化创意产业部门。影业娱乐部分是迪斯尼公司的基业所在，其核心是世界著名的迪斯尼动画电影制作，依靠鲜明的品牌形象，依托好莱坞影视制作产业集群化发展所产生的全球效应，通过好莱坞进行发行，从而获得更高的利润。迪斯尼乐园是迪斯尼主题公园与旅游度假业的核心，它运用统一的创意设计理念，在保持浓厚的迪斯尼主题特征的同时，在不同国家各地区设立的迪斯尼乐园还融合了本土文化的地区差异性。迪斯尼公司深知自己的产品是文化产品或者有着丰富的文化内涵，持续创新是企业发展的动力，因此重视文化创意活动、倡导技术创新、整合营销渠道、加强版权保护，使公司产品生产一次投入多次产出，一个品牌，开拓多个市场，由此延伸出庞大的产业链。20 世纪 90 年代以来，迪斯尼公司与传媒网络的融合发展，进一步巩固了它在世界市场的地位。

(八)文化“舞台化”与“情境化”

从旅游业的角度来说：文化的舞台化就是文化旅游产品被当作“真实”搬上舞台。“舞台”是指在旅游中所能向旅游者呈现的一幕幕场景，并非狭义的舞台表演。而此时的文化旅游产品作为旅游吸引物，被装帧起来，被搬进“情景”中，被植入到旅游产品的环节中。

在西方，“舞台真实”理论的提出有着深刻的社会背景，它原来是舞台艺术中所使用的专业名词，把它引入旅游人类学中之后，就涉及旅游文化资源开发中出现的许多现实问题。如文化商品化、文化变迁、文化保护和创新问题等。许多西方旅游人类学家对旅游文化资源的“舞台化”是对文化的保护还是破坏、“真实”的内涵是什么、“真实”在旅游人类学中该怎样定义、“真实”与文化商品化的关系等问题进行了激烈和深入的讨论。“舞台真实”最早由戈夫曼提出，他把人生比作一个大的舞台，并提出“前台”和“后台”的观点。麦坎内尔认为在现代旅游开发中，东道主将他们的文化和东道主居民本身当作商品展示给游客，从而导致东道主社会生活真实性的舞台化。“舞台真实”就是指在旅游中所能向游客呈现的一幕幕场景。“舞台化”是多个利益主体促成的一种现象，追求真实是大多数游客的愿望。舞台化的过程就是所谓的“真实”被包装放入“前台”的过程。

(九)旅游绅士化

“绅士化”是西方发达国家部分城市在经历了郊区化后出现的一种新现象，最早可追溯至20世纪60年代末的英国，而较大规模的绅士化则兴起于20世纪70年代以后的北美、欧洲以及澳大利亚和新西兰等西方国家的城市中。绅士化作为一种复杂的城市发展现象，由于其新颖的研究视角以及对传统居住区位理论和城市社会结构理论的挑战，特别是其在城市中心区更新中的重要角色而受到了西方城市研究学者的重视。绅士化的概念最早由格拉斯自英文中的“gentry”引申而来，意指中产阶级逐渐侵入工人阶级居住的邻里地区，而使该地区的建筑物获得整修及美化，原先破败的中心城区得以复苏和发展，社会特性因居民阶层结构的变化而改变的一种现象（Schaffer and Smith，1986）。这种城市重构化同样在近 30 年中国的城镇化进程中具有非常典型的特色体现，中国大量的旧城改造、工业区改造中均出现了各类具有文化旅游价值的新型城区。银川市典型如旧城景观化改造、中阿博览会永久会址、滨河新区和阅海湾中央商务区建设、国际（吴忠）清真产业园等都具有潜在的旅游绅士化发展前景。

旅游绅士化这一概念最早由戈瑟姆于 2005 年提出，意指通过休闲娱乐和旅游业的发展使得中产阶级居住的邻里地区转化成为一个相对富裕和专有区域的过程。特别是在全球化的背景下，伴随跨国公司的全球扩张和资本的全球流动，大型旅游及娱乐项目建设在全球主要城市中日益普遍，也推动了城市绅士化运动的进程。从这一角度出发，旅游绅士化亦可以指通过大型旅游和娱乐项目开发而引起的城市中某些地域的重新建设，从而使其周边邻里地区发展成为富裕、独立区域的社会现象。旅游绅士化是绅士化发展模式的一种特殊类型，强调的是绅士化的独特性，是对传统绅士化研究领域的拓展和深化，其出发点是对绅士化原因的再探讨。旅游绅士化具有两个重要意义。首先，旅游绅士化可以突出全球化和地方化相伴而生的现象与过程，而这两个方面正是当代城市化和城市再开发进程中所体现的重要特征。一方面，旅游业是世界上最大的产业之一，也是一个“全球性”产业，大型国际饭店连锁、跨国旅行机构和金融服务企业如美国运通、Visa 等在全球旅游业中占据主导地位，他们通过“品牌协同”等战略将地方场所转化为全球性的消费空间。另一方面，旅游业也是一个“地方性”突出的产业，旅游消费总是置于特殊的地方文化与地方特性构成的空间实体内，正是“地方”所独有的差异性引起了旅游者的消费需求。旅游业的全球性与地方性的结合，塑造了其在城市发展中的特殊角色，使其成为许多国家和地区促进经济发展的重要手段，而且越来越多的城市将其作为提升城市竞争力的发展战略，旅游绅士化是这一进程中的必然结果。因而，旅游业可以被看作沟通跨国公司、资本流等外生力量与地方居民、精英群体和旅游者等地方行动的全球化过程。

绅士化在不同城市以及同一城市的不同区域的表现形式和特征都存在

差异，这受制于城市功能、城市规划师个人偏好乃至城市空间布局结构特征等因素。旅游绅士化可以分为依托历史文化古迹类型、依托山水景观类型、依托城市废弃场址类型的旅游绅士化三类。

依托历史文化古迹类型的旅游绅士化大多发生于城市内部历史悠久地段，以历史文化古迹为依托，将旅游、商业、居住和休闲生活方式予以结合。

依托山水景观类型的旅游绅士化的发生地域往往存有优美的自然旅游资源，环境品质较高，因而成为大多数中高档收入阶层居住的首选之地。

依托城市废弃场址类型的旅游绅士化往往发生在城市的内部区域，其区域原多布局城市的交通、生产设施，但随着时代的发展，从功能上来说这些设施大多失去了其特有的作用和功能，因而对其改造与重新利用成为城市更新的重要方面之一，其中旅游功能转化是大多数城市的首选。

三、资料获取与处理

（一）旅游资源评价

旅游资源评价是对不同地域的旅游资源的组合特点及由此而产生的质和量的差异、对旅游吸引力的大小进行的科学划分，包括确定一定地域范围内旅游资源的类型特征、空间结构、数量和质量等级、开发潜力和开发条件。其目的在于确定旅游资源的开发价值和开发顺序，明确建设方向，是旅游资源开发规划的重要内容。

旅游资源评价方法包括定性评价和定量评价两种。定性评价又称经验法，是通过评价者观察后的印象得出结论，这种方法简便易行，但往往会受到评价者自身主观意向、偏好的局限性。定量评价是依据相关数据资料，将评价资源的各指标加以定量化，然后通过数学方法对旅游资源进行的评价。这种方法可以克服评价者的主观意向，避免受个人因素的影响。目前，国内旅游资源评价方法已由初始的定性评价方法为主发展为以定量评价为主、定性与定量相结合的方法。

定量评价一般分为单因子评价和综合多因子评价两种。

单因子评价法是指对旅游资源某要素是否适合开展某种特定旅游项目及适合程度的评价。这种评价方法对于开展诸如游泳、滑雪、登山等专项旅游活动的针对性很强。针对不同的评价对象，现在较为成熟的方法有：气候的适宜性评价、海滩质量评价、洞穴旅游资源评价。

综合多因子评价从多角度和多维度来考虑旅游资源评价，在此基础上通过应用某些数学方法，综合对旅游资源进行评价。目前，在旅游资源调查、评价实践中采用较多的是国家标准《旅游资源分类、调查与评价》(GB/T18972-2003)（以下简称“国标”）的综合价值评价法。“国标”将旅游资源分成8个主类、31个亚类和155个基本类型三个层次，从旅游资源的品位质量水平、资源所处的外在环境和资源的可开发利用程度三个方面，根据当地旅游发展目的，从多种角度选取一些相关因子，并依据某种标准，利用某种方法或手段对旅游资源进行比较，以此来判断旅游资源的综合价值。

针对宁夏文化旅游资源赋存现状，本研究主要采用定性与定量相结合的资源评价方法，根据《旅游规划通则》旅游资源类体系对旅游资源进行单体评价和综合评价，并用GIS技术进行旅游资源空间分布结构和功能组合特征评价，以保证资源评价结果科学、准确，同时确定主要景点的可开发潜力值。

（二）市场研究方法

旅游市场研究即是运用科学的方法和手段，有目的地针对旅游市场需求的数量、结构特征等信息以及变化趋势所进行的调查与研究。对旅游市场的研究是为了更好地掌握最新的旅游动态，为旅游的发展、开发、营销以及政策的调整提供决策依据。本报告采用的方法有观察法、问卷调查法、内容分析法和资料综合分析法。

观察法，通过观察要调查的对象与背景可以收集到最新资料。例如，调查员到旅行社、饭店等“散步”或住宿，听取或试探性地观察其他游客对各旅游企业的评价。

问卷调查法：问卷调查是社会调查经常引用的一种数据收集方法，操作较便捷。研究者根据研究主题目标设计调查问卷题目，计算样本量等，发放给被调查群体后回收并整理，进行数据处理与分析，从而得出研究结论。本研究采用问卷调查法对游客感知进行分析，获取游客对文化旅游开发的态度信息。

内容分析法：是通过搜集如博客、游记、论坛、发帖等网络文本，应用内容挖掘系统软件对网络文本内容进行分析，获得研究结论的量化处理的一种方法。

资料综合分析法：是对旅游活动中的人们进行全面分析，并对各类研究对象进行旅游心理比较的研究方法。例如对不同性别、年龄、阶层、信仰、文化教育程度和经济收入的游客，分别进行心理研究，从而发现同一类型的游客共同的旅游心理倾向。

(三)资料处理的技术工具

1. GIS

地理信息系统（Geographic Information System 或 Geo-Information system，简称 GIS）或称之为“地学信息系统”，是一种特定的十分重要的空间信息系统。地理信息系统是根据空间地理数据库为处理基点，对整个或部分地球表层空间实体数据进行采集、输入、整理、编辑、转化、校正、模拟，运用多维空间系统模型处理分析多种空间目标的动态数字信息，进而为地学研究和规划决策提供计算机软硬件技术系统支持。

旅游地理信息系统（Travel Geographic Information System，简称TGIS）是以旅游地理信息数据库为基础，在计算机硬软件支持下，运用系统工程和信息科学的理论和方法，综合地、动态地获取、存储、管理、分析和应用旅游地理信息的多媒体信息系统。

GIS 技术通过与数学分析模型的集成发挥空间分析功能，建立旅游资源评价、旅游开发条件、风景区环境容量、旅游需求预测、旅游经济效益等各种模型，其强大的数据处理能力和空间分析手段，为旅游管理和辅助决策提供了有力支持。

利用 GIS 的拓扑叠加功能，通过对环境层与旅游资源评价图的叠加，可以分析优先发展区域；利用 GIS 的网络分析功能，可以进行旅游线路布局；利用 GIS 的缓冲区分析功能，可以确定景区的保护区域、发展潜力等。

本报告采用GIS的方法对景区（点）的分布、非遗文化遗产的分布，道路及游线进行了缓冲区分析、各个节点之间属性相邻度分析等，对宁夏文化旅游资源的空间特征和功能结构进行了分析。

2. SPSS

SPSS是世界上最早的统计分析软件，由美国斯坦福大学的3位研究生Norman H. Nie、C. Hadlai （Tex） Hull 和 Dale H. Bent于1968年研究开发成功，同时成立了SPSS公司。SPSS微机系列产品的开发方向，极大地扩充了它的应用范围，并使其能很快地应用于自然科学、技术科学、社会科学的各个领域。世界上许多有影响的报纸杂志纷纷就SPSS的自动统计绘图、数据的深入分析、使用方便、功能齐全等方面给予了高度的评价。

近年来，SPSS在旅游中的应用越来越广泛，对于游客人数的预测，客源市场的分析，客源空间结构的分析以及旅游资源的分类统计等都有诸多应用，为旅游的开发和发展提供了数据支撑。

3. ROST Content Mining软件

目前，ROST软件是武汉大学研发编码的国内唯一的辅助人文社会科学研究的大型免费社会内容分析挖掘、分析、计算平台。该软件可以实现微博分析、聊天分析、全网分析、网站分析、浏览分析、分词与词频统计、英文词频统计、流量分析、聚类分析等一系列文本分析。应用ROST软件可以对网络文本内容进行分析，从而获得研究结论的量化处理。

在旅游方面，ROST可以将感性的、定性的一些数据提取为量化的数据。为了确保数据的可靠性，本研究通过对游客相关网络文本进行收集，分析获取游客对旅游感知的资料和数据，从而获得游客对文化旅游开发的感知信息并进行分析。

第二章　宁夏旅游资源调查与评价

一、宁夏旅游资源的蕴育环境

（一）宁夏自然地理环境

宁夏地处中国西北内陆，位于北纬35°14′~39°23′，东经104°17′~107°39′，与甘肃省、内蒙古自治区和陕西省毗邻，总面积6.64万平方公里，占全国总面积的0.6%。

宁夏在地貌单元上处于东南季风区、西北干旱区和青藏高原区三个自然区的交汇地带，地理环境具有明显的过渡性、复杂性和不均衡性。宁夏地质地貌格局整体位于中国地质地貌南北向界限，即贺兰山—六盘山—龙门山—哀牢山一线的北段；中国地势第一阶梯向第二阶梯转折过渡的地带，黄土高原与内蒙古高原的过渡地带。宁夏全境海拔1000米以上，地势南高北低，高差近1000米，呈阶梯状下降。地质构造大致沿六盘山东麓、罗山东侧和牛首山东北麓呈近南北向延伸的龙首—六盘深断裂，整个自治区的地质构造被分隔为具有明显差异的东、西两部分；地貌格局以北西走向的牛首山—青龙山断裂为界，呈现明显的南北差异。南部为黄土地貌，以流水侵蚀为主；北部以干旱剥蚀、风蚀地貌为主。境内山地迭起，平原错落，丘陵连绵，沙丘、沙地、湖泊散布，地表形态复杂多样，蕴育出宁夏丰富的地文景观和雄秀奇美的自然景观。

宁夏位于中国季风区的西缘，西、北、东三面分别被腾格里、乌兰布和以及毛乌素三大沙漠所环绕，地理位置极其独特。由于受沙漠影响，宁夏与中国东部同纬度地区相比较，表现出明显的干旱性，属温带大陆性干旱与半干旱气候。四季分明，春暖快、秋凉早；干旱少雨，日照充足；全年日照达 3000 小时，无霜期 170 天左右，是全国日照和太阳辐射最充足的地区之一，各类瓜果也因此得天独厚的条件而品质优良，格外甘甜。南凉北暖、南湿北干。南部六盘山区降水较多，夏季凉爽，是西北地区消夏避暑的一处胜地；北部日照充足，蒸发强烈，雨雪稀少，昼夜温差大。

宁夏最热月份为 7 月，平均气温在 23℃左右；最冷月份为 1 月，平均气温在-9℃左右。每年 5~10 月间，是宁夏山川气候宜人，风景如画，果鲜瓜甜、稻香鱼肥的旅游观光黄金季节。全区降水量自南到北由 675 毫米降至 183 毫米，有 2/3 以上的地区降水量少于 400 毫米。受干旱影响，宁夏天然植被以草原为主，森林仅分布在贺兰山、六盘山、罗山等海拔较高相对高差大的山地地区。宁夏植被干草原、荒漠草原占全区面积的 75.4%，西北边缘分布有干旱荒漠植被。由于地处黄土高原与干旱风沙区的过渡带，因此宁夏的自然地理环境具有明显的脆弱性和易变性，区域内水蚀、风蚀、盐渍化活跃，环境容量低，自我修复能力差，是中国农牧交错带生态环境最为脆弱的地方。

宁夏大部分地区属黄河流域，主要河流有黄河干流及其支流。宁夏流域面积大于 100 平方公里的河流有 98 条，大于 1000 平方公里的有 15 条。清水河、红柳河、苦水河为黄河一级支流，均分布于黄河右岸，由南而北注入黄河；泾河、茹河、葫芦河系黄河二级支流，皆南入渭河，再入黄河。这些河流多发源于南部山区，以六盘山为中心。清水河北流，泾河、茹河东流，葫芦河西南流，形成放射状水系。

黄河干流自中卫县南长滩入境，经卫宁平原和银川平原，至石嘴山市头道坎以北出境，流程 397 公里。黄河在宁夏境内比降小，水面宽阔，水势平缓，蜿蜒坦荡，风光秀美，西高东低便于黄河水自流灌溉，自秦汉以来，古代劳动人民在这块土地上挖渠引水，开垦粮田，终于使“地近荒漠”的宁夏平原形成了渠道纵横，阡陌相连，林网如织，湖泊棋布的“塞上江南”。地理意义上的黄河孕育和造就了独特的“天下黄河富宁夏”的自然格局，融江南水乡的秀丽景色于豪放、粗犷的北国风光之中，缔造了中国最大的干旱区灌溉农业绿洲。

（二）宁夏历史人文环境

1. 宁夏地处塞上江南，历史文化悠久

宁夏是中华文明的发祥地之一。远在三万年以前的第四纪晚更新世晚期，境内灵武“水洞沟遗址”旧石器时代文化遗址显示当时的古人类穴居生活已经有相当水平的文化适应，古人类已经能够取火、打制石器、磨制骨锥，以狩猎采集为生。新石器时代，宁夏境内古文明广泛分布，北部以河套地区新石器文化和细石器文化为主，南部以“马家窑文化”和“齐家文化”为主。

进入青铜器时代，宁夏境内的古人类农耕文明可能由于当时的气候逐渐变冷变干，生存环境发生较大变化而逐渐迁移或消亡。原有的森林景观逐渐演变为森林草原景观，随之在宁夏境内出现了从北方南下的史称西戎（或北戎）的游牧部落，这些部落在中国历史记载中称呼不一，尧时称为薰鬻（荤粥），夏时称为淳维，商代称为鬼方，西周称为猃狁。从商周至明清的数千年间，宁夏境内民族众多，迁徙频繁，蕴育了农耕文化与游牧文化交汇、汉文化与少数民族文化相融的多元化文化特征。

西周时宁夏境内已有地名记载，太原、朔方已经在《诗经·小雅》中出现。《诗经·小雅·出车》：“王命南仲，往城于方。出车彭彭，旂旐央央。天子命我，城彼朔方。赫赫南仲，玁狁在襄。”记载了春秋时期，周天子派兵讨伐宁夏境内游牧民族的历史事实。当时这一地区主要是义渠戎、乌氏戎和朐衍戎的活动范围。

春秋战国以后，宁夏境内已有县的建置。宁夏境内最早的有史记载的城是秦惠文王在今固原市原州区蒿店乡到甘肃省平凉市安国镇一带设置的乌氏县。今泾源县东有一秦汉古城遗址，依山麓而筑，长约 1500 米，宽约 800 米，地表下近 1 米密布秦砖汉瓦，并有城市下水管道的建筑材料，历史学者多疑为秦时乌氏城。此后，封建统治者与北方游牧民族间的对峙与互进逐渐加剧，宁夏已成为多民族进入的重要地区。秦在此设北地郡、九原郡，派兵屯垦，兴修水利，开始了银川平原引黄灌溉的历史。汉武帝曾两次出巡宁夏，并在宁夏设安定郡，大规模移民，出现了“沃野千里，谷稼殷积……牛马衔尾，群羊塞道……因渠以溉，水舂河槽，用功省少，而军粮饶足”(《后汉书·西羌列传》)的繁荣景象，史称“新秦中”。

自北魏起，原州（今固原市）成为“丝绸之路”东段北道上的重镇。南北朝时，北周攻伐南朝陈国，迁其人到灵州。由于这批“江左之人崇礼好学，习俗相化”，竟使“本杂羌戎之俗的灵州风尚为之大变”。他们引水种稻，植桑养蚕，栽杨插柳，培李种桃，“塞北江南”这个美称就是从北周起第一次出现的。魏晋南北朝 300 年间，宁夏更是各民族大融合的基地，先后进入这里的有汉、匈奴、鲜卑、羌、氐、羯、敕勒、柔然等。

唐代，北部灌区进一步开发，银川平原已相当富庶，史称灵州（今吴忠市），兵食完富，士马强盛，甲于诸镇，成为西北军政和交通中心，是唐肃宗登基的中兴之地。一千多年前唐代诗人韦蟾就留下了“贺兰山下果园成，塞北江南旧有名”的诗句。南部原州则成为全国养马业中心，众多民族友好共处。贞观以后，宁夏南北安置过大量的包括突厥民族在内的北方众多民族，而且设置了有自治性的特殊管理形式，史称“羁縻州”。安史之乱后，吐蕃、回纥、吐谷浑、党项等进入宁夏，包括大食的军队。吐蕃在宁夏南部驻军将近百年。

五代和宋初，居住宁夏的民族主要有汉、沙陀、党项、吐蕃等。到北宋、西夏时期，东来的穆斯林商旅也多数从玉门、酒泉经西夏属地而至中原。

1038 年，党项族首领李元昊以宁夏为中心，建立了大夏国，史称西夏，定都兴庆府（今银川市）。国土“东尽黄河、西界玉门、南接积石，北控大漠”，“方二万余里”。西夏起初是游牧部落，信奉佛教，立国后也崇尚儒学汉法，并深受吐蕃、回鹘文化的影响。夏景宗李元昊（1032~1048 年）创立了西夏文，设立蕃学和汉学，百姓“通蕃汉字”。史家戴锡章《西夏记》曾言：“夫西夏声明文物，诚不能与宋相匹，然观其制国书、厘官制、定新律、兴汉学、立养贤务、置博士弟子员。尊孔子为文宣帝，彬彬乎质有其文，固未尝不可与辽金比烈!”

西夏文化以佛教艺术与建筑方面见长，兴建了大量的佛塔与佛寺，以宁夏承天寺塔最有名。在艺术方面西夏继承了北魏、唐朝以来佛教洞窟艺术发展的精髓，在敦煌莫高窟、安西榆林窟都有丰富的西夏佛教壁画，著名的如“西夏佛教供养人壁画”，具有“绿壁画”的特色。此外，在雕塑、音乐与舞蹈等方面也有较为独特之处。

西夏政权延续 190 年之久，国境共 22 州，横跨西北各省，其中 8 州在宁夏北部川区，为西夏的政治、经济、文化基地。西夏文化也因此成为宁夏地域文化的构成主体之一。

元灭西夏后，设宁夏路，始有宁夏之名。这一时期，蒙古族以及从中亚、西亚东来的许多民族先后进入宁夏。元初，随着蒙古军队的东归，一批批信仰伊斯兰教的中亚各族人民以及阿拉伯人、波斯人不断地被签发或自动迁徙到中国来，伊斯兰教迅速传播。元朝驻宁夏一带的蒙古军队中，有相当多的人信奉了伊斯兰教，成为宁夏回族的族源之一。

元、明、清不断有秦、晋、江、淮等地移民来此戍边。明朝初年，不断有大批回回人以归附土达的身份被安插到灵州及固原各州县，形成了许多回族聚居点。清朝初年，宁夏回族人口更加繁盛，故乾隆四十六年（1781 年）陕西巡抚毕沅在奏折中称：“宁夏至平凉千余里，尽系回庄。”由于回族在宁夏一带居住的十分密集，故当年在甘肃等地有“回七汉三”的说法（《甘宁青史略》）。自元至明清，汉族、回族两个民族成为宁夏民族的主体。伊斯兰文化圈逐步形成，成为宁夏地域文化的主体文化之一。

2. 古丝绸之路重要节点，今中阿交流合作核心区

宁夏位于“丝绸之路”之上，历史上曾是东西部交通贸易的重要通道。公元前 3 世纪，中国即以盛产丝绸而闻名于世界，被称之“丝国”。中国的丝绸经西北各民族之手少量地辗转贩运至中亚、印度。汉初，匈奴控制了河西走廊、西域。汉武帝时北逐匈奴，收复河西走廊，建立河西四镇，并派张骞两次出使西域。此后西亚各国与汉朝使节商人往来不绝于此。汉朝当时修筑道路，设置亭驿，便利商旅。为保护通道，修筑了光禄

塞和居延塞长城，丝绸之路正式开通。

丝绸之路东起长安（今陕西西安），西至君士坦丁堡，横跨欧亚大陆，在中国境内长 1700 公里以上。一般将这条丝道划为三段，即东段，关陇河西道；中段，西域道；西段，中国境外道。东段又分为南、中、北三道，宁夏的南部正处在东段北道的交通要道上。

东段北道的走向是：从长安出发，西北行，大致走向同今天 302 国道走向。至瓦亭后，北上原州（今固原），沿清水河经石门关（今须弥山下），折向西北经海原、靖远越黄河至景泰，西抵武威。

以此道为轴，还有两条通道。一条从长安至陇州后，沿陇山东麓过华亭县，至泾源，过制胜关、越六盘山达陇西。一条是由咸阳至宁县后，沿茹河进入固原，西北至景泰，再至武威。丝绸北道无论走哪条线都必须翻越六盘山，都要在景泰渡黄河，才能至武威。宁夏南部在古丝绸之路中有着举足轻重的地位，从西汉至唐宋，这条道路上的文化传播与交会都留下了丰富的文化遗址。

宁夏是全国 5 个少数民族自治区之一，是连接西北与华北、东北地区的重要枢纽，是新亚欧大陆桥的重要节点，也是西部大开发的重要依托和前沿阵地。

宁夏作为中国唯一的回族自治区，有条件、有优势成为中国与阿拉伯国家及穆斯林地区合作的“先行区”，有责任、有义务充当促进中阿合作的“领头雁”。宁夏自古以来就是丝绸古道的要冲和中阿文明的交汇地之一，历史悠久、文化灿烂、山河壮美、资源丰富。回族穆斯林与阿拉伯国家穆斯林群众的宗教信仰相同，生活习俗相近，文化认同相向，在相互交流和贸易方面有着明显的人文优势，为双方开展合作提供了独特的便利条件。党中央高度重视宁夏在中国向阿拉伯国家和穆斯林地区开放合作中的平台作用，宁夏的向西开放已在国家对外开放战略中占有重要位置。作为中阿经贸博览会的永久承办地，宁夏将肩负使命、探索创新、优化环境，在国家向西开放格局中担当重任，在推动中阿交流合作中发挥更大的作为。

（三）自然与人文环境对宁夏旅游资源特色生成的影响

1. 自然旅游资源复杂多样，景观差异显著

宁夏地处我国大地构造、地质、地貌和区域自然环境的过渡及交汇地带，自然地理要素表现出明显的纬向变化，自南向北，气候由半湿润区过渡到半干旱区和干旱区；地貌由流水侵蚀地貌过渡到干燥剥蚀地貌；植被由森林草原逐渐变为干草原、荒漠草原和荒漠；而贺兰山、六盘山等山地的崛起则产生明显的垂直分异，加之处于地台与地槽过渡带上的地质基础，形成了宁夏多种多样的自然条件，塑造了复杂多样的自然景观，使宁夏旅游资源丰富多彩、景观迥异、类型多样，代表性强，除海洋旅游资源等少数类型外，具备其他大部分自然旅游资源类型。独特的地理位置使宁夏自然条件具有明显的过渡性，区域内自然旅游资源地域组合和空间分布良好。北部以贺兰山地层剖面、构造遗迹、古冰川遗迹等地质旅游资源以及动植物旅游资源、平原湖泊旅游资源等为主；中部以沙坡头沙漠风光、黄河峡谷风光和塞上江南水乡风光最具特色；南部以六盘山动植物旅游资源、河流旅游资源以及黄土地貌、地震遗迹、丹霞地貌等旅游资源最为集中。宁夏南部西吉县火石寨乡和海原县扬明乡月亮山及固原县须弥山地区，在地层、新构造运动和气候等因素的综合作用下，发育成大规模的典型丹霞地貌，具有奇、险、秀、美的特点。多种多样的自然旅游资源分布全区各地，特别是反映西北干旱半干旱气候特色的风蚀、风积景观以及草原景观分布最广，成为宁夏自然旅游资源中最具特色的自然风光。黄河与大漠构成了大漠孤烟、长河落日的雄浑景观；沟渠纵横的宁夏平原与其周围的荒漠构成了塞上江南的绿洲农业景观。

2. 生物旅游资源的边缘效应

在两个或两个不同性质的生态系统（或其他系统）交互作用处，由于某些生态因子（可能是物质、能量、信息、时机或地域）或系统属性的差异和协合作用而引起系统某些组分及行为（如种群密度、生产力和多样性等）的较大变化，称为边缘效应。独特的自然环境，蕴育了宁夏多样性和典型干旱半干旱区域独特性的生物旅游资源。宁夏天然植被具有温带和北

温带性质鲜明、群落结构简单、旱生生态特征显著、植被分布规律明显等基本特点。宁夏植被的分布，在水平方向上，由南向北，呈现森林草原—干草原—荒漠草原—荒漠的变化规律。在垂直方向上，六盘山、贺兰山、罗山都具有一定的植被垂直带谱。宁夏天然植被类型有针叶林、阔叶林、灌丛和山地疏林、草甸、草原带沙生植被、荒漠、沼泽等 8 类。截至 2014 年年底，国家级自然保护区数量已达到 7 个。这些自然保护区集中了全区自然生态系统和自然景观中最精华的区域，在发展自然生态旅游方面具有得天独厚的优势。如沙湖观鸟、沙坡头治沙、黄河漂流、沙漠探险、贺兰山探奇、六盘山避暑、苏峪口揽胜等独有的系列生态游旅游资源。

宁夏国家级自然保护区为贺兰山自然保护区、六盘山自然保护区和沙坡头自然保护区、罗山自然保护区、南华山自然保护区、哈巴湖自然保护区和白芨滩自然保护区。贺兰山自然保护区保存了干旱风沙区山地自然生态及其自然原始本底，是珍稀、濒危动植物种类及种质的基因库。六盘山是国家级半湿润区水源涵养林山地森林生态系统保护区，蕴含有许多珍稀物种，素有宁夏“天然动物园”之称。沙坡头自然保护区是第一个国家级沙漠生态类型自然保护区，治沙成果闻名中外，沙漠植被极为珍稀。罗山自然保护区以山地森林生态系统及其自然综合体为保护对象。南华山自然保护区以干草原及其生态系统为保护对象。白芨滩自然保护区以天然柠条林及其种子基地为保护对象。火石寨丹霞地貌国家级自然保护区是一个以保护黄土高原丹霞地貌地质遗迹为主的自然遗迹类自然保护区。保护区以典型的丹霞地貌著称，是我国迄今发现海拔最高、北方规模最大的丹霞地貌群，同时也是古丝绸之路上规模最大的丹霞地貌景观和独特的山地森林灌丛草甸生态系统。自治区级自然保护区有以鸟类、水产资源及其生态系统为保护对象的沙湖自然保护区和中宁石峡沟自然保护区。这些自然保护区和森林公园为开展生态旅游提供了极大的潜力。

国家级沙湖、星海湖等水利风景区以珍稀鸟类为主。沙湖是鸟的天堂，这里有鸟类 198 种，100 多万只，占宁夏鸟类总数的 36.14%。这里鸟的种类主要有白鹤、黑鹤、天鹅、灰鹳、大鸭、丹顶鹤、中华野鸭等。国家一级保护动物有黑鹤、中华秋沙鸭、白尾海雕、大鸨4种，国家二级保护动物有大鲵（娃娃鱼）、白琵鹭、白额雁、大天鹅、小天鹅、鸳鸯、鸢、苍鹰等21种，宁夏回族自治区重点保护动物有24种。沙湖是宁夏苍鹭最大的繁殖地，野鸭成群，仅在湖区繁殖的斑嘴鸭和赤嘴鸭就在数万只以上。沙湖鸟类中，数量最多的是候鸟，年迁徙100万只以上。

3. 军事色彩的边塞文化

六盘山与贺兰山是宁夏南北的两大军事屏障，也构成了其地理意义上的军事防线。入贺兰山屏障，沿黄河、清水河直达固原。由固原南沿六盘山东侧南下，顺泾水河谷而下，可直捣关中；也可横出河西走廊。肥沃的宁夏平原与交通枢纽固原、六盘山连在一起，进可攻，退可守。在古代，除了元、清个别时段以外，宁夏一直是内地农耕文化与草原游牧文化发生文明间冲突的前沿地带，军事地位的重要性极为突出，成为历代中原政权特别重视的边陲之地，也是南窥中原的北方游牧民族入居和南下的通道，因而逐渐积淀了宁夏历史时期浓厚的军事文化特色。在这种自然地理环境制约下的交通的形成、商业贸易和地方政权建制，体现的多是军事色彩。

宁夏历史遗产类旅游资源中，军事性质的古长城、古城、古堡与古战场遗址，农耕特色的古灌渠，即是对其边塞文化的典型体现。自西周开始，战国、秦、汉、隋、金、明等朝代都曾先后在宁夏境内修筑长城。目前，宁夏境内几乎可以找寻到历史上各个朝代修筑的、技术迥异的长城遗迹，被称为“中国长城博物馆”。

在宁夏的历史进程中，自先秦至清末，军事与战争近乎如影随形，也因此遗存有众多描写战争和边塞风光的诗歌。早期的有《诗经·小雅·六月》《上之回》《北征赋》等，唐代有《使至塞上》《送卢潘尚书之灵武》等，现代有1935年毛泽东翻越六盘山后留下的《清平乐·六盘山》词等。这些诗歌作品赋予历史遗产更多的精神寄托和文化情怀，它们所内蕴的深厚文化禀赋是吸引众多游客来宁旅游的重要吸引力。

4. 多元融合的地域文化

地理空间上的宁夏，正好处在中原农耕文化与北方草原游牧文化的交错地带，也是古丝绸之路北线的重要路段，特殊的地理区位为多种文化的碰撞与融汇提供了环境与气候皆为优良的历史舞台，成为各民族密切交往的地区。六盘山（古陇山脉）与贺兰山分据宁夏南北。六盘山以东的甘肃庆阳，是周文化的发祥地；六盘山以南的陕西宝鸡，是神农炎帝的发祥地，也是周文化形成和发展的地方；六盘山以西的天水，是伏羲文化的发祥地。宁夏南部地区处在这三大文化板块融会并向北延伸的边缘。早期草原游牧民族活动于贺兰山南北，地理环境及其格局决定了在这一历史时空里，中原文化与北方草原游牧民族文化不断发生碰撞，形成了民族文化的多元性。

宁夏位于“丝绸之路”古道上，史称“关中之屏蔽，河陇之噤喉”，一直是历史上的军事重地。宁夏南部在古丝绸之路中有着举足轻重的地位。从西汉至唐宋，这条道路上的文化传播与交汇留下了丰富的文化遗址，如须弥山石窟。宁夏境内丝路文化的主要特点是：线路呈网状分布，在不同历史发展时期，以原州（今固原）、灵州（今吴忠）两大中心城市为枢纽，辐射东南西北，形成了网络状的道路分布格局。线性路段和遗产众多，从秦汉时期开始，以固原为核心，形成了萧关道、茹河道、六盘鸟道等著名的线性路段；以吴忠为核心形成了灵州西域道、灵原道、环灵道等著名的线性路段。

回族风情是宁夏独特的地域文化中重要的构成部分。宁夏是我国最大的回族聚居区，也是中国唯一的省级回族自治区。宁夏回族人民独特的风俗、多彩的生活、肃穆的清真寺、虔诚的穆斯林、庄严而热烈的各种回族传统节日，尤其是独具特色的清真美食，为素有“回族之乡”的宁夏山川，增添了独具特色的塞上风情。

此外，宁夏非物质文化遗产丰富，类型多样，具有审美、教育、康体等多项功能，开发利用价值大。根据“宁夏非物质文化遗产名录”（见附录 1），目前宁夏公布了 3 批非物质文化遗产名录，包括扩展项目在内，宁夏共有10大类近100个非遗项目，分布在19个市县区（见图2-1）。其中，国家级的非遗项目包括回族山花儿、回族服饰、回族器乐等共10项，宁夏回族自治区目前认定的非物质文化遗产代表性传承人包括国家级、自治区级共143人。

表2-1　宁夏非物质文化遗产类别及项目数量统计

类别	数目	类别	数目
传统音乐（民间音乐）	6	传统美术（民间美术）	13
曲艺	2	民间文学	3
传统戏剧	2	民俗	10
传统舞蹈（民间舞蹈）	8	传统医药	3
传统体育、竞技与杂技	11	传统手工技艺	15

资料来源：根据国家级非物质文化遗产名录、宁夏非物质文化遗产名录整理。

宁夏地小物博而山河壮美，得贺兰山之呵护，受黄河之厚爱，享六盘山之钟情。黄河、贺兰山、黄土高原、腾格里沙漠、六盘山脉、银川平原在这里巧妙融合，自然条件的过渡性、多样性造就了多姿多彩的塞上自然旅游资源；古老深远的黄河文化、特色鲜明的回族文化、神秘的西夏文化、独具特色的移民文化与浓郁粗犷的边塞文化共聚在宁夏这块神奇的土地上。文化的渗透、交流、交汇和融合，成就了悠久的历史和独特浓郁的回族风情，孕育出风格迥异、多姿多彩的宁夏人文旅游资源。悠久的历史和鲜明的民族特征积淀出宁夏文化旅游资源丰厚、独到的民族特色，为宁夏旅游业提供了深厚的文化基础。

近些年来宁夏文化旅游取得了长足的发展，但也存在部分持续发展的困境，如目前文化旅游线路单一，沙湖—华夏西部影视城—西夏王陵（一日游），西夏王陵—青铜峡一百零八塔—沙坡头—中卫高庙（二日游），沙湖—华夏西部影视城—西夏王陵—青铜峡108塔—明长城—中卫高庙—沙坡头—同心清真大寺—须弥山石窟—固原博物馆（三日游）等，而逗留型的旅游线路甚少。宁夏出售的旅游线路，虽然具有一定的文化内涵，但其广度和深度有待进一步拓展。例如，属全国35个王牌旅游景点的沙湖旅游区，到目前为止仍停留在游水玩沙阶段，没有与当地历史文化、民俗风

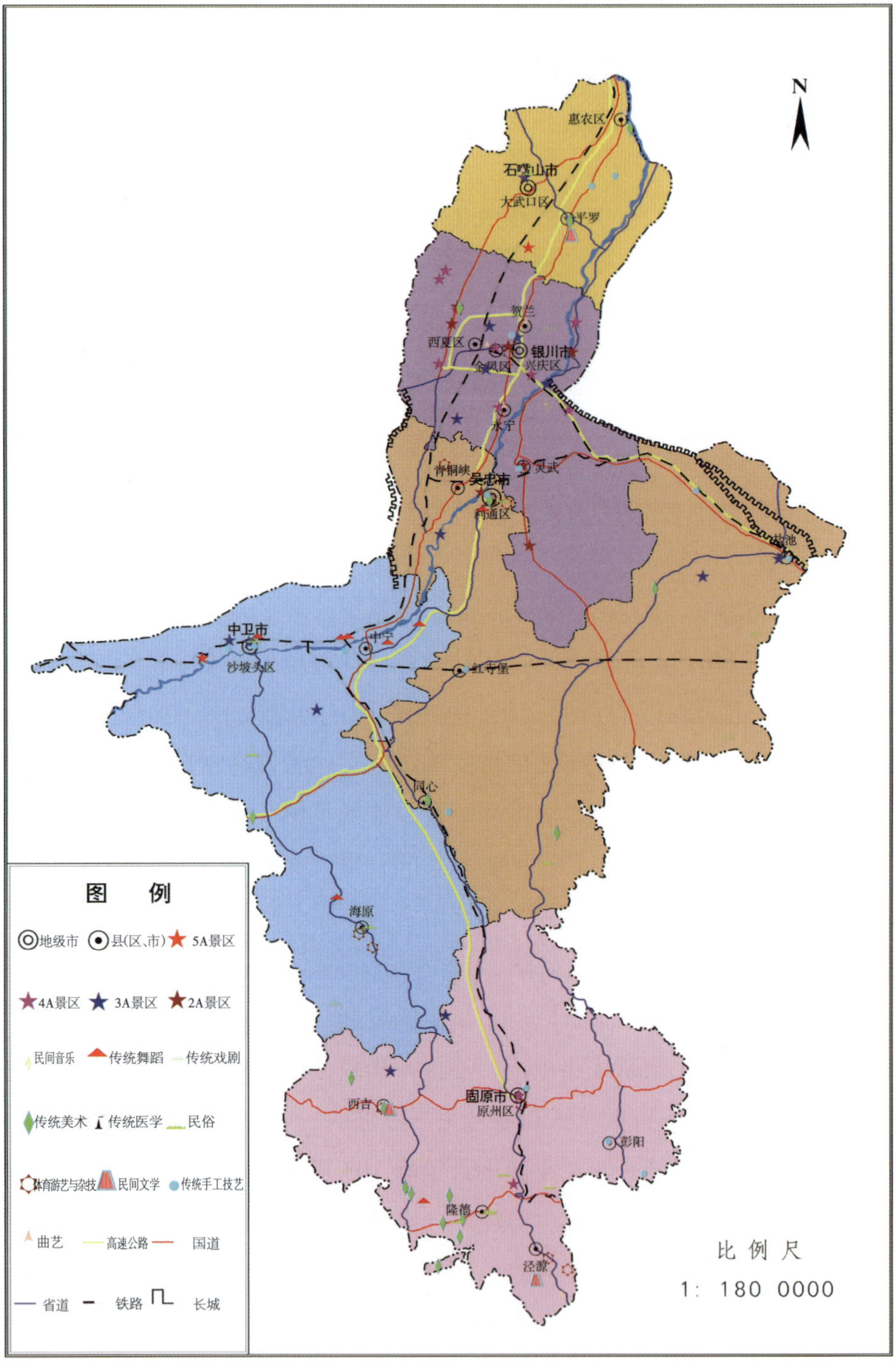

图 2-1　宁夏非物质文化遗产类别空间分布图

情结合起来。其他许多景点的文化底蕴也有待进一步发掘和加强。

二、宁夏旅游资源类型划分

根据“国际”中旅游资源调查分类体系，对照本次旅游资源普查的资料，对宁夏旅游资源的赋存状况、类型特点、开发条件和开发状况进行分析与评价（下表为旅游资源分类的数据统计，具体分类见附录 1）。

“国标”将旅游资源按主类、亚类、基本类型三个层次划分，8 个主类中，宁夏旅游资源全部齐备；31 个亚类中，除岛礁、河口与海面、冰雪面资源外，其他 28 个均具备，占总亚类的 90%；155 个基本类型中具备 111 个，占总基本类型的 71.61%，各类旅游资源单体共 830 个。

第一，宁夏地文景观类旅游资源充分体现了宁夏自然地理环境的过渡性、多样性和不均衡性，共有 4 个亚类，18 个基本类型，含 71 个旅游资源单体，约占总单体数的 8.55%，所占比例相对不高。由于沉积构造、自然变动遗迹等自然变化较大的因素，增加了旅游的开发难度，致使很多具有开发潜力的资源未能开发。

第二，水文景观类，共 4 亚类，8 个基本类型，旅游资源单体较少，

表 2-2　宁夏旅游资源分类简表

旅游资源主类类型数量				旅游资源基本类型数量			宁夏旅游资源普查单	
类别	全国	宁夏	占全国（%）	全国	宁夏	占全国（%）	单体数量	占全部单体(%)
A 地文景观	5	4	80.00	37	18	45.95	71	8.55
B 水域风光	6	4	66.67	15	8	53.33	47	5.66
C 生物景观	4	4	100	11	7	63.63	26	3.13
D 天象与气候景观	2	2	100	8	4	50.00	7	0.84
E 遗址遗迹	2	2	100	12	10	83.33	124	14.93
F 建筑与设施	7	7	100	49	42	85.71	389	46.86
G 旅游商品	1	1	100	7	6	85.71	33	3.97
H 人文活动	4	4	100	16	16	100	133	16.02
合　计	31	28	90.32	155	108	69.68	830	100

共 47 个，占总量的 5.66%，涉及风景河流、湖泊湿地、泉、瀑 4 种类型，充分展示出宁夏塞上江南的独特风格。景观大多以黄河沿岸和黄河支流沿岸为主、小部分分布在贺兰山东麓以及六盘山地区，水域大多以水沙结合、水林结合或以水山结合的方式构成，因此，宁夏的水文景观类旅游资源具有极高的旅游开发价值。

第三，宁夏生物景观类旅游资源种类齐备，但数量相对较少，共 4 种亚类，7 个基本类型，26 个资源单体，约占总体的 3.13%。其中六盘山地区、贺兰山地区、沙湖、腾格里湖为动植物物资源集中区。

第四，天象与气候景观资源数量较为缺乏，且品质不高，共 2 个亚类，4 个基本类型，只有六盘山云海、牛首山佛光、黄河大漠观落日、六盘山避暑、罗山避暑、贺兰山避暑和贺兰晴雪 7 个资源单体，占总单体个数的 0.84%。

第五，由于宁夏地处边塞地区，加之在农耕区与游牧区交错带，文化丰富多彩，历史厚重。因此，遗址遗迹旅游资源是宁夏主体旅游资源，品质高、规模大、类型多，共 2 个亚类，10 个基本类型，124 个单体，约占总量的 14.93%。资源数量众多，充分反映出宁夏丰厚的历史文化积淀。

第六，建筑与设施共 7 个亚类，42 个基本类型，389 个资源单体，占总体数量的 46.86%。由于宁夏为少数民族聚居区，因此不同民族特色的建筑便成了不可替代的旅游资源。从统计中看出，资源大多为宗教与祭祀活动场所、祭拜场馆 、佛塔、寺庙、楼阁、石窟、长城、摩崖字画等。

第七，旅游商品繁多，共 6 个基本类型，33 个单体，占总量的 3.97%，以特色菜饮和传统手工艺品为主。由于宁夏是回族聚居区，旅游商品都具有较强的地域特色，清真餐饮系列尤为突出。

第八，人文活动种类也很丰富，共 4 个亚类，16 个基本类型，133 个资源单体，占总量的 16.02%，比较全面地覆盖了民间习俗和节庆活动，反应了宁夏深厚的历史文化底蕴和丰富的民族民俗活动。

总体来讲，宁夏旅游资源类型多样，种类齐全，数量较丰富。旅游资源文化属性凸显，民族特色显著，为开发文化旅游提供了良好基础。

首先，在旅游资源亚类方面，以建筑与设施类居首，389 个单体，占总数的 46.86%；人文活动 133 个，占 16.02%；遗址遗迹 124 个，占 14.93%（见表 2–2，图 2–2、图 2–3、图 2–4）；地文景观 71 个，占 8.55%；水域风光 47 个，占 5.66%；旅游商品 33 个，占 3.97%。除地文景观和水域风光外，其他均属于文化类旅游资源。单体资源数量在 20 个以上的旅游资源基本类型依次为：综合人文旅游地最多（166 个），社会经济文化活动遗址（99 个），景观建筑与附属型建筑（78 个），单体活动场馆（59 个），现代节庆（49 个），均属于文化旅游资源。这说明宁夏开发文化旅游潜力巨大。

其次，旅游资源的地域文化和回族风情特色显著。明代，宁夏就已经

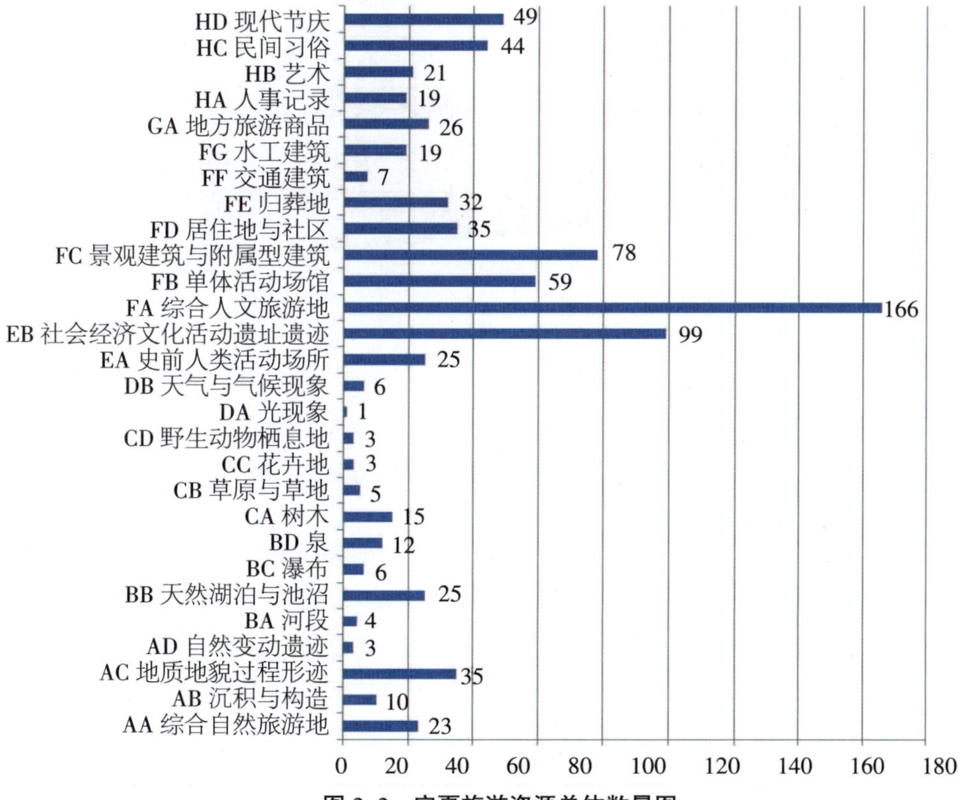

图 2–2　宁夏旅游资源单体数量图

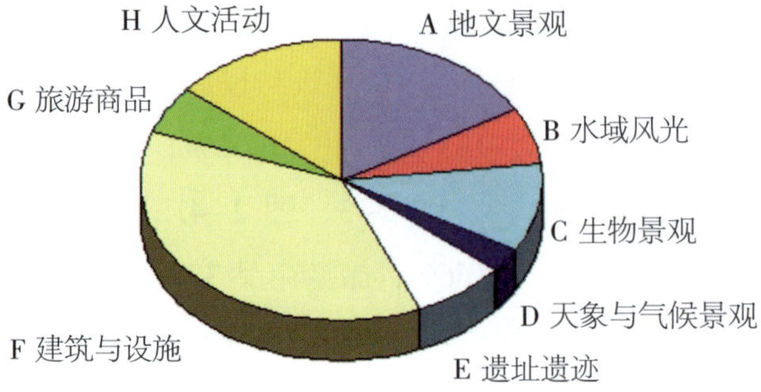

图 2-3　宁夏旅游资源分类

（单位:%）

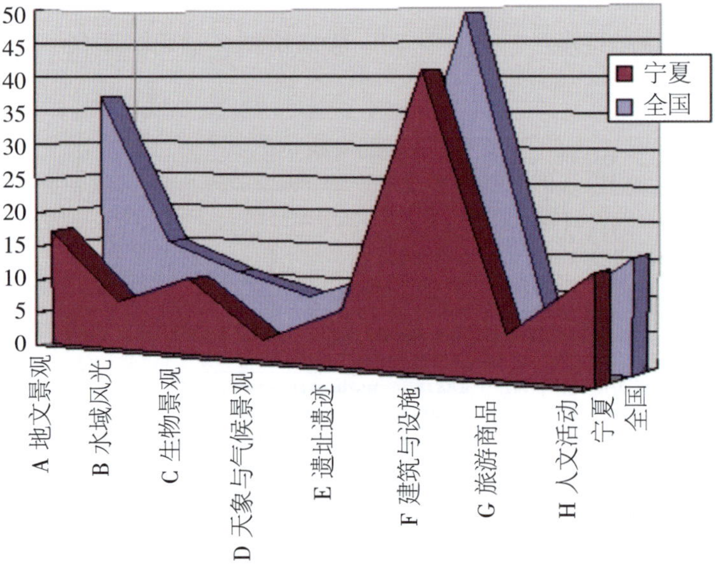

图 2-4　宁夏旅游资源类型占全国的比例

成为中国回族人口最多的地区之一。如今，宁夏已成为全国最大的回族聚居区。回族是具有丰富历史内涵和独特文化的民族，回族的宗教、服饰、饮食、婚嫁、丧葬、民间艺术、民间游戏娱乐等民俗旅游资源十分丰富，是吸引全国乃至世界游客的特色旅游资源。

再次，历史遗存众多，文化底蕴深厚，从西夏王陵到回族拱北，从古人类文化遗址到长城古堡，从清真寺到佛塔寺院，类型覆盖全面，文化多元交汇，是对宁夏历史变迁、民族融合的无声记录和文明写照。

最后，在自然资源中，湖泊、风景林地和沙地占优势，特别是水体景观在西北地区独具魅力，有很大的开发价值。

三、宁夏旅游资源综合评价

根据“国标”，采用“打分评价”方法对宁夏旅游资源的品质进行评价。该评价方法依据“旅游资源共有因子综合评价系统”打分，该系统设3个评价项目，分别为资源要素价值、资源影响力、附加值；设8个评价因子，分别为观赏游憩使用价值，历史文化科学艺术价值，珍稀奇特程度，规模、丰度与频率，完整性，知名度和影响力，适游期或使用范围，环境保护与环境安全，具体打分标准如下（见表2–3）。

根据资源评价赋分标准对规划区内较为典型的资源单体进行评价，得出其综合因子评价赋分值，并依据旅游资源单体评价总分，将其分为五级，从高级到低级为：

五级旅游资源，得分值域≥90分。

四级旅游资源，得分值域≥75~89分。

三级旅游资源，得分值域≥60~74分。

二级旅游资源，得分值域≥45~59分。

一级旅游资源，得分值域≥30~44分。

未获等级旅游资源，得分≤29分。

按照“国标”，将旅游资源划分五级，称为“特品级旅游资源”；五级、四级、三级旅游资源被通称为“优良级旅游资源”；二级、一级旅游资源被通称为“普通级旅游资源”。下表（表2–4）将特品级资源和优良级资源例出，打分表具体见附录2。

特品级旅游资源为宁夏最为有名的王牌景区沙坡头、沙湖、西夏王陵和镇北堡影视城。优良级旅游资源共43个，主要分布在大银川旅游区、沙湖旅游区、沙坡头旅游区、六盘山旅游区、青铜峡旅游区等区域。普通级旅游资源281个，在宁夏全境均有分布，相对集中于灌区平原。由于自

表 2-3　旅游资源评价赋分标准

评价项目	评价因子	评价依据	赋值
资源要素价值(85分)	观赏游憩使用价值(30分)	全部或其中一项具有极高的观赏价值、游憩价值、使用价值。	30–22
		全部或其中一项具有很高的观赏价值、游憩价值、使用价值。	21–13
		全部或其中一项具有较高的观赏价值、游憩价值、使用价值。	12–6
		全部或其中一项具有一般观赏价值、游憩价值、使用价值。	5–1
	历史文化科学艺术价值(25分)	同时或其中一项具有世界意义的历史价值、文化价值、科学价值、艺术价值。	25–20
		同时或其中一项具有全国意义的历史价值、文化价值、科学价值、艺术价值。	19–13
		同时或其中一项具有省级意义的历史价值、文化价值、科学价值、艺术价值。	12–6
		历史价值、或文化价值、或科学价值、或艺术价值具有地区意义。	5–1
	珍稀奇特程度(15分)	有大量珍稀物种,或景观异常奇特,或此类现象在其他地区罕见。	15–13
		有较多珍稀物种,或景观奇特,或此类现象在其他地区很少见。	12–9
		有少量珍稀物种,或景观突出,或此类现象在其他地区少见。	8–4
		有个别珍稀物种,或景观比较突出,或此类现象在其他地区较多见。	3–1
	规模、丰度与频率(10分)	独立型旅游资源单体规模、体量巨大;集合型旅游资源单体结构完美、疏密度优良;自然景象和人文活动周期性发生或频率极高。	10–8
		独立型旅游资源单体规模、体量较大;集合型旅游资源单体结构很和谐、疏密度良好;自然景象和人文活动周期性发生或频率很高。	7–5
		独立型旅游资源单体规模、体量中等;集合型旅游资源单体结构和谐、疏密度较好;自然景象和人文活动周期性发生或频率较高。	4–3
		独立型旅游资源单体规模、体量较小;集合型旅游资源单体结构较和谐、疏密度一般;自然景象和人文活动周期性发生或频率较小。	2–1
	完整性(5分)	形态与结构保持完整。	5–4
		形态与结构有少量变化,但不明显。	3
		形态与结构有明显变化。	2
		形态与结构有重大变化。	1

续表

评价项目	评价因子	评价依据	赋值
资源影响力(15分)	知名度和影响力(10分)	在世界范围内知名,或构成世界承认的名牌。	10–8
		在全国范围内知名,或构成全国性的名牌。	7–5
		在本省范围内知名,或构成省内的名牌。	4–3
		在本地区范围内知名,或构成本地区名牌。	2–1
	适游期或使用范围(5分)	适宜游览的日期每年超过300天,或适宜于所有游客使用和参与。	5–4
		适宜游览的日期每年超过250天,或适宜于80%左右游客使用和参与。	3
		适宜游览的日期超过150天，或适宜于60%左右游客使用和参与。	2
		适宜游览的日期每年超过100天,或适宜于40%左右游客使用和参与。	1
附加值	环境保护与环境安全	已受到严重污染,或存在严重安全隐患。	–5
		已受到中度污染,或存在明显安全隐患。	–4
		已受到轻度污染,或存在一定安全隐患。	–3
		已有工程保护措施,环境安全得到保证。	3

表2–4　宁夏特优级和优良级旅游资源

级别	资源单体
特品级旅游资源	沙坡头、沙湖、镇北堡影视城、西夏王陵
优良级旅游资源	苏峪口、黄沙古渡、腾格里湖、鸣翠湖、苏峪口国家森林公园、六盘山国家森林公园、水洞沟遗址、固原市博物馆、宁夏科学技术馆、中华回乡文化园、须弥山石窟、贺兰山岩画、滚钟口、胭脂峡、兵沟、火石寨丹霞地貌、寺口子、南北长滩、黄河古渡、艾依河、哈巴湖、阅海公园、星海湖国家湿地公园、北武当森林公园、通湖草原、金沙岛、将台堡长征会师地、西安州古城、沙坡头治沙工程、黄河横城国际旅游度假区、同心清真大寺、中卫高庙、纳家户清真寺、中华黄河坛、青铜峡水库、黄河军事文化博览园、盐池革命烈士纪念园、中国枸杞馆、青铜峡一百零八塔、海宝塔、承天寺塔、拜寺口双塔、平罗玉皇阁

表 2-5　宁夏各县(区)旅游资源分布情况及资源品质

县(区)	基本类型数量(个)	基本类型占全区的比例(%)	特品级资源数量(个)	所占比例(%)	优良级资源数量(个)	所占比例(%)	普通级资源数量(个)	所占比例(%)
兴庆区	19	5.86	–	–	6	13.95	13	4.63
金凤区	12	3.70	–	–	3	6.98	9	3.20
西夏区	22	6.79	2	66.66	3	6.98	19	6.76
贺兰县	7	2.16	–	–	3	6.98	4	1.42
永宁县	14	4.32		–	2	4.65	12	4.27
灵武市	15	4.63	–	–	1	2.33	14	4.98
大武口区	9	2.78	–	–	1	2.33	8	2.85
惠农区	11	3.40	–	–	1	2.33	10	3.56
平罗县	8	2.47	1	33.33	2	4.65	6	2.16
利通区	9	2.78	–	–	–	–	9	3.20
红寺堡区	12	3.70	–	–	–	–	12	4.27
青铜峡市	11	3.40	–	–	3	6.98	8	2.85
同心县	14	4.32	–	–	1	2.33	13	4.63
盐池县	17	5.25	–	–	2	4.65	15	5.34
原州区	21	6.48	–	–	2	4.65	19	6.76
西吉县	16	4.94	–	–	2	4.65	14	4.98
隆德县	18	5.56	–	–	–	–	18	6.41
泾源县	17	5.25	–	–	3	6.98	14	4.98
彭阳县	19	5.86	–	–	–	–	19	6.76
沙坡头区	26	8.02	1	33.33	7	16.28	19	6.76
中宁县	11	3.40	–	–	–	–	11	3.91
海原县	16	4.94	–	–	1	2.33	15	5.34
合计	324		4		43		281	

注:部分非实体资源和宁夏各区均有资源未计算在内。

然条件和历史开发等方面的因素，北部地区旅游业发展程度和速度居于前列，而中部和南部相对落后一些，尤其是中部出现了空缺的状况，吴忠市基本没有比较成型或大的景区，宁夏南部经过这几年的开发有所发展，以六盘山为中心的南部旅游片区逐步形成，但由于自然条件限制，多山的地形限制了旅游业的发展，交通十分不便，景点之间的连通性比较差，基本以固原为中心成碎片状散落分布。

宁夏旅游资源的分布呈现明显的地域集中性。旅游资源的基本格局大致呈“人”字形态势，由北向南逐步展开。宁夏旅游以黄河为纽带，包含黄河流经的5个旅游区，即沙湖旅游区、大银川旅游区、青铜峡旅游区、中宁旅游区、沙坡头旅游区。沿宝中铁路旅游轴以宝中铁路为轴线，包含同心旅游区、六盘山旅游区两个旅游区。盐池则为一个单独的旅游点，它将随着银川至太原公路干线的修通而成为一个重要的旅游新生长点。

四、宁夏旅游资源空间结构与功能评价

旅游资源空间结构是区域中各个旅游资源在空间中相互作用所形成的相互位置、相互关联、空间聚集程度和规模以及各地区间的相对平衡关系等。通过对区域旅游资源空间结构的优化研究，可以揭示区域旅游资源的空间分布特征、集聚程度和集聚状态，可以确定区域旅游开发的优势、特色与方向，优化不同旅游区域的功能配置，指导区域整体旅游发展战略的制定，也有助于有效合理的旅游线路的组织，从而促进区域旅游资源的合理利用，促进区域旅游的发展。

按照现代系统论的观点，结构决定功能，区域旅游空间结构是区域旅游系统的重要特征。因此，对于区域旅游系统的深入研究，必然会涉及区域旅游空间结构。区域旅游空间结构是区域旅游目的地内旅游地理要素的空间分布形式及分布特征的组合关系，是区域旅游活动在区域地理空间上的投影，而旅游资源是旅游者选择目的地的决定因素，旅游资源的空间分布对旅游生产力的布局有着深刻的影响。旅游资源空间结构是区域内旅游资源的分布状况及质量、数量的组合关系，也是旅游区域空间竞争力的物质依托，它对旅游资源开发的速度、规模、效益以及时空安排都有着重要的影响。因此，对区域旅游资源空间结构的研究具有重要意义。

近年来，随着信息技术和计算机技术的飞速发展，以3S为代表的地理空间信息技术突飞猛进，并在国内外旅游研究尤其是旅游信息管理、旅游规划、旅游资源空间分析与评价等方面有着广泛的应用。其中，GIS技术以其强大的数据库管理、空间矢量数据和空间属性数据的分析功能在旅游资源开发与规划当中显示出了无可替代的技术优势。

GIS 是在计算机硬、软件系统支持下，对整个或部分地球表层（包括大气层）空间中的有关地理分布数据进行采集、储存、管理、运算、分析、显示和描述的技术系统。空间分析是 GIS 的核心和灵魂，是为了解决地理空间问题而进行的数据分析与数据挖掘。空间分析通过地理计算和空间表达挖掘潜在的空间信息，其本质包括探测空间数据中的模式；研究数据间的关系并建立空间数据模型；使得空间数据更为直观地表达出其潜在含义；改进地理空间事件的预测和控制能力。空间分析主要通过空间数据和空间模型的联合分析来挖掘空间目标的潜在信息，而这些空间目标的基本信息，包括其空间位置、分布、形态、距离、方位、拓扑关系等，其中距离、方位、拓扑关系组成了空间目标的空间关系，它是地理实体之间的空间特性，可以作为数据组织、查询、分析和推理的基础。通过将地理空间目标划分为点、线、面不同的类型，可以获得这些不同类型目标的形态结构，将空间目标的空间数据和属性数据结合起来，可以进行许多特定任务的空间计算与分析。

利用 GIS 平台建立宁夏旅游资源空间分析数据库，并绘制宁夏旅游资源地图。通过分析宁夏旅游资源的空间分布态势，在综合评价的基础上探讨宁夏旅游资源与区域经济、社会发展的内在关系及其运行机制，为宁夏旅游业的发展提供相应的理论基础和实践建议。

(一)数据的获取与整理

宁夏文化旅游资源空间结构的研究主要以宁夏回族自治区旅游局公布的《宁夏 A 级景区名录》为样本数据，通过对上述数据进行整理，建立宁夏文化旅游资源基础数据库。以此为基础，综合评估宁夏旅游资源的空间结构和宁夏旅游产业的空间发展态势。截至 2014 年 6 月，宁夏回族自治区旅游局公布的《宁夏 A 级景区名录》共涉及 36 个旅游景区。其中，AAAAA 级旅游景区 3 个，AAAA 级旅游景区 12 个，AAA 级旅游景区 13 个，AA 级旅游景区 8 个。

(二)分析方法与程序

宁夏文化旅游资源数据库建立之后，严格按照 Map Gis 软件操作流程

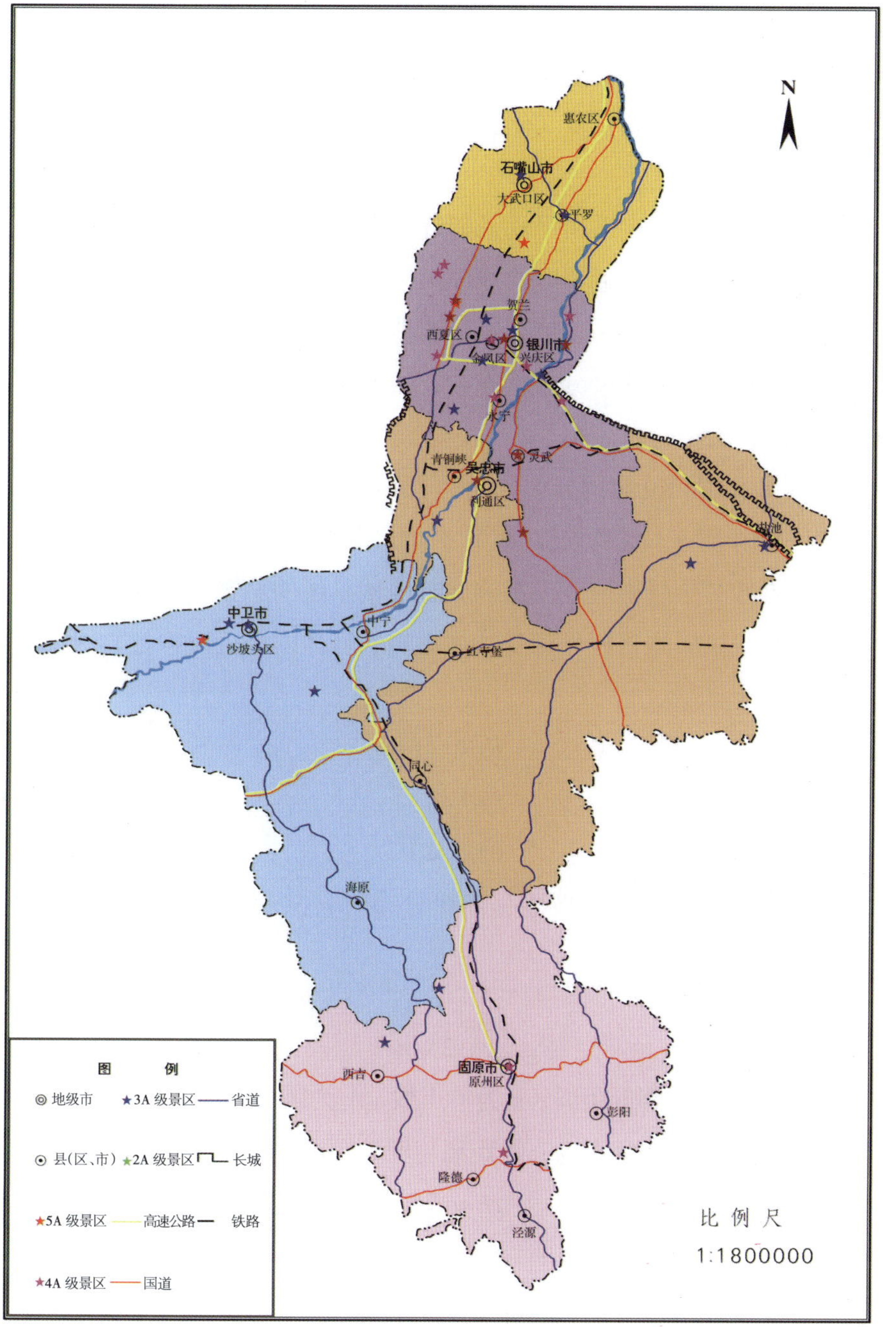

图 2-5 宁夏旅游资源分布图

进行数据的可视化过程。首先利用 Map Gis 地图编辑子系统，以经过地图校正的 1:180 万宁夏地图为底图，绘制宁夏行政区划图。然后利用 Google earth7.1 读取每一项宁夏 A 级以上旅游景区分布单位的精确坐标。再结合宁夏旅游资源数据库和宁夏文化旅游资源空间数据库绘制宁夏旅游资源空间分布图。

缓冲区半径的确定采用平均最邻近距离法。最临近距离是衡量点状目标在地理空间中相互邻近程度的地理指标。测算地理空间中每个点状要素之间的欧式距离，并取平均值，表示该地理空间中点状目标的平均最邻近距离。在点状要素的三种分布状态中，均匀分布平均最邻近距离最大，随机分布次之，集聚分布最小。

利用 Map Gis K9 数据分析与处理子系统的关联分析模块，选择欧氏距离公式进行计算平均最邻近距离和平均最邻近距离比例以及方差值。最后，利用缓冲区分析模块，以影响旅游地域系统的城镇节点和主要交通线为主体，将宁夏旅游资源作为受主体影响的客体即邻近对象建立线性分析模型，为：

$$F_i=f_0\ (1-r_i)$$

$$r_i=d_i/d_0$$

$$0\leqslant r_i\leqslant 1$$

当地理空间中的点状要素呈随机分布时，其理论上的最邻近距离表达为：

$$rE=\frac{1}{2\sqrt{n/A}}$$

其中，rE 为最邻近距离，n 为节点数，A 为区域面积。

最邻近点指数 R 定义为实际距离与理论距离之比，即：

$$rE=r_1/rE$$

当：

$rE=1$，为随机分布

$rE>1$，为均匀分布

$$rE<1，为集中分布$$

线状要素的最大影响距离与要素的等级和总长度有关，一般而言，级别越高则影响距离也越大。一般按下列公式计算：

$$d_0=S/2l$$

其中，S 代表研究区的面积，l 代表各级线状要素的总长度。

（三）宁夏高端旅游资源空间分布特征

宁夏区域面积狭小，人口规模偏小，与其他省（区）相比，高端旅游资源的数量也较少，但具有显著的民族性和地域性。从地域格局看，宁夏旅游资源主要分布在经济发展水平较高的引黄灌溉区，山区相对较少。在宏观尺度上，旅游资源的分布比较分散，但在局部地区出现了小范围的集聚，主要表现在以下几个方面。

第一，通常情况下，点状要素在地面的分布呈现出集聚分布、均匀分布和集中分布三种类型，通过对点状事物平均最邻近距离的测算可知其空间分布状态。利用 Map Gis K9 数字地形分析系统中的空间统计分析模块对宁夏 A 级以上旅游资源进行平均最近邻接距离测算发现，当面积取 5.18 万平方千米时，平均最邻近距离（实际平均距离）=14.98 千米，期望平均最邻近距离（理论平均距离）$\overline{R}$=19.28 千米，且最邻近距离指数 $R=\bar{r}/\overline{R}$=0.776701，因此，宁夏旅游资源的总体分布呈集中型特征。

第二，从地域上看，大部分的旅游资源分布在黄河两岸的冲积平原（卫宁平原、银吴平原）区，宁南山区和中部干旱区分布极少。宁夏旅游资源的空间布局极为不平衡，具有国际旅游目的地功能的高等级景区集中在沿黄城市带覆盖的范围以内，南部山区只有两家 AAAA 级景区（六盘山景区、固原博物馆）和两家家 AAA 级景区（火石寨景区和须弥山石窟）。

第三，受自然地理环境和民族的影响，宁南山区主要以山地旅游资源为主，北部地区主要以水体旅游资源和人文旅游资源为主。诸如宁南山区的六盘山国家级自然保护区、凉殿峡、野荷谷、老龙潭等；宁夏北部的青铜峡、沙坡头、沙湖、鸣翠湖、中华回乡文化园等。

（四）基于GIS缓冲区的宁夏旅游资源空间结构分析

基于GIS的宁夏旅游资源空间结构分析，是利用GIS技术平台，在旅游资源调查的基础上建立宁夏旅游资源数据库。再针对旅游资源的属性、特色、旅游地发展规律，依据当地的社会经济条件和文化发展趋势，采用GIS空间分析功能对旅游资源的空间分布态势做出综合分析与评价，为宁夏文化旅游资源的开发提供相关理论与实践借鉴。

1. 基于县（区、市）的缓冲区分析

城市作为旅游外部交通的节点，对游客的集聚和分流产生重要的影响。一方面，城市本身因为拥有大量的吸引物而成为重要的旅游目的地；另一方面，城市经济辐射圈以内旅游资源的分布状况也是构成城市吸引力的重要因素之一。经测算，宁夏现有的20个县（区、市）的平均最邻近距离rE=30.1千米（面积取6.64万平方千米），平均最邻近距离比例R=1.25>1，即宁夏城镇的分布呈均匀分布状态。因此，基于点（县、市、区）的缓冲区是以30.1千米为最大缓冲半径、10千米为间隔而建立，以此来反映宁夏高端旅游资源相对于经济文化中心的空间分布状况及距离可达性。通过Map Gis K9空间分析模块将宁夏旅游资源分布图与宁夏旅游城镇图进行叠加分析，得到宁夏旅游资源对于宁夏城镇缓冲区的分布图。

由于宁夏城镇的规模较小，部分城镇之间的直线距离小于它们之间的缓冲区半径之和（60千米），这些城镇的缓冲区在地理空间上出现了重叠直至合并，形成了4个大的城镇缓冲区：宁北区（包括石嘴山市的大武口区、惠农区、平罗县，银川市的兴庆区、金凤区、西夏区、贺兰县、永宁县、灵武市和吴忠市的利通区、青铜峡市），宁中区（包括中卫市的沙坡头区、中宁县、海原县，吴忠市的红寺堡区、同心县），宁南区（包括固原市的原州区、西吉县、隆德县、泾源县、彭阳县），宁东区（吴忠市的盐池县）。这4个区域共覆盖了33个旅游景区，占全区总数的94.3%，是宁夏旅游资源分布的集中区。其中，宁北区数量最多，为25项，占总数的75.8%，旅游业最为发达。宁东地区最少，只有盐池县革命烈士纪念馆。同时，宁夏旅游资源的空间格局还具有随着距城镇距离增加而数量

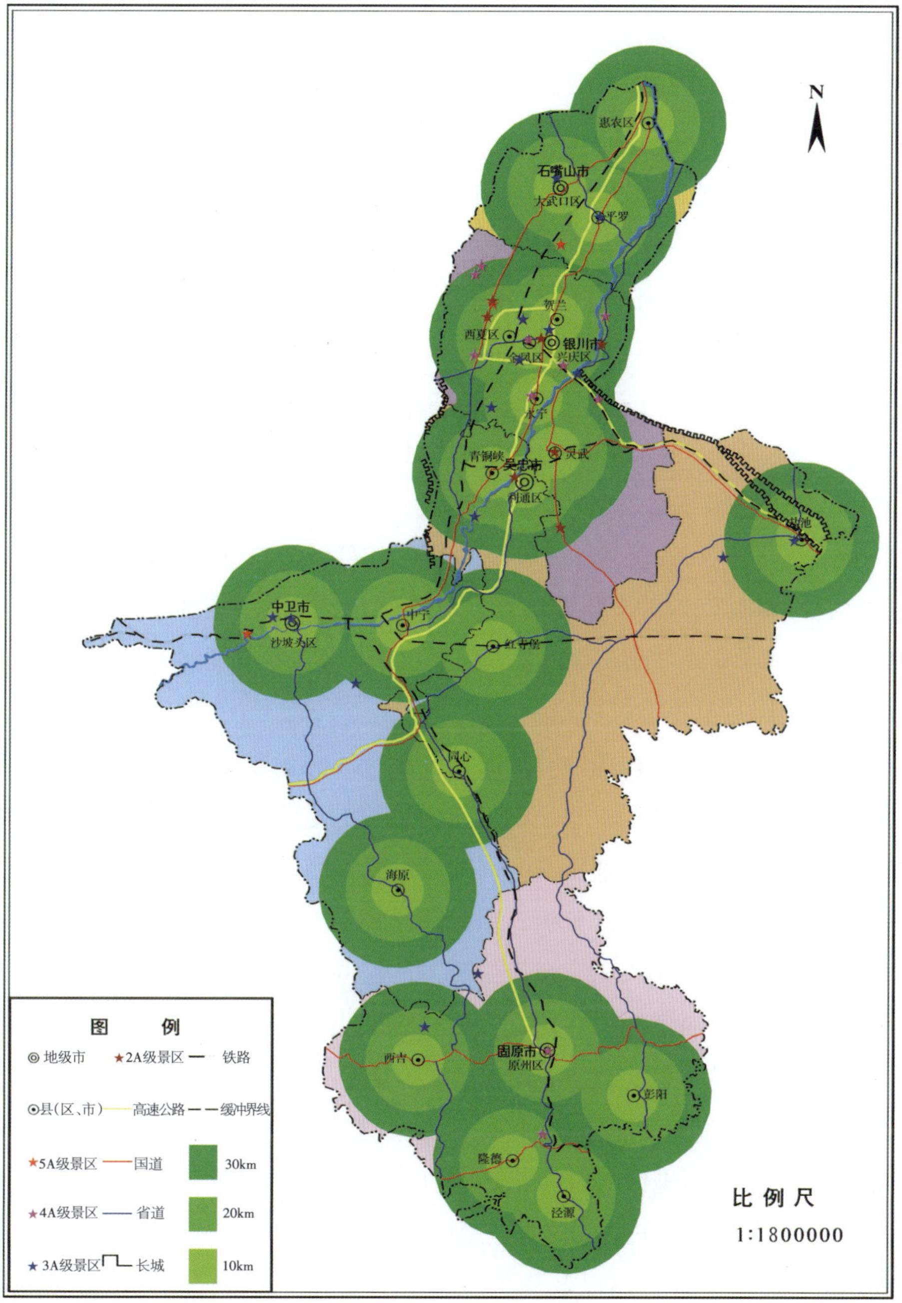

图 2-6　城市(镇)缓冲区分析图

减少的分布态势，大部分的旅游资源集中在距离城镇 20 千米的范围内（见图 2-7）。

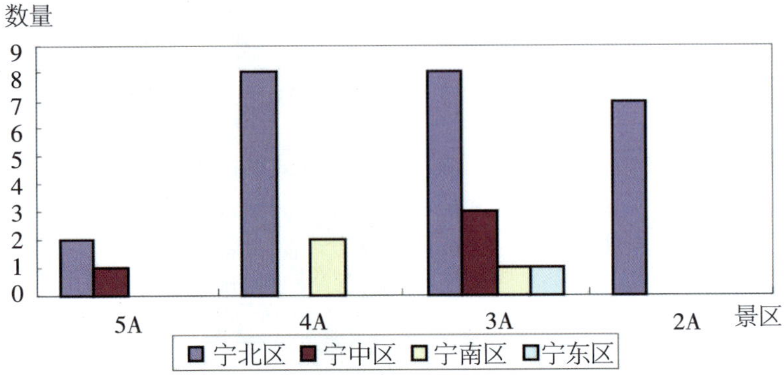

图 2-7　基于城市（镇）缓冲区的旅游资源分析

从资源等级上看，宁北区范围内有 5A 级景区 2 家、4A 级景区 8 家、3A 级景区 8 家、2A 级景区 8 家，分别占各等级资源总数的 66.6%、80%、46.7%和 100%。相对于其他地区，宁北区依托丰富的旅游资源和区位优势，既形成了宁夏旅游资源的集中区，又是宁夏旅游产业的核心区。

2. 基于铁路的缓冲区分析

旅游交通是连接客源地和旅游目的地之间的重要通道，是游客体验真实旅游环境的必要环节，也是构成旅游系统的重要子系统之一。铁路作为中远距离游客的主要交通工具，对途经地区旅游资源的开发产生重要的影响。基于铁路线的缓冲区分析，目的在于揭示高端旅游资源对于铁路交通的空间分布格局，不仅为宁夏旅游资源的空间管理提供相关信息，同时为铁路辐射区域旅游资源的开发方式提供相关思路。

宁夏境内的铁路交通主要由包兰线、宝中线和太中银线构成整体骨架，通车里程达到 1029 千米（2012 年）。鉴于这几条铁路线对于整个宁夏经济文化发展的巨大促进作用和游客流动空间的支撑，势必对宁夏旅游资源的开发产生重要影响。通过对铁路邻近距离的分析与计算，基于铁路交通的缓冲区分析，是以上述铁路以及包兰线、太中银线以及中宝线为轴心，利用 Map Gis K9 数字地形分析系统中的空间统计分析模块建立以 25.8 千米为最大缓冲半径、8.6 千米为间隔的缓冲区，然后将宁夏旅游资源分布图与铁

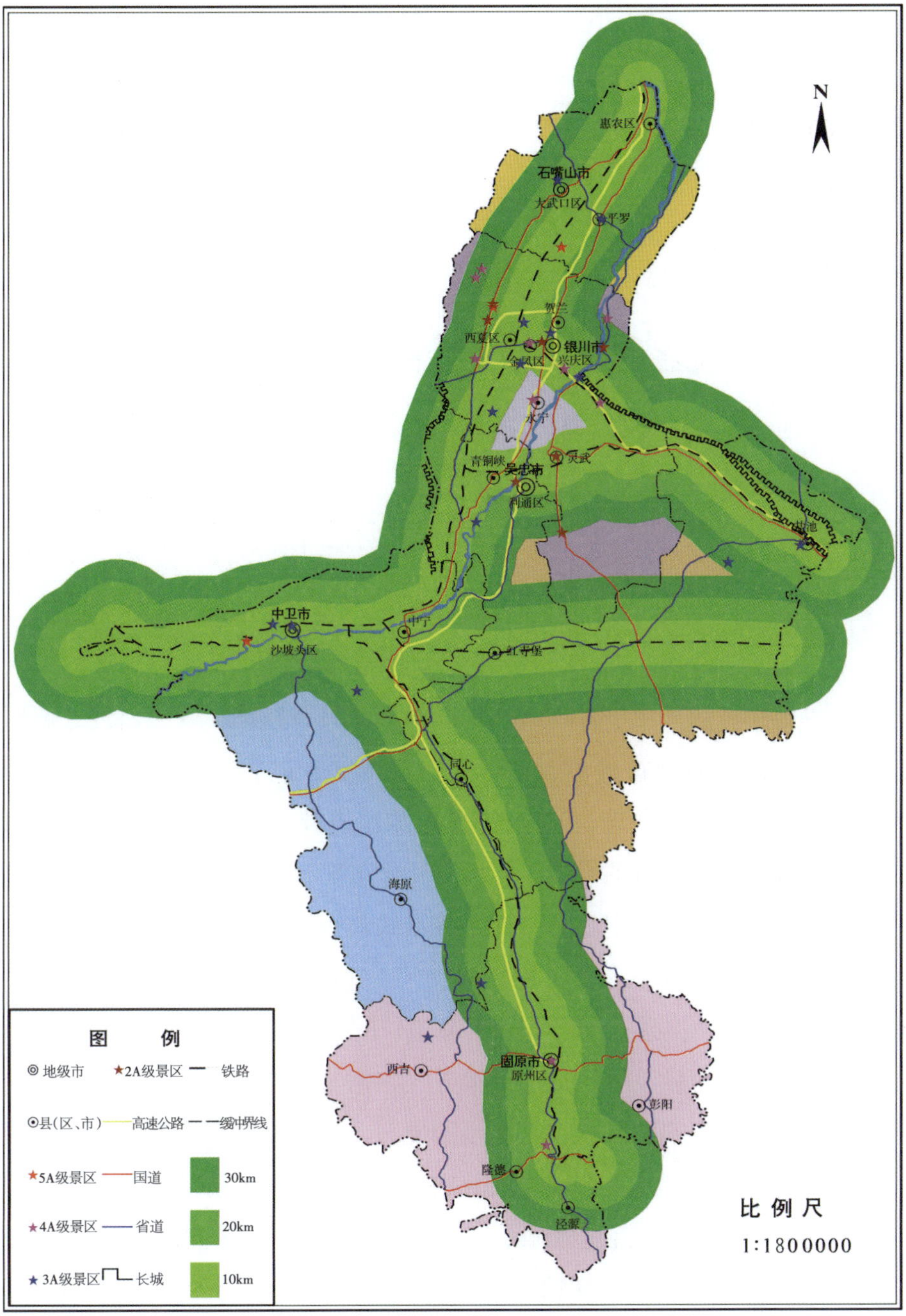

图 2-8　铁路缓冲区分析图

路线缓冲区图叠加，采用空间分析模块进行点对区相交分析，得出基于铁路线的宁夏高端旅游资源缓冲区分析图。最后进行点属性统计分析，以此来揭示宁夏旅游资源对于铁路线的空间分布规律。

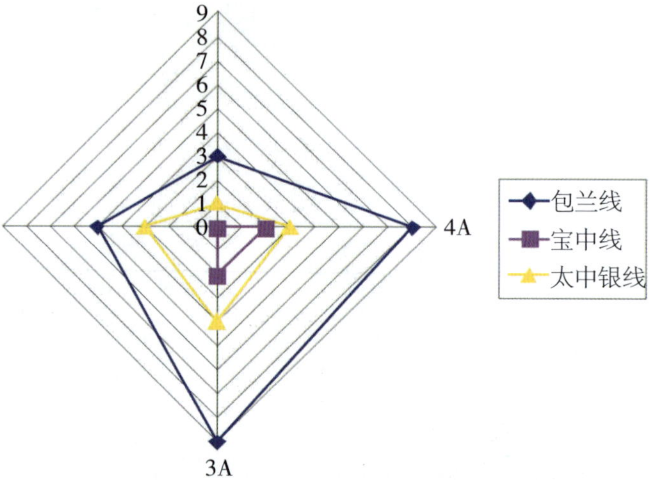

图 2-9　基于铁路缓冲区的旅游资源分析

由图 2-9 可知，由于铁路线在地理空间上具有连续、联接特性，所以在做空间缓冲区时连接处重合的区会自动合并，最后成为一个整体缓冲区。除西吉火石寨景区外，其余的 35 家旅游资源均分布在铁路 25.8 千米的范围内，占资源总数的 97.1%。从空间分布来看，包兰铁路沿线的资源数量最多，种类也最丰富。宝中铁路线沿线最少，只有六盘山景区、须弥山景区、固原博物馆等 4 处。

3. 基于公路（高速公路、国道、省道）的缓冲区分析

公路交通作为最灵活的交通运输方式，常常对旅游资源的开发产生直接影响。随着经济的发展和收入水平的提高，自驾旅游作为新的旅游方式已在国内蓬勃发展，并且有成为旅游出行主要方式的趋势。高等级公路的建设和发展必将促进途经地区旅游资源的开发和自驾旅游的发展。

宁夏的国道系统纵横交错、四通八达，截至 2013 年，宁夏公路交通通车里程已达到 25000 千米，并形成了“三纵六横”的公路交通格局。利用 Map Gis K9 数字地形分析系统中的空间统计分析模块对宁夏境内的主要

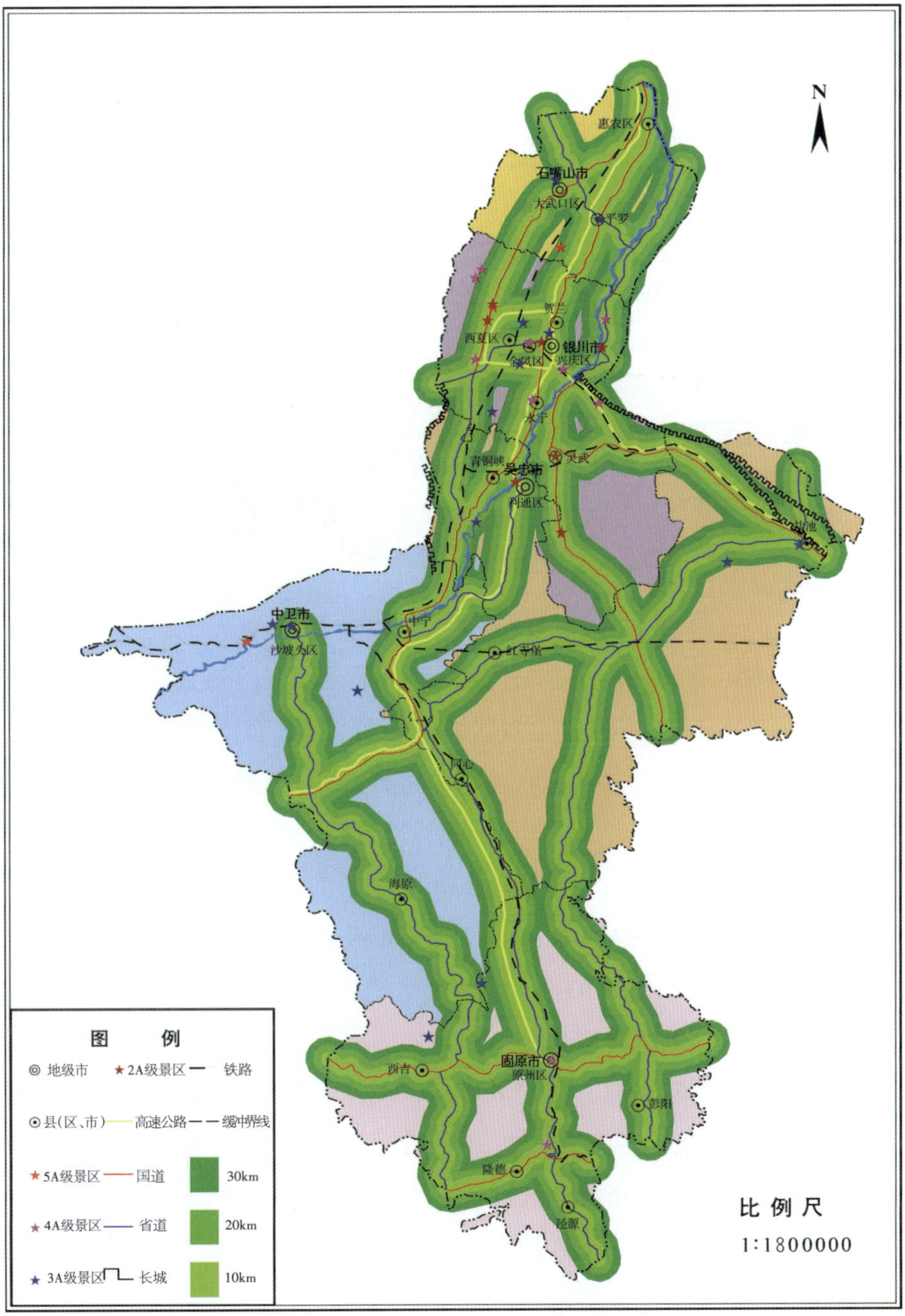

图 2-10　公路缓冲区分析图

公路（高速公路、国道、省道）进行平均邻接距离计算，宁夏公路交通网（高速公路、国道、省道）的平均最邻近距离 rE=8.64 千米（面积取 5.18 万平方千米），平均最邻近距离比例 R=1.144>1，说明公路旅游交通网的空间分布呈随机状态。因此，基于公路交通的缓冲区最终以 8.64 千米为最大缓冲半径、2.88 千米为间隔，然后在 Map Gis 下与宁夏高端旅游资源分布图相叠加得出基于公路缓冲区的宁夏旅游资源分析图，最后通过属性统计分析，揭示宁夏高端旅游资源对于公路线的空间分布规律。

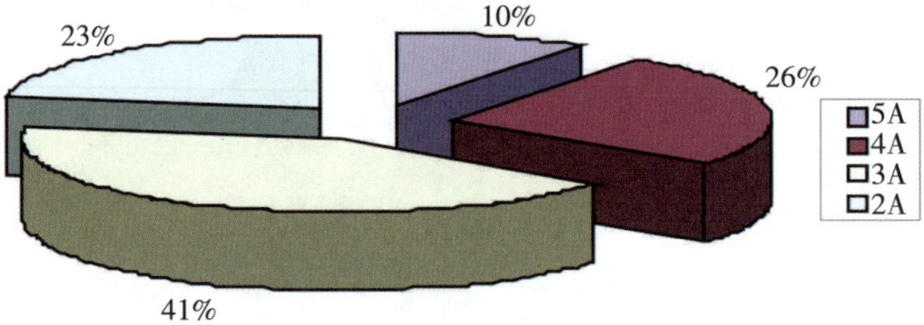

图 2-11　基于公路缓冲区的旅游资源分析

由图 2-10、图 2-11 可知，宁夏公路交通网络密度较大，其缓冲区覆盖了几乎所有的宁夏 A 级以上景区，共有资源 31 项，占总数的 88.6%。从分布空间上看，几个集中的地区均为主要交通的连接点，而这些连接点亦是重要的旅游节点城市（银川、石嘴山、吴忠、中卫、固原）所在地。

从资源的等级看，在所有的公路缓冲区内，AAAAA 级景区 3 家，AAAA 级景区 8 家，AAA 级景区 13 家，AA 级景区 7 家，分别占资源总数的 100%、80%、86.7%和 100%。

4. 基于点—线的综合缓冲区分析

鉴于以上分别基于点、线的宁夏高端旅游资源的空间分析，综合上述三个方面的空间特点，有助于从整体上把握宁夏高端旅游资源的发展方向。利用 Map Gis 将城市缓冲区、铁路线缓冲区和公路缓冲区图叠加，并在 Map Gis 空间分析模块下进行区—区合并处理，得到基于上述点—线的综合缓冲区。然后将宁夏旅游资源分布图与点—线综合缓冲区叠加，得到基于点—线的宁夏高端旅游资源缓冲区分析图，然后利用属性分析模块进行属性统计分析。

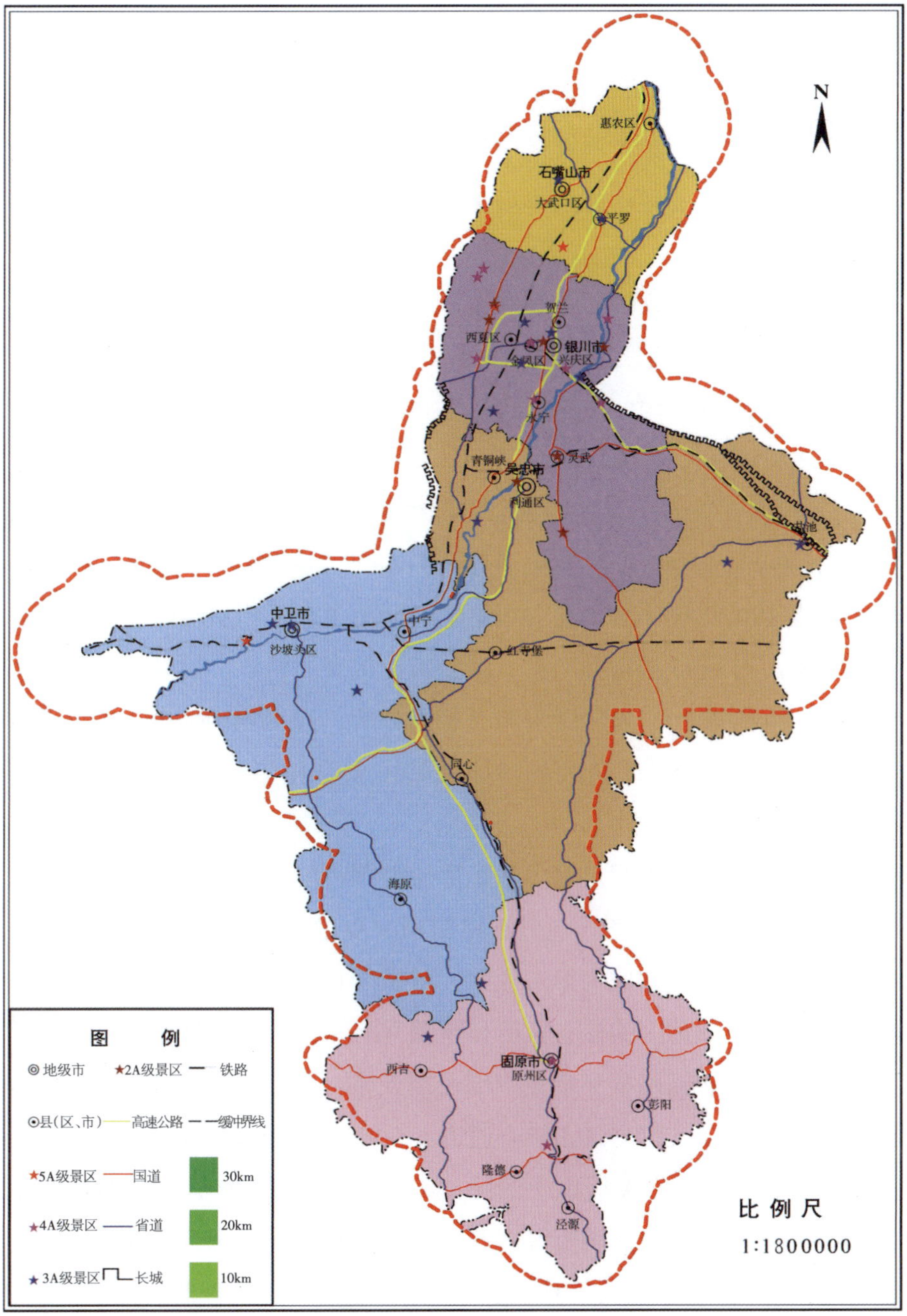

图 2–12　点(城市)—线(铁路、公路)缓冲区分析图

采用 Map Gis K9 数据分析系统将城市 30 千米、铁路 25.8 千米、公路 8.64 千米的缓冲区进行立体叠加分析发现，点（城市、A 级景区）—线（铁路、公路）综合缓冲区覆盖了几乎整个宁夏，所有的旅游资源都包含在该缓冲区以内，因此，不管是宁夏旅游资源的地域分布还是类型属性特征都与点（市、县、区）和线（高速公路、国道、省道、铁路）各自的缓冲区特征基本一致。

（五）宁夏旅游资源的空间结构功能特征

第一，平均最邻近距离指数的大小反应了点状事物的空间分布状态。当 $R>1$ 时，空间点呈均匀分布的倾向；当 $R=1$ 时，呈随机型分布；当 $0<R<1$ 时，呈集聚型分布；当 $R=0$ 时，表示达到彻底的集中，所有的点占据了空间位置。根据计算，宁夏高端旅游资源的最邻近距离指数 $R=\bar{r}/\bar{R}=0.7767$，因此，宁夏高端旅游资源具有集聚分布的倾向，并形成了宁南、宁中和宁北三个从聚状的集聚中心。这三个集聚区涵盖了全区约 90%以上的旅游资源，反映出了宁夏旅游资源向县（区、市）集聚的特点。但是，若从中小尺度上（县域）看，宁夏旅游资源又相对分散，近乎均匀分布，这种双重特征与宁夏的自然和社会经济特征及其民族文化形成的历史过程紧密相关。

第二，铁路作为宏观尺度中长距离旅游同行的主要手段，承担了宁夏区际旅游交通的主要任务。包兰铁路贯通宁夏中北部，使宁夏联通京包、陇海两大铁路干线，并成为第二亚欧大陆桥的重要线路。宝中铁路纵贯宁夏中南部通往西北地区的核心城市和丝绸之路的起点——西安，2012 年建成并通车的太中银铁路横穿宁夏中部连接太原。这三条主要铁路线共同构成了宁夏区际经济文化交流的核心通道。在铁路线两侧 25.8 千米的缓冲区范围内共包括了 34 项 A 级以上景区，约占总数的 97.1%，这些对外联系的铁路干线构成了宁夏旅游资源的基本骨架。但是途经宁夏的铁路干线交通节点较少，通往全区各县（区、市）的通达度较低，未能形成完善的铁路旅游交通网络。

第三，高速公路、国道、省道构成了宁夏“三纵六横”的基本公路交通格局。现有的京藏高速、青银高速、福银高速和109、110、211、307、309、312 6条国道以及银平、银古、银巴、中静、石营、什华、秦陇等数条省道、县乡公路共同构成宁夏的公路交通网。从中观和微观尺度上看，公路尤其是高等级公路构成了区内旅游和周边区际旅游的主要交通方式。在公路两侧8.64千米的缓冲区范围内布局了宁夏全区九成以上的旅游资源。但是，这些主要交通线上城市节点较少，现有的城镇人口规模小，经济发展水平有限，难以承担大规模的区外旅游任务。

第四，综合县（区、市）、铁路和公路的缓冲区分析可知，宁夏旅游资源绝大多数分布在铁路和公路沿线和县（区、市）周边，反映出旅游资源交通指向性尤其是公路交通指向性的基本空间特征。

综合以上分析，宁夏高端旅游资源呈现出了“三丛一带”的空间布局格局。“三丛”即以隆德县为中心的宁南丛聚区、以沙坡头区为中心的宁中丛聚区和以银川为中心的宁北丛聚区；“一带”是以包兰—中宝铁路线和以S202（南线）为基线的旅游资源集聚带状区。由此形成了宁夏旅游资源的“丛—带”状分布格局，并形成了3大旅游区。

以银川为中心的贺兰山旅游区：其范围包括贺兰山东麓旅游区和青铜峡至石嘴山黄河河段两岸的旅游景区（点）。具体而言，该旅游区西部以贺兰山东麓国家级王牌风景旅游区为中心，包括沙湖、西夏王陵、贺兰山自然保护区、苏峪口国家森林公园、滚钟口、贺兰山岩画、拜寺口双塔、镇北堡西部影城等；东部以金水园旅游区为中心，包括明长城、横城堡、西夏影视城、水洞沟遗址、鹤泉湖、滨河公园等；而银川城区则散布着海宝塔、承天寺塔、南关清真寺、中山公园等景点。

以中卫为中心的黄河旅游区：该区包括从沙坡头到青铜峡黄河两岸的旅游景观。这是一个融多种自然景观和历史景观的综合风景旅游区。主要景点有沙坡头、一百零八塔、鸟岛、董府、拦河大坝、中华黄河坛以及鸿乐府等。其中沙坡头是国内外独具特色的旅游景点，一百零八塔是国家级文物保护单位。

以原州区为中心的六盘山旅游区：该区域包括宝中铁路线、宁南山区旅游景点。其主体在宁南山区的泾源县境内。旅游景点有须弥山石窟、战国秦长城、火石寨、老龙潭、荷花沟、凉殿峡等风景名胜。

这三大旅游区之间以县（区、市）为节点，以公路和铁路交通线为纽带，共同构成了宁夏旅游的基本宏观格局，并充分体现了宁夏旅游的西夏文化、黄河文化、回族文化和塞上江南特色。

第三章　宁夏旅游市场研究

市场是商品经济的范畴，哪里有商品生产和商品交换，哪里就有市场。人类早期的旅游活动只是一种自发的非商品经济活动，随着生产力的发展和社会分工的深化，商品经济迅速发展，旅游活动才逐渐变成商品并进入市场交换。而随着旅游产品生产和交换的发展，旅游市场也随之产生和扩大，并对旅游经济活动发挥着重要的功能。从经济学的角度，旅游市场一般是指在旅游产品生产和交换过程中所反映的旅游者与经营者之间各种经济行为和经济关系的总和；从营销学的角度，旅游市场是指在一定时间、一定地点和条件下对旅游产品具有支付能力和消费能力的消费者群体，也就是旅游客源市场。从以上定义上看，旅游市场由旅游者及其购买力和购买欲望构成，包括潜在和现实的旅游购买者。

旅游市场从总体上可分为国内市场、出境市场及入境市场。根据UNWTO、WTTC的相关数据，国内旅游在国家旅游业GDP的贡献较大。中国是世界旅游大国中国内旅游贡献最大的国家（见表3-1），占88.1%，这与中国人口众多、国内文化差异大，以及中国与世界一些国家政治制度差异、长期的外交关系、护照办理与免签有着密切的关系。无论是中国还是宁夏旅游市场，国内游客都是当前和未来最为重要的市场。

针对宁夏国际旅游目的地建设而言，出境市场的研究意义不大，而国内市场及入境市场研究具有十分重要的意义。针对来宁夏旅游的入境旅游者及国内游客进行合理及充分的科学调查，调查内容主要包括总体游客接待量、各地市的游客接待量及旅游收入、各大市场及客源地来源细分、国内旅游者消费状况及旅游偏好、游客社会经济特征差异及旅游者满意度等

表 3-1　国内旅游对十大国际旅游目的地旅游业的贡献

国际旅游排名（UNWTO）	国家	国内旅游对旅游 GDP 的贡献（WT&TC）
1	法　国	71.4%
2	美　国	81.3%
3	中　国	88.1%
4	西班牙	55.8%
5	意大利	67.5%
6	英　国	67.8%
7	土耳其	53.1%
8	德　国	62.0%
9	马来西亚	42.0%
10	澳大利亚	49.0%

方面。通过各类调查因子分析探讨，总结旅游人数和经济收入相关性，分析与评估旅游开发可行性，旅游者人数及增长规模预测可以为旅游地（景区）开发的可行性提供依据；掌握旅游者的旅游需求、偏好、动机等，可以对各主要市场的潜力进行前瞻性评估，并为旅游产品设计提供参考，开发出适合各类旅游者兴趣、更具吸引力的产品；了解客源市场空间分布情况，可以为目标客源市场定位、选择旅游推介和宣传促销活动开展区域（城市）提供依据。

本章将从接待规模、客源时空分布、游客人口特征及旅游偏好等方面分别对国内游客市场和国际游客市场进行现状分析与潜力评估。

一、宁夏国内旅游客源市场现状分析与潜力评估

（一）国内游客客源市场现状

1. 旅游接待规模逐年扩大

总体上，宁夏全区旅游接待规模逐年扩大，特别是 2010 年前后进入快速增长阶段，在入境旅游接待方面这一趋势更为明显［见表 3-2、图 3-1（a）、图 3-1（b）］。根据自治区旅游局历年的统计数据，1997 年到 2014 年的旅游者总人数从 157 万人次增加到 1674.99 万人次，2014 年是 1997 年的 10.67 倍。国内游客人数从 1997 年的 157 万人次增加到 2014 年的 1671.62

万人次，除去2003年“非典”事件、2008年世界金融危机和2014年世界动荡局势及疲软经济影响，年增长率均在8%以上。

表3-2　宁夏旅游接待人次

年份	旅游者总人数(万人次)	国内游客人数(万人次)	年增长率(%)
1997	157.4238	157	16.6
1998	190.5069	190	21.0
1999	216.6027	216	13.7
2000	243.7807	243	12.5
2001	280.8668	280	15.5
2002	305.6018	305	8.8
2003	274.3049	274	-10.2
2004	404.7041	404	47.5
2005	502.8162	502	24.2
2006	593.8665	593	18.1
2007	731.3273	730.39	23.1
2008	777.1586	776	6.3
2009	910.3523	908.9	17.1
2010	1020.599	1018.8	12.1
2011	1169.6079	1167.66	14.6
2012	1340.8894	1338.99	14.6
2013	1820.42	1817.88	35.8
2014	1674.99	1671.62(不含农家乐等)	-8.0

数据来源:《宁夏统计年鉴》(1997—2014);《宁夏旅游经济发展统计公报》(2007—2014),下同。

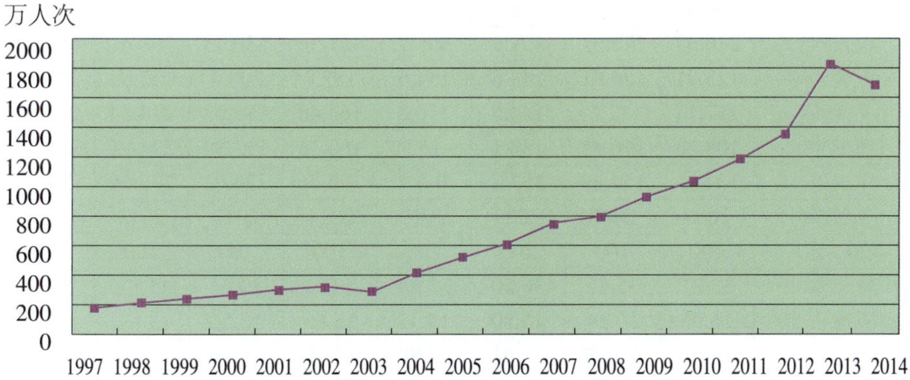

图3-1(a)　宁夏历年旅游接待总人数变化趋势(万人次)

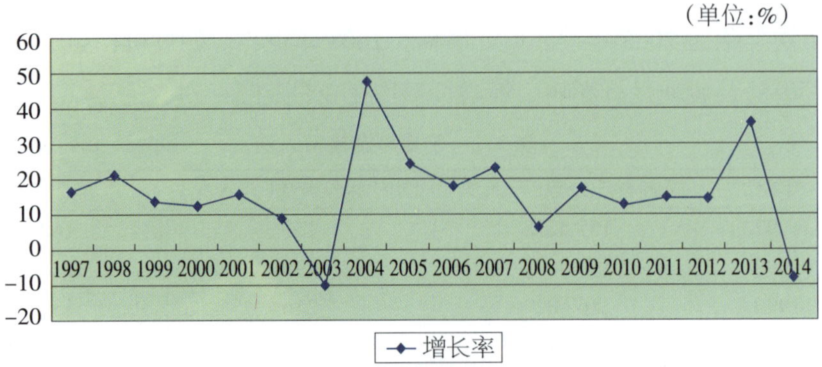

图 3-1(b) 宁夏历年旅游接待增长率变化趋势(%)

2. 各地市接待人次不均衡，以银川市为重心

根据表 3-3，全区各地市的接待构成中，接待总量上银川市所占的比重总体上都在 1/3 以上，且逐年呈上升趋势；其他几个地市比值几乎相当。入境旅游接待方面，银川市作为宁夏首府和旅游产业中心集散地，且临近几个 AAAAA 景区，接待量几乎占了总量的 70%~80%，其余各市仅有中卫市占 10%以上，说明景区知名度的高低与其对游客的吸引力紧密相关，注重品牌效应，扩大景区知名度，对吸引入境游客将起到重要作用。因此，在宁夏各地市的入境旅游接待工作应全面加强，无论是在资源吸引力，还是接待基础设施等软硬件建设方面都亟需进行大力投入，打造适合国际旅游目的地的支撑体系，以满足国际旅游者的需求。

表 3-3(a) 各地市的旅游接待总量及构成 (单位:万人次)

年份 地区	2007	2008	2009	2010	2011	2012	2013	2014
全　区	730.39	776.24	908.9	1018.8	1167.66	1338.99	1820.42	1674.99
银川市	246.93	277.31	329.9	395.7	461.36	530.75	798.61	669.46
石嘴山市	123.91	126.81	143.6	154.6	182.7	208.4	252.83	245.54
吴忠市	117.11	127	144.6	150.8	164.48	185.93	244.84	227.95
固原市	108.38	110.35	133.1	152	160.36	193.89	224.94	237.63
中卫市	134.06	134.49	157.7	165.7	198.76	220.02	296.66	291.04
年份/%	2007	2008	2009	2010	2011	2012	2013	2014
全　区	100	100	100	100	100	100	100	100
银川市	33.81	35.72	36.30	38.84	39.51	39.64	43.87	39.97
石嘴山市	16.96	16.34	15.80	15.17	15.65	15.56	13.89	14.66
吴忠市	16.03	16.36	15.91	14.80	14.09	13.89	13.45	13.61
固原市	14.84	14.22	14.64	14.92	13.73	14.48	12.36	14.19
中卫市	18.35	17.33	17.35	16.26	17.02	16.43	16.30	17.38

表 3-3(b) 各地市的入境旅游者接待规模 (单位:人次)

年份 地区	2007	2008	2009	2010	2011	2012	2013	2014
全　区	9373	11586	14523	17990	19479	18994	25357	33657
银川市	7371	7937	10534	14460	14413	13931	18352	25734
石嘴山市	247	1022	520	622	622	798	745	642
吴忠市	254	467	462	487	783	975	1190	917
固原市	220	433	850	759	1001	930	1703	1756
中卫市	1281	1727	2157	1662	2660	2360	3367	4608
年份/%	2007	2008	2009	2010	2011	2012	2013	2014
全　区	100	100	100	100	100	100	100	100
银川市	78.64	68.51	72.53	80.38	73.99	73.34	72.37	76.46
石嘴山市	2.64	8.82	3.58	3.46	3.19	4.20	2.94	1.91
吴忠市	2.71	4.03	3.18	2.71	4.02	5.13	4.69	2.72
固原市	2.35	3.74	5.85	4.22	5.14	4.90	6.72	5.22
中卫市	13.67	14.91	14.85	9.24	13.66	12.42	13.28	13.69

(二)客源时空分布

1. 国内客源以本地为主，临近各省分布集中

从国内客源地分布情况看，宁夏国内游客构成中宁夏本地游客比例很高，最高年份达 52.2%，临近各省如陕、甘、内蒙古地区的游客比重较大，但增幅不高，且个别年份有所波动。针对这种状况，应注意加强对此地区市场宣传促销，巩固客源，保持稳定；其余几个分区的总比重为 30%左右。其中华北地区比重最大，相对稳定，可将其作为未来开拓的潜力市场，力争提高接待总量；华东地区次之；对于华南地区这一国内出游率较高的区域，仅有较小比重，客源比例表现为不稳定状态，2014 年仅为 1.7%。

山东、江苏、广东、浙江等经济发达地区人口众多，出游能力强，空间范围大，但近年波动较大，应重视分析背后原因，加大对这些市场的开拓力度。

从各省市（自治区）来看[表 3-4（b)]，甘肃、内蒙古、陕西、四川等近程市场客源流量稳定，北京一直是宁夏重要客源市场，但所占比例近年持续下降。山西距离银川较近，近年来经济发展速度快，太中银铁路的通车极大地方便了两地居民的出行，故而山西来宁游客流量近年有大幅度

上升，也相应带动了河北来宁游客快速增长。由此可见，交通仍然是宁夏乃至西部地区旅游发展的瓶颈，随着中国“一带一路”战略的实施推进，西北地区基础设施、特别是交通条件将进一步改善，宁夏作为向西开放的桥头堡，位于“新丝绸之路”的重要节点上，其可进入性必将大大提高。届时，西北各主要城市间行程有望控制在4小时车程左右，华北地区各省会城市与宁夏车程也将大大缩短，因此，西北、华北市场不仅是目前宁夏主要客源市场，今后也是主要目标。宁夏面临向西开放、丝绸之路经济带建设难得的历史机遇，必须做到未雨绸缪，积极应对，做好长期营销计划，保持稳定，扩大总量，争取实现旅游业跨越式发展。

表 3-4(a) 国内客源空间分布比重(按区域) (单位:%)

地区/年份	华北地区	东北地区	华东地区	华中地区	华南地区	西南地区	前6个区所占百分比	西北地区(除宁夏)	宁夏本地	陕、甘和内蒙古
2007	13.41	2.2	9.1	3.68	2.6	3.63	34.62	22.51	42.87	24.83
2008	14.44	1.62	6.68	3.32	2.36	3.27	31.69	23.45	44.86	26.74
2009	16.6	1.8	8.2	4.3	2.6	3	36.5	22.8	40.7	25.6
2010	15.9	2.8	10	4.6	3	3.3	39.6	22.1	38.3	24.1
2011	14.8	1.8	7.1	4.3	0.9	3	31.9	20.5	47.6	21.9
2012	17.2	1.2	3.5	2	0.8	1.7	26.4	21.4	52.2	24.4
2013	15.4	1.0	4.7	3.7	2.0	2.6	29.4	24.0	46.6	27.1
2014	14.7	2.0	7.3	5.0	1.9	3.2	34.1	19.0	46.9	20.3

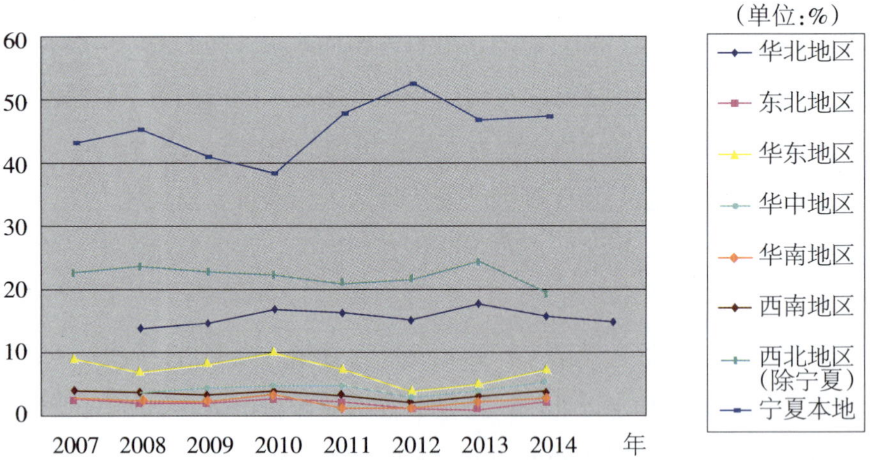

图 3-2 宁夏客源市场空间分布

表 3-4(b)　国内客源空间分布比重(按行政区)　(单位:%)

地区＼年份	2007	2008	2009	2010	2011	2012	2013	2014
北　京	3.49	3.81	4.8	3.5	–	1.6	1.2	2.0
河　北	–	–	–	–	3.2	3.4	3.6	2.7
天　津	–	–	–	–	–	1.1	0.9	1.0
内蒙古	5.04	5.6	5.9	5.4	5.4	6.7	6.4	4.6
陕　西	10.76	10.63	10.1	14.5	7.4	9.6	9.9	7.4
甘　肃	9.03	10.50	9.6	15.5	9.1	8.1	10.8	8.3
青　海	–	–	–	–	3.2	3.2	3.0	2.4
新　疆	–	–	–	–	0.8	0.5		0.9
河　南	–	–	–	–	1.9	1.2	1.8	2.4
山　东	2.7	2.06	2.2	3.0	1.7	–	–	2.0
江　苏	2.04	1.37	1.6	2.0	1.1	–	–	1.4
浙　江	1.36	0.92	1.2	–	1.8	–	–	–
上　海	–	1.2	1.3	–	–	–	–	–
四　川	–	2.19	2.0	2.5	1.9	1.2	1.4	1.5
山　西	–	–	–	–	3.1	4.4	3.3	4.4
湖　南	–	–	–	–	–	–	1.2	1.2
湖　北	–	–	–	–	–	–	–	1.4
广　东	2.13	2.08	2.0	2.1	–	–	–	–
广　西	–	–	–	–	–	–	1.3	–

2. 客源时间分布集中，淡旺季差别明显

短长假及黄金周集中性是宁夏游客时间分布上一个很典型的特征。根据 2010~2014 年各短长假及黄金周期间接待情况，接待量主要集中在少部分景区尤其是高级别景区。据自治区旅游局统计，2013 年 10 月 1 日至 10 月 7 日，全区各主要景区累计接待 144.27 万人次，其中 AAAAA 级景区沙湖在 10 月 3 日接待游客 4.5 万人次、沙坡头接待游客 3.35 万人次、镇北堡西部影城接待游客 4 万人次；2014 年 10 月 1 日至 10 月 7 日，全区各主要景区共接待游客 191.61 万人次，同比增长 13.17%，景区门票收入 6982.25 万元，同比增长 14%。各景区接待人数、门票收入等刷新了历史记录，再创新高。其中，固原旅游出现爆增现象，六盘山地区 6 家景区接待游客 16.40 万人次，同比增长 25.1%，景区门票收入 335.1 万元，同比增长 30.95%。

10 月 2 日至 4 日，全区主要旅游城市和景区先后迎来旅游接待最高峰。其中 10 月 3 日，AAAAA 级景区沙湖接待游客 4.2 万人次、沙坡头接待游客 3.87 万人次、镇北堡西部影视城接待游客 3.7 万人次。“十一”黄金周全区各主要景区接待量均有明显增长。水洞沟景区接待量再次突破 10 万人次，7 天共接待游客 12.56 万人次，同比增长 7.94%。沙湖、沙坡头、镇北堡西部影视城总接待游客均突破 18 万人次，六盘山国家森林公园、黄河大峡谷、鸣翠湖、中华黄河坛、火石寨等新兴景区增长较快。

2014 年“五一”小长假，全区各主要景区接待游客 90.03 万人次，门票收入 3871.08 万元，与 2013 年同期相比分别增长 16.77%和 29.68%。部分农家乐接待游客 12.33 万人次，同比增长 58.07%，营业收入 767.63 万元，同比增长 69.29%。

银川市各景区接待 34.89 万人次，门票收入 1646.78 万元；石嘴山市各景区接待 8.5 万人次，门票收入 361.6 万元；吴忠市各景区接待 21.77 万人次，门票收入 106.65 万元；固原市各景区接待 8.72 万人次，门票收入 159.6 万元；中卫市各景区接待 16.14 万人次，门票收入 732.89 万元。随着全区旅游市场的进一步成熟和旅游宣传力度的不断加大，全区 A 级景区接待能力逐年提高，且占据接待市场主要地位。

“五一”小长假中，AAAAA 级景区中，沙坡头以接待游客 8.7 万人次，同比增长 26.12%，位居景区接待榜首；镇北堡西部影视城接待游客 7.7 万人次，紧随其后排列第二；受天气影响，沙湖景区接待游客 6.95 万人次，同期相比略有下降，名列第三，但是沙湖景区在 5 月 2 日单日接待游客 4.5 万人次，创同期单日接待游客新高。AAAA 级景区中水洞沟游客数量大幅增长，接待 5.14 万人次位居 AAAA 级景区第一，同比增长 21.68%；固原的六盘山景区山花烂漫吸引游客 4.35 万人次，名列第二；黄沙古渡接待游客 3.56 万人次，名列第三。值得注意的是，中华黄河坛 2014 年接待量也大幅提升，共接待游客 1.24 万人，较 2013 年同期增长 110%。以主题游乐园为主的阅海公园成为孩子们的乐园，以良好的生态环境，健全的娱乐设施，三天小长假吸引游客 5.1 万人次，创下了不菲业绩，说明全区旅游产品多样化、个性化，可供游客选择的产品进一步丰富，大型游乐场和主题公园在全区有较大的市场空间。

经过对我区近百家星级酒店监测，银川市星级酒店平均客房出租率62%；石嘴山市星级酒店平均客房出租率28%；吴忠市星级酒店平均客房出租率35%；固原市星级酒店平均客房出租率56%；中卫市星级酒店平均客房出租率83%。[①]

（三）国内游客人口结构特征

1. 性别与年龄结构

宁夏国内游客人口结构特征主要根据各年抽样调查数据分析得到，分别在住宿设施和旅游景点（景区）开展调查，在具体分析时，利用2007年至2014年的抽样调查资料分别对国内游客的性别、年龄、职业、旅游目的、旅游组织方式、游客花费、旅游偏好、获取信息渠道等方面进行分析，得出如下结论。

表3-5(a)　2007~2014年宁夏国内游客性别与年龄构成　（单位：%）

项目 年份	男性	女性	15~24岁	25~44岁	45~64岁	14以下65岁以上
2007	64.32	35.68	12.24	68.13	18.82	0.8
2008	65.63	34.37	11.19	69.87	18.04	0.89
2009	66.3	33.7	9.0	69.4	20.2	1.4
2010	64	36	14.0	59.8	24.3	1.83
2011	58.4	41.6	12.6	64.4	21.7	1.3
2012	54.2	45.8	7.4	65.2	26.2	1.2
2013	69.7	30.3	8.6	46.0	39.7	5.7
2014	61.8	38.2	12.0	53.8	30.6	3.6

根据表3-5(a)，2007~2014年，男性一直是出游主体，女性出游的机会日益增多，但波动较大，这与女性在出游决策时考虑因素更多，更易受外界因素影响和情绪控制的心理特性有关，因此女性市场更容易被宣传广告，特别是较感性的旅游广告打动，女性市场人均用于购物和旅游纪念品的消费较高，且倾向亲友和家庭旅游，带动力强，重游率高，随着女性经

①数据来源于宁夏旅游政务网 http：//nxta.gov.cn/ar/20140528000429.html。

济地位的提高和个性独立，越来越多的女性会选择旅游作为生活的一部分，所以女性市场潜力较大，针对女性市场可在旅游营销中植入情感因素、多彩画面以打动女性消费者。

在年龄结构方面，25~44 岁中青年虽然一直是游客主体，但近年波动较大且有下降趋势，应注意稳固；45~64 岁群体则逐年稳定上升，而 65 岁以上人群所占比例也不断加大。中国政府于 2000 年 10 月正式宣布，中国老年人口已达到 1.32 亿，占总人口的 10.34%，这表明中国已进入老龄化社会。而且，中国的老年人每年还在以 3%的速度增加，预计到 21 世纪中期中国 60 岁以上的人数将会超过 4 亿人。另据世界卫生组织公布的一份统计报告，到 2020 年，全世界 60 岁以上的老人将超过 10 亿人。老龄化是个全球的难题，给社会发展带来了诸多不利，但也孕育着一个庞大的市场。

中国老年协会的一项统计表明，目前中国老年人年潜在消费能力约为 3000 亿元，其中服饰穿着占 1/3，医疗保健占 1/3，其他占 1/3，而且这个数值还在不断增大。在国外，老年人护理产品也已进入了系列生产；老年人成为旅游淡季的主要游客，但老年人餐饮、保健、文化娱乐等方面的消费都还存在巨大的市场空间。随着经济和社会的发展，老年人群的结构正在发生变化，有稳定收入、有一定积蓄、无负担的老年人比例越来越大，老年人的购买力不断增强。

由此可以看出，围绕中老年市场、特别是“银发”市场（60 岁以上市场），将大有可为，依托宁夏南部山区夏季凉爽的气候优势、银川“慢生活”的城市氛围、良好的空气质量，开发夏季避暑、疗养休闲、养生度假和医疗旅游，将其培育为未来旅游发展的重点市场之一。

2. 职业构成多元化

根据 2007~2014 年游客职业构成变化趋势图（图 3-3），宁夏国内游客整体上以企事业单位人员、公务员、服务销售人员、文教科技人员为主，其他职业的游客较少，职业构成逐年趋向多元化格局。其中文教科技人员市场增长最为迅速，平均占有率接近 15%；学生、离退休人员和农民游客市场份额较小，个别年份虽有波动但基本趋势平稳增长。

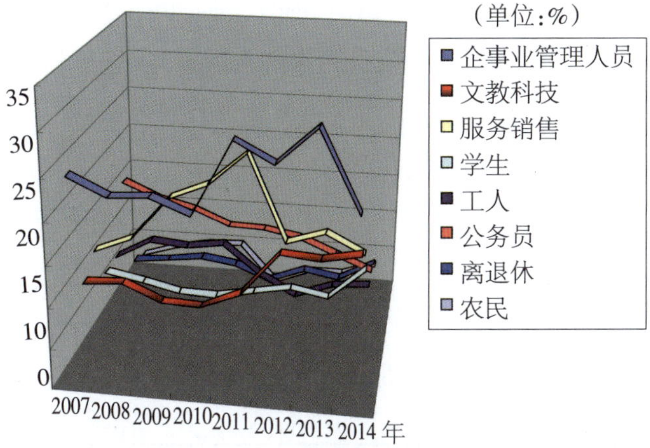

图 3-3　2007~2014 年游客职业构成变化趋势

整体呈下降趋势的有公务员和工人游客，公务员游客市场份额 2009 年之前在 15%左右，但持续下降，特别是 2014 年只有 6.3%，这与中国政府加大反腐倡廉力度、加强“四风”建设有关，公费旅游减少。此外，公务员灰色收入和额外“福利”减少，可支配收入相对降低，出游人数相对减少。公务旅游比重则在之前逐年略有涨幅的趋势下于 2012 年急速下降。

波动最大的为企事业管理人员和服务销售人员市场，总体涨幅不明显，所占比重较大，特别是企事业管理人员一直是游客主体。

表 3-5(b)　宁夏国内游客职业构成　(单位:%)

	2007	2008	2009	2010	2011	2012	2013	2014
企事业管理人员	24.93	22.71	23	21.2	29.8	27.4	31.6	22.4
文教科技	10.5	10.81	8.8	8.6	10.5	15.6	15.2	16.1
服务销售	12.52	14.29	19.6	21.5	25.4	15.1	16.6	14.3
学生	7.9	6.9	5.9	5.7	6.6	7.4	6.6	10.5
工人	7.95	10.4	9.9	10.6	7.0	4.4	6.1	6.5
公务员	16.26	14.26	13.1	11.2	11.1	10.2	8.3	6.3
离退休人员	3.68	4.13	4.7	4	2.2	3.9	3	5.5
农民	2.6	3.96	4.8	5	–	1.8	1.8	3.3
军人	1.42	1.29	1.4	1.1	0.4	1.1	2.1	1.6
其他职业	12.24	11.25	8.8	11.1	7.0	13.1	8.7	13.5

2013 年《国民旅游休闲纲要(2013—2020 年)》的发布，不同职业的从

业者的休闲时间与休闲机会将得到保障，未来市场游客职业构成多元化格局将更为明显；需针对潜力较大的企事业管理人员、服务销售人员、文教科技人员、学生、离退休人员市场的偏好和需求特征重新定位宁夏旅游产品，进行目标市场营销。

3. 旅游动机与出游方式构成

根据表 3–6(a)，总体来看，宁夏国内游客的旅游主要目的还是休闲度假与观光旅游，商务会议和探亲访友，以文化交流和宗教为目的的较少。各目的人群除商务会议目的人群略有波动外，其他各类目的人群基本稳定。

商务会议目的人群 2011 年所占比例最多，达 31.9%，2014 年则猛降至 15.7%。这与 2014 年中阿博览会停办不无关系。中国—阿拉伯国家博览会前身为中国（宁夏）国际投资贸易洽谈会暨中国—阿拉伯国家经贸论坛。2010 年至 2012 年，宁洽会暨中阿经贸论坛已连续成功举办三届，逐步发展为具有国际影响力的国家级、国际性经贸合作的重要平台。后经国务院批准，自 2013 年起，将中国（宁夏）国际投资贸易洽谈会暨中国—阿拉伯国家经贸论坛更名为中国—阿拉伯国家博览会。同年 9 月 15 日至 19 日，由商务部、贸促会和宁夏回族自治区政府共同主办了第一届中阿博览会。回顾宁夏全区接待总人数、国内接待人数，特别是入境接待人数，均是在 2010 年后大幅增长［见表 3–2 及图 3–1（a，b)］。这与宁洽会和中

表 3–6(a)　宁夏国内游客旅游目的构成(%)

年份	休闲度假观光游览	商务和会议	探亲访友	宗教	文化体育科技交流	其他
2007	58.25	22.22	7.7	1.93	–	9.9
2008	60.56	19.55	8.47	2.64	–	8.78
2009	51	28.5	9.9	2.5	–	8.1
2010	52.4	24.8	10.4	2.8	1.7	7.9
2011	37.1	31.9	12.6	2.6	8.1	7.7
2012	57.6	22.5	8.4	1	3.8	6.7
2013	60.1	23.3	7.3	3.7		5.6
2014	57.4	15.7	10.9	4.8		11.2
合计	434.41	188.47	75.67	35.57		65.88

表 3-6(b)　宁夏国内游客出游方式选择　(单位:%)

年份	个人或与亲友结伴	单位组织	参加旅行社组团	自驾游或亲友结伴	其他
2007	57.18	20.93	7.07	/	14.19
2008	59.29	17.62	7.08	/	16.01
2009	64.4	17.0	4.0	/	14.6
2010	51	16.4	7.7	15.4(仅自驾)	9.5
2011	22.5(以下为仅个人)	19.1	5.9	39.1	13.4
2012	29.5	6.4	11.9	34.9	17.3
2013	11.2	5.9	8.3	57.2	17.4
2014	5.2	/	23.4	58.5	12.9

注:调查问卷选项 2011 年后有变动,个人或与亲友结伴变为个人;亲友结伴与自驾游合并。

阿博览会的举办大大提高了宁夏的知名度和影响力，且自治区旅游主管部门为此所做的大量旅游宣传有着直接关系。商务会展旅游对拉动宁夏知名度、促进旅游发展有着积极作用，进一步提高全区基础设施建设水平，举办更多类似中阿博览会的一些高端商贸会展及会议，对提升我区旅游知名度，拓展国际旅游市场有着重要作用。

在出游方式方面，出行方式多样化。家庭式、朋友式出游和自由选择旅游线路已成为旅游的新时尚，越来越多的人喜欢以自助形式出游。特别是随着私家车的普及，“自驾游”因其灵活自主受到了广大游客的追捧。

在住宿选择上，绝大部分游客选择住宾馆饭店，其次为旅馆招待所，少部分选择住亲友家［表 3-6（c)］。2014 年抽样调查问卷选项改变后，商务宾馆和快捷酒店成为首选，由此可以看出游客偏向经济实惠、性价比高的中档住宿设施，中高档住宿设施仍是今后的主要选择。

表 3-6(c)　游客住宿选择　(单位:%)

年份	宾馆饭店	亲戚朋友家	旅馆、招待所	其他
2010	61.3	12.1	25.0	1.6
2011	58.8	14.8	25.7	0.7
2012	76	9.6	7	7.4
2013	73.8	9.0	13.7	3.5
2014	38.2	8.2	49.7(商务宾馆、快捷酒店)	3.9

4. 逗留天数缩短，住宿与交通占旅游花费重头

来宁游客逗留天数，整体趋于缩短。2007 年逗留天数为 2.59 天/次，2012 年为 1.84 天/次［表 3-7（a)］。一方面说明来宁游客中短途、两日游游客较多，同时自驾车的兴起和交通条件改善、便捷度增加导致旅游行程缩短，也相应缩短了游客的逗留时间；但另一方面，也说明宁夏旅游景区吸引游客逗留时间能力弱，而全区整体旅游产品缺乏时间上的系统安排，无法提供能够吸引游客过夜和逗留的产品。近年来，各 AAAAA 景区没有进行科学的深度开发，部分设施仍以人工游乐设施建设为主，这对于多从大城市、发达地区来的游客而言，新鲜度低，猎奇与体验式、参与式旅游不足，且缺少夜间游览项目，导致来宁旅游多以走马观花式旅游方式为主，深度旅游开发亟需提高。

此外，来宁游客在宁花费构成表 3-7（b)，住宿和交通一直是旅游花费的重头，这与宁夏地处内陆、远离主要客源市场有关；其次为购物、餐饮和旅游景区游览费；而娱乐花费则较低，说明宁夏各市城区和旅游区周边都缺少娱乐消遣设施和产品，也从侧面解释了逗留时间缩短、过夜游客减少的原因。

中国国内游客中到达陌生旅游环境选择住宿游的游客人均花费为 1292.7 元，是一日游的 3.6 倍。其中，城镇居民过夜游人均每次花费为 1504.3 元/人次，是一日游的 3.8 倍。不同出游目的地的花费构成略有差异，其中男性花费较高，城镇居民花费较高，外地游客花费更高。总花费中，交通、住宿、餐饮、购物花费较多，游览、娱乐方面的花费较少。由此可见，娱乐和游览旅游产品在全国旅游景区都有所欠缺，有待深度体验式开发。如果宁夏能在这一块做好文章，在全国率先开发集娱乐消遣、游览观光、美食购物、休闲度假、养生康体为一体的全域旅游，将全区看作一个有机整体旅游区，如同设计单个景区游览线路一样去设计全区乃至周边景区的旅游线路，把银川市打造成为旅游区的游客中心和主入口，在这个大“景区”里组织线路，不仅要有“吃、住、行、游、购、娱”，更要有“商、养、学、闲、情、奇”。这样才能留住游客，增加旅游收入。

表 3-7(a)　历年来宁游客平均逗留时间

年　份	2007	2008	2009	2010	2011	2012	2013	2014
平均逗留时间(天/次)	2.59	2.32	2.44	1.9	2.08	1.89	1.84	1.84

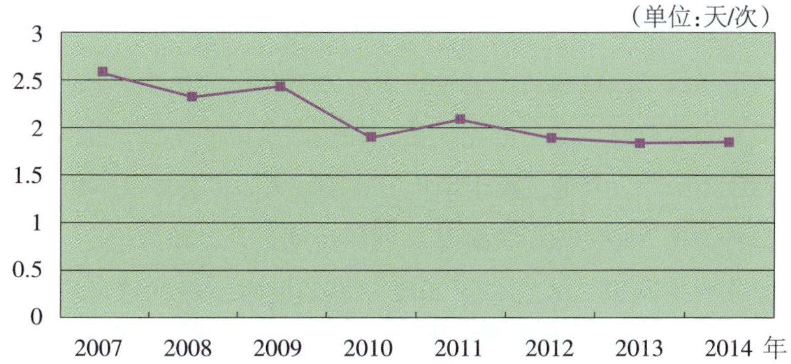

图 3-4　历年来宁游客平均逗留天数

表 3-7(b)　来宁游客在宁花费构成　(单位:%)

年份＼比例	住宿	长途交通	购物	餐饮	景区(点)游览费	娱乐	市内交通	邮电通信	其他
2007	22.03	20.56	15.75	15.12	13.71	5.97	4.32	1.25	1.29
2008	22.41	20.15	15.1	14.52	12.48	8.29	4.1	1.36	1.59
2009	17.8	20.3	17.3	15.2	12.5	9	3.4	1.4	3.1
2010	15.6	21.3	16.6	14.7	13.8	8.9	3.8	1.8	3.5
2011	16.6	26.9	18.6	15.3	10.3	4.1	2.8	0.9	4.5
2012	19.1	16.8	17.5	12.5	17.6	7.6	4	2.2	2.7
2013	19.2	13.6	15.5	18.7	17.6	6.8	4	1.5	3.1
2014	21.1	20.9	14.6	14.2	13.5	6.2	4.1	1.8	3.6

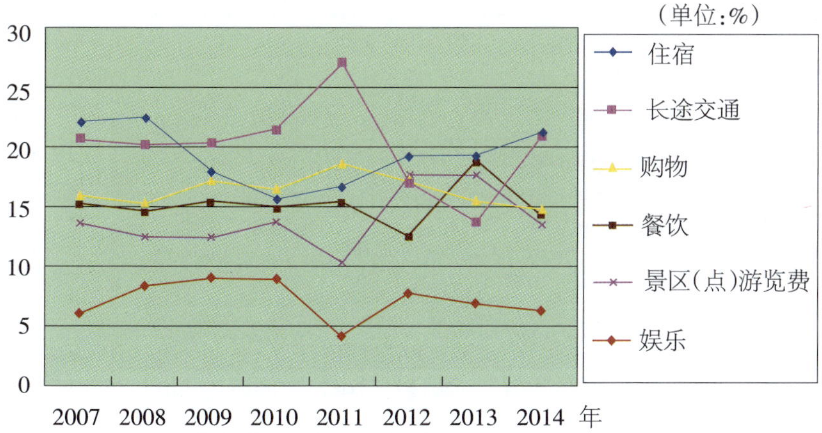

图 3-5　来宁游客在宁花费构成(2007~2014 年)

5. 游客偏好

游客偏好是旅游行为的根本推动力，应识别具体旅游群体的偏好，以此为基础认清旅游动机，细分旅游群体市场，根据差异化客源市场的特点提供针对其偏好的旅游产品，是一种非常有效的旅游者导向的发展策略。

整体上来看，民俗风情、文物古迹、大漠黄河和山水风光四类旅游资源一直受到游客青睐，交替占据最感兴趣旅游资源的榜首，除大漠黄河旅游资源持续下降外，其他三类个别年份波动较大，但总体基本稳定。

其他各类感兴趣的旅游资源基本逐年持续上升，较为稳定，特别值得注意的是饮食烹调和文化艺术自 2012 年涨幅迅速，在 2013 年分别跃居第二和第三位；2014 年位次虽有回落，分列第三和第五，但所占比例依然在 35%左右，与传统占据前列的大漠黄河山水风光平分秋色。同样在 2014

表 3-8(a)　来宁游客的旅游资源偏好　（单位:%）

项目 年份	文物古迹	民俗民情	大漠黄河	饮食烹调	山水风光	文化艺术	旅游购物	医疗保健	节庆活动	商务	其他
2007	36.3	39.22	55.64	20.47	39.6	13.85	9.08	/	5.08	5.54	
2008	38.98	40.92	59.47	20.68	44.24	13.86	14.09	/	8.71	4.71	
2009	39.7	38.5	54.7	20.7	33.8	10.0	10.4	/	4.7	8.5	
2010	39.3	30.3	51.5	22.0	38.0	14.2	7.9	/	3.5	5.4	
2011	31.2	35.6	51.6	29.1	33.3	21.0	20.1	10.4	8.9	21.5	
2012	53.3	46.4	42.2	41.5	39.4	31.2	15.4	9	8.9	4.4	
2013	55.9	31.5	38.6	40.6	25.1	37.1	22.2	14.2	13.4	6.9	6.6
2014	39.0	44.6	36.0	37.0	29.1	35.0	25.8	22.1	15.6	10.1	11.3

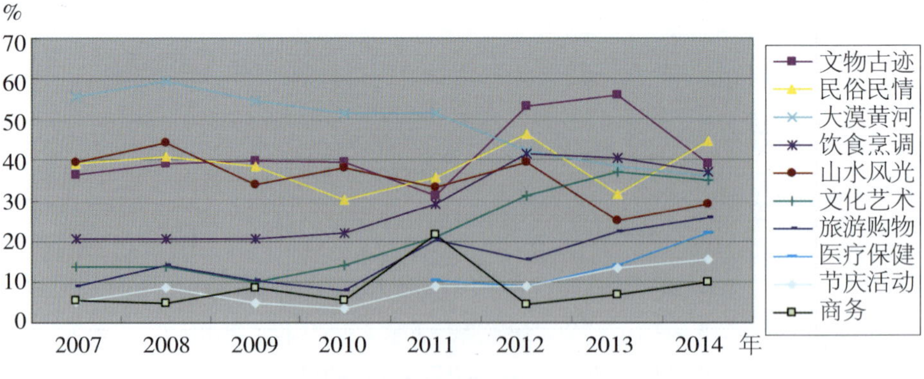

图 3-6　来宁游客旅游资源偏好（2007~2014 年）

年，民俗风情攀升为游客感兴趣的旅游资源首位，文物古迹位居第二，说明传统的自然风光旅游正在下降，而更具文化内涵和情感体验的民俗、文物古迹和文化艺术旅游资源和产品，逐渐受到游客偏爱。也说明随着旅游消费的成熟和物质生活水平的提高，人们更加注重旅游产品的文化内涵和所能带来的精神上、情感上的体验。

此外，饮食烹调之所以从 2012 年急速攀升，与同年中国中央电视台制作的美食类纪录片《舌尖上的中国》的热播及相继播出的类似美食纪录片密不可分。由此说明，媒体宣传能够引导人们的观念，促进新消费需求的产生，也相应能够改变人们的旅游偏好和动机。

宁夏美食不胜枚举，国强手抓在《舌尖上的中国 2》第六集播出，中卫通湖草原也在《舌尖上的中国 2》网络版大热，杜尤素羊杂碎在 2014 年中央电视台新闻联播中报导，大众对宁夏美食的感知和印象格外深刻。然而可惜的是目前宁夏旅游宣传上仿佛遗忘了宁夏美食，依旧全力凸显正在受到冷落的大漠黄河，完全无视游客心理，对日益大受追捧的文化旅游和美食后知后觉，直到 2014 后半年和 2015 年才在微信平台推出了美食旅游宣传短片。

文物古迹、民俗风情、文化艺术和清真美食正是宁夏文化旅游资源的独特优势和区域特色，也是旅游消费者愈加偏好的资源和产品，在未来发展中，必须深层次挖掘宁夏文化旅游资源，大力提升宁夏旅游产品的文化内涵，才能稳固客源市场，提升旅游消费，促进旅游产业向内涵式增长模式转变。在旅游营销中，必须更准确地把握游客消费心理和需求偏好，投其所好，有的放矢，才能取得更好的效果。

在旅游商品方面，虽然各年份统计口径不同，但枸杞一直是游客最感兴趣的旅游商品［见表 3–8（b）］。此外，茶叶食品、纪念品及手工艺品、酒类和香烟、中药保健品、丝毛织品也是受游客青睐的商品。

6. 信息获取渠道

旅游信息获取渠道是指人们通过哪种方式获得有关旅游地信息的。根据对来宁游客的调查（表 3–9），互联网、旅游宣传资料、电视、亲朋好友

表 3-8(b) 来宁游客偏好的旅游纪念品 (单位:%)

项目 年份	枸杞	纪念品/手工艺品	茶叶/食品	中药和保健品	丝绸服装/棉毛织品	酒类和香烟	砚石	其他商品
2007	47.18	26.78	39.35	/		/	8.82	/
2008	40.45	33.14	45.74	8.17	10.46	28.07	7.28	20.18
2009	43.0	23.7	48.0	6.8	12.1	22.2	4.5	13.4
2010	45.7	22.3	37.3	/	/	/	9.6	/
2011	46.0	27.8	32.2	/	21.0	34.6	/	/
2012	50.8	46.1	35	34.8	21.3	20.4	/	39.7
2013	43.4	31.0	40.1	27.0	19.1	36.2	/	36.7
2014	42.8	30.8	35.3	26.3	/	33.0	/	/

表 3-9 来宁游客旅游信息获取渠道 (单位:%)

项目 年份	电视	旅游宣传资料	互联网	亲戚朋友	当地报纸	杂志	电话	电台
2007	42.43	42.08	38.87	32.25	25.66	8.46	4.98	2.74
2008	50.92	46.59	34.87	36.99	34.04	19.28	/	7.66
2009	40.0	33.4	37.8	34.2	28.1	合为 21.5		
2010	36.9	28.1	41.2	31.8	25.3	7.8	3.8	2.2
2011	39.2	28.5	54.0	42.1	31.7	19.4	15.0	4.7
2012	33.8	60.7	64.9	30.2	44.6	21.8	合为 8	
2013	25.3	45.0	65.3	35.2	52.8	35.1	合为 19.8	
2014	27.0	39.4	61.0	38.9	43.0	28.0	16.8	22.1

和当地报纸是游客获取宁夏相关旅游信息的主要渠道。其中，互联网因其快速便捷、信息全面、传播广泛而上升为首位，当地报纸、杂志、电话、电台亦快速上升，而电视则显著下降，表明大众获取旅游信息的途径和方式日趋多样化，在生活节奏加快、信息爆炸的时代，大众在获取各类信息资源时，会更主动，目的性更明确，而非传统的被动接受。比如，过去人们是看电视时被动接收旅游广告，而现在是上网去百度。因此，在进行旅游宣传时，宣传手段要多元化，能够让游客快速锁定“自己”，营销思维要向互联网思维转换，知己知彼，方能有效传播。

利用电话获取信息方式虽比例较低，但自 2007~2014 年成倍增长，表明各类 APP 的应用，如微信等，正在改变着人们的生活。宁夏旅游营销今后应注重互联网和移动设备等途径的传播。

此外，旅游宣传资料是游客获取宁夏相关旅游信息的重要渠道之一，说明我区旅游宣传资料的营销效果较好，但波动较大，从侧面反映出宁夏旅游宣传工作的长期性和持续性有待加强。

（四）游客满意度调查

2007~2014年分别针对住宿、餐饮、长途交通、市内交通、游览、娱乐、购物、服务及总体印象等方面进行了实际调查。以5分量表为基准获取游客针对每项内容的打分（最好为5分，好为4分，一般为3分，差为2分，最差为1分），历年的综合得分见表3-10。

表3-10　历年宁夏游客满意度评价

年份	住宿	餐饮	长途交通	市内交通	游览	娱乐	购物	服务	总体印象
2007	3.34	3.73	3.66	3.65	3.71	3.53	3.58	3.66	3.78
2008	3.68	3.71	3.64	3.64	3.74	3.68	3.35	3.3	3.69
2009	3.79	3.73	3.69	3.68	3.81	3.56	3.6	3.65	3.79
2011	3.81	3.84	3.76	3.66	3.74	3.44	3.76	3.69	3.78
2012	3.83	3.86	3.78	3.61	3.81	3.39	3.79	3.7	3.81
2013	3.85	3.88	3.81	3.72	3.84	3.44	3.88	3.73	3.84
2014	3.87	3.92	3.88	3.73	3.89	3.22	3.91	3.75	3.86
平均值	3.74	3.81	3.75	3.67	3.79	3.47	3.70	3.64	3.79

总体上，宁夏旅游接待满意情况尚没达到游客认为“好”的标准，部分旅游接待环节近些年来有一定的良性发展，但幅度不大，值得警惕的是部分项目甚至呈现下降的趋势，特别是娱乐、服务和购物，且这三项是旅游业除门票外的主要直接收入，这一调查结果也解释了游客的娱乐消费支出最低，购物消费比重也逐年减少的原因。

在当前全国乃至全球都更加注重提升旅游服务质量及游客体验质量的大背景下，宁夏未来旅游发展必须要下大力气，全方面提升游客体验满意度。

（五）宁夏国内旅游客源市场潜力评估

由于中国主要旅游资源及赋存条件的地区差异和各地区历史文化背景的不同，中国主要旅游资源以某一类或几类为主，集中连片或呈带状分布，形成中国旅游流东密西疏，沿江沿海密、边远内地疏，大城市密、边远区疏的基本空间格局。东部沿海省区、黄河中下游和长江中下游的中部省区是传统旅游供给区，也是旅游需求中心。而西部省区资源丰富，拥有形成旅游优势产业的市场条件，同时随着经济不断发展，基础设施条件不断改善，将形成未来新的旅游供给增长区域。

在旅游人口结构特征上，女性市场、青少年市场和银色市场逐渐兴起，80 后成为旅游的主力军。在旅游目的上，中国国内旅游者的旅游需求以休闲、观光、游览和度假为主。在旅游偏好上，受区域社会经济发展水平的影响，中国不同地区居民的旅游消费水平与消费结构发生了显著变化，东部城市居民的旅游愿望与消费明显高于西部城市居民。东部城市居民不但热衷于短程游憩，还喜欢长程旅游。而西部城市居民主要以城市或区域的短程游憩—旅游为主。

在游程及空间上，以游览一座城市及其周边区域的短线旅游为主，游憩—旅游空间集中在以中心城市或居住城市的周边地区，表现出以大城市或著名景区为中心的圈层结构。这决定了中国旅游需求的主体客源空间继续向东部各省区与南部各省区转移，中国国内长程旅游流总体趋势仍保持由东向西的方向流动。

结合前文所述，在空间分布特征上，宁夏国内主要客源以本地为主，临近各省分布集中。西北、华北、珠三角和长三角地区将一直是宁夏重点开拓的客源市场。具体而言，甘肃、内蒙古、陕西等近程市场及四川、山西客源因距离优势和可进入性改善流量稳定，应长期作为基础市场稳步开拓，并注重本区旅游产品升级换代，保持长期吸引力。北京客源市场有了一定的基础，但波动较大；山东、江苏、广东、浙江等经济发达地区人口众多，有望成为未来潜力市场（见图 3–7）。

在特征表现方面，家庭出游、女性出游、自驾游日益增多。其中家庭稳定、事业稳定的 30~45 岁年龄段游客是宁夏旅游接待的主要客源；45~64 岁群体则逐年稳定上升；而 65 岁以上人群所占比例也不断加大。今后，在宁夏旅游项目与景区建设中应适当考虑青少年、老年及女性市场。

旅游目的与偏好方面，以休闲度假与观光旅游，商务会议和探亲访友

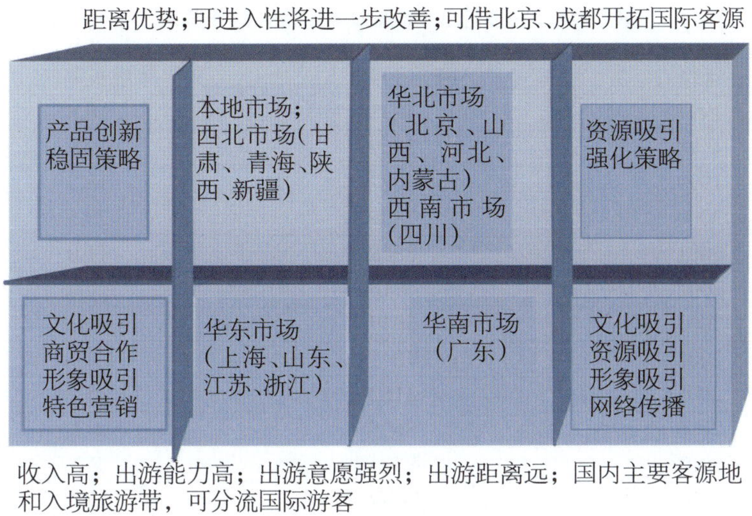

图 3-7　宁夏旅游市场分析

为主，整体上来看，民俗风情、文物古迹、大漠黄河和山水风光四类旅游资源一直受到游客青睐，饮食烹调和文化艺术则成为旅游新宠，涨幅迅速。表明宁夏客源市场消费正处于从基本层次向对于提高层次及深入层次需要转变阶段。

住宿选择上，大部分游客偏向于中高档住宿设施，逗留天数缩短，不足 2 天，花费构成中住宿和长途交通占比重较大，娱乐花费最低，购物比例不断下降，应设法增强娱乐消遣项目和夜间旅游产品，延长游客逗留时间，提高来宁游客的整体消费水平。

旅游商品方面，枸杞、纪念品及手工艺品、中药保健品、茶叶食品是游客感兴趣的商品，亦可作为未来一段时间内的开发重点。宁夏旅游营销宣传手段上日益多元化，应加大互联网、APP 及当地报纸的作用。游客满意方面，还存在很大提升空间，宁夏未来旅游发展要注重提升游客体验满意度。

二、宁夏入境游客客源市场现状与潜力评估

（一）入境游客市场现状

宁夏入境旅游总量较小，涨幅迅速，客源分布广泛。

自 2007 年到 2014 年，宁夏入境旅游者人数从 4238 人增加到约 3.37

表 3-11　宁夏近 20 年来入境旅游人数一览表

年份	入境旅游者（人）	年增长率（%）
1997	4238	28.8
1998	5069	19.6
1999	6027	18.9
2000	7807	29.5
2001	8668	11.0
2002	6018	–30.6
2003	3049	–49.3
2004	7041	130.9
2005	8162	15.9
2006	8665	6.2
2007	9373	8.2
2008	11586	23.6
2009	14523	25.3
2010	17990	23.9
2011	19479	8.28
2012	18994	–2.5
2013	25357	33.5
2014	33657	32.7

万人。相比国内旅游人数，入境旅游接待规模较小，客源广度不足，对于宁夏建设国际旅游目的地的长远目标，拓展入境旅游市场具有十分迫切的必要性。

自银川至韩国和银川至泰国两条国际航线开通以来，银川河东机场出入境旅客明显增加，出入境人员同比增长 809.7%。其中银川至韩国首尔航班自 2012 年 3 月 25 日开通至今，共进出 222 架次，运输出入境旅客

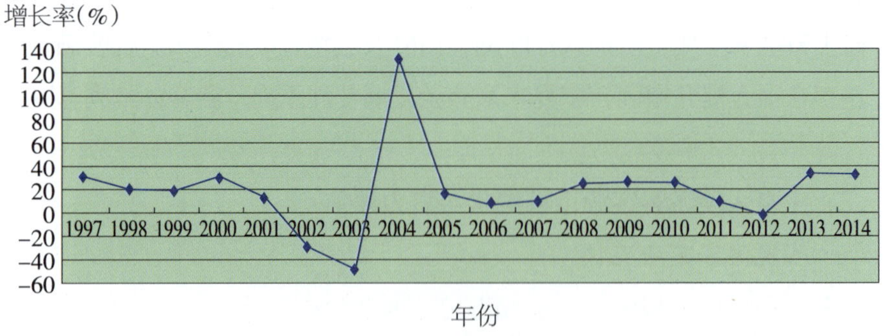

图 3-8(a)　宁夏历年入境旅游接待人数增长率变化趋势

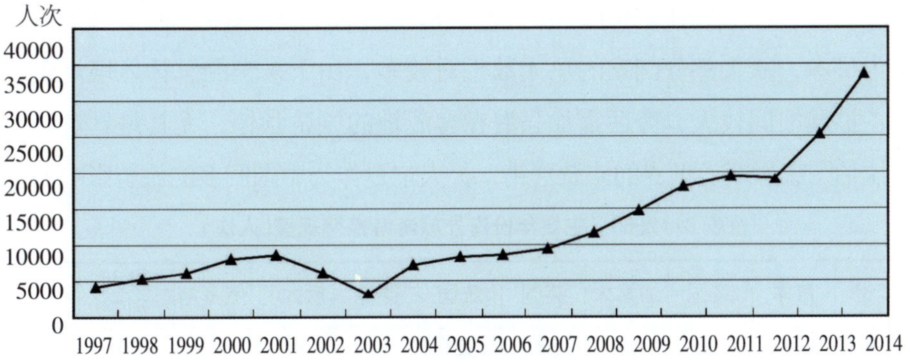

图 3-8(b)　宁夏历年入境旅游接待人数增长变化趋势

15848 人次；银川至泰国航班自 2013 年 1 月 13 日开通至今，共进出 29 架次，运送出入境人员 3567 人次。两大国际航班的开通，极大满足了宁夏及周边旅客出境旅游的需求。据介绍，过去出入境人员绝大多数是因公出境的公职及企业人员，而现在 90%以上是因私出境，且绝大多数是旅游。

根据历年调查，国际客源地分布显示如表 3-12（a），宁夏的国际客源地呈现逐年多样化的趋势，近年来，欧洲、北美及亚洲太平洋地区的许多国家的游客已经开始涉足宁夏旅游，但目前宁夏旅游接待国外游客仍属于试水阶段，多由于接待任务、国际会议来宁旅游，阿拉伯国家伊斯兰世界来宁旅游观光人数仍较少。目前，宁夏总体入境旅游接待规模小，但客源广泛，且游客评价度高，具有非常大的提升空间，进一步拓展多样化的客

表 3-12(a)　国际客源地分布情况

年份	国际客源地
2007	日本、美国、德国、法国、新加坡等
2008	日本、韩国、美国、德国、法国、新加坡、澳大利亚等
2009	日本、美国、德国、韩国、法国、英国、马来西亚等
2010	日本、美国、德国、新加坡、法国等
2011	日本、美国、德国、韩国、马来西亚、英国、新加坡、法国、加拿大、澳大利亚等
2012	美国、日本、韩国、德国、法国、新加坡、马来西亚、意大利、英国、澳大利亚、泰国等
2013	美国、日本、韩国、德国、法国、新加坡、马来西亚、意大利、英国、澳大利亚、泰国等
2014	美国、日本、韩国、德国、俄罗斯、马来西亚、印度、新加坡、加拿大、澳大利亚、法国等

源地潜力巨大。根据表 3-12（b），几乎每年的入境旅游者中人数最多的国家均为日本，欧美部分国家的总人数相对较多，由于来宁的总体入境规模较小，扩展空间较大，今后需加强潜在客源地的旅游营销，尤其是针对广大阿拉伯国家伊斯兰世界的旅游营销，扩大宁夏作为中国回乡的旅游影响力。

表 3-12(b)　主要年份海外旅游者接待规模(人次)

年份	日本	美国	加拿大	英国	法国	德国	意大利	俄罗斯	澳大利亚	新西兰
1990	801	82	10	38	18	87	24	8	30	2
1995	1379	187	50	84	80	126	82	6	46	28
2000	1896	392	151	353	180	298	59	104	115	10
2010	2459	1679	450	408	514	1311	276	125	444	84
2011	2662	1638	490	553	486	1398	184	158	482	103
2012	2864	1063	517	269	504	825	269	65	598	158
2013	1802	1696	445	354	563	821	398	157	476	102
2014	1819	1945	478	306	424	918	323	678	479	120

从空间上看，中国入境旅游人口主要分布在亚太、欧洲、北美等地区，其中日本、韩国、美国、俄罗斯、马来西亚、新加坡和菲律宾等国是中国最主要的国际客源市场。以北京、上海、广州三大城市为极核、围绕其形成的东部沿海旅游带，其 GDP 占中国 GDP 总量的近 40%，既是中国经济发展最快、实力最强的三大经济圈，也一直是中国入境旅游最发达的地区，每年接待外国游客量占中国总体接待量的比例平均在 50%左右。北京、上海、广州作为中国最大的三个入境口岸城市，也是中国旅游流分流的重要节点，以这三个点为核心形成了“西部扩散流”。中国西部旅游区的入境旅游流约有 40%来自于东部旅游区的扩散流，在某种程度上，可将东部旅游区视为西部旅游区的二次客源市场。

北京和上海的入境客源市场都以日本、韩国和美国为主，但北京入境客源市场基本保持均衡分布，而上海的日本游客数量非常突出；广州游客以日本、美国和新加坡，特别是马来西亚为主。

区位和旅游资源构成影响着三座城市入境国际流向差异。北京、上海与日本和韩国物理距离较近，北京的文化旅游资源和上海的商务旅游资源很好地迎合了日本和韩国游客的旅游需求。而作为旅游中转站的广州其旅游资源优势相对不足，但良好的区位优势使其东南亚的游客流得到了很大发展。

由环渤海旅游区入境的客流向西部三大典型旅游区转移客流累计量最大的为泛西安旅游区，其次为蜀渝和云贵旅游区，总体呈现出明显的距离衰减特征；由环渤海扩散的入境游客比较偏爱以泛西安为代表的中国文化类旅游产品，具有趋同性的特点。由长三角旅游区入境游客则主要向泛西安旅游区和云贵旅游区转移，比较偏好中国传统文化和民俗风情类旅游产品；由珠三角入境游客则主要向蜀渝旅游区转移，比较偏好自然风光类旅游产品。

根据国际客源市场空间分布特征和旅游偏好，结合宁夏旅游自身优势和特点，宁夏国际客源市场开拓一方面要从国内入境旅游城市分流，特别是依托现有的北京、广东、上海、陕西、四川等国家入境游客中心；另一方面，要借助宁夏内陆开放型经济试验区建设和向西开放、“一带一路”开发国家战略带来的良好机遇，开通更多国际航线，直接引入游客，力争成为西部地区中亚地区国际游客入境重要口岸。

(二)宁夏入境旅游者特征

宁夏接待入境旅游者人数较少，客源分布较为广泛，旅游目的多样，平均停留时间趋于增加，每日人均消费表面看略有增加［见表 3-13（a）、图3-9］。

表 3-13(a)　宁夏入境旅游者平均停留时间与日人均消费

	2007	2008	2009	2010	2011	2012	2013	2014
平均停留时间(天)	1.95	1.82	1.95	2.2	2	1.84	3	3
日人均消费(美元)	142.85	142.83	155.56	155.1	159.31	156.16	158.84	166.11

数据来源：《宁夏旅游经济发展统计公报》(2007~2014 年)。

根据《旅游抽样调查资料》相关数据，2011~2013 年到宁夏的入境旅游者中，首次来宁者比例逐步下降，而重游者比例较高。其中 2013 年48.7%的外国游客为第 1 次来宁夏旅游，37.3%为 2~3 次，14.0%大于 4 次。

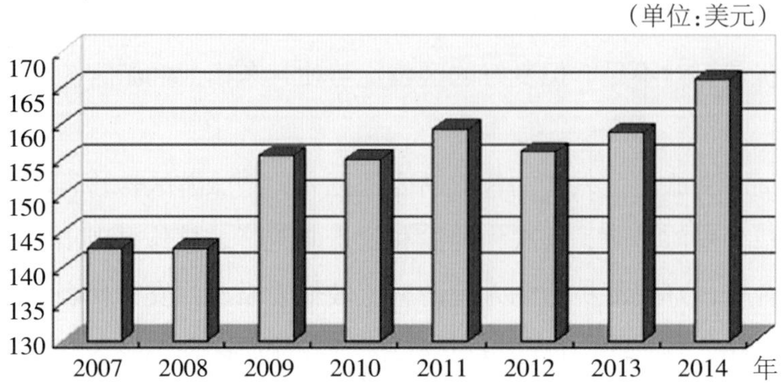

图 3-9　宁夏入境游客日人均消费

表 3-13(b)　来宁入境游客次数与流向(2011~2013 年)

		2011	2012	2013
来宁次数(%)	第 1 次	66.2	43.3	48.7
	第 2~3 次	25.4	42.0	37.3
	4 次及以上	8.5	14.7	14.0
流向(人)	北京	107	79	70
	上海	20	26	33
	陕西	18	40	15
	其他	5	5	32

数据来源:《旅游抽样调查资料》(2012~2014 年)。

宁夏 2011~2013 年游客流向数据显示，来宁游客游玩宁夏后大部分人回到北京或上海，还有部分将前往陕西，但返回北京、西安的人数变动较大，上海较稳定，回到其他地区的人数大大增加，说明北京、上海和西安是宁夏主要入境游客的来源地，同时外国游客的入境渠道和目的地选择更加多样化。

入境旅游者中，旅游目的对人均花费影响无明显偏好；人均花费构成中长途交通所占比例最大，其次为住宿；其他如餐饮、景区游览、娱乐、购物等各项费用的构成比例接近，但无显著地区差异。见表 3-14（a、b）。

表 3-14(a)　宁夏入境旅游者日人均花费　(单位:美元)

旅游目的 人均花费	观光	休闲 度假	探亲 访友	商务	会议	宗教 朝拜	文化体 育科技	购物	医疗 保健	其他
2011 年	174.99	161.11	152.84	167.91	109.61	–	150.81	–	–	169.16
2012 年	154.29	167.26	183.77	168.32	141.12	–	140.83	–	–	136.17
2013 年	165.70	157.85	139.69	168.07	150.27	–	144.31	–	–	176.95

数据来源：《旅游抽样调查资料》(2012~2014 年)。

表 3-14(b)　宁夏入境旅游者人均花费构成　　（单位:%）

	年份	总体	外国人	中国香港	中国澳门	中国台湾
交通(长途交通、市内交通)	2011	32.8	29.4	35.6	33.6	14.4
	2012	44.1	45.4	22.8	23.3	52.2
	2013	37.2	37.7	30.4	37.9	43.2
住宿	2011	17.1	18.6	19.2	18	11.6
	2012	17.3	17.0	24.7	24.2	23.2
	2013	18.7	18.2	17.7	23.2	25.0
餐饮	2011	5.9	6.4	5.3	5.2	6.1
	2012	6.1	6.1	6.3	6.6	6.5
	2013	5.9	5.7	6.1	6.4	11.2
景区游览	2011	6	5.7	8.2	5.9	5.6
	2012	6.3	6.1	8.6	0.0	9.0
	2013	7.5	6.5	8.5	7.0	0.0
娱乐	2011	12.3	14.5	12.2	19.6	0.4
	2012	5.6	5.6	2.7	0.0	0.0
	2013	9.4	10.3	13.4	1.3	1.4
购物	2011	15.9	14.3	14.1	14.5	59.1
	2012	10.0	10.3	16.4	31.9	4.7
	2013	11.1	10.7	13.9	12.6	8.0
其他	2011	10	11.1	5.4	3	2.8
	2012	9.4	9.5	12.1	18.1	4.4
	2013	10.7	10.9	10.0	11.6	10.2

数据来源:《旅游抽样调查资料》(2012–2014)。

（三）海外民众对中国形象感知

《2014 年中国国家形象全球调查》[①]显示：与 2013 年相比，中国形象正被越来越多的受访者所认可。中国整体形象得分相比 2013 年高出了 0.8 分（总分为 10 分）。调查共覆盖了代表不同区域和经济发展水平的 9 个国家的民众：英国（欧洲）、美国（北美）、澳大利亚（大洋洲）、日本（亚洲）、中国（亚洲）、南非（非洲）、印度（亚洲）、巴西（南美洲）和俄罗斯(欧洲)。

1. 当地媒体仍是海外民众了解中国的最主要渠道

海外受访者中，57%的人选择通过当地传统媒体获取有关中国的信息，40% 的人通过当地新媒体进行了解。而中国在当地的传统媒体和使用中国

①http://world.people.com.cn/n/2015/0319/c157278-26717533.html.

产品也是外国民众了解中国的重要渠道。选择通过这两种方式了解中国的受访者比例均超过30%。

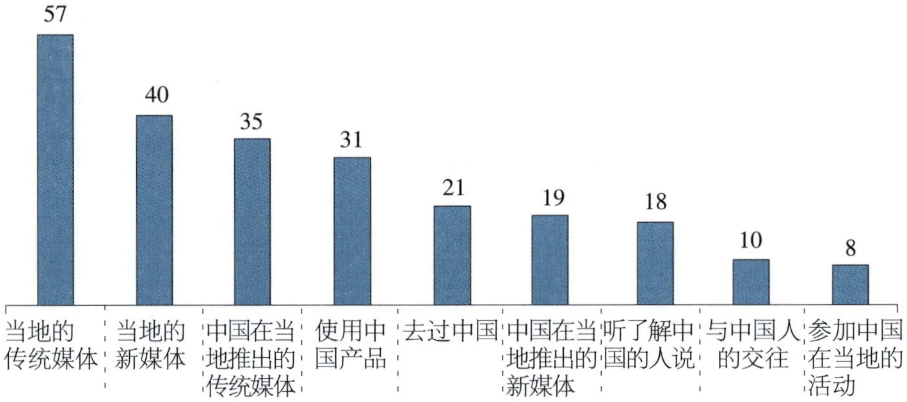

图 3-10 海外受访者了解中国的主要渠道

2. 海外民众最想通过中国媒体了解中国经济、文化、民生

调查显示（见图3-11），传统文化、经济、民生是海外民众最期望通过中国媒体来了解的信息。此外，发展中国家对中国科技领域的信息也有

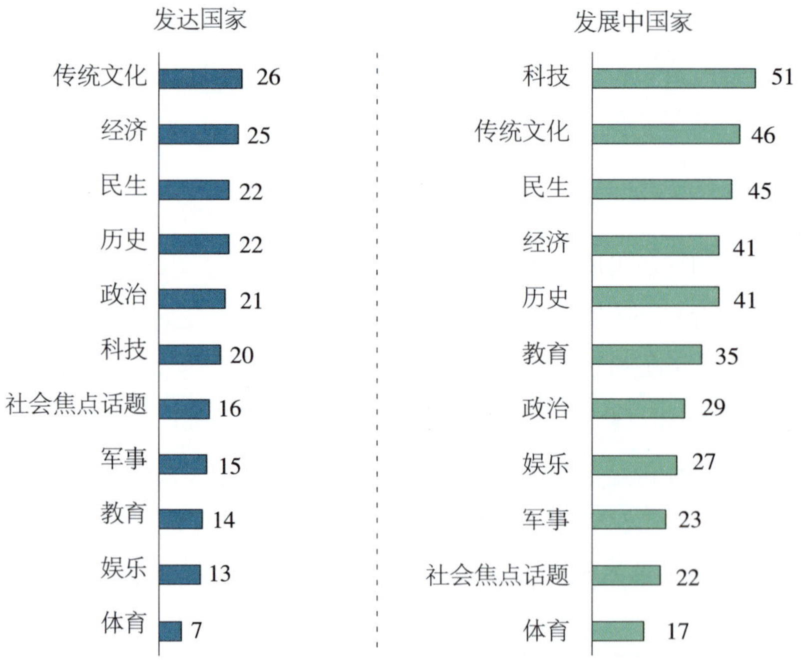

图 3-11 发达国家和发展中国家受访者期望了解中国的信息

着十分浓厚的兴趣。

(四)欧美市场需求与偏好

根据UNWTO数据，国际旅游将持续增长，从2010~2030年将以3.3%的比例逐年增加，每年将增加四亿三千万入境旅游者，2030年将增加到18亿，将来源于以下区域（见表3-15）。2030年欧洲与美洲将占41%与14%，合计为55%，亚太区域30%，这也是中国入境旅游者主要来源，是重点关注市场。

表3-15 1980~2030年入境旅游者区域分布预测

年份 地区	1980 （%）	2010 （百万人）	2020 （百万人）	2030 （百万人）	2030 （%）
欧洲	64	475.3	620.0	744.0	41
亚太地区	8	204.0	355.0	535.0	30
美洲	22	149.7	198.0	248.0	14
中东	3	60.9	101.0	149.0	8
非洲	3	50.3	85.0	134.0	7
世界	100	940.2	1359.0	1810.0	100

1. 市场需求

根据万绪才的总结，近年来中国国际游客数排在前15位的国家及游客比重见表3-16，2012年排在最前面的基本上为离我国距离较近或接壤的国家（美国除外），其中部分国家是与中国的文化很接近的国家，包括了大区域东亚、东南亚、澳洲、北美及中西欧，亚洲（日、韩、马、菲、新、泰）各国作为我国近邻国，文化上的相似、交通成本低的优势使得入境流量大，所占市场份额一直是最大的，其次是美洲（美国、加拿大）、欧洲（英、法、德、俄），比例最小的是大洋洲（澳大利亚）。美洲的代表市场美国，是中国最大的远程入境市场，鉴于欧洲客源市场也是未来中国入境旅游的重要客源市场，应当采取相应的营销策略，加以培养和维护。其他世界大区的游客数相对较少，与当地经济发展水平及出游需求等众多方面紧密相关。

表 3-16 近年来中国国际游客数前 15 位国家及游客数比重

位次	2003 年				2007 年				2012 年			
	国家	游客数（万人次）	比重（%）	累计比重（%）	国家	游客数（万人次）	比重（%）	累计比重（%）	国家	游客数（万人次）	比重（%）	累计比重（%）
1	日本	225.48	19.78	19.78	韩国	477.68	18.29	18.29	韩国	406.99	14.97	14.97
2	韩国	194.55	17.07	36.85	日本	397.75	15.23	33.52	日本	315.82	12.94	27.91
3	俄罗斯	138.07	12.11	48.96	俄罗斯	300.39	11.50	45.02	俄罗斯	342.62	12.60	40.51
4	美国	82.25	7.21	56.17	美国	190.12	7.28	52.30	美国	211.81	7.97	48.30
5	菲律宾	45.77	4.01	60.81	马来西亚	106.20	4.07	56.37	马来西亚	123.55	4.54	52.84
6	马来西亚	43.01	3.77	63.95	新加坡	92.2.	3.53	59.90	越南	113.72	4.18	57.02
7	蒙古国	41.83	3.67	67.62	菲律宾	83.30	3.19	63.09	新加坡	102.77	3.78	60.80
8	新加坡	37.81	3.32	70.94	蒙古国	68.20	2.61	65.7	蒙古	101.05	3.72	64.52
9	英国	28.83	2.53	73.47	泰国	61.16	2.34	68.04	菲律宾	96.20	3.54	68.06
10	泰国	27.54	2.42	75.89	澳大利亚	60.74	2.33	70.37	澳大利亚	77.43	2.85	70.91
11	澳大利亚	24.54	2.15	78.04	英国	60.51	2.32	72.69	加拿大	70.83	2.61	73.53
12	印尼	23.18	2.03	80.07	加拿大	57.72	2.21	74.90	德国	65.96	2.43	75.95
13	加拿大	23.03	2.02	82.09	德国	55.67	2.13	77.03	泰国	64.76	2.38	78.33
14	德国	22.20	1.95	84.04	印尼	47.71	1.83	78.86	印尼	62.20	2.29	80.62
15	印度	21.91	1.92	85.96	法国	46.34	1.77	80.63	英国	61.84	2.27	82.89

表 3-17 2010 年入境旅游者空间集聚情况

	东部地区	中部地区	西部地区
入境旅游（万人次）	7380.09	1215.56	1063.34
市场份额（%）	76.4	12.6	11.0
区内省均份额	615.0（6.4%）	151.95（1.6%）	96.67（1.0%）
外汇收入（亿美元）	427.7	47.44	44.59
市场份额（%）	82.3	9.1	8.6

国际游客在国内的目的地区域选择上存在差异，如表 3-17，东部地区占较大比重，西部地区比中部地区略低，西部地区的省份差异亦较大。宁夏入境旅游人数占全国的比重极低，对于建设国际旅游目的地十分不利，宁夏必须加强东—西部区域间的旅游合作，特别是同中转城市的联系，实现从东部分流，增加入境旅游者人数。虽然中国东部地区旅游发展早，起步快，水平高于西部地区，但是随着东部旅游资源的不断开发、环境承载力的不断饱和，旅游成本不断攀升。与此同时，中国政府和企业意识到区

域旅游协调发展的重要性、西部旅游资源的空间广阔性以及品质独特性，如泛西安旅游区的历史文化资源，云贵旅游区的民俗风情以及独特的喀斯特地貌，川渝旅游区的九寨仙境、峨眉山川风貌等，以及内蒙古、新疆、西藏等地区的边境旅游等，越来越多的西部市场正在逐步打开。东部地区要想获得长远的可持续发展势必要与西部地区建立长久的合作联系，而西部地区的崛起同样要依赖东部地区的引导和带动，全国的入境旅游只有实现东西区域联合才能发挥出“1+1>2”的整体优势和潜力。加强东西部地区的旅游合作特别是各地区中转城市间的合作才能快速、有效地协调各区域的客源，加快各区域间的旅游合作。中转城市是各区域的交通枢纽，是各地互通客源的管道，也是生产要素流通的血脉，加强中转城市的合作才能“以点带线，以线带面”促进周围地区的旅游交流和发展。

表 3-18(a) 国际旅游者对中国作为旅游目的地的感知

旅游期望	泰国	马来西亚	印度尼西亚	澳大利亚	日本	墨西哥	加拿大	美国	西德	法国
体验不同的文化和生活方式	−	+	±	−	±	−	+	+	+	±
参观重要的历史古迹	+	+	+	+	+	+	+	+	+	+
欣赏美丽的自然风光	+	+	+	+	+	+	+	+	+	+
追求宜人的气候	±	−	−	−	−	−	−	±	−	−
购买精美的工艺品、礼物、纪念品	+	+	−	−	+	+	+	+	±	±
品尝精美可口的食物	+	+	+	+	±	+	+	+	±	+
享受合适的接待设施	+	−	−	−	−	+	±	±	−	−
学习有助于自身事业或社会生活知识	±	+	−	±	±	−	±	±	±	±
廉价的度假	−	−	−	−	−	−	−	−	−	−
参加冬季运动	−	−	−	−	−	−	−	−	−	−
参加娱乐活动	−	−	−	−	−	−	−	−	−	−
会见有意义的人	±	+	−	±	−	−	±	±	±	±
参观社会主义制度下的建设成就	+	+	−	−	−	±	±	±	±	±

注：+ 表示旅游者有此期望；− 表示旅游者无此期望；± 表示个别旅游者有这种期望，资料来源于马耀峰(2008)。

表 3-18（b） 来中国的外国游客的旅游资源偏好

位次	资源类型	偏好比重（%）	位次	资源类型	偏好比重（%）
1	文物古迹	60.28	5	文化艺术	11.95
2	山水风光	45.22	6	旅游购物	11.76
3	民俗风情	25.81	7	节庆活动	5.12
4	饮食烹调	19.63	8	医疗保健	3.96

资料来源于马耀峰（2008）。

此外，还应该考虑国家层面的游客分流，如提高中国热点旅游城市与美国出境口岸间的航空通达性，降低美国人来华旅游成本，与亚洲其他国家采取竞合策略，与日本、印度、韩国以及中国台湾和香港共享美国旅亚市场等。

2. 旅游偏好

郑鹏等人在研究中明确了影响来华外国旅游者的推力维度和拉力维度的潜在因子。推力维度包括“健康社交”和“求知求异”，拉力维度包括“设施环境”和“核心吸引”，追求新奇刺激、拓宽视野是外国旅游者来华的主要内在驱动力，而目的地的优美的旅游景点和良好的城市形象是其最大的外在拉力。同时根据马耀峰等的研究，外国旅游者偏爱的旅游项目有文物古迹、山水风光和民俗风情，与华裔旅游者相比，对于“文物古迹”“民俗风情”“文化艺术”“饮食烹调”等富有社会文化内涵、民族特色的项目更感兴趣，也说明文化差异越大，对游客吸引性越强，与宁夏实际情况基本吻合。

同时，根据郁从喜针对当前游客的分类（见表 3-19），总体上分为 15 种类型，且许多类型是之前旅游发展中不常见的，现在已出现了许多新兴旅游者类别。尽管宁夏旅游市场还处于不成熟阶段，但对于新旅游者仍具有一定的吸引力。不同性别、不同年龄影响人的心理和经历，使得人所表现出来的精力、喜好、行为、活动等不同，在旅游上也会表现出各种差异。所以针对市场细分的定位及营销手段上应区别对待。根据表 3-20，一些发达国家的游客旅游动机构成中，度假占绝大部分比例，其次为探亲访友，再次为商务旅行。入境旅游目的构成的对比中，总体来看商务型游客所占的比例最大（均值比例为 31.2%），其次是观光游览型（26.5%），休闲

表 3-19　休闲游客类型

序号	中文名称	英文名称
1	享乐阳光型	Sun Lover
2	寻求快乐型	Action Seeker
3	寻求刺激型	Thrill Seeker
4	探险型	Explorer
5	漂流型	Drifter
6	酷爱运动型	Active Sport Tourist
7	人类学者	Anthropologist
8	考古学者	Archacologist
9	组团型	Organized Mass Tourist
10	高端型	High Class Tourist
11	学习型	Educational Tourist
12	富翁环球型	Jetsetter
13	探索型	Seeker
14	结伴散客型	Independent Mass Tourist
15	逃逸型	Escapist

度假型（19.9%）。宁夏在开发入境旅游市场时应参考国外游客的旅游偏好，打造更加适宜的旅游产品及更为合适的旅游营销方向。

表 3-20　部分国家游客的旅游动机构成（2009~2010 年）

旅游目的	澳大利亚	加拿大	爱尔兰	新西兰	西班牙	英国	美国
度假	44.0%	50.3%	44.7%	38.2%	82.6%	38.0%	53.5%
探亲访友	25.0%	26.6%	34.9%	32.6%	5.5%	29.0%	20.2%
商务	17.0%	15.2%	13.3%	5.6%	8.3%	22.0%	21.9%
其他	14.0%	7.9%	7.1%	23.6%	3.6%	11.0%	4.4%
总体	100.0%	100.0%	100.0%	100.0%	100.0%	100.0%	100.0%

3. 旅游花费

根据 2014 年《旅游抽样调查资料》，2013 年国内外国过夜游客人均每天花费为 200.17 美元，来宁的外国游客人均花费为 158.84 美元，低于全国平均水平。席宇斌以德国游客为例，将其来华的人均消费及消费构成进行了研究，见表 3-21（a、b）。2012 年德国游客人均消费为 203.59 美元/天，总消费为人民币 11052.4 元，总体上消费较低，与中国出境游花费相比，较微薄。消费构成中游览、娱乐费用比例较低。

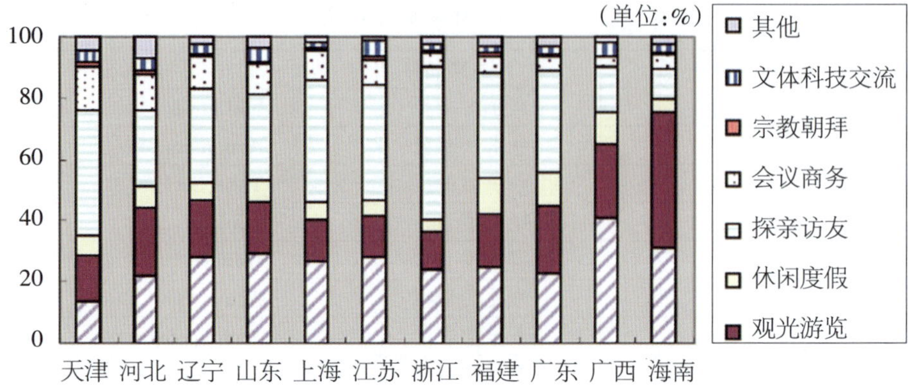

图 3-12　2010 年我国沿海各省(市)接待入境旅游者的客源偏好构成

表 3-21(a)　德国游客人均消费及停留时间

年份	人均消费(美元/天)	平均停留时间(天)	人均总消费(元)
2002	152.04	9.6	12081.3
2005	141.81	10.8	12359.9
2008	193.05	10.6	14210.5
2009	201.63	7.7	10605.5
2010	196.66	10.5	14096.7
2011	212.71	9.6	13188.9
2012	203.59	8.6	11052.4

资料来源于席宇斌(2014)。

表 3-21(b)　德国游客人均消费构成　(单位:%)

年份	长途交通	住宿	餐饮	景区游览	娱乐	购物	市内交通	邮电通信	其他
2002	28.9	16.2	10.3	7.4	7.4	10.3	4.8	5.9	8.8
2005	25.4	19.6	12.8	4.5	7.2	14.5	4.0	3.4	8.6
2008	34.8	16.9	7.5	3.6	4.7	19.3	2.6	2.0	8.6
2009	39.0	14.8	9.2	4.1	7.0	11.3	2.0	2.0	10.6
2010	44.8	16.3	8.9	3.5	5.4	8.8	2.0	3.0	7.3
2011	40.3	12.5	6.8	4.6	7.0	18.8	2.0	0.8	7.3
2012	40.1	12.7	6.8	3.8	8.1	18.3	2.3	1.0	6.9

资料来源于席宇斌(2014)。

(五)亚太市场需求与偏好

1. 亚太市场需求

根据研究，日本和韩国不仅市场份额占据优势，而且增长率攀升，表现出了巨大的竞争力，是未来发展的潜力市场。新加坡占据的份额居中，同时也保持了稳定的增长率，是未来可以扶持的市场。马来西亚、菲律宾和泰国市场份额偏小，竞争力不足，并非未来主要的客流主力市场，可以有针对性地做出市场拓展战略。港澳台市场是我国最大的入境客源市场，对全国而言无论是增长率还是市场份额都不断攀升，但近年来对沿海地区的入境旅游而言，市场的增长率出现了缓慢的下跌状况，一方面反映出沿海地区对港澳台市场的开发不足，另一方面也透视出我国中西部地区旅游吸引力的加强。作为和大陆最具亲缘关系的市场，我国应加强和港澳台的关系，发展深层次的旅游合作，以恢复和巩固其市场地位。

同时根据统计分析，亚太地区出境旅游人数占前 10 位及东南亚地区出境游人数排前几位的国家见表 3–22，日本、印度、韩国、新加坡、澳大利亚、印度尼西亚、泰国、柬埔寨、菲律宾与马来西亚都是中国的营销对象，宁夏若能分享部分入境旅游者，亚太市场的入境旅游者将增加，总体规模也将扩大。

表 3–22(a)　2010 年亚太地区出境旅游人数前 10 位的国家/地区　（单位:万人次）

排名	国家/地区	出境旅游人数						
		2004	2005	2006	2007	2008	2009	2010
1	中国香港	6890.3	7230	7518.2	8068.2	8191.1	8195.8	8844.2
2	中　国	2885.3	3102.6	3452.4	4096.4	4584.4	4765.6	5728.6
3	日　本	1683.1	1740.4	1753.5	1729.5	1598.7	1544.6	1663.7
4	印　度	621.3	718.5	834	78.3	1086.8	1106.7	1298.8
5	韩　国	882.6	1008	1161	1332.5	1199.6	949.4	1248.8
6	中国台湾	788.1	820.8	857.1	896.4	846.5	814.3	941.5
7	新加坡	516.5	515.9	553.3	602.4	682.8	696.1	734.2
8	澳大利亚	436.9	475.6	494.1	546.2	580.8	628.5	711.2
9	印度尼西亚	394.1	410.6	496.7	515.8	548.6	505.3	623.5
10	泰　国	270.9	304.7	338.2	401.8	390.8	465.3	545.1

2. 游客旅游偏好

韩国文化崇尚“孝”“敬老”，家庭观念很强，有经济实力的子女会资助他们的父母到外地旅游。韩国老年人到张家界旅游也被称为“孝道观

表 3-22(b) 2010 年东南亚分区出境旅游人数排名 （单位:万人次）

排名	国家	出境旅游人数						
		2004	2005	2006	2007	2008	2009	2010
1	新加坡	516.5	515.9	553.3	602.4	682.8	696.1	734.2
2	印度尼西亚	394.1	410.6	496.7	515.8	548.6	505.3	623.5
3	泰 国	270.9	304.7	338.2	401.8	390.8	465.3	545.1
4	柬埔寨	23.9	56.8	78.7	99.6	78.6	34	50.5
5	菲律宾	192	214.4	274.5	306.6	355.5	–	–
6	马来西亚	3076.1	–	–	–	–	–	–

光”“孝道旅游”。宁夏对于韩国游客来说吸引力或许更大，韩国本土的自然景观与宁夏差别较大，文化氛围也存在很大差异，且当前韩国首尔可直飞宁夏，因此韩国游客是今后一个很重要的营销方向。韩国人对饮食住宿偏好服务、设施及环境都十分讲究，宁夏针对韩国游客接待方面，需注重这些重要环节和细节。中国入境的日韩市场中，商务和观光游览比例最高，这主要是由于：一方面两国均是临海国家、地域狭小、自然景观带单一、文化相近；另一方面，日韩与我国国境相接，距离较近，经贸联系密切，商务往来频繁。日本游客比较重视旅游目的地的文化内涵及与国内的文化邻近及文化差异，且对休闲养生及医疗产品的偏爱与其国家发达程度有很大关系，在健康旅游产品上的偏好较明显，所以宁夏旅游发展中应注重自然风光与养生类旅游产品的开发。

入境我国的东南亚游客中以观光游览为目的的数量最多，约占总量的79%，而在探亲访友、文化、体育、科技交流方面旅游者数量最少，其原因主要有两方面，一是东南亚国家多为经济发展中国家，经济收入较低，决定了旅游者选择旅游方式多是一些初级旅游形式，二是东南亚国家多地域狭小，地理景观、气候条件单一，而毗邻的中国却拥有辽阔的地域、绚丽缤纷的景观、丰富的民族风情，从而形成了巨大的差异，为旅游动机的产生创造了条件。另外，东南亚国家信仰伊斯兰教的人口较多，生活习俗上具有一定的相似性，是宁夏作为旅游目的地的优势之一。

根据赵云对云南入境旅游者偏好的研究，对旅游商品的偏好（见表 3-23），总体上食品、茶叶、纪念品是所有旅游者购买欲望最为强烈的商品，其次为服装、保健品等，各地旅游者偏好明显。

表 3–23 旅游者旅游商品偏好构成 （单位:%）

商品市场	服装/丝绸	中成药/保健品	食品/茶叶	酒类/香烟	瓷器/陶器	文复品/字画	地毯/挂毯	首饰/珍珠	交卷/电器	纪念品/工艺品
整体市场	35.3	24.5	57.6	20.6	16.9	15.2	7.0	18.5	3.5	46.8
外国人	37.8	23.6	55.3	19.2	17.5	16.3	7.6	19.1	3.9	46.7
香港同胞	26.5	30.1	65.1	22.9	10.8	8.4	3.6	12.0	2.4	48.2
澳门同胞	15.0	25.0	80.0	40.0	15.0	0.0	5.0	15.0	0.0	50.0
台湾同胞	23.3	27.9	67.4	27.9	20.9	18.6	4.7	23.3	2.3	44.2

3. 游客信息获取

对于宁夏入境旅游的整体市场而言，选择旅游指南作为了解旅游信息途径的旅游者数量最多，其次是通过互联网，再次是通过亲朋好友介绍，然后才是来自旅行社以及报纸杂志、广播电视。具体到不同区域又各不相同，欧美以及大洋洲地区，入境的信息来源与整体市场一致，最多的是来源于旅游指南。而日韩、港澳台市场则不同，这些地区的旅游者信息来源更多的是来自于互联网和亲友介绍，其次才是旅行社和旅游指南。

4. 游客停留时间

周边亚洲国家游客来华停留时间见表 3–24，大部分都集中在 1~3 天，停留时间较短。停留时间短，相应的旅游花费就少，对于国内入境旅游外汇收入的贡献就小，应设法拉长周边国家游客在华停留时间。

表 3–24 各国游客停留时间

序号	国别	1~3 天(%)	4~7 天(%)	8~14 天(%)	15 天以上(%)
1	朝鲜	59.6	27.7	8.5	4.2
2	蒙古	75.0	19.7	3.8	1.5
3	印度	34.3	42.2	11.4	12.1
4	越南	50.0	36.8	7.4	5.8
5	缅甸	40.0	32.5	10.0	17.5
6	哈萨克斯坦	57.3	26.8	13.4	2.5
7	俄罗斯	52.5	41.3	3.7	2.5

数据来源:《旅游抽样调查资料(2014 年)》,国家旅游局政策法规司,中国旅游出版社。

（六）穆斯林市场需求与偏好

伊斯兰旅游（穆斯林旅游）定义为："在旅行的状态，符合伊斯兰教的兴趣或活动、事件、经验等范围，在伊斯兰框架内达到以下目的——历史、艺术、文化、文物、生活、经济、卫生、教育和其他人类兴趣"。"伊斯兰旅游是由伊斯兰信仰所主导的，不违背教义和实践的行为方式。"[①]穆斯林旅游体现了一种新的伦理审视，代表了一种人们可以普遍接受的高道德标准和礼仪价值观。与此同时，它还表现出一种对当地信仰、传统及环境的尊重。

1. 国际穆斯林旅游市场总体特征分析

（1）规模巨大

据估计，全球约16亿人口为穆斯林，几乎占了全世界人口总量的23.2%，超过61%的穆斯林居住在亚太地区，20%居住在中东及北非，其中排前10位的国家是印度尼西亚（二亿七百万）、印度（一亿七千六百万）、巴基斯坦（一亿六千七百万）、孟加拉国（一亿三千三百万）及伊朗（七千四百万），北非三个：埃及、阿尔及利亚及摩洛哥，欧洲一个土耳其及西部非洲的尼日利亚。此外，俄罗斯、中国及美国都有一定数量的穆斯林，且全球穆斯林数量将于2030年增加到22亿人。各国穆斯林数量见表3-25。

从宗教人口角度看，穆斯林是发展最快的宗教族群。英国内政部最近公布的人口普查资料表明，对照上次人口普查报告，穆斯林人口快速增长，从3%跳跃到4.8%。这种现象在美国也同样存在，最近的芝加哥人口调查资料显示，穆斯林居民人口的增长率超越了总人口的平均增长率。

穆斯林人口占多数的国家已有50个，这50个国家几乎囊括了全部穆斯林的近3/4（73%）。穆斯林居民最集中的地方是亚太地区，占当地人口的62%，每10个人中有6人是穆斯林；中东和北非20个国家中19个是伊斯兰国家。虽然传统的穆斯林都集中在亚洲和非洲，但现代趋势向欧洲和美洲逐渐蔓延，在许多过去没有穆斯林的地方都出现了新穆斯林社区，

---

①马来西亚，ITC（Islamic Tourism Centre）。

表 3–25　全球穆斯林分布

世界穆斯林人口分布（总人口数超过 100 万穆斯林人口的国家）							
	2009年的穆斯林人口数（人）	占本国比例（%）	占世界的比例（%）		2009年的穆斯林人口数（人）	占本国比例（%）	占世界的比例（%）
亚太地区	972537000	24.10	61.9	突尼斯	10216000	99.5	0.7
阿富汗	28072000	99.7	1.8	阿联酋	3504000	76.2	0.2
阿塞拜疆	8765000	99.2	0.6	也门	23363000	99.1	1.5
孟加拉国	145312000	89.6	9.3	撒哈拉以南的非洲	240632000	30.10	15.3
缅甸	1889000	3.8	0.1	贝宁	2182000	24.4	0.1
中国	21667000	1.6	1.4	布基纳法索	9292000	59	0.6
印度	160945000	13.4	10.3	喀麦隆	3498000	17.9	0.2
印度尼西亚	202867000	88.2	12.9	乍得	6257000	55.8	0.4
伊朗	73777000	99.4	4.7	厄立特里亚	1854000	36.5	0.1
哈萨克斯坦	8822000	56.4	0.6	埃塞俄比亚	28063000	33.9	1.8
吉尔吉斯斯坦	4734000	86.3	0.3	冈比亚	1625000	~95	<1
马来西亚	16581000	60.4	1.1	加纳	3787000	15.9	0.2
尼泊尔	1231000	4.2	0.1	几内亚	8502000	84.4	0.5
巴基斯坦	174082000	96.3	11.1	科特迪瓦	7745000	36.7	0.5
菲律宾	4654000	5.1	0.3	肯尼亚	2793000	7	0.2
斯里兰卡	1711000	8.5	0.1	马拉维	1955000	12.8	0.1
塔吉克斯坦	5848000	84.1	0.4	马里	12040000	92.5	0.8
泰国	3930000	5.8	0.3	毛里塔尼亚	3261000	99.1	0.2
土耳其	73619000	~98	4.7	莫桑比克	5224000	22.8	0.3
土库曼斯坦	4757000	93.1	0.3	尼日尔	15075000	98.6	1
乌兹别克斯坦	26469000	96.3	1.7	尼日利亚	78056000	50.4	5
中东—北非	315322000	91.2	20.1	塞尔加尔	12028000	96	0.8
阿尔及利亚	34199000	98.0	2.2	塞拉利昂	4059000	71.3	0.3
埃及	78513000	94.6	5	索马里	8995000	98.5	0.6
伊拉克	30428000	~99	~2	坦桑尼亚	13218000	30.2	0.8
以色列	1194000	16.7	0.1	乌干达	3958000	12.1	0.3
约旦	6202000	98.2	0.4	欧洲	38112000	5.20	2.4
科威特	2824000	~95	<1	阿尔巴尼亚	2522000	79.9	0.2
黎巴嫩	2504000	59.3	0.2	波黑	1522000	~40	<1
利比亚	6203000	96.6	0.4	法国	3554000	~6	<1
摩洛哥	31993000	~99	~2	德国	4026000	~5	<1
阿曼	2494000	87.7	0.2	科索沃	1999000	89.6	0.1
巴勒斯坦	4173000	~98	<1	俄罗斯	16482000	11.7	1
卡塔尔	1092000	77.5	0.1	英国	1647000	2.7	0.1
沙特阿拉伯	24949000	~97	~2	美洲	4596000	0.5	0.30
苏丹	30121000	71.3	1.9	美国	2454000	0.8	0.2
叙利亚	20196000	92.2	1.3	世界	1571198000	22.9	100

如西欧、南美洲和加勒比海地区，穆斯林的人口在不断增加，穆斯林人口的财富也在不断增加。随着伊斯兰国家财富的不断积累，闲暇时间的增多，会产生更加旺盛的旅游需求。

(2)年轻化

穆斯林在世界不同宗教族群中，是平均年龄最年轻的族群。全球人口的平均年龄是 28 岁，而穆斯林的平均年龄是 23 岁，比全球年龄年轻 5 岁，且半数穆斯林都是 23 岁以下的年轻人。因此，穆斯林在未来的世界舞台上将散发更大的活力。

(3)国际穆斯林旅游市场快速增长

许多穆斯林市场现在是快速增长的新兴经济体。2012~2020 年，穆斯林游客开支的增长率预计将达到平均每年 4.79%，高于同期全球平均预期增长速度（3.8%）。到 2020 年，总的穆斯林游客开支有望达到 192 亿美元，占全球旅游支出的 13.36%。目前，摩洛哥、埃及、土耳其和马来西亚这 4 个国家在穆斯林入境旅游方面占据主导地位。在全球范围内，最热门的穆斯林旅游目的地是马来西亚、土耳其、阿联酋，其次分别是：新加坡、俄罗斯、中国、法国、泰国和意大利。根据 Dinar Standard 的数据来看，全球在 2011 年的穆斯林旅游市场出境支出为 1261 亿美元（不包括核心的朝觐等宗教旅游的支出，但涵盖了休闲、商业和其他旅游部分）。这构成全球出境旅游总支出的 12.3%。联合国世界旅游组织统计，2011 全球出境旅游总支出为 10340 亿美元。其中，从 2005~2010 年，国际旅游支出增长幅度最大的前 20 个国家中，25%的增长来自于伊斯兰会议组织成员国（主要是穆斯林占多数的国家）。相比之下，整个穆斯林旅游市场作为一个整体，大于 2011 年德国的出境旅游市场，相当于 2011 年中国出境旅游市场的两倍。预计 2020 年该数字将上升至 1920 亿美元，显然，国际穆斯林旅游市场潜力巨大。

根据统计分析，中东地区出境旅游者数量具有相当规模，见表 3-26。宁夏应考虑部分国家游客的旅游偏好并进行专门营销，拉动这部分市场。

表 3-26　2004—2010 年中东地区出境旅游人数排名

排名	国家	出境旅游人数(千人次)						
		2004	2005	2006	2007	2008	2009	2010
1	埃　及	5210	5307	4531	–	–	–	–
2	叙利亚	4309	4564	4042	4196	5253	5215	6259
3	科威特	1928	2173	2529	2649	–	–	–
4	阿　曼	–	2018	2248	2285	2074	1672	–
5	约　旦	1420	1523	2139	2049	1972	2054	2917
6	沙特阿拉伯	3811	4403	2000	4126	4087	6032	7233

注：巴林、伊拉克、黎巴嫩、利比亚、巴勒斯坦、卡塔尔、阿联酋、也门等国资料缺失。

2. 穆斯林游客的空间特征与行为方式

(1)旅游目的多样，以休闲度假为主

对赴马来西亚的入境穆斯林游客的研究显示：他们来自于 80 多个国家；拥有不同的家庭背景；文化认知不同、旅游目的不同，有的是来传教，有的是购物，有的是寻求跨国的乐趣，有的是寻求整洁舒适的目的地，有的是教育医疗的目的，有的是避暑的目的；偏爱有热带风情的地方；偏爱更具多样性的旅游城市；蜜月旅游正日益受到青睐；正式或非正式的商务旅行日益增多。

调查显示，62.6%的伊朗穆斯林访问马来西亚的主要目的是休闲度假。印度尼西亚旅游者中有 34.6%选择了假日目的，30.5%为健康护理目的；27.8%的文莱穆斯林旅游者选择商务商业旅游目的，20.2%为探亲访友目的；中国访问的主要目的为假日休闲，受调查者中有 68.4%选择了此项；印度穆斯林来马来西亚首选的目的也是假日休闲，比例为 78.6%。

(2)清真寺：精神需求是共同的选择偏好

清真寺是穆斯林的圣地，不仅是他们进行宗教活动的场所，而且能够体现其艺术文化水平。清真寺不仅对穆斯林有吸引力，对非穆斯林也具有很大的吸引力。以马来西亚为例，2011 年访问马来西亚穆斯林寺院的总人数为 259100 人次，充分表明穆斯林在旅行过程中同样有宗教的要求，是他们的精神需求。宁夏国际旅游目的地建设中要注重清真寺的建设和设计以及伊斯兰文化的显现。

中东国家有沙特、阿联酋、伊朗、科威特、阿曼、卡塔尔等。这些旅游者倾向选择穆斯林生活方式，体现出高消费，喜欢购物，散客或者家庭出游，团队出游，很晚预定的旅游者特征。偏好清真寺、清真食物、高水平的服务、五星级的宾馆、大型豪华轿车、随性的行李包装、会说阿拉伯语的工作人员、良好的购物中心、中心公园、自然公园、单独的游泳池、阿拉伯语的媒体或指导书等。

马来西亚国家的旅游者倾向于选择穆斯林生活方式、稳健的消费、喜欢购物、随性的行李、旅行社预定、线上预定、短期旅游、大多数说马来语的国家来进行穆斯林旅游活动。偏好清真寺、祷告室、优质的地方清真食品、良好的服务、整洁的住宿条件、安全的交通、全食宿、购物中心、主题公园、自然公园等。

(3)穆斯林游客对目的地的期望

穆斯林旅游者对目的地的期望体现在多重方面：顺畅流利的英文、伊斯兰教为主的国家、星级服务，在任何地方都可以获得喜欢的食物、阿拉伯语的指示标语，可以雇佣导游，旅行社、旅行宣传册真实可靠，希望不要有危机事件。伊斯兰旅游者因其独特的饮食习惯和宗教信仰，在旅游过程中，对住宿条件的要求相对较高。对目的地的抱怨主要是旅游服务。仅对马来西亚这个伊斯兰旅游发展最好的旅游胜地来说，游客在此同样遇到很多现实问题，对目的地建设仍然有自己的期望。现实中遇到的问题有：出租车司机交流有问题、不能服务好旅客、很少穆斯林可以说阿拉伯语、欺客现象严重等。当前，全球的伊斯兰旅游目的地建设远不能满足穆斯林游客的市场需求。

(4)穆斯林游客的消费特征

穆斯林游客（尤其是来自中东地区阿拉伯国家的游客）往往具有“消费额度高、停留时间长”的特点，广大穆斯林往往被认为是典型的“优质客源市场”，已成为旅游目的地国家争相吸引的国际客源市场。

2011 年区域消费中，全球穆斯林市场的表现十分突出：整个伊斯兰世界的旅游消费为 1261.24 亿美元，德国为 1118.89 亿美元，美国为 939.99

亿美元，中国为 653.69 亿美元，英国和印度分别为 606.89 亿美元和 147.41 亿美元。可见穆斯林旅游的发展潜力十分巨大（见表 3–27）。

表 3–27　2011 年区域旅游消费

区域	旅游消费（亿美元）
全球穆斯林市场	1261.24
德国	1118.89
美国	939.99
中国	653.69
英国	606.89
印度	147.41

根据马来西亚入境旅游者调查，购物和住宿是穆斯林旅游者旅游支出主体。伊朗的旅游者中支出主要有两部分，为购物和住宿，其中购物占 37%，住宿占 33.5%；印尼也是这两大部分的支出，但是住宿的比例要更大，为 30.0%，购物比例为 29.3%；文莱旅游者住宿的支出比例为 31.3%，购物为 28.1%；中国购物比例比较大，为 30.8%，住宿为 29.9%；印度也有相似的结构，比例分别为购物 39.4%，住宿 21.2%。

（5）旅游安排：自主安排和旅游套餐兼具

伊朗访马来西亚的旅客中，旅游安排为自主方式的比例为 69.1%，采用同样方式的国家还有印度尼西亚和文莱，比例分别为 96.9%、98.0%。可见，马来西亚等国家的文化背景相同，可以自主来安排自身的旅游活动。对比这些国家，中国和印度采用旅游套餐的方式来安排旅游活动的比例比较大，61.1%的中国游客和 55.7%的印度游客都采用了旅游套餐的方式，均超过一半比例。

（6）旅行同伴：与配偶、家庭一同出行最具代表性

在旅行同伴的选择上，伊朗旅行者中有 40.0%的比例是同配偶一同出行，26.9%的人是独自进行旅游活动；印度尼西亚有 26.1%是家庭/亲属一块前来，23.3%的人选择独自旅行；46.9%的文莱人选择独自旅行，接近一半比例，选择和配偶一块旅行的比例为 20.5%；中国旅行者中 30.0%的比例为配偶随行，独自出游的占 20.6%；印度人中也有接近一半的人为与配

偶同游，比例为 43.9%；28.5%选择与家庭/亲属同行。

（7）从事活动：以购物和城市观光为主

这 5 个国家的旅游者来马来西亚旅游主要从事的活动为购物和城市观光，各个国家侧重有所不同。伊朗人中 97.9%选择了购物，94.0%为城市观光，说明同时从事两项活动的比例很大；印尼旅行者从事的主要活动为城市观光（78.0%）和购物（75.9%），相对均衡；文莱人的购物活动比例很大，为 92.9%，85.3%为城市观光，两个活动有所差距；中国 93.7%的比例在购物，88.7%的旅行者选择了城市观光；印度参与调查者中有 91.5%的人选择了购物，84.8%为城市观光。

（8）信息来源：以互联网和亲朋好友为主

信息来源主要有三种方式：互联网、亲戚朋友、旅行代理商。伊朗旅行者中有 78.0%的比例的信息来源为互联网；印尼反而是 62.0%的旅行者从亲戚朋友那获得信息来源，充分说明了印尼的家庭观念很重，和家庭亲属出游的机会很大，42.2%的人是通过互联网获得旅游信息；文莱旅行者有三种信息来源方式，比例分别是互联网 64.0%、商业 50.7%、亲戚朋友 50.2%；中国游客的信息来源为亲戚朋友、旅行代理商和互联网，比例分别是 62.2%、45.2%、45.2%；印度旅行者通过互联网来得知旅游信息的比例为 65.0%，亲戚朋友方式的比例为 55.1%。

由此可见，穆斯林旅游者的主要旅游目的为度假；旅游支出主要在购物和住宿方面；旅游安排有自主和旅游套餐等方式可选；旅行同伴有配偶、亲戚朋友等方式；从事活动主要是购物和城市观光；信息来源主要是互联网和亲朋好友、旅行代理商等。

3. 穆斯林旅游影响因素

穆斯林旅游者对旅游要求全程“清真友好”，能满足其符合伊斯兰精神和生活方式的旅游对其具有重要吸引力。

Battour 总结的旅游目的地属性对穆斯林旅游者的选择影响要素包括做礼拜的设施（Prayer facilities），如需提供清真寺等标注的地图（Provision of maps that indicate locations of mosques/prayer facilities)，清真食物（Halal food）及穆斯林娱乐（Islamic entertainment）、服务人员的伊斯兰着装（Islamic dress codes）及伊斯兰礼仪（General Islamic morality）等。女性穆斯林出游相对较少，尤其需要关注女性穆斯林群体。在调查中，“下列哪一项在休闲旅游时对你很重要”，结果为清真食物 66.8%，整体价格 52.9%，穆斯林友好体验 49.1%，放松 45.5%。

游客需求中交通也是很重要的一环，根据交通的便利，可以看出旅游目的地的可达性，可以判断其对游客的吸引程度。但对穆斯林游客来说，对交通还有特殊的要求，总体要求是伊斯兰友好：航班上要有祈祷区域、有规定的祈祷时间、有清真食品、伊斯兰儿童游戏，例如伊斯兰电脑游戏、祈祷后有足够的游览时间等。

表 3-28　伊斯兰旅游者对旅店的期望

客房结构设计	有足够的地方供祈祷者使用
客房朝向设计	设计符合朝拜方向，且不能朝向厕所
建筑风格设计	反映穆斯林建筑风格
浴室设计要求	有斋戒沐浴的设计
厨房标准	必须经过穆斯林认证，必须是清真食物
员工着装	女员工须带头纱工作
楼层设计	有专门的穆斯林楼层
活动设计	组织日常的宗教活动，由阿訇带领进行
旅店产品	会议、蜜月、别墅、单间等丰富的旅店产品

（七）我国主要的穆斯林客源市场分析

根据国家旅游局统计的 2004~2012 年中国各主要客源地区入境旅游人数，在排名前 70 的客源国中，有 18 个为伊斯兰国家。在此 18 个穆斯林国家赴华旅游的人次排名中，选取前十名进行分析（见表 3-29）。

前十位赴华旅游的伊斯国家以亚洲国家为主。此外，相关数据显示，2004~2012 年前十位伊斯兰国家赴华旅游人次总和不断增加，在整个外国人入境旅游人次的比例中也呈现不断上升趋势（见表 3-30）。

表 3-29　2004~2012 年入境人次排名前十的伊斯兰国家及人次表（单位:万/人次）

国家＼年份	2004	2005	2006	2007	2008	2009	2010	2011	2012
马来西亚	74.2	90	91	106.2	104	105.9	124.5	124.5	123.5
印度尼西亚	35	37.8	43.3	47.7	42.6	46.9	57.3	60.9	62.2
哈萨克斯坦	16.2	18.7	27	43.9	30.1	28	38	50.6	49.1
巴基斯坦	7.9	8.4	8.7	9.8	7.3	8.1	8.7	9.3	9.7
土耳其	3.7	5	6.3	7.4	6	6.4	8.4	9.9	9.6
伊朗	3.4	4.3	5.2	7	6.8	8.8	11.7	12.5	9.1
乌兹别克斯坦	1.7	2.4	3.3	5	5.8	5	4.3	5.4	5.6
孟加拉国	4.1	5.4	6.1	4.8	3.1	3.2	4.2	4.8	5.1
吉尔吉斯斯坦	4	3.7	3.8	5	4.3	3.3	3.5	4.8	4.8
尼日利亚	1.5	2	2.5	4	4.4	5.1	4.1	4.5	3.9

表 3-30　2004~2012 年前十位伊斯兰国家入境人次占外国人入境的比例表

年份	前十位伊斯兰国家入境人次（万）	外国人入境总人次（万）	比例份额（%）
2004	151.7	1693.3	8.96
2005	177.7	2025.5	8.77
2006	197.2	2221	8.88
2007	240.8	2611	9.22
2008	214.4	2432.5	8.81
2009	220.7	2193.7	10.06
2010	264.7	2612.7	10.13
2011	287.2	2711.2	10.59
2012	282.6	2719.2	10.39

宁夏入境旅游虽然在总量上相对落后，但以外国客源市场占据绝对主导地位（见表 3-31），表明宁夏入境旅游更加接近真实的“国际旅游”状态，具备建设国际旅游目的地的市场基础。此外，近年来宁穆斯林国际游客偏好与宁夏穆斯林的文化交流体验，特别是宁夏回族社区居民的日常生活体验和特色美食。基于宗教相近的先天禀赋，宁夏建设国际旅游目的地应重点瞄准国际穆斯林客源市场中的马来西亚、印度尼西亚、哈萨克斯坦、巴基斯坦、土耳其、伊朗、乌兹别克斯坦等亚洲及中东阿拉伯国家及地区，具有文化交流互动功能的体验性旅游产品，特别是社区旅游有望培育和成

长为宁夏吸引国际游客的潜力产品。

3-31 2007~2012 年宁夏入境旅游客源构成表

年份	入境旅游人次(人)			
	外国人	香港同胞	澳门同胞	台湾同胞
2007	8422	354	54	543
2008	9306	821	44	1415
2009	11631	1250	166	1476
2010	12861	2105	416	2608
2011	13659	2407	409	3004
2012	14300	1784	263	2647

第四章　宁夏文化旅游市场特征、存在问题与发展对策研究

一、宁夏文化旅游开发现状

宁夏文化旅游资源丰富多彩。区内山川秀美，湖泊众多，沙、山、水、绿洲组合形成的人文自然景观雄浑秀丽，历史源远流长，风格迥异的回族民俗风情、西夏遗存，符合当代旅游者求新、求异、求知、求乐的需求趋势。宁夏已成为中国西部文化旅游网络系统中独具特色的重要旅游基地。目前宁夏文化旅游资源开发模式主要有以下三类。

(一)文化旅游景区

镇北堡西部影城以西部题材影视文化而扬名，是宁夏知名度较高的国家 AAAAA 级文化旅游景区，同时是国家文化产业示范基地和国家级非物质文化遗产综合实验基地，已经发展成为国内最受欢迎的旅游目的地之一。在西部影城景区内，包括草编、擀毡、剪纸、花儿等在内的 30 多项非物质文化遗产作为旅游项目产品得到有效开发，非物质文化遗产在景区的展演，吸引了远道而来的游客驻足，特别是一些参与体验项目吸引了很多游客，提高了游客对旅游景区的满意度。同时，西部影视城通过举行第二届西北非物质文化遗产博览会，以各种形式的非物质文化遗产项目展览、展演、展销活动为重点，进行非遗保护宣传。中华回乡文化园是国家 AAAA 级景区，是国内区内唯一一个以回族文化展示为特色的景区，同时也是“自治区非物质文化遗产保护基地”之一，园内有多处展览馆，已经建立了集研究、演示、制作加工、销售一条龙的非遗保护体系。景区内的非物质文化遗产丰富，类型多样，包括清真饮食文化、回族器乐、回族服

饰及大型舞台剧表演——《月上贺兰》《回族婚礼》等，构成该景区主要的旅游吸引物。但是就旅游效益来看，中华回乡文化园次于西部影视城，这与两个景区的知名度和地理位置以及景区吸引力有很大关系。

（二）博物馆（展览馆）

中国的民族（俗）博物馆思想萌芽与20世纪初期，最初由民族学、人类学先驱者发起，是为保护民族文化的象征——民族文物而建立的集收藏、科研、教育三大功能于一体的文化机构。近年来，民族（俗）博物馆建设快速发展，初步形成了以国有为主体、民营为骨干、个人为补充的建设体系。

这种模式属于传统博物馆开发方式，其主要功能是民族（俗）文化的教育、保护及传播。该模式通过抢救、收集重要的文化遗产和文物，并借助一定方式进行保存与展示，故对濒临损毁或正在消失的文化遗产和文物具有突出的保护作用。民族（俗）博物馆一般通过实物、图片、书籍、模型、录像等为表现载体，对民族文化的理论诠释较深刻，有些制造品还可作为旅游纪念品出售。

在宁夏博物馆、艺术馆、展览馆均有文化项目的展出，收藏的内容大多局限在有形的物质文化遗产，对无形的非物质文化遗产则收藏甚少；最常见的有历史文物、民族文化器具、艺术文化展等，主要是一些静态的实物展出和图文说明，缺乏文化原生态环境，因其展出形式比较单一，对游客吸引力不大，游客只是走马观花式的参观游览，对地区文化外在表现形式进行了解和认知，但对于其深刻内涵、发展渊源及核心价值并不了解，对民族文化的保护与开发范围亦有限。

（三）民族文化村（主题公园）

中国的民族文化村始建于20世纪80年代，是指展现中国少数民族文化的实地村落或模型村落，主要有实地展示和异地集锦仿制型两种类型。

实地展示型民族文化村直接利用原生的民族村寨进行开发，村民直接介入其中。此模式保留了原生的自然风貌、民居建筑、饮食、节庆和其他民俗事物，是一座活生生的民俗露天博物馆，游客在其中可感受到原汁原味的民族文化和村寨氛围。

但实地展示型民族文化村往往资金缺乏、信息不畅、管理落后、开发粗放、项目单一，且以单个村落为开发对象，一般不考虑整个社区环境，故此模式范围小，文化单一，而且介入的村民也较少。为了满足常年不断的旅游者的需要，文化村不得不随时举办民俗活动，使本土文化最终也沦落为取悦客人的商品文化。此外，旅游者的频繁涌入，也易加速村落淳朴民风的丧失和传统观念的改变，在一定程度上加快了外来文化对民俗文化的冲击。

异地模拟型，即人造主题公园是指在原生环境之外的地方，移植并利用民族文化，将各民族的民居建筑、民间艺术和民族风情仿制、集中于一村，多角度、多层次地展示少数民族文化的大型文化旅游景区或主题公园。

此模式主要从民族文化的特性出发，极力营造该民族地区的生态环境与民俗氛围，通过村寨环境、民居建筑、民间艺术、民族风情、民间活动等多种角度反映各民族的生产、生活与文化，“源于生活、高于生活、荟萃精华、有所取舍”，是一个充满观赏性、参与性、娱乐性的民族文化大观园，如深圳民俗文化村、云南民族村等。但因为是异地模拟型人造主题公园，离开了原生的自然社会环境，缺乏真实的环境感受，只是对民族传统文化的一种“基因”式的保护。同时，该模式是因博览、旅游等经济目的而建，所以无法避免虚拟性和商品化。

宁夏目前的民俗村主要有永宁纳家户回族民俗村、中华回乡文化园等，主要以回族民俗文化展示为主。中华回乡文化园民俗村坐落在中华回乡文化园回族博物馆后面，其主要功能是将民族文化进行集中保护，民俗村设有回族非遗展示区，匹配非遗传承人进行整理、收集、建档来抢救和保护非物质文化遗产。文化园内文化遗产的展演主要有回族传统（民间）艺术，如回族婚礼、泥哇呜（泥埙）和口弦、花儿演唱展示、民间舞蹈等，通过这种方式对非遗项目进行传承保护。宁夏固原市隆德县杨家店民俗文化村专门设立民俗文化体验观赏区，主要包括隆德的剪纸、泥塑、书画、刺绣、篆刻等项目展示，舞龙、舞狮、踩高跷、跑旱船等表演及六盘山的民俗节庆，对游客吸引力较大。

博物馆、展览馆式的静态开发有利于非遗保护，但传承效果不佳；民俗村开发规模小，游客承载量小，资金短缺、信息不畅且与其他旅游景区联动性弱，旅游效益降低。依托文化景区的非遗开发虽然非遗项目较多，但是对非遗旅游的宣传力度不够，还处于起步探索阶段，需要更进一步的资源整合与产品升级。

二、宁夏文化旅游市场结构与特点分析

本报告针对宁夏文化旅游发展概况，分别做了游客问卷调查及专家访谈，共发放问卷 400 份，被拒问卷 65 份，回收问卷 335 份，回收率为 83.75%，其中有效问卷 312 份，有效率为 93.13%，根据封闭式问卷 300 份的基本要求，问卷数符合统计要求。可靠性分析采用 Cronbach α 来衡量，以 α 系数来鉴定样本内部变化的一致性。

$$\alpha=\left[I/(I-1)\right]\quad(1-\Sigma Si2/S2)$$

公式中，I 代表样本数目，Si 代表每一样本得分的变异值，S 代表每一样本总分的变异量。

问卷调查：信度的高低是评价该问卷质量的重要指标，内在信度在 0.8 以上，则可以认为调查表具有较高的内在一致性，经计算本次问卷的信度 α=0.813，信度>0.8，说明调查问卷结果可靠。

同时，针对专家获得了宁夏文化旅游的重要性评价。专家问卷内容涉及：专家对宁夏文化旅游的重要性情况评价（共 1 项）、影响宁夏文化旅游发展的因素（共 9 项）以及在宁夏文化旅游的地方性文化内涵的挖掘（共 7 项）等，调查共选取了 10 位区内专家进行调研，回收有效问卷 10 份。

（一）文化旅游消费现状

来宁进行文化旅游的游客消费在 500~1000 元之间的占了 40.1%，32.1% 的游客消费水平在 500 元以下，男性在文化旅游消费中 1000 元以上的比

重要高于女性。游客消费 1000 元以下的占 72.1%。花费在旅游上的钱是比较少的，这也和宁夏整体社会经济发展水平有关，且各文化旅游景区交通方便且便宜，门票也较全国大多数 A 级景区便宜，加上游客大多来源于宁夏境内，大部分游客当天即可返回，住宿等其他花费较少。

（二）文化旅游宣传方式

表 4–1　来宁文化旅游者的旅游信息了解方式

		电视	报纸杂志	广 播	网络	朋友	口碑介绍	宣传册	广告	其他
累计总数	频数	91	62	50	106	152	80	35	49	21
	累计频数	30.1%	20.5%	16.6%	35.1%	50.3%	26.5%	11.6%	16.2%	7%

由表 4–1 可知，在此次问卷调查过程中，游客在了解宁夏文化旅游的基本情况时约 50.3%是通过朋友得知，35.1%是通过网络获取，30.1%的游客是通过电视获取，这是现阶段文化旅游者获取其信息的主要渠道，可见，宁夏文化旅游发展在对外宣传方面相对较弱，需要进一步加强完善。

（三）对各类文化的了解现状

由表 4–2 可知，将各文化及游客了解程度进行交叉表分析，发现游客

表 4–2　来宁游客对各类文化的了解程度

		小学及以下	初中	高中/中专	本科/大专	研究生以上	累计总和	总和
回族文化	了解	3	18	37	34	4	96	264
	有所了解	9	21	51	83	4	168	
	不了解	2	11	14	10	1	38	38
西夏文化	了解	1	11	20	22	3	57	237
	有所了解	10	24	63	79	4	180	
	不了解	3	15	19	26	2	65	65
长城文化	了解	1	5	16	18	1	41	169
	有所了解	7	16	43	58	4	128	
	不了解	6	29	43	51	4	133	133
黄河文化	了解	4	4	16	23	3	50	192
	有所了解	7	15	50	66	4	142	
	不了解	3	31	36	38	2	110	110
影视文化	了解	3	3	14	23	2	45	219
	有所了解	6	22	63	77	6	174	
	不了解	5	25	25	27	1	83	83

续表

		小学及以下	初中	高中/中专	本科/大专	研究生以上	累计总和	总和
葡萄酒文化	了解	0	2	12	14	1	29	124
	有所了解	6	14	30	41	4	95	
	不了解	8	34	60	72	4	178	178
遗址文化	了解	0	2	13	15	3	33	169
	有所了解	7	16	41	69	3	136	
	不了解	7	32	48	43	3	133	133

们对宁夏的回族和西夏文化、黄河文化、影视文化了解相对较多一些，游客对长城、葡萄酒、遗址文化了解程度相对较少。因此，宁夏文化旅游开发的重点文化资源如黄河灌区文化、贺兰山葡萄酒文化等各方面还需加大旅游营销力度，使潜在游客对宁夏的多元文化有更多了解和更多向往，使宁夏成为其旅游目的地。

（四）游客旅游印象

由表 4–3 可知，游客对宁夏文化旅游的整体印象并不好，有 68.2%的游客认为一般，当地人中居住在银川市的游客有 71.2%对宁夏文化旅游的印象为一般，宁夏其他地区、其他省区的游客分别有 65.9%、66.7%的游客认为一般。仅有 17.2%的游客认为宁夏文化旅游发展好。宁夏文化旅游发展整体上需要进一步提升，无论是针对外地游客还是本地游客，其文化旅游发展现状应有所变化，且这种变化需根据各主要客源市场需求及本土文化内涵等方面做出改变。

表 4–3　来宁游客的宁夏文化旅游印象

居住地		好	较好	一般	较差	极差	累计总和
银川市	频次	21	10	89	5	0	125
	相对频次	16.8%	8%	71.2%	4%	0%	100%
宁夏其他地区	频次	23	21	91	3	0	138
	相对频次	16.7%	15.2%	65.9%	2.2%	0%	100%
其他省区	频次	8	3	26	0	2	39
	相对频次	20.5%	7.7%	66.7%	0%	5.1%	100%
累计总和	频次	52	34	206	8	2	302
	相对频次	17.2%	11.3%	68.2%	2.6%	0.7%	100%

（五）文化旅游中旅游开发状况

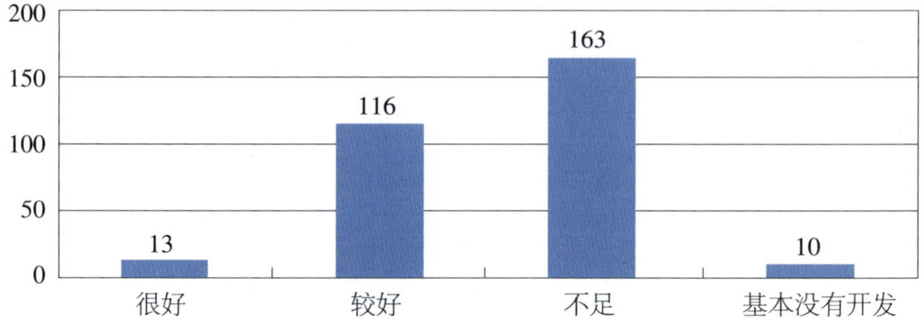

图 4-1　游客视角的银川市文化旅游开发状况

由图 4-1 可知，宁夏文化旅游游客中，有 54%的游客认为其文化旅游开发存在不足，仅有 4.3%的游客认为其文化旅游发展状况很好。这与宁夏旅游发展实际相吻合，其发展现状与其文化底蕴深厚的根基不匹配，同时也可说明宁夏文化旅游发展提升空间较大。

（六）文化旅游消费评价

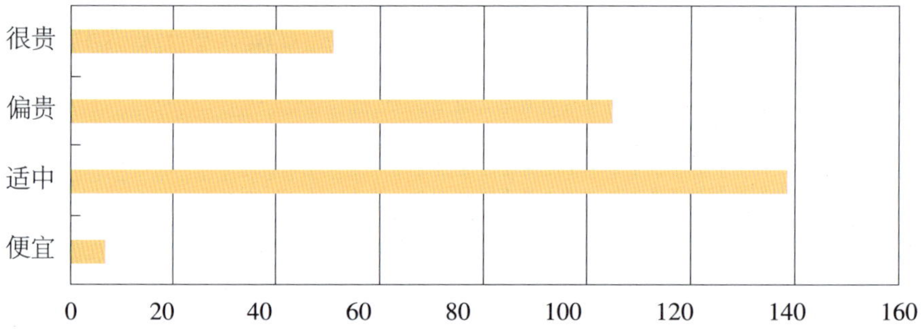

图 4-2　宁夏文化旅游中游客旅游消费

由图 4-2 可知，在调查中发现有 46%的游客认为在宁夏文化旅游消费适中，有 51.7%的游客认为在宁夏进行文化旅游偏贵/很贵，这跟当前宁夏文化旅游体验质量与消费水平不成正比有很大关系，若宁夏文化旅游体验质量提升后，游客对于当前的消费水平就不至于感觉贵或偏贵，归根到底宁夏文化旅游落脚点始终在于提升游客的文化旅游体验质量，打造一流的精品文化旅游产品。

三、游客对非物质文化遗产旅游感知分析

宁夏非物质文化遗产资源丰富，非物质文化遗产中很多项目是回族文化的精华和典范，具有地域与民族代表性和典型性。近年来，旅游者逐渐偏好文化旅游目的地，非物质文化遗产旅游作为文化旅游的重头戏，市场前景十分广阔。非物质文化遗产作为魅力极大的旅游资源设计加工为旅游产品，进入市场，不但能够增加旅游收益，还能通过合理的旅游开发为非物质文化遗产保护提供新的途径，有利于非物质文化遗产的传承和发展。将宁夏打造成为高层次的、具有国际标准的、中外共赏的国际文化旅游目的地迫在眉睫，宁夏非物质文化遗产旅游应该是其中最为重要的方向之一，因此，本报告专门对宁夏非物质文化遗产旅游的游客感知进行了调查，旨在了解游客对非遗旅游产品的感知印象和体验满意度及目前非遗旅游开发存在的问题，从而探索解决问题的方法，提出新的开发模式。

本研究通过问卷调查法，采用随机抽样，调查对象为潜在游客，调查时间为2013年国庆节（10月1~2日），调查地点主要选取了银川市旅游汽车站、中山公园和光明广场。本调查所收集的数据主要使用了SPSS17.0和Excel软件进行统计分析。

本研究共发放调查问卷350份，当面回收345份，其中无效问卷8份，回收率98.6%，有效问卷率97.7%，能够保证问卷效度。通过SPSS17.0软件进行信度分析（Reliability Analysis）得到信度系数——克朗巴哈（Cronbach）系数，a=0.823，一般认为，信度系数大于0.8就可以判定问卷信度相应较高，可以为研究所用。

（一）游客对非遗的兴趣分析

如图4–3所示，调查结果显示：18.4%的游客对非遗非常感兴趣，40.4%的游客对非遗比较感兴趣，即超过一半的游客对非遗感兴趣，也就是说非遗自身对游客的吸引力较大。采用李克特量表等级标准，将游客对非遗的感兴趣程度分为“非常感兴趣—完全不感兴趣”5个等级，通过对游客的态度赋分加总，得出游客对非遗的兴趣均值为3.73，可见，游客对非遗具有很

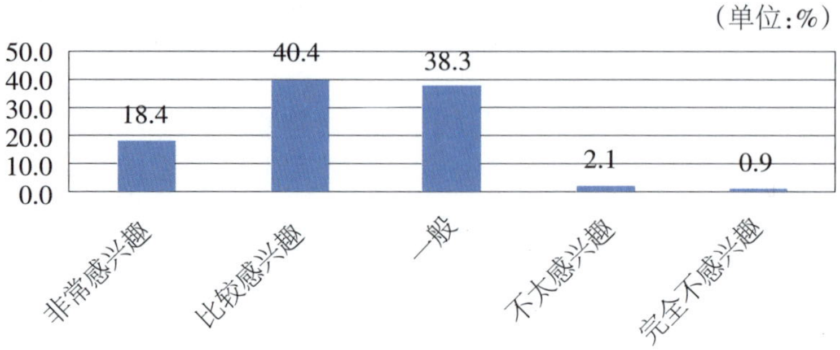

图 4-3　游客对非遗的感兴趣程度

浓的兴趣和热爱。由图 4-4可知，各种非遗类型都受到游客的青睐，其中喜欢传统手工艺的人数最多，占44.8%。

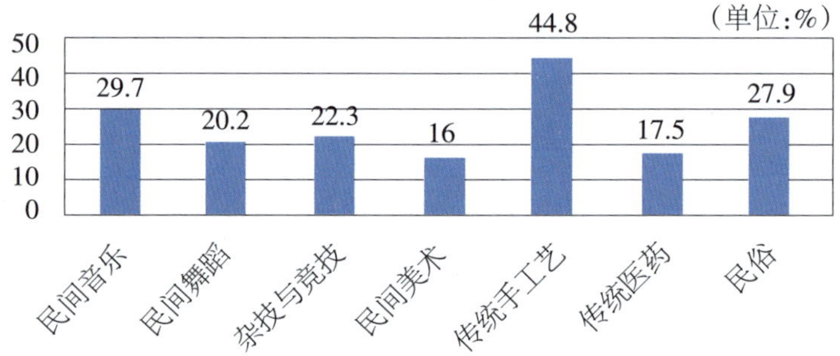

图 4-4　游客喜欢的非遗类型

（二）游客了解非遗的途径分析

表 4-4　游客了解非遗途径的广度

了解途径计数（个）	0 个	1 个	2~4 个	5 个	6 个
人数（人）	1	145	170	10	11
百分比	0.30%	43.03%	50.45%	2.97%	3.26%

本调查将非遗的了解途径分为“报刊书籍、广播电视、网络、听别人谈到、外出旅游、博物馆和民俗陈列室、其他”共 7 项供游客选择。由表 4-4 可知，游客了解非遗的途径基本为本文归纳出的前 6 个，没有其他途径，其中，一半游客了解非遗的途径有 2~4 个，而 6 个途径全部使用的游客仅占 3.26%。大多数游客是通过广播电视对非遗有所了解，其次，网络和报刊书籍也是使用率较高的获取信息途径。表 4-4、图 4-5 说明游客了

解非遗的途径并不广泛，非遗的宣传面有待加强。

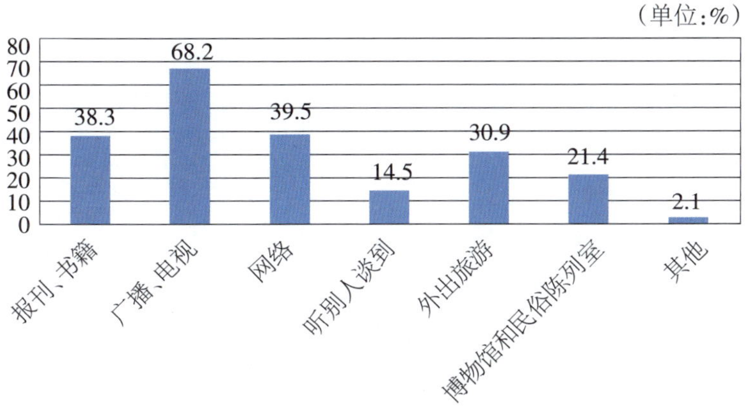

图 4-5 游客了解非遗的途径

（三）游客对宁夏非遗的了解程度

表 4-5 游客知道的宁夏非遗项目数量统计

知道非遗项目数（个）	0 个	1~5 个	6~10 个	11~15 个	16 个	17 个	18 个	19 个	20 个	总计
人数（人）	33	153	109	37	2	2	1	0	0	337
百分比	9.8%	45.4%	32.3%	11.0%	0.6%	0.6%	0.3%	0.0%	0.0%	100.0%

本问卷中共罗列 20 个宁夏具有典型性和高等级的非遗项目，通过游客选择自己知道的非遗项目数量来评价游客对宁夏非遗项目的了解程度。由表 4-5 可知，45.4%的游客知道宁夏非遗项目 1~5 个，知道 19 个、20 个的游客都为零，最多知道 18 个的人数仅占 0.3%，对宁夏非遗全部不知道的游客占 9.8%。通过当面问卷发放及回收时的观察，可以判断这是因为有 30.3%的游客来自外地，其中一部分外地游客对宁夏的非遗项目完全不了解。调查显示游客对宁夏非遗的了解程度很低，尤其是外地游客对宁夏的非遗项目知道极少，说明宁夏的非遗保护和开发还没有广泛地进入大众层面，没有形成特色的宣传体系和产品体系，市场影响力很小。由图 4-6 可知，剪纸、回族服饰、刺绣、回族婚礼等非遗项目是游客较了解的，而对于一些国家级非遗项目如“隆德高台马社火、北武当寺庙音乐”等知道的甚少，这与非遗项目的宣传和开发保护形式有关。

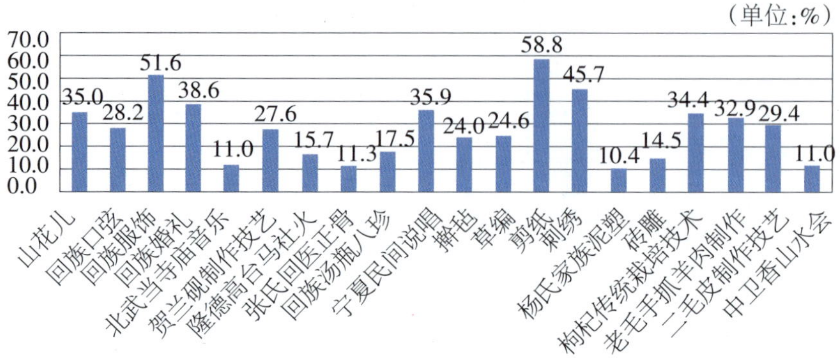

图 4-6 游客知道的宁夏非遗项目

（四）选择非遗旅游地（景点）的原因

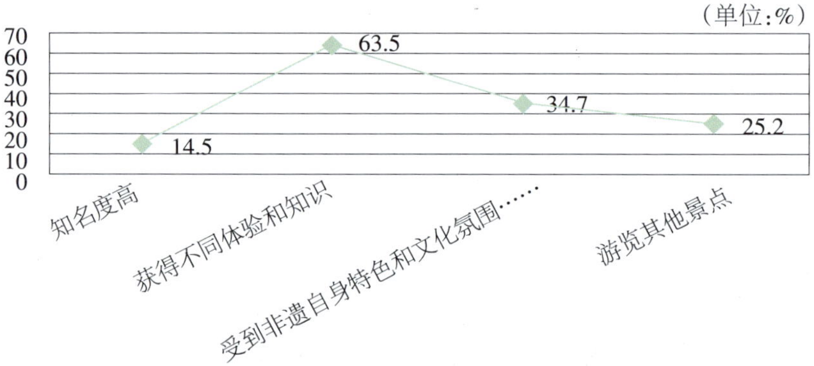

图 4-7 游客选择非遗旅游的原因

如图 4-7 所示，63.5%的游客选择非遗旅游地（景点）去旅游的原因是为了“获得不同的体验和知识，提高自身修养”，仅有 14.5%的游客是由于非遗旅游地（景点）知名度高，说明非遗旅游开发中的旅游地（景点）知名度并不高，而且对旅游决策影响较小，而非遗资源的特色和景点的文化氛围以及能够带给游客的知识丰富度和深度体验才是影响旅游者旅游决策的重要因素。

（五）游客对非遗旅游的偏好和期望

游客喜欢的非遗旅游形式多样，几乎一半的游客喜欢“真人表演、舞台情景剧和个人参与”的形式，因为这两种形式获得的旅游体验一般来说比较深刻，更加生动（见图 4-8）。60.5%的游客对非遗旅游的期望是“感受到浓烈的文化氛围”，这与他们选择非遗旅游地（景点）的原因“为了获得不同的体验和知识，提高自身修养”是相辅相成的（见图 4-9）。同时

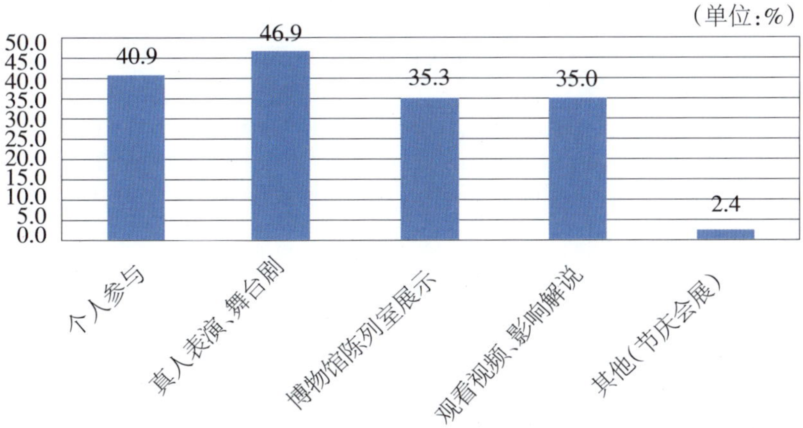

图 4-8　游客喜欢的非遗旅游形式（偏好）

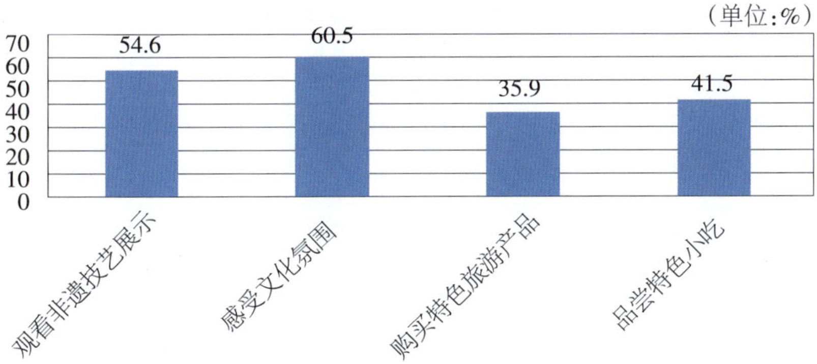

图 4-9　游客对非遗旅游的期望

一部分游客在非遗旅游时也期望观看非遗技艺展示，品尝特色小吃等，说明游客的期望是多样性的，在非遗旅游规划开发时应该考虑非遗旅游产品的多样性和独特性。

综上分析可知：大多数游客对非遗感兴趣，愿意通过非遗旅游活动获得不同的知识和体验，提高自身文化修养；宁夏非遗旅游知名度低，游客对非遗了解程度低，了解渠道窄。同时，游客更加偏好和渴望体验式旅游，期望参与各种旅游活动，体验多样性的旅游产品。

四、文化旅游发展中存在的主要问题

通过对游客问卷及专家问卷的统计分析，结合宁夏文化旅游发展实际，宁夏文化旅游发展过程中存在的问题见表 4-6。

表 4-6　旅游者视角的宁夏文化旅游发展问题

游客文化旅游感知					
问题	频数	累计频数	问题	频数	累计频数
景区设计不伦不类	22	7.3%	政府投入力度不够	106	35.1%
景区及其他接待设施文化品位低	87	28.8%	社会开发意识不足	86	28.5%
旅游接待人员文化素养低	65	21.5%	自然资源缺乏	84	27.8%
本土文化内涵挖掘不够	103	34.1%	管理存在问题	99	32.8%
文化旅游缺乏多样化	81	26.8%	特色旅游文化宣传力度不足	89	29.5%
忽视了文化旅游项目的进一步开发	94	31.1%	地方特色不鲜明	84	27.8%
历史文化遗产保存不完整	98	32.5	交通不方便	110	36.4%
环境污染严重	83	27.5%	景区与周边环境不协调	70	23.2%
旅游纪念品缺乏特色	82	27.1%	其他	24	7.9%

由表 4-6 可知，文化旅游发展中存在很多不足，交通不便、政府投入力度不足、本土内涵挖掘不够、管理存在问题等，经统计分别占 36.4%、35.1%、34.1%、32.8%，可见这些方面都需要有很大的改进。

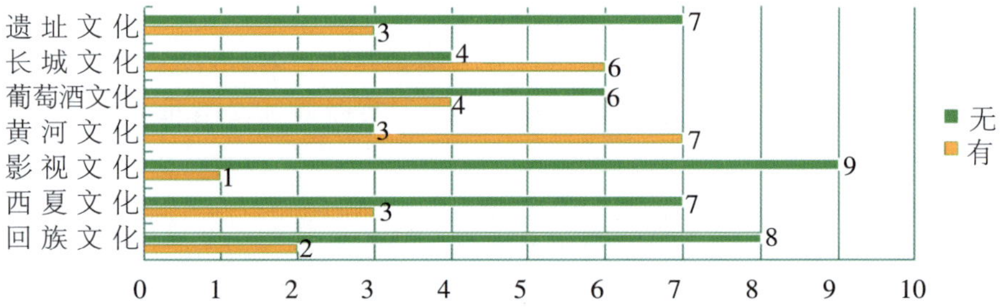

图 4-10　本土文化旅游产品地方性的丧失

在专家问卷的调查中，宁夏本土文化旅游产品在不同程度上都存在丧失现象，尤其是如黄河文化在 10 位专家中有 7 位都认为其地方性丧失，其次长城文化、葡萄酒文化、遗址文化、西夏文化都存在不同程度的丧失。

针对宁夏文化旅游进一步的发展，有关专家也相应地提出了一些建议。对于长城文化专家们认为其在宁夏文化中的地位较低，应该提高其文化效应与地位，对于原来的旧遗址进行修缮复原或是防建，加强对其的开发和投入力度，提升品位，且采取护源式开发模式；对于西夏文化、遗址文化大多数专家都认为应投入资金复原或是仿建，进一步挖掘非物质文化潜力，增强产品体验性和娱乐性；而黄河文化专家们普遍认为应加强其娱乐项目设施活动（黄河漂流、探险等活动），长河与大漠融会贯通，打造黄河西北特色；而葡萄酒文化应进一步加大宣传，注重树立品牌意识，加强品牌效应，在产业结构上进行空间整合，强化与多产业的融合；对于回族文化，要增强产品体验性和舞台化展示。

（一）本土文化内涵挖掘不够，资源利用不足

在游客的问卷调查中，除了交通不便和政府的投入力度不够，在文化旅游的范筹中本土内涵挖掘不够所占比重最大为34.1%，可见，在宁夏文化旅游发展过程中，具有地方性特色的旅游文化资源挖掘不够。文化是旅游的灵魂，没有文化就没有旅游。发展旅游业是传承和弘扬历史文化的有效形式和重要载体，保护和利用优秀文化产品是发展旅游业的基本要求，挖掘旅游的文化内涵、提高旅游文化品位是旅游业兴盛的源泉。宁夏有着极为丰富的历史文化积淀和文化遗址遗产，是我们发展文化旅游产业的宝贵资源和坚实依托。但长期受到传统理念的影响和经营策划水平的限制，使得许多文化旅游资源的深刻内涵未能得到有效挖掘，资源利用水平低。宁夏文化旅游产品的开发利用目前尚处于粗放经营阶段，对文化旅游产品深层次挖掘不足，缺乏文化品位和文化内涵，且制作精细化程度低，缺少个性与特色。一些非常独特的文化旅游资源如西夏、回族等文化旅游资源，由于视野不够开阔、策划水平限制，导致规划起点低、吸引力和影响力不强。另外，目前宁夏文化旅游资源的开发仍存在不足与缺陷，除一些大的旅游资源地的开发相对较好外，部分地区旅游资源的开发程度偏低。宁夏文化旅游资源在分布上整体存在着分散性、可进入性差、生态环境和社会文化背景薄弱等主要问题。

（二）政府投入力度不够，投资渠道单一，社会资本偏少

宁夏文化旅游发展的第二大因素就是政府投入力度不够，有35.1%的游客在宁夏旅游的过程中都认为政府投入力度不够。由于宁夏回族自治区社会经济发展相对落后，各级政府财政压力较大，投入文化旅游业的资金严重不足，对文化旅游资源进行前期规划、宣传推介、完善配套基础设施等能力薄弱，导致一大批极具开发潜力的文化旅游资源因资金影响未能得到有效开发利用。加上受传统体制观念、现有景区权属及所有制壁垒的制约，文化旅游产业投融资渠道不畅，对非公有制经济等各种社会资本投入文化旅游产业领域仍有限制，导致投资渠道单一，文化旅游业的发展动力和后劲不足。主要表现为：首先，现阶段宁夏文化旅游开发仍是由政府强力主导进行，资金来源主要是各级政府的财政投入，外资和私企参与较少，投资主体单一，进入宁夏文化旅游业的社会资本偏少，还没有形成各种社会资本大力发展文化旅游业的格局。另外，资金短缺也导致文化建设投入不足，造成文化活动缺乏必要的设施和条件，民间艺术团体发展缺乏资金支持，走向市场步履维艰。文物、古建筑修缮保护管理经费不足，历史文化未能充分挖掘、整理。

（三）特色文化旅游宣传力度不足，营销策划不力，影响力和吸引力不强

在问卷调查表中我们可以看出有29.5%的游客都认为宁夏在对特色文化旅游的宣传上做的不足。宁夏文化旅游资源丰富，拥有西夏、回族、黄河、长城、遗址等浓郁的地方特色文化旅游资源，但文化旅游产品开发却因资金投入少、策划能力水平低而直接影响了文化旅游业的市场竞争力。一方面致使丰富的文化旅游资源无法得到深层次开发利用，特别是在文化旅游项目和产品包装、营销方面，文化底蕴挖掘不深，缺乏吸引力和市场竞争力，景区景点档次品位不高、内涵不深，精品不多，难以给游客留下深刻的印象；另一方面文化与旅游没有有机结合，独具地方特色的传统习俗挖掘整理不够，缺乏具有纪念意义的旅游主导产品，对广大游客缺乏应有的吸引力，也缺乏新意，无论是影响力、吸引力，还是经济效益，只能在全国排在中下游位置，社会效益也未能充分体现。同时在宣传营销方

面，缺乏足够的宣传促销经费与系统的宣传机制，全方位、多角度的宣传不够，文化旅游业知名度不高，辐射面狭窄。

(四)旅游纪念品缺乏特色，旅游产品形象缺乏载体，产品开发力度不足

旅游纪念品是一个旅游地灵魂的寄托，宁夏拥有特色的文化旅游资源，但其旅游纪念品特色不鲜明，缺乏地方性特色，不能与宁夏特有的文化旅游相结合，设计出具有象征意义的旅游纪念品。调查中我们发现有28.8%的游客都认为宁夏的文化旅游没有有特色的旅游纪念物。宁夏文化旅游的形象产品是西夏文化、回乡风情、塞上江南，但这类产品都存在缺少形象载体的问题。如“西夏文化”作为对游客有很大吸引力的神秘文化，但载体太过单薄，能提供给游客的仅仅是一座王陵和博物馆，游客难以从中获得震撼人心的文化旅游体验。在产品开发的力度上也是差强人意，多种历史史料记载和出土文物证实宁夏是古代丝绸之路的北道，然而丝绸之路旅游产品的开发一直都没有受到重视，因而宁夏缺乏有吸引力的、具有垄断地位的极品旅游产品，专项特色产品尚未得到充分开发。

(五)专业人才不够，旅游从业人员素质不高，影响了整体服务水平

通过实地调查及问卷调查反映游客感知，我们可以看出宁夏旅游从业人员专业素养低，缺乏对旅游从业人员的培养，进而影响了旅游业的整体服务水平，调查中我们得出有21.5%的游客都认为旅游从业人员专业素质较低，应加强专业人才队伍建设，为旅游业发展注入永续活力。就宁夏实际情况看，旅游规划设计专业人才总量不足、结构不合理，直接制约着旅游规划业的后续发展。一方面，缺乏专业管理策划人才对已经开发的文化旅游产品进行有效管理。另一方面，缺乏高水平的专业导游人员，尤其是缺乏土生土长的、真正了解本土文化的导游人员对文化旅游内涵做深入讲解，致使许多游客远道而来，看了山水风光后却不知看什么文化产品。旅游从业人员不仅数量少，而且人员的素质参差不齐，缺乏高层次、高水平的旅游规划、景区开发和管理人才，同时旅游行业未能对员工的业务水平、文化素质和职业道德等进行科学合理的培训，进而造成旅游从业人员素质低、服务水平差。据实地调研，目前景区中态度生硬、业务不熟、服

务不到位的从业人员比较多。

（六）景区与周边环境不协调及其他接待设施文化品位低

实地调研我们发现很多景区的周围环境及建筑设施与景区不协调，在游客的问卷调查中我们也可以看出有23.2%的游客提出上述问题，另外有28.8%的游客认为景区的基础设施品位较低。从宁夏来讲，不论是旅游景区建设，还是文体娱乐设施，以及环境质量都不适应文化旅游业的发展。主要表现是：景区与周边环境不协调，景区建设的文化意境与景区周边环境不相协调，环境污染严重，影响景区美观；接待设施设计文化品位低，景区设施赋予的文化内涵不突出，不能与景区的历史文化和景区相协调，与文化旅游业发展相配套的文化、体育、娱乐等活动场所严重不足；景区、景点内的绿化、硬化、美化、香化等基础建设也不完善、不配套。

（七）不合理的开发导致文化的失真

不合理、不恰当的开发方式可能导致特有的文化失去原有的内涵和风貌，主要包括西夏、回族、黄河、长城、遗址等文化庸俗化、同质化及商品化现象。宁夏文化旅游产品的庸俗化主要源于开发者缺乏远见和科学思想的指导，在没有对宁夏文化进行深入研究的前提下，以生硬、单一的形式开发西夏、回族文化旅游产品，致使其内涵与生命力缺失。同时，长期以来对回族、西夏文化的保护和宣传不力，西夏文化已被许多年轻的一代遗忘。在以经济效益为主要目的的旅游开发过程中，一些开发商缺乏创新，对回族文化的开发进行模式化或称公式化的开发，竭力挖掘回族、西夏等文化中的现有经济效益。传统的回族礼俗、手工艺品，传统的回族、西夏文化艺术形式过度的商品化，可能导致出现粗制滥造现象。在此情景下开发的回族、西夏、遗址等文化旅游产品，缺乏文化底蕴，对回族、西夏文化的表述带有一定的失真，最终将引发旅游者和消费者对回族、西夏文化的错误认识，这无疑对回族、西夏等文化的长远发展和继承不利。

（八）文化旅游产业发展意识不强且忽视了文化旅游项目的进一步开发

文化旅游业的发展是在原有的旅游资源上不断地深入挖掘其地方性与文化内涵，增加旅游地的文化附加值，但是在调查中有28.8%的游客都认为宁夏忽视了文化旅游项目的进一步开发，可见宁夏对文化旅游发展的意识不强。其主要表现在：一是对旅游景点的文化科技品位重视不够，不能深入加以挖掘其文化科技内涵；在政策保障体系上仍不够完善，特别是在投资、财政、金融、建设等方面的优惠政策不能到位；对旅游促销的宣传力度不大；等等。二是发展旅游业的意识还不强，导致在旅游产业的发展中缺乏新思维、新观念和创新精神。如银川市有其独特的文化旅游资源，但对其开发的意识相对比较薄弱，很多文化旅游项目仅限于当前的开发水平，没有进一步开发，使得文化旅游产业现状停滞不前，没有更大的突破，不能够形成强大的经济辐射作用。

总体上，问题主要集中在：本土文化内涵挖掘不够，资源利用不足；地方性文化旅游资源的丧失；地方性文化旅游宣传力度不足，营销策划不力，影响力和吸引力不强；旅游纪念品缺乏特色，旅游产品形象缺乏载体，产品开发力度不足；专业人才不够，旅游从业人员素质不高，影响整体服务水平；景区与周边环境不协调及其他接待设施文化品位低；不合理的开发导致文化的失真。这几项反映出宁夏地方性文化旅游发展过程中存在的问题。

五、宁夏文化旅游发展对策

在影响宁夏文化旅游发展的各因素中（见表 4–7），旅游资源保护被认为是影响宁夏文化旅游最重要的影响因素，赋分满分 30 分，旅游资源的

表 4–7　影响宁夏文化旅游发展各因素的重要性(赋分)

	旅游资源的文化本土化程度	文化挖掘深度	文化旅游宣传及营销	文化资源整合	文化旅游解说	文化与旅游的融合程度	文化旅游资源保护	文化失真	其他
比较重要	27	21	27	21	12	15	30	3	0
一般重要	2	6	2	6	10	8	0	18	0
不重要	0	0	0	0	1	1	0	0	0

赋分:(重要:3 分,一般重要:2 分,不重要:1 分)。

文化本土化程度与文化旅游宣传及营销对宁夏文化旅游发展的影响比较重要，赋分 27 分，说明其对宁夏文化旅游产业发展影响最大，文化挖掘深度与文化资源整合赋分 21 分，文化失真这一因素在宁夏文化旅游发展中的影响一般，赋分 18 分。从总体而言，各因素对于宁夏文化旅游的发展都存在着或多或少的影响程度，换言之，以上各因素在宁夏文化旅游发展的进程中不可忽视。

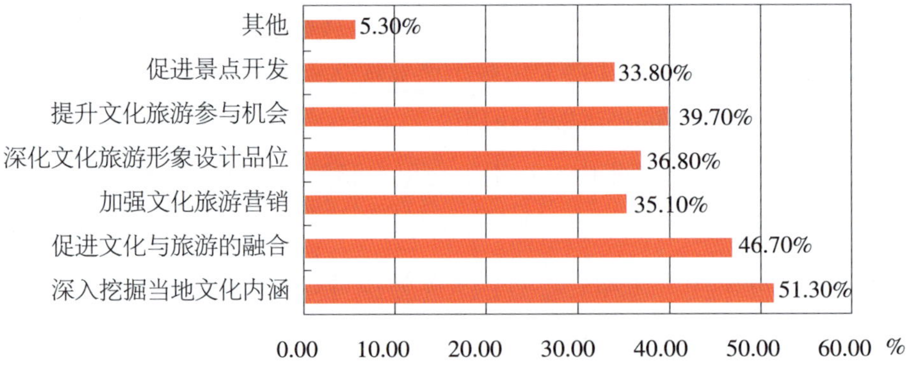

图 4-11　旅游者视角的宁夏文化旅游发展对策

由图 4-11 可知，有 51.3%的游客认为宁夏文化旅游应深入挖掘当地文化内涵，有 46.7%的游客认为宁夏文化旅游应促进文化与旅游的融合，39.7%的游客认为提升文化旅游参与机会。这都将为今后宁夏文化旅游的发展指明方向。结合专家和游客问卷调查表中的以上数据，得出以下几点建议。

(一)科学合理地深入挖掘旅游资源的文化内涵，提高宁夏文化旅游产业的溢出效应，推动多元化文化旅游发展

宁夏文化旅游产业需要从旅游区、旅游城市内部通过发掘和整合资源，建立起相应的市场机制，以观念、制度创新，形成宁夏境内全民全域大旅游意识转变。但是，脱离原生环境的异地文化复制和现代化的表现手段难免使非物质文化遗产的原真性发生偏离，这就要求在实际操作中加深对非物质文化遗产精髓的研究和理解，以降低偏离度，在进行文化旅游资源实体化的过程中，科学合理地借用、移植、凝聚表现，不能粗糙模仿、简单复制。宁夏城市形象设计上，要树立起旅游城市形象，突出城市的人

文特色和文化旅游品牌定位，推动人人参与建设区域文化旅游。通过更广泛的参与，以宁夏文化旅游产业蓬勃发展带动一大批相关产业部门的发育、发展，促成文化旅游产业成为区域主导产业部门。

(二)加快改革，进一步理顺旅游管理的体制机制

进一步理顺管理体制机制：一是整合行政主管部门多头管理现象，实现统一化管理模式；对性质一致的重要文化旅游项目，探索建立统一的管理机构，统一领导，统一运作，统一开发，统一营销，统一协调，促进旅游业的快速健康发展。二是对隶属文物、旅游双重管理的景区（西夏王陵、贺兰山岩画、西部影视城），应该首先由双方共同设立接受双重管理职能的景区管委会，涉及开发建设等重大问题要联席办公，适宜下放的旅游项目尽量下放，更好地明确责任，强化管理。三是借鉴外地旅游发达地区的成功经验，建立现代企业管理运行模式，实现所有权与经营权的分离，从而有效推动旅游业的发展。四是在各景区建立合法的投融资主体和科学的投融资机制，为招商引资提供便利的条件。

加快改革现行的宁夏旅游业投资体制，发挥好政府投资先导作用。同时，在资金筹措方面，开展多渠道筹资，并按照谁投资谁受益的原则，打破地区、行业、所有制等之间的界限，通过独资、合资、股份制等形式，形成利益导向，以更广大的社会参与，吸引中外投资者共同参与宁夏文化旅游业的开发建设，以优胜劣汰的市场机制引导文化旅游业的发展。

(三)加强地方政府作用

首先是实行“政府主导、市场运作、公司经营”模式，进一步强化政府主导作用。政府主导发展旅游业，既是旅游业成长期的主要经验，也是旅游业提升期的重要保证。特别是在旅游开发前期，政府必须加大基础建设性投入。投入要抓住重点，制造示范和轰动效应，着力造环境、造声势，积极引导其他投入。要做好专项资金的投放、使用与监管，使有限的资金落到实处，发挥最大的社会、经济效益。大胆探索各种有效融资渠道，通过市场机制招商引资、多方筹资，形成多元化筹资体制。要充分发挥宁夏深厚的文化底蕴和众多的历史文物等雄厚的优势，制定出台优惠政

策，采取谁投资、谁受益的办法，鼓励和吸引社会各类投资主体投资开发旅游景区景点，加快宁夏文化旅游开发进程。

(四)地方营造，构建宁夏回族旅游文化符号空间

陈庆德、马翀伟在《文化经济学》一书中提道：“为了进入消费，‘物品必须成为符号’。不仅所有的商品都是符号，而且所有符号都是商品。”回族文化旅游资源的开发实质就是将文化资源优势转化成生产力，成为一种经济效益，同时也能够繁荣本民族文化。因此，回族文化旅游开发需要构建回族旅游文化符号空间，营造地方特色。旅游文化符号空间的构建就是规划、提取符号，展示旅游地的原生文化，实现游客对当地文化的认知过程。回族文化符号的构建应采取科学方法，识别与选取最能体现该民族文化独特风貌和内涵的符号，与其他民族相区别，实现自身民族旅游文化符号的专有性和标志性。最终通过一系列物象表现形式：饮食、服饰、建筑、宗教活动、节庆活动、民间艺术等，形成一个回族旅游文化符号空间，它包含了回族的物质文化、精神文化、制度文化、行为文化，表现出回族善经商、讲卫生的优良传统和信仰坚定、刚毅进取的民族精神。同时，回族旅游文化符号空间又不能简单等同于这些物质形式，其文化的灵魂根植于生活中，这要求我们深度挖掘原生核心文化，展示、传承原生文化，并批判地创造出新的文化，从而使回族旅游文化符号空间具有鲜活的生命力和独特的吸引力。

由上表 4–7 可知，专家问卷通过赋分，专家对挖掘本土文化旅游重要性赋分 27 分，可见其重要性，上图我们也可以看出有 51.3%的游客认为宁夏文化旅游应深入挖掘当地文化内涵，充分挖掘西夏、回族、遗址、长城等优秀传统文化内在的“精、气、神”，展示“中国回族、西夏、遗址等文化和宁夏人的内在心境、神秘西夏文化历史、中国民族文化的气韵”。宁夏的特色文化蕴藏着地方文化最深的根源，是宁夏的地方文化命脉和地方文化标识，是宁夏地区独具垄断性的文化旅游核心竞争力所在。

在各文化旅游资源中，专家们普遍认为民俗文化、非物质文化遗产及 A 级文化型景区三项对于宁夏文化旅游资源发展性尤为重要（见表 4–8），

而其余各文化旅游资源对于宁夏文化旅游资源发展的影响均不大，其中，传统节事及现代节庆、各级文物保护单位、产业文化（工业、农业、文化等）这三项文化旅游资源对宁夏文化旅游资源发展均占 10%。通过专家们的重要性评价可见，宁夏今后在文化旅游业发展过程中应该注重发展民俗文化、非物质文化遗产及 A 级文化型景区，但也不能忽视其他文化旅游产业的发展。

表 4-8　各文化旅游资源对于宁夏文化旅游资源发展的重要性

文化旅游资源		A 级文化型景区	各级文物保护单位	非物质文化遗产	民俗文化	产业文化	传统节事及现代节庆	其他
累计总和	频次	5	1	6	8	1	1	0
	相对频次	50%	10%	60%	80%	10%	10%	0

宁夏的一些文化旅游资源中还有大量的非显性元素，不受物质实体的限制，具有广阔的想象空间与充分的发挥余地。西夏文化具有深厚的历史积淀，回族传统文化的经典内容，尤其是隐藏于民间、记载于史书，或渗透于人们日常生活中的文化资源，具有极大的开发空间。深度挖掘具有本土文化内涵的文化旅游产品，这样会增加旅游产品的文化品位及经济附加值，有利于宁夏本土文化的挖掘继承及其社会经济发展。

应进一步深入挖掘宁夏各个景区景点的旅游文化深度，加强回族民俗文化、西夏历史文化旅游的地域性、民族性特色开发，对于吸引游客在区域多停留、愿意停留具有十分重要的意义。目前各个景区内，对于西夏文化及产品的推介，回族剪纸、服饰等各种工艺品、清真食品、回族门宦制度特征及回族生活习俗、清真寺建筑及婚丧嫁娶等文化旅游产品推介在区域文化旅游产业中没有全面展开。应积极借鉴文化旅游产业较为发达的中国西部其他民族地区成功经验，因地制宜，扬长避短，逐步构成宁夏“黄河金岸”人文民俗、地文景观的有机结合，多元发展。

对文化旅游资源的传承保护与开发利用，都必须落实到相应的物质载体上。文化旅游资源的开发和实体物质景观的开发在根本目标上具有一致性。首先，文化旅游资源的开发利用是文化最直接、最有效的传承与保护的方式。其次，从长远看，深入挖掘地方文化，最大限度地满足旅游者的地域文化旅游需求是旅游景区（点）纵深发展的主要渠道，也是城市塑造形象、增强其文化内涵的主要手段。因此，将文化旅游资源的开发和旅游景区（点）的开发以及城市文化的发展通过创意联合起来，是促进区域文化旅游资源开发的有效方法。

将城市景观和旅游景区（点）作为非物质文化遗产旅游资源的物质基础，将文化附加在物质实体当中，并通过物质景观来表达文化的精髓营造地方文化空间（见图 4–12）。根据实际情况灵活选择开发手段，可以是具体实物的展览和文字解说，可以利用现代多媒体影像解说，可以进行现场技术展示，吸引游客参与其中，也可以进行舞台表演，抑或是通过雕塑、图画、展示牌等进行形象刻画。

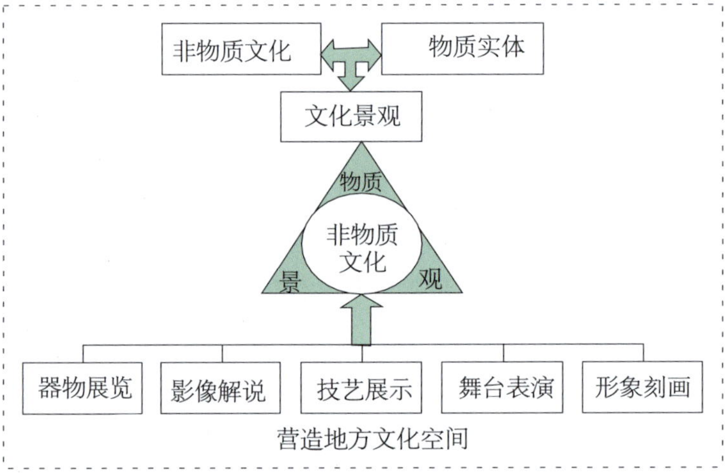

图 4–12　地方文化空间营造

旅游城市形象的营造或城市文化的创建也可以采用此模式。创建旅游城市的目标是一旦进入市区亦即进入旅游景区，一座城市就是一个旅游景区。城市周围地区的各种文化为城市形象的营造提供了资源。深入挖掘城市辐射区域内的各种文化资源，通过雕塑、宣传牌、路标、城市建筑、广场、地标以及文艺表演等各种手段营造城市文化空间，实现文化旅游资源的开发利用（见图 4–13、图 4–14）。

图 4–13　具有伊斯兰风格的交通指示牌

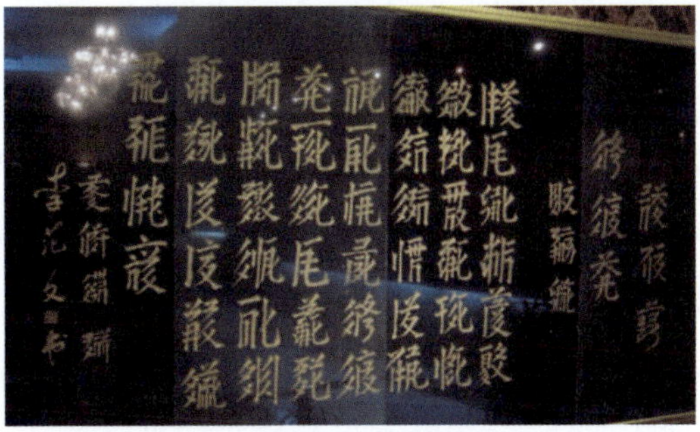

图 4–14　具有西夏文化风格的广告招牌

(五)地方营销

旅游业的发展也需要营销，35.1%的游客都认为宁夏应该注重宣传和营销，扩大文化旅游产品的竞争力。宁夏依托各种文化旅游资源，应针对不同性质的旅游产业，采取不同的市场策略与营销手段。首先积极参加各类旅游促销活动，宣传推荐宁夏独具特色的文化旅游资源，使区域旅游资源的知名度得到提高。其次是邀请新闻媒体到景区采风并进行宣传报道，常年为新闻媒体提供服务，进而吸引更多媒体主动参与到宁夏的文化旅游产品的宣传中来。拍摄制作有关专集和专题片，在中央和省、市电视台宣传具有代表性且独具特色的宁夏文化旅游景点。采取多项措施，带动当地群众参与，形成当地群众积极参与宣传宁夏旅游的良好氛围。再者是编印旅游宣传材料。组织编写全市景区景点的导游词，创办“旅游专刊”等旅游宣传材料，创作旅游歌曲，如回族歌曲“花儿”这样具有代表性的作品，录制旅游光盘，同时建设好文化旅游信息网站，加大宣传效果。

(六)多种文化旅游开发模式

文化旅游资源的开发不必拘泥于某一种固定不变的样式，可以根据旅游地资源状况多角度展开。

1. 全域体验开发模式

全域体验开发是“以新兴的旅游规划公司等旅游企业为主导，充分整合利用社会各种资源，策划设计出满足游客个性化体验需求的旅游产品。这种开发模式主要以角色旅游为主题，通过暂时改变游客的身份、生活环境、生活方式等，提供给游客一种全新的生活体验”。

全域体验开发模式主要针对参与性强的文化资源或文化产品，即着眼于文化旅游资源的依存条件，并采用多种手段立体展示，采用现场模拟、系统解说、媒体演示和游客亲身参与体验等多种途径和手段，从而构建整体的、近似原生的文化景观。要对已开发的景区进行非遗旅游资源整合与分类，进行新的产品定位和设计，提升产品的地域特色感，增强产品的参与度和体验性，使游客随时随地都能变换角色。要把景区内与景区外的旅游结合起来，形成全面开发格局。根本切入点是给现有的文化资源创造一个发展演化的良好环境，让其自我演化、发展，包括产品升级、参与方式升级、营销方式拓展和开发方式升级等。

景区内部开发关键在于增加文化旅游资源和产品的体验性。比如传统手工艺、传统美术等都具有很好的审美和装饰功能，除静态展示以外，可以开发游客与传承人互动体验。一方面，在向游客进行文化产品或非遗技艺展示的过程中主动向游客宣传介绍该项目的内涵、精髓以及制作方法，并观察鼓励游客亲自动手制作自己的手工艺品。另一方面，游客通过观看、询问、实践了解和学习民俗文化和非遗技艺。此外，还可开展各类景区文化演艺产品，以吸引游客，提升文化内涵。

景区外部主要对民俗类的文化和非遗项目进行开发。例如分布在宁夏不同地区的各种庙会、水会和祭祀类文化活动，其特点是在特定地区特定时间举行，难以复制和移动，所以应该作为民俗节庆旅游来进行角色体验式开发。民俗旅游节庆应设计丰富多彩的节庆内容，增设游客体验环节，重点开发角色旅游产品。这种产品可调整性强，破坏小，受众面更广，参与度更大，是市场—资源—产品比较完美的结合。让游客以“当地人”的身份参与活动，整个节庆过程的气氛渲染和互动，带给游客的不仅是一场视听盛宴，而且还是一个充满活力、文化氛围浓厚、情感体验深刻的旅游过程。全域旅游并非旅游产品“遍地开发”，而是深入挖掘地域文化特色，以打造区域品牌旅游产业为目标，拓展特色旅游产品建设，形成特色旅游产业的组团。

2. 旅游纪念品嵌入开发模式

此模式主要针对参与性弱的已开发和未开发的文化和非遗项目，如民间文学、传统医药等不容易亲身体验的资源，可将其文化元素、内涵以及功能嵌入旅游纪念品中，主要以旅游纪念品的形式进行开发，以保障其原有的非遗技艺和文化内涵免遭外来文化的冲击和损伤。通过具有地方性特色的旅游纪念品，不仅可增加旅游收入，还可树立鲜明的文化旅游形象。

表 4–9　来宁游客文化旅游纪念品的购买意向

性别	旅游纪念品	民族服饰和清真食品	影视产品	西夏历史纪念品（西夏文篆刻姓名的印）	手工刺绣品	贺兰石工艺品（贺兰石雕）	工艺“沙漠玫瑰”	其他
男	频次	50	43	86	62	92	28	19
女	频次	45	24	48	59	50	24	6
累计总和	频次	95	67	134	121	142	52	25
	相对频次	31.5%	22.2%	44.4%	40.1%	47.0%	17.2%	8.3%

来宁游客中（见表 4–9）有 47.0%的游客会购买贺兰石工艺品（贺兰石雕），有 44.4%的游客会购买西夏历史纪念品（西夏文篆刻自己姓名的印），这两项所占比重比较大，说明游客们希望购买具有文化内涵和特色并具有纪念意义的物品。一般男性多会购买西夏历史纪念品或者是贺兰石纪念品，可以看出男性和女性在购买旅游纪念物时是有差别的。所以，今后宁夏旅游纪念品的设计过程可以侧重具有文化内涵及气息的旅游纪念品，可以针对男性和女性的不同喜好设计不同风格的纪念品，一定要设计特色鲜明的，具有代表性（能够为宁夏代言的旅游形象大使），富有文化内涵的旅游纪念品，努力打造宁夏的文化旅游形象。

旅游纪念品是旅游产业链上的一个重要节点，但是目前市场上的旅游纪念品开发还存在一些问题，比如雷同率高，简单仿造，缺乏文化内涵和地域特色，没有形成品牌等。宁夏文化旅游开发纪念品嵌入模式应充分挖掘文化内涵和特色功能，将文化的外在表现形态、内涵文化以及不同功能价值利用嵌入旅游纪念，增加游客对非遗旅游的体验性和满意度。游客对旅游纪念品的体验主要表现在五感体验，即视觉体验、听觉体验、触觉体验、嗅觉体验和味觉体验。所以，文化旅游纪念品的开发也应该注意这五方面的体验感设计，任何一种非遗旅游纪念品都与这五感体验息息相关。

例如，宁夏非遗旅游项目中的民间文学以民间故事居多，可以开发为旅游纪念品，印刷成为便于携带的“小人书”“连环画”，或者是具有收藏价值的“民间文学作品”，在印刷设计、纸质选择上都应具有民族特色，注重视觉和触觉以及嗅觉的体验设计，满足不同游客的需求。宁夏的传统医药主要有：回族汤瓶八诊、张氏回医正骨和陈氏回族医技十法三大特色，汲取阿拉伯国家医学和中华医学的精华，形成中国回族特色疗法，治疗具有疗程短、损伤小、痛苦轻的特点。因此，宁夏传统医药可以开发为旅游商品，在景区中设立专门的“回药保健坊”，开发一些具有保健、康复功能的保健药，以传承人姓名+药物功效来命名，便于游客查询或者进一步寻医问药，聘请具备专业资格的保健师或药剂师来负责回药及回医的宣传和营销，还可以开发回医回药保健养生类的书籍、光盘等辅助销售。在回药的开发上，注重嗅觉和味觉体验，尽可能设计游客容易接受的药品形态和味道，降低游客对药品的抵触和排斥感。杂技与竞技项目危险难度系数较高，游客难于参与体验，除了观赏以外，杂技与竞技还可以开发浓缩版表演道具、杂技表演塑像和刻录光盘等旅游纪念品。同时，在宁夏非遗旅游开发中应该树立起纪念品的品牌形象和品牌效应，增加旅游纪念品的附加值。

3. 传承人技术入股开发模式

传承人技术入股型开发模式主要针对参与性强的非遗项目。非遗传承人掌握着非遗核心技艺，也是对非遗项目认知最全面最深刻的群体，他们承担着非遗项目传承的历史重任，但是往往传承环境复杂，个人传播力量有限，途径窄，存在困难较多，传承工作受阻，传承人的自身权益得不到保障，使传承人受挫，不利于非遗项目传承的有序进行。一些知名度高、价值高的非遗旅游项目并没有得到很好的保护和利用，而通过合理的旅游开发能够使其成为具有吸引力的参与性强的旅游产品。为了创造更好的传承环境和条件，改善传承人生活困难，经济利益诉求得不到满足的现状，促使传承人积极参与非遗旅游开发，充分分享旅游开发成果。

传承人拥有的核心技艺是其最大劳动资本，通过非遗旅游开发股份合作制可最大程度发挥这种劳动资本的作用。股份合作制是企业组织的一种新型形式，它是劳动力合作和资本合作的有效组合，在劳动合作的基础上吸纳了一部分股份制因素。

宁夏非遗旅游传承人技术入股运行机制设计如下：(1)非遗旅游资源的产权界定和股权分配设置。根据中国相关法规对传承人义务的规定，非遗旅游资源的产权可以界定为国家所有，其次是个人所有，所以宁夏非遗旅游开发可以采取“政府组织+传承人+旅游企业”的形式，把广泛的民间非遗旅游资源、非遗技艺和非遗劳动力转化为文化生产力，成为技术入股的股本，传承人通过劳动技术入股成为股东，与开发商签订具有法律效力的“技术入股协议书”，与开发商合作成立股份合作制运营模式，开展非遗旅游。(2)利益分配机制的确立。建立公平合理的利益分配机制，是非遗旅游能够长远发展的关键，特别是传承人技术入股后角色和身份的转变，其利益诉求也应该随之得到满足。传承人技术入股参与旅游经营，传承人既是股东又是劳动者，所以其收入来源于劳动工资和入股分红两部分，经济收益增加，实现了“按劳按资分配，权益共享，风险共担”，这样就保证了非遗传承人在旅游开发中平等的地位和参与权利，解决了原来的利益分配不均问题，使传承人的利益诉求获得满足，也保障了非遗旅游开发的有序进行，是利于非遗保护利用的开发模式。

对于非遗传承人而言，非遗传承人通过技术入股参与旅游开发，可以带动非遗旅游产业化发展，形成产业规模，对非遗实现生产性保护，同时也提高了传承人自身的收入水平，获得各种发展平台。对于游客而言，传承人技术入股是一种生产合作激励机制，激励传承人多劳多得，进行非遗旅游产品的创新和深加工，提升旅游产品的档次，增加游客与传承人互动的机会，提供给游客一个亲身交流、学习、体验非遗项目的环境，满足游客的体验性需求。

(七)培育、吸引旅游人才，提高旅游从业人员的素质

一是牢固树立尊重知识、尊重人才意识，自觉爱护旅游专业人才，合理使用人才，最大限度调动专业人才的积极性。培育具有创新精神的旅游企业家队伍，建立旅游人才脱颖而出的机制，引进和培育专门的管理、经营人才，充实到旅游企业中。完善旅游人才评价标准，适应人才创新素质的要求。政府政策方面按照政府常务会议，首先加快旅游学校建设步伐，加大政策投入力度，实施旅游学校师资人才素质提升工程，使其成为宁夏旅游行业重要的教育培训基地。二是制订《宁夏旅游业人才发展规划》，有计划引进一批具备文化旅游创新创意、艺术策划、资本运作、经营管理等方面能力的高端人才，分级分类对旅游从业人员进行培训。指导星级饭店、旅行社及景区组织开展以优质服务为重点的岗位培训练兵活动，推行旅游饭店职业经理人资格认证制度。三是重点加强导游人员管理。以导游资格考试、导游等级考试为抓手，从诚信建设、违规处理、业务培训三个方面落实导游人员管理，实行导游人员服务等级评定。加强小语种导游培训，加快培养"阿拉伯语翻译"队伍，强化景区讲解人才队伍建设。四是抓好旅游行政管理队伍建设。认真开展"创先争优"活动，以公务员职业道德和职业能力建设为主线，通过举办培训班、组织执法人员赴区（境）外考察学习等形式，切实加强旅游行政管理人员素质。

(八)丰富和壮大具有地方特色的节庆会展及演艺文化旅游

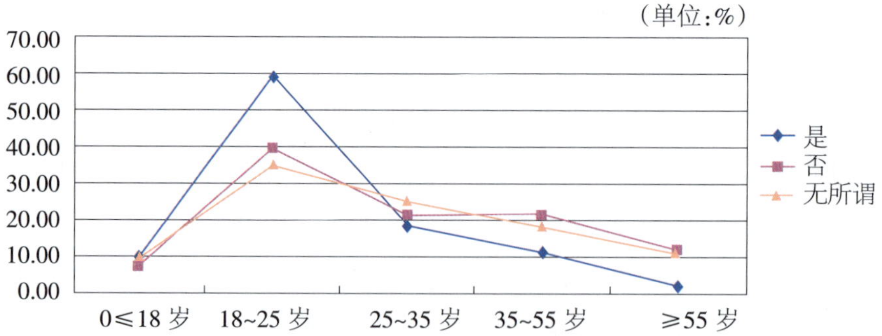

图 4-15　游客参与旅游纪念品设计的意愿调查结果

由图 4-15 可知，有 23.5%的游客不愿意参加旅游纪念品的设计大赛，

37.1%的游客愿意参加，而 39.4%的游客对此持无所谓态度，这部分游客所占比重较大。从表中我们还可以看出在整个调查中年龄在 18~25 岁的游客占了 45%，所以今后在旅游活动的策划中要宣传和鼓励青年游客加入到宁夏的文化旅游活动中。

塑造节庆文化旅游品牌、延伸节庆旅游产业链条、扩展节庆文化旅游活动范围，聚集财气、人气，提升宁夏城市影响力。节庆文化旅游是城市形象的塑造者，大力发展节庆文化旅游可以提高游客量、增加举办城市的知名度、增加旅游消费、完善基础设施及社区遗留物。重点是进一步办好“中国宁夏国际文化艺术旅游博览会”，将其打造成宣传城市形象、展示民族文化、反映民俗风情、荟萃民间艺术，集庆、游、玩、购、赏为一体的标志性节庆活动；大力开拓会展市场，确立“中国（宁夏）国际清真食品穆斯林用品节暨宁夏投资贸易洽谈会”为宁夏区域标志性节事的龙头地位，发挥“清真品牌”的世界影响力和节事旅游的关联辐射带动功能。旅游和文化部门要共同支持和培育各类演艺公司，鼓励演艺文化旅游企业采取独资、合资、合作等形式“走出去”，探索建立“市场运作、企业营销、政府扶持”的营销机制，壮大旅游演艺企业集团。加大对优秀演艺节目品牌建设的投入，实施优秀演艺节目品牌带动战略，把演艺文化精品工程与旅游娱乐业发展紧密结合起来，创造既富有浓郁民族特色、地方风格，又具有鲜明时代特色、符合当代审美要求、当地居民及旅游者喜闻乐见的原创演艺品牌；不断推出如大型舞剧《花儿》《月上贺兰》等具有浓郁地方特色的文化艺术旅游精品剧目，着力打造一批新兴旅游目的地的专题旅游文艺晚会，打造演艺文化旅游的旗舰产品和领军人物；精心打造演艺文化旅游产品对外贸易的地方特色品牌和具有国际竞争力的世界级名牌。

（九）独具特色，进一步打造具有特色的旅游品牌

特色的旅游资源需要树立特殊的旅游形象，36.8%的游客都认为，宁夏应深化旅游形象，树立特色品牌意识，这是保持旅游业生命力的关键。以回族文化、西夏文化为龙头，注意发挥宁夏地处西部，自然景观粗犷、荒凉、壮丽，人文资源奇特而神秘的特色，围绕西夏古都、回族风情、黄

河文化、塞上江南等特色，开发旅游资源，促进宁夏文化旅游业的持续健康发展。围绕打造“民族文化生态旅游”品牌，重点抓好景区景点品牌塑造，全力打造特色化、高品质的旅游产品。面向世界、面向大众、面向社会、面向未来谋划，打造宁夏文化旅游独特的品质和特色。深入挖掘和彰显黄河文化、回族文化、红色文化和西夏文化等特色文化，着力培育文化旅游产品线路品牌。紧贴旅游消费市场，突出地方特色，精心打造黄河文化游、大漠湖泊湿地生态游、水洞沟史前文化游、西夏王陵历史探秘游、沙漠探险游、贺兰山东麓葡萄长廊品酒游等精品旅游线路。积极发展城市旅游、工业旅游、节庆会展旅游等新兴文化旅游业态，推进旅游与文化、农业等相关产业和行业的融合发展。加强文化旅游商品、纪念品的开发，重点支持发展回族服饰、剪纸刺绣、贺兰石刻、枸杞制品、清真食品等特色商品和工艺美术作品。

（十）协调景区环境，进一步抓好文化旅游配套基础设施建设

改善景区周围环境，提升游客对文化旅游景区的整体印象，增加景区文化旅游的附加值。景区建筑要与城市建筑物的色彩风格、要与当地旅游景区特色和推出的文化旅游品牌相协调，如回乡文化园要将象征性回族文化元素符号注入到建筑中去，体现民族特色，从而提升城镇旅游文化内涵和基础设施品位。注重建设吃、住、行、游、购、娱等设施，突出新、奇、特等旅游要素特征。切实加强饭店、交通、购物、娱乐、旅行社等旅游服务要素建设与管理，逐步规范旅游管理体系，使其与景点建设规模相适应。

（十一）合理布局，进一步抓好旅游规划的落实

以市场为导向，以回族、西夏、影视等特色旅游资源为基础，制订出高起点、高品位、科学合理、可持续发展的文化旅游总体发展规划。中国西部规划设计研究院对宁夏旅游发展规划进行重新修编，修编过程中要确保其可行性与可操作性，总体上形成以全区规划为核心，重点景区景点规划为基础，专项规划相配套的旅游发展规划体系。规划确定之后，须严格执行，形成合理的旅游开发布局，这就为宁夏文化旅游整体发展提供了导

向。实施旅游畅通工程，加快通往景区道路的梯级改造。重点解决主干公路到旅游景区之间的交通瓶颈和基础设施薄弱问题，将旅游专用公路列入议事日程，除了加快建设已经规划的公路外，优先支持申报通往景区景点的公路建设项目。

第五章　国际旅游发展新业态与宁夏旅游开发新思路

一、国际旅游发展新业态

世界旅游和旅行理事会（WTTC）的报告指出，2014 年旅游和旅行对 GDP 直接贡献达 23648 亿美元，约占全球 GDP 比重的 3.1%；自 2015~2025 年预计年均 GDP 贡献将提高 3.9%，2025 年贡献达 35932 亿美元，占比 3.3%。

2014 年，旅游和旅行行业直接和间接提供 276845000 份就业机会，占全球全部就业的9.4%。预计到2015年，该数字将提高2.6%，达到283983000 份。至 2025 年，将年均提高 2.3%，达到 356911000 份就业机会，占全球总就业的 10.7%。

2014 年，全球国内旅游的消费占据了全世界旅行和旅游对 GDP 贡献的 72%。到 2025 年，全球每年国际游客数量将达 18 亿人次，比 2014 年的 11 亿人次增长 58%。预计 2015 年，国内旅游的消费增长快于国外游客消费，分别为 3.7%和 2.8%，占全球总 GDP 的 3.7 万亿美元和 1.3 万亿美元。到 2025 年，尽管国际游客的数量会激增，但国内游客的消费会是国外游客消费的两倍。相比全球经济，国际游客会更快地促进旅游产业发展，但是游客在国内旅游的消费仍然强劲，远超国际游客境外消费。WTTC 预测，在短期内，游客在目的地的消费状况不会发生很明显的改变。

此外，WTTC 首次预测，中国旅游产业对 GDP 贡献比，将超过美国旅游产业对 GDP 贡献比。WTTC 总裁兼 CEO David Scowsil 表示未来 10 年，美国在国际游客到达量方面依然继续领军，但中国国际游客也将接近美国水平，数量上或只有 600 万人次差距，中国的国内旅游市场会更加火爆。[①]

从全球旅游业的发展趋势来看，全球旅游业发展趋势呈现以下特点：

加快发展旅游业现在成为很多国家的战略决策。中国是把旅游业定位成战略性的支柱产业和现代服务业来加以培育，出台了《旅游法》；美国发布了国家旅游发展战略，提出了促进旅游业发展的一揽子措施，包括针对中国游客的签证便利化措施；俄罗斯政府也批准了 2011~2018 年发展旅游业的目标计划。

世界旅游业的发展重心在逐步的东移。2012 年，欧洲仍然是最大的入境旅游目的地，占全球的比重达到 51.6%。预测未来亚洲的旅游市场国际游客接待量占全球比重到 2020 年将达到 30%，2030 年将超过 36%，而欧洲的比重将会分别降到 49%和 41%。

旅游业融合发展的趋势明显。在经济全球化的带动下，旅游跨国界、跨领域、跨行业、跨产业、跨部门融合发展的趋势日益明显。从全世界范围来看，中国旅游业的外部环境进一步优化，大众化的旅游发展趋势更加明显。同时，旅游业成为产业投资的热点领域。诸如上海迪士尼主题公园，总投资达到 290 亿元，目前已经完成了 131 亿元的投资。另外，我国也出现了许多区域性投资较大的旅游产业项目，诸如云南打造十大立体文化旅游项目，项目总投资预计将达到 2000 亿元。

国际旅游对旅游安全更为重视。世界局势的缓和，使世界避免爆发全球性毁灭战争成为可能，但世界上局部战争和冲突仍时有发生。文明间的碰撞、民族冲突、宗教冲突、国际恐怖主义随时对国际旅游业的发展形成局部威胁。在具备闲暇时间和支付能力的条件下，唯一能使旅游者放弃旅游计划的因素即为安全顾虑因素。旅游者考虑的安全因素主要包括：局部战争和冲突、恐怖主义活动；旅游目的地政局不稳、传染性疾病流行、重大恶性交通事故发生、社会治安状况恶化等。旅游者只有对各方面的安全因素确定无疑后才会启程。因此，各旅游接待国或地区都愈来愈重视安全

①http://mp.weixin.qq.com/.

因素对市场营销的影响，力求从每一个环节把好安全关。针对一些不可预测的不安全因素为游客预先代办保险，这样做一方面可以减轻游客的后顾之忧，另一方面，一旦事故发生，可以将其对市场的冲击力减少到最低程度。

国际旅游方式趋向多样化。从近年来国际旅游业发展的特点看，随着世界各国经济的发展与生活水平的提高，众多旅游者越来越不满足多年一贯制的观光旅游，而希望能够在旅游中结合自己的兴趣爱好，进行积极的探索、参与和休息，人们更加重视精神疲劳的消除，这样就要求旅游企业推出更多丰富多彩的旅游产品。那些单纯游山玩水的消遣观光，将逐渐为多样化的旅游方式和项目所取代。国际上传统的旅游方式分为四种，即娱乐型、观光型、疗养型和商务型，大多数旅游活动更多的是各种方式特征兼而有之。一个国家或地区的旅游方式是由其资源条件、地理位置、市场条件等多方面因素决定的，不同的旅游方式也有不同的产品、价格、市场对策等，同时旅游者也有不同的消费要求和消费特点。当今，国际旅游消费动向的重大变化是消费由“目的”变为“手段”，人们消费是为了实现自我爱好，为了自由娱乐，表现丰富的感情等。传统的观光、娱乐等旅游方式已不能满足旅游者的需求。旅游方式朝着个性化、多样化、文化化的方向发展，各种内容丰富、新颖独特的旅游方式和旅游项目开始应运而生。

中国未来旅游特点会呈现新趋势，旅游业的新产品和新业态层出不穷，像生态旅游、智慧旅游，还有美食旅游等新业态正在成为引领旅游消费增长的重要领域。

二、国内外旅游开发案例借鉴

（一）生态旅游

生态旅游是由国际自然保护联盟（IUCN）特别顾问谢贝洛斯·拉斯喀瑞于 1983 年首次提出的。1993 年国际生态旅游协会将其定义为：具有保护自然环境和维护当地人民生活双重责任的旅游活动。生态旅游强调的是对自然景观的保护，是可持续发展的旅游。最新定义“以有特色的生态环境为主要景观的旅游”，是指以可持续发展为理念，以保护生态环境为前提，以统筹人与自然和谐为准则，并依托良好的自然生态环境和独特的人文生态系统，采取生态友好方式，开展的生态体验、生态教育、生态认知并获得心身愉悦的旅游方式。

生态旅游发展较好的发达国家首推美国、加拿大、澳大利亚等国，这些国家的生态旅游资源从人文景观和城市风光转为谢贝洛斯·拉斯喀瑞所指定的“自然景物”，即保持较为原始的大自然。这些自然景物在其国内定位为自然生态系统优良的国家公园，在国外定位为以原始森林为主的优良生态系统，这就使不少发展中国家成为生态旅游目的地，其中加勒比海地区和非洲野生动物园成为生态旅游热点区域。过去，西方旅游者喜欢到热带海滨去休闲度假，热带海滨特有的温暖阳光、碧蓝大海和舒适沙滩，使居住于污染严重、竞争激烈的西方发达国家游客的身心得到平静，“3S”作为最具吸引力旅游目的地成为西方人所向往的地方。随着生态旅游的开展，游客环境意识的增加，西方游客的旅游热点从“三 S”转向“三 N”，即到大“自然”中，去缅怀人类曾经与自然和谐相处的“怀旧”情结，使自己在融入自然中进入“天堂”。①生态旅游可加强旅游资源与环境保护，可帮助解决当地贫困人口的脱贫问题。

生态旅游典型国家及地区包括哥斯达黎加、加拉帕戈斯群岛、澳大利亚、西班牙巴里阿里群岛、泰国生态旅游、台湾土著生态旅游、日本生态旅游、法国、肯尼亚、厄瓜多尔亚马孙及中国保护区。

案例 1：哥斯达黎加

哥斯达黎加是世界上最好的生态旅游的国度、野生动物的乐园，2009年被评为全球最幸福的国家。哥斯达黎加生态旅游发展的成功，得益于它严格的立法保障和对旅游容量的重视。在国家公园进行生态旅游，必须要

①http://baike.so.com/doc/5410086.html.

受到许多法律的制约。哥斯达黎加的国家公园都是非常严格的自然保护区，国家公园内不允许任何基础设施建设和旅游开发。哥斯达黎加的一个生态旅游团最多为10~20人，很少看见大巴上下来大批游客的情景。这限制了对自然的扰动，也保证了游客能静心欣赏，充分体验自然。此外，树冠溜索也是哥斯达黎加生态旅游的一个关键，能在不破坏环境的前提下观察，尽量使穿行在森林中的颜色十分隐蔽，超静的设计也是为了最大程度地减少干扰。①

案例2：泰国生态旅游

泰国自然条件得天独厚，是亚洲重要的旅游国家之一。泰国一向被誉为“亚洲最具热带风情的国家”，旅游业比较发达，拥有丰富的旅游资源。泰国近年来提出了“旅游业可持续发展”的口号，大力发展生态旅游，强调节约能源和最大限度地降低对自然环境的损害，在发展旅游业的同时尽量维护和保护自然环境与生态的平衡。

泰国政府于1992年制定了可持续发展的旅游业政策以保护环境与自然资源。同年，泰国《国家环境法》中新增了有关环境污染控制等内容的法规并作为国家环保政策实施。自20世纪90年代中期起，泰国开始在一些旅游景点实行了名为“有责任心的、讲究生态和社会效益的旅游”的项目试点，取得了良好成效。

泰国南部洛坤府著名景点考峦山的“生态旅游村”就是一个成功的例子。与其他旅游景点不同的是，该村居民没有因旅游业的发展而改变原有环境和生活方式。为了使景点开发规范化和保护自然资源，该村在主要从事果树种植的同时，成立了生态旅游俱乐部，与当地政府一道组织和管理参观果园和登山等旅游项目，并向旅游者宣传保护环境的道理，适度控制游客人数，并因此获得了1998年度的泰国旅游奖。

---

①http://wenku.baidu.com/link.

案例 3：加拉帕戈斯群岛

加拉帕戈斯群岛（亦称科隆群岛）属于厄瓜多尔，位于南美大陆瓜亚基尔以西 1000 公里的太平洋上，由于其具有世界级的野生动植物资源，以此发展了生态旅游。该岛对野生动植物的保护具有可借鉴之处。一是作为国家公园、世界遗产及生物圈保护区地位的确定，野生动植物资源得到有效保护；二是通过高素质导游、游客的严格规定、国家公园的划分，并使用价格手段等措施来控制游客量，达到管理游客的效果。国家公园区域划分上，分为特别利用区、集约利用区、保护利用区、原始利用区及科研原始区。游客管理上旅游发展受控于《国家公园指导手册》及《避免野生动植物受到污染和破坏的严格规定》。1998 年厄瓜多尔议会颁布了《加拉帕戈斯特别法》，主要内容涉及各利益相关者的合作、环境影响、岛上居民利益关系等。

案例 4：日本

1998 年，以生态旅游运动推进为目标的生态旅游推进协会的诞生，标志着日本生态旅游的正式开始。日本的某些地方旅游经营者往往自己制定规则进行生态资源的保护，对外不具有强制适用的效力，在致力于环境保全的同时有序地实施生态旅游。日本旅游管理部为了生态旅游能健康有序的发展，防止对生态环境的恣意开发，设计出了一套科学合理的管理规则体系。日本政府推出了《生态旅游推进法》。它是一部同时调整环境保护和自然资源利用关系的单行法律，并提出日本型生态旅游的四个基本理念：充分考虑自然环境、谋求旅游振兴、谋求地域振兴利用、自然资源进行环境教育。此外，该法的推进还有助于地方生态旅游推进协会的努力。

案例 5：玻利维亚土著居民的生态旅游产业

玻利维亚亚马孙雨林地区的马蒂帝国家公园综合自然保护区内有一个当地土著居民经营和管理的生态旅馆，该旅游项目借助生态旅游来支持生态保护，目前已成为玻利维亚生态旅游项目的典范。该生态旅游项目是当地的土著居民因地制宜发挥自己的优势，开创的一条实现当地经济快速转型的新道路。

玻利维亚的生态旅游发展于1992年，开始生态旅游项目的建立是为了帮助那些需要外迁的居民解决经济和就业问题，而土著居民大多以经营生态旅馆的模式来发展生态旅游。土著居民在注重经济效益的同时，经营者还会出资聘请顾问向居民们传授管理、语言、营销和自然历史等方面的知识，并进行野外和医疗的培训。除了注重人才培养，生态旅馆每年还将收入的另一半用做紧急救助基金，主要用于发展教育、改善基础设施、帮助有困难的居民。目前，这种集经济、教育和公益为一体的生态旅游产业已经成为玻利维亚亚马孙地区土著居民发展区域经济的成功案例，并逐步被推广利用。

(二)遗产旅游

较被广泛接受的遗产旅游的定义是指“关注我们所继承的、一切能够反映这种继承的物质与现象，从历史建筑到艺术工艺、优美的风景等的一种旅游活动”[①]，它是从旅游者动机的角度来区别遗产旅游与其他旅游类型。自20世纪70年代以来，作为新旅游或替代旅游的主要形式之一，遗产旅游在世界范围内得到了长足发展。遗产旅游得以发展所依赖的旅游吸引物为“遗产”，根据Prentice，遗产的分类见表5-1。

遗产旅游的内涵主要包括以下几点：第一，从旅游者角度来看是一种高层次的旅游活动方式，是旅游活动的高级阶段，主要获得一种文化上的审美体验和景观欣赏；第二，对遗产旅游产品供给者来说（旅游企业、当地社区、遗产管理部门等），是一种更深层次的旅游开发经营管理理念，是一种遗产资源的可持续利用模式；第三，对地方政府部门来说，是以可持续发展观为指导，注重保持遗产资源的真实性和完整性，以保护遗产地

①引自Yale,P,1991。

表 5-1 遗产吸引物/遗产分类

分类	包括内容
博物学遗产	自然保护区、各类生物展示区、奇特的地质地貌如溶洞、峡谷等
科学遗产	科学博物馆、技术中心、传统科学中心、新技术中心
农业遗产	农场、牛奶场、农业博物馆、葡萄园、捕鱼、采矿、采石、水库等
工艺遗产	手工艺品及其流程,包括雕刻、陶器、木刻、丝绸、纺织等
工业遗产	与批量生产相关的吸引物,包括陶器、瓷器工厂、酿酒厂等
交通遗产	包括交通博物馆、受保护的铁路、独木舟等交通工具
社会文化遗产	史前的或历史的地点与展示,主要指各类社会文化博物馆
历史人物	包括与作家或画家相关的地点或区域
表演艺术	包括剧院、街道表演艺术、艺术表演中心场所等
游乐花园	观赏花园、反映某个时期历史的花园、植物园、模拟村庄
历史主题公园	仿古公园、历史探险公园、神话故事公园(不含游乐公园)
画廊遗产	主要是指艺术画廊
节庆与庆典	历史性博览会、节日游憩、乡村节日的郊野活动
田野运动	传统的田野运动包括捕鱼、打猎、射击、围捕
先辈故居	包括宫殿、地主庄园等
宗教遗产	教堂、清真寺、修道院、圣地、圣泉等
军事遗产	城堡、战场、军用机场、海军码头、战争监狱、军事博物馆
屠杀纪念碑	与种族屠杀相关的纪念地
历史城镇	主要指历史城镇、建筑群
村庄与部落	主要指乡村殖民地,通常是20世纪以前的建筑
乡村及珍稀风景地	国家公园、其他风景地、未得到官方承认但游客喜欢的郊野风景地
海滨度假地	主要指海滨城镇与海滨风景
区域	包括被当地居民或游客认同为标志性的历史或自然地域

资料来源:张朝枝,保继刚,2004。

的原生态文化和生态系统的平衡，提高居民生活质量，发展地区经济，让社区居民和旅游者在遗产旅游的互动过程中得到教育，是旅游业可持续发展的一种实现方式。遗产旅游的发展不仅可以提高当地的经济水平，也具有一定的文化、政治意义。遗产旅游是当代旅游业发展的趋势之一。

遗产旅游还有一个狭义的理解，即对于世界遗产地的旅游。按这种理解，对于世界遗产比较多的国家，其遗产旅游发展的资源优势显得更加突出，如排名第一的意大利。我国世界遗产数量排第二位，亦是遗产旅游发展比较好的国家之一，但也存在一些问题，如门票定价、旅游发展与环境保护、文化遗产保护等存在多方面矛盾。当前遗产旅游发展较好的国家和地区有意大利、西班牙、法国、德国、墨西哥等，国际上遗产旅游发展中比较关注遗产资源管理、游客体验真实性等方面，一些国家或地区对于遗产资源管理等方面的贡献较大。

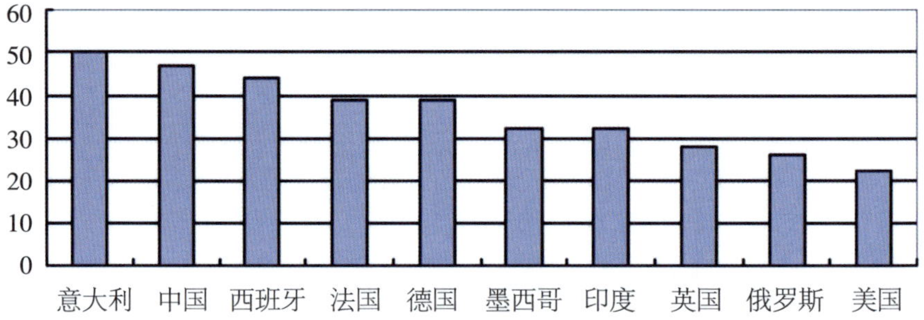

图 5-1　世界遗产数量各国排名

数据来源：世界遗产中心。

案例 6：英国对历史公园“邱园”的保护与发展

英国对历史公园的保护意识起源较早，现在已拥有了先进的保护理念及较完善的保护体系，先后制定了许多相关法律。英国邱园（英国皇家植物园）是历史公园保护的一个成功案例。邱园的前身由伦敦泰晤士河南岸的里士满（Richmond）花园及南面的邱园两个花园组成。1840 年，维多利亚女王将这块皇家花园移交给了英国政府，将其正式命名为皇家植物园邱园，并向公众开放。邱园在两百余年的发展过程中对历史和遗产十分尊重，对邱园的不断更新与维护使邱园很好地保存了作为园林遗产资源的原真性。各管理组织机构共同为邱园的遗产保护提供咨询、建议及财政帮助。该园也进行了分区保护，划定的邱园保护区内包括了整个遗址地范围，而邱园的部分缓冲区又同时位于艾尔沃斯滨河保护区内。2002 年，邱园被选定为预备申请世界遗产，此时英国遗产保护开始进入改革阶段，更加重视历史保护以及发展变化需求之间的平衡。2011 年，邱园联合英国遗产委员会等机构，在评估 2002 年的世界遗产管理规划基础上，制订了 2011~2016 年新的规划。新的规划认真分析和评价了 2002 年管理规划的效果及不足。新的规划也包括游客体验与教育、可持续发展以及科学研究等内容。具体的规划方案针对邱园现状主要问题，提出了具体的规划措施。

案例 7：美国伊利运河国家遗产廊道的保护与可持续利用方法

遗产廊道是美国针对其大尺度文化景观保护的一种区域化遗产保护战略方法。伊利运河国家遗产廊道的重要性体现在其通过大量特有的历史和文化资源，将促进地区、纽约州乃至国家特质形成的那些特定人物和事件传达给现代游客。历史与文化资源保护的对象可分为 10 类，包括运河本体、附属建筑物、船舶等功能相关遗产，文件、图片等物质文化遗产以及与沿运河地区民俗、艺术等相关的非物质文化遗产。根据主体的不同，保护方式也有所区别。丰富的自然资源是伊利运河廊道地区的历史和文化发展不可或缺的基础。对伊利运河国家遗产廊道自然资源的保护，其一是对不良影响保持高敏感度，其二是增强民众保护自然资源的意识。过去 10 年中显著增加的户外休闲活动使得纽约运河系统的游憩潜力备受瞩目。与此同时，遗产旅游成为许多人的首选。廊道区域景观的完整性和连续性成为吸引人们前来骑自行车和远足的基础，以此完善了慢行游憩系统。廊道的许多旅游目的地也十分乐意吸引游客前来，它们通过组织的旅行和特别赛事（如骑自行车、划船、远足、钓鱼或狩猎等），吸引新的游客前往该地区休闲。此外，还完成了解说系统及有效的营销策略。值得赞许的一点是，其以核心部门为纽带的广泛合作伙伴关系实现了共同管理，是中国遗产管理及旅游发展中需要学习的一点。

案例 8：德国鲁尔区的工业遗产旅游

工业遗产旅游就是围绕工业遗迹、遗物所开展的观光旅游活动，在西方被当成广义的文化旅游的一类，其理论来源于英国的“工业考古学”。世界上最早开展工业旅游的国家是英国，其中最有名的一个工业遗产旅游胜地是铁桥峡谷。

鲁尔区工业遗产旅游从提出到被接受大约经历了10多年时间。但鲁尔区的工业遗产旅游相当成功，开创了博物馆模式、公共游憩空间模式、与购物旅游相结合的综合开发等旅游模式。鲁尔区从废弃的空置厂房，到工业专题博物馆，再发展到今天的工业遗产旅游景点，这项覆盖4000多平方公里的土地、500多万人口的区域性社会实践工程，成为德国鲁尔区之环境综合治理、经济结构转型、社会空间重构以及迈向后工业、后现代社会发展的引人注目的表征。

（三）社区旅游

在旅游学界，早在20世纪70年代，已经有学者开始从社区的角度探讨旅游发展过程中社区居民的参与性问题。最早系统化地进行社区旅游研究并将社区参与的概念引入到旅游研究中的是墨菲（Peter E.Murphy）。墨菲在其著名的《旅游：社区方法》中首次正式地、系统化地从社区的角度来研究旅游发展过程中的社区居民参与性问题。关于社区旅游的定义，目前无公认的定义，社区旅游（community-based tourism）有两种理解：一种将其作为旅游产品，另一种将其作为一种旅游发展理念，我们采用第二种理解。社区旅游为寻求实现旅游业可持续发展提供了一种新思路与新途径。社区旅游在开发时不仅考虑旅游景观、旅游环境，而且考虑旅游目的地的社区建设，将旅游开发融入到当地的社区建设中，追求旅游开发的经济效益、环境效益和社会效益的协调统一和最优化。社区参与旅游发展中的重大问题突出表现在效率和公平，二者的关系是社区参与旅游发展的重要组成部分，公平与效率如何安排在一定程度上决定了旅游开发过程中的开发主体、开发方式，具有重大的现实意义；各利益主体的利益分配问题，亦是社区旅游发展中的关键所在。关于这两方面，相对比较成功的案例当属云南雨崩村。

旅游能否实现可持续发展，涉及以社区为中心的多元利益主体的权利博弈，Saarinen 指出，基于社区的可持续旅游研究目标是要在旅游发展的过程中对东道社区进行赋权。旅游业的可持续发展和目的地利益主体间权利关系的重构联系到一起，深入研究目的地社区居民和其他利益主体间的权利关系，有助于解决当前社区参与旅游研究的困境。

案例 9：雨崩村的社区旅游

梅里雪山地处滇藏交接处，是世界自然遗产国家重点风景名胜区三江并流的重要组成部分，旅游资源品位极为优良。雨崩村属于云南省德钦县云岭乡，是梅里雪山中海拔最高的自然村寨之一。2007 年，雨崩村有居民 33 户，绝大多数为藏族。从 1995 年开始就有旅游者进入雨崩旅游区进行探险旅游，但一直没有形成一个有主体的经营性景区，旅行社也不安排团队进入。目前雨崩村参与旅游的方式有 4 种：食宿接待、马匹租用、向导服务及环境卫生管理。具体操作中包括户均轮流牵马运输、轮流开展家庭接待，先后进行了多种社区参与旅游方式的调整，目前基本上各户在旅游服务方面达成了一致。

案例 10：加拿大 St Jacobs 小镇

位于加拿大安大略省中南部滑铁卢的 St Jacobs 小镇，距离加拿大最大城市多伦多 75 公里。St Jacobs 小镇拥有怡人的自然景观和人文风光，常住人口约 1600 人，但每年吸引来自世界各地的旅游者超过 150 万。

St Jacobs 是一个以传统农业经济为主要特征的小乡镇，“传统农业经济”成就了 St Jacobs“乡村田园”的社区旅游形象。此外，St Jacobs 的门诺派宗教信徒的宗教教义和朴素生活给“乡村田园”涂上了浓厚的文化色彩。旅游者对 St Jacobs 的浓厚兴趣缘于“乡村田园式的返璞归真”与都市生活的纷繁形成了强烈对比，人们被带回了过去的、简单的生活场景，这为该地社区旅游的发展奠定了基础，也为该地区成熟、繁荣的社区旅游做出了一定的贡献。

案例 11：萨拉姆克斯

2012 年在美国的亚特兰大发起的关于发展穆斯林社区的“萨拉姆克斯”倡议，意图是开展穆斯林的社区旅游，在阿拉伯地区，穆斯林乡村社区旅游正在开展，主要是针对穆斯林的旅游，通过一些伊斯兰的饭店、清真食品、清真产品和服务的合法统一、伊斯兰的节庆活动等来保障穆斯林社区旅游的开展，还提出了一些发展穆斯林社区旅游的建议，如：发展清真航空公司、组织伊斯兰村庄旅游、消除“伊斯兰恐惧症”等等。

（四）美食旅游

饮食是绝大多数游客在旅游目的地不可或缺的一项活动。对旅游目的地而言，饮食是旅游产业中重要的组成部分和收入来源，从文化的角度来看，饮食不仅仅是日常生活的一部分，更是当地文化的一种象征与展现。品尝当地美食成为旅游者感受旅游目的地文化的一条重要途径。美食旅游的出现与人们生活的改变是密不可分的，现代高速的生活节奏使得人们花在烹饪上的时间减少，日常的就餐变得简单随意，而外出就餐参加美食节或参观烹饪展等成为一种休闲活动。美食旅游是一种较为新颖的旅游形式。到异地寻求审美和愉悦经历，以享受和体验美食为主体的具有社会和休闲等属性的旅游活动称为美食旅游。美食旅游，亦可称为食物旅游、厨艺旅游。食物对于旅游目的地的重要性体现在许多方面，对农业活动的反映、真实性开发、吸引力提升、创造工作机会、自豪感及身份识别等都具有重要作用，在各种旅游类型中其作用都很大，众多的研究表明食物在旅游中的地位具有举足轻重的作用，旅游者必须吃饭且必须吃当地提供的食物，如果能将蕴含当地文化的食物提供给旅游者，是旅游目的地的最佳选择。美食旅游的基础是与美食相关的旅游资源或旅游吸引物；美食旅游强调游客通过美食所获得的体验，这一体验应该是独特的难忘的，并具有文化内涵的；对美食旅游资源或美食体验的追求是激发旅游者出游的主要动机，或至少在旅游过程中，旅游者即时产生了对美食资源或美食体验的兴趣。

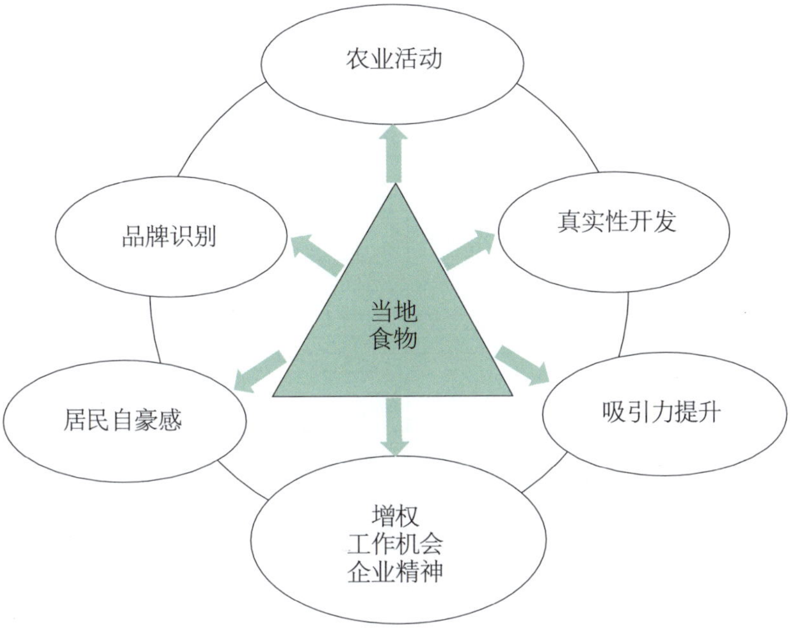

图 5-2(a) 当地食物在旅游目的地中的作用

资料来源:Du Rand,etc,2003。

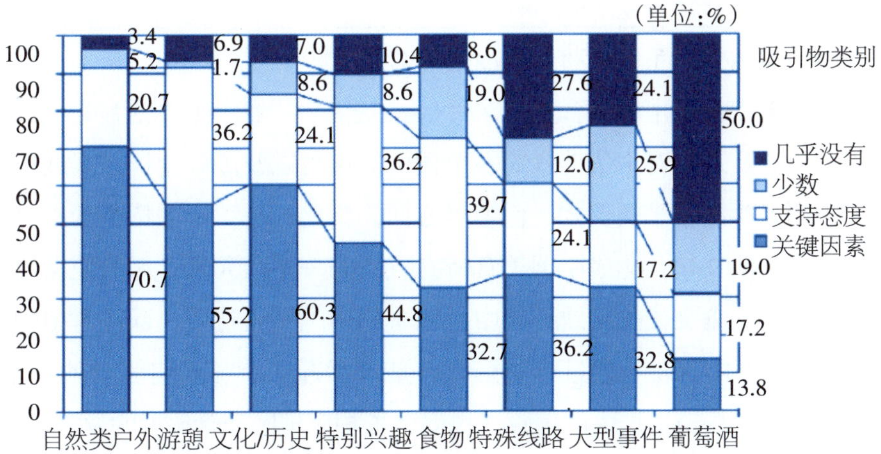

图 5-2(b) 食物在各种旅游中的作用

资料来源:Du Rand,etc,2003。

美食旅游资源范畴很广（见表 5-2），包括相关设施如农场、果园、线路和一些特殊活动及事件等。

表 5-2 美食旅游资源列表

设施	活动	事件	组织
建筑/构筑物	消费	消费者展览	餐厅分类或者认证系统（例如：米其林、新斯科舍品味）
食品加工厂	餐厅用餐	饮食展销	饮食分类系统（例如：加拿大酒商质量联盟等级标准）
酒坊	野餐（享用当地食物）	烹饪设备及厨房用品展	协会（例如：加拿大美食协会、慢饮食协会）
啤酒厂	购买零售的食品	产品发布会	
农产品市场	自助采摘		
食品店			
食品文化博物馆			
餐厅			
土地利用	观光	节庆	
农场	葡萄酒产区	美食节	
果园	农业区	葡萄酒节	
葡萄园	城市食品区域	收获节	
城市餐饮区			
线路	教育/观察厨艺学校		
葡萄酒线路	品酒/品酒教育		
食物线路	欣赏主厨比赛		
美食线路	读饮食杂志和书籍		

资料来源：Smith S L J，Xiao HG，2008。

中央电视台播出的美食类纪录片《舌尖上的中国》，主要内容为中国各地美食生态。通过对中华美食的多个侧面的探讨以及溯源分析，来展现食物给中国人生活带来的仪式、伦理等方面的文化；见识中国特色食材以及与食物相关的文化，构成中国美食特有气质的一系列元素；从而使世界开始了解中华饮食文化的精致和其中所包含的中国文化特质，以及对中国美食源远流长的认知。[①]通过这种形式，能够激起美食旅游者强烈的欲望，不仅仅展现了一道道诱人的美食，也促进了相应地区美食旅游的发展。

美食旅游的参与性相对与其他的旅游类型要强烈得多。首先，美食旅游最主要的旅游经历是品尝，这种来自味觉的美感既是有形的，又是无形

①中央电视台大型纪录片《舌尖上的中国》。

图 5-3　舌尖上的中国

的。这种参与直接影响整个旅游时间的长短、旅游质量的高低，故旅游体验对于美食旅游者显得更为重要，对美食旅游本身也提出较高的要求。其次，美食旅游其他的参与性活动，如观看烹饪比赛、茶艺表演和学做中国菜等，都能激起美食旅游者强烈的模仿欲，这些操作性极强，文化内涵丰富的旅游活动，极易延长美食旅游者兴趣的持续时间。

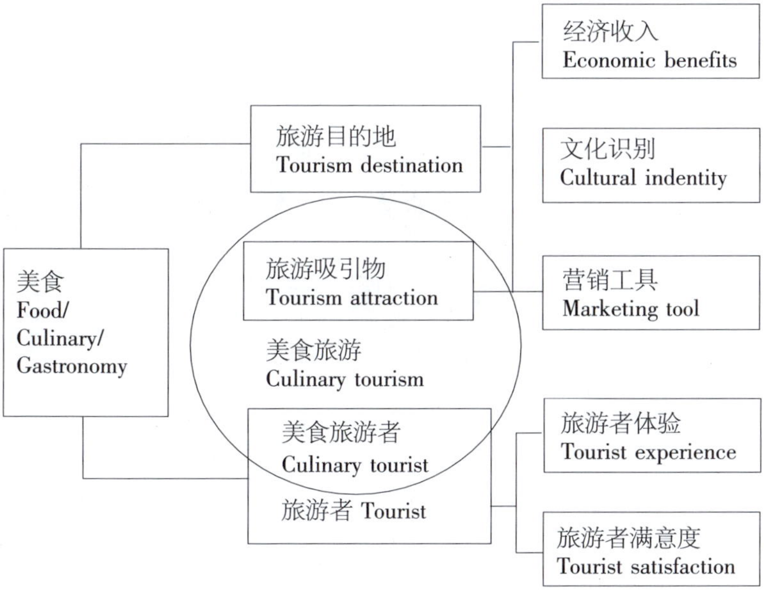

图 5-4　美食与旅游关系

国外常见的美食旅游类型有三种：一是在假期赴某地参加烹饪学校；二是在旅游目的地的著名餐厅用餐，参观当地的食品市场；三是参观某一食品的制作工厂或作坊。当然，很多的美食旅游会结合上述三种形式。中国美食文化丰富，每一座负有盛名的旅游城市，都与当地的特色美食紧密相连，美食为当地的旅游业添光增彩，也使游客对这座城市留下独特的“美食印象”。

由图 5-4 可知，美食旅游者只是旅游者中对美食特别感兴趣的一个分众群体，只有当美食成为旅游目的地主要吸引物并引致游客的出游行为，此时美食旅游才真正产生。中国美食有众多菜系，包括其做法、口味及吃法等各个方面，均是美食旅游发展的吸引所在。宁夏美食独特（见图 5-5），由于天然的干草原与土质特质，宁夏干草原出产的羊肉是中国公认最鲜美的羊肉。由于这种食材特性的吸引力，发展清真美食与其他旅游业态相结合的旅游方式，必然能为宁夏文化旅游增添色彩。

案例 12：各地美食集锦

* 各国美食：法国、土耳其、墨西哥、日本、巴西、意大利、韩国等国美食。

* 国内八大菜系：鲁菜、川菜、粤菜、闽菜、淮扬菜、浙菜、湘菜、徽菜。各菜系下分地方菜系，如广东菜简称粤菜，由广州、潮州、客家菜三种地方菜构成。

* 著名旅游目的地美食：天津狗不理包子，北京驴打滚、全聚德烤鸭，无锡排骨，南京盐水鸭，福建佛跳墙，江西三杯鸡，广西

图 5-5 宁夏美食

图片来源：http://travel.sohu.com/20090912/n266682003.shtml。

老友粉，云南过桥米线，香港茶食，上海灌汤包，陕西羊肉泡馍、西安臊子面及肉夹馍，海南四大名菜等。

案例13:新西兰的美酒美食节

新西兰是一个备受世人瞩目的新兴葡萄酒生产国，每年新西兰的很多葡萄酒产区都会举行一年一度的美酒美食节，借此来推广当地的美酒美食产品。除了葡萄酒酒厂之外,橄榄油、海鲜、肉类和其他当地特产的食品生厂商也会积极加入到这些节日庆典中。在美酒美食节上,游客们还可以观赏到音乐和其他娱乐节目,非常有趣好玩。这种旅游的形式让游客们去而忘返,留恋不舍,以下是新西兰著名的美酒美食节。①

表5-3　美食与旅游关系

美酒美食节	举办时间	相关网站
德文波特美酒美食节（Devonport Wine and Food Festival）	2月	www.devonportwinefestival.co.nz.
怀赫科岛美酒美食节（Waiheke Wine and Food Festival）	2月	waihekeonline.com/about-waiheke/waiheke-wine-festival.
吉斯本美酒美食节（Gisborne Wine and Food Festival）	10月	www.gisbornewine.co.nz/festival.
霍克斯湾经典美酒美食节（Food and Wine Classic Hawkes Bay）	6月和11月	www.fawc.co.nz.
马尔堡葡萄酒节（Marlborough Wine Festival）	2月	www.wine-marlborough-festival.co.nz.
怀拉拉帕谷美酒美食节（Waipara Valley Wine and Food）	3月	www.waiparawineandfood.co.nz/awineandfood.co.nz.
克莱德美酒美食节（Clyde Wine and Food Harvest Festival）	4月	www.centralotagonz.com/clyde_wineandfood.

（五）葡萄酒旅游

所谓葡萄酒旅游，是指旅游者参观访问酿酒厂和产酒地区并由此得到极其广泛的感受和体验，这其中包括品酒、赏酒、美食以及游览参观酒厂周围风景等一日游或更长时间的娱乐活动，当然也包括了解产葡萄酒地区的文化和生活方式的一系列活动。

①http：//www.wine-world.com/culture/ly/20130830174618167.

葡萄酒旅游兴起于20世纪50年代法国的阿尔萨斯地区，到20世纪70年代后扩展到勃艮第地区。由于葡萄酒旅游满足了人们在特定的目的地开展特殊兴趣旅行活动的目的，自20世纪90年代以来，葡萄酒旅游在欧美、南太平洋和非洲等地区的葡萄酒产区快速发展，产生了许多知名的葡萄酒旅游目的地，如法国的卢瓦尔河谷地区、南非的开普地区、美国的纳帕谷地区和瑞士的拉沃地区等。

葡萄酒旅游有以下几个特征：它是一种生活方式的体验；它包括供给和需求两方面：供给方面是葡萄酒厂和旅游运行商，需求方面是消费者（游客）的行为；它是旅游经历的一个部分；它含有教育因素；葡萄酒只是一个地区众多旅游吸引物的一部分；葡萄酒旅游与餐饮、住宿、工艺品及环境有密切联系；葡萄酒旅游是一个市场营销的机遇；它有利于提高葡萄酒产地的经济、社会和文化价值；它应该是葡萄酒产地提高国内及国际旅游形象的重要手段。

葡萄酒旅游业可以对葡萄酒产地及周边地区发展的主要贡献包括以下几点：给游客（消费者）提供一个了解和体验新产品的机会；有助于提高葡萄酒品牌的知名度；增加利润；提供了额外的营销渠道；给葡萄酒酿造商提供直接的市场反馈信息；有助于增进游客对葡萄酒产地环境和葡萄酒的认识。[①]

自20世纪90年代，葡萄酒文化旅游才在中国逐渐出现，如烟台张裕葡萄酒文化博物馆于1992年建成并对外开放；华夏长城葡萄酒工业园也于1999年开辟了葡萄酒之旅。目前，中国虽已有20多家葡萄酒庄进行了葡萄酒旅游开发规划，但真正按常规配备专职接待部门、专业导游、品酒室的不过10家，有配餐、住宿接待能力和互动娱乐项目的更是寥寥无几，且中国葡萄酒旅游还处于单打独斗的原始状态，游客只有与酒庄直接联系预约方能成行。加入当地旅行社游程常规宣传项目的只有山东张裕酒文化之旅、河北华夏庄园、云南的云南红酒庄、北京的龙徽葡萄酒博物馆等几

---

①http://baike.baidu.com/view.

家实力较强的葡萄酒企业。由于这种葡萄酒旅游资源的闭门自守、被动地抱着资源等客上门，导致一直被看好的葡萄酒旅游雷声大雨点小，大部分获得工农业旅游示范点的葡萄酒企业只赚个对外宣传口号的现状，葡萄酒旅游在期待中缓慢行进。

由于葡萄酒旅游产品具有工农业旅游的高度综合性，全国工业旅游示范点主要以企业工业园和酒庄模式出现，如北京龙徽酿酒有限公司工业园、宁夏玉泉营葡萄酿酒基地、烟台张裕卡斯特酒庄、秦皇岛朗格斯酒庄等。中国酒庄正成为中国葡萄酒旅游业的一个标志。

就宁夏而言，葡萄庄园结合当地旅游资源，已开辟多条葡萄酒旅游线路供游客选择，计划加大投入解决游客在庄园景区的交通、住宿及餐饮问题。宁夏贺兰山东麓巴格斯酒庄开业即打出生态旅游牌，但较国外的葡萄酒旅游还有一定的缺陷，仍需借鉴国外的经验来发展当地的葡萄酒旅游。

表 5–4　国内外代表性葡萄酒旅游走廊

类型	代表性区域	特　征
山脉型	法国:阿尔萨斯	位于孚日山脉东南麓,葡萄酒旅游发源地,法国最顶级的白葡萄酒产区,有绵延 179 千米的葡萄酒大道,开发出多条葡萄酒旅游路线,旅游设施完善,文化底蕴深厚。
	意大利:中南部	位于亚平宁山脉两侧,葡萄酒旅游资源丰富,有 140 多条葡萄酒旅游路线位于 Mayacamas 山脉的西部和 Vaca 山脉的东部,长度 48 千米。
	美国:纳帕谷	加州最著名的葡萄酒产区,以葡萄美酒、美景和美食而著称,是美国排名第一的葡萄酒旅游区。
	中国:宁夏贺兰山东麓	葡萄酒旅游资源价值较高,交通条件便利,葡萄酒原产地保护认证产区。
河岸线型	法国:卢瓦尔河谷	法兰西文化的摇篮,被联合国教科文组织列为“世界文化遗产”,葡萄酒走廊长达 800 千米,有多条以酒庄为核心的旅游路线。
	澳大利亚:南澳、新南威尔士和维多利亚	世界第一个“葡萄酒旅游业发展战略”的诞生地,享誉世界的三大葡萄酒河谷位于此区域,葡萄酒旅游项目的参与性、知识性和娱乐性较强。
	南非:开普	具有典型的地中海气候，在海边向内陆不超过 50 千米沿海的葡萄酒种植和酿酒区域内发布有数量众多的顶级葡萄酒庄园。
交通线型	法国:波尔多	酒庄超过 9000 座,交通便利,旅游资源丰富多样,配套设施齐全。
	南非:达岭	距离开普敦只有 1 小时路程,旅游项目丰富,旅游设备较完备。
	中国:胶东半岛	我国最大的葡萄酒产区,依托从烟台到蓬莱 18 千米“葡萄长廊”滨海观光大道,形成了一批丰富的葡萄酒旅游资源,开发了多条葡萄酒旅游线路、项目和活动,葡萄酒旅游已出具规模。

葡萄酒旅游很大程度上是基于葡萄酒路径而发展起来的。葡萄酒路径的本质是整合了一系列相关吸引物和支持系统的旅游产品线。在当地葡萄酒及美食的基础上打造的葡萄酒、美食节庆事件，是区域旅游产品的重要组成部分，有助于塑造旅游目的地的差异性，增加其吸引力。

案例 14：澳大利亚葡萄酒旅游

澳大利亚的葡萄酒旅游具有其独有的特征，澳大利亚的葡萄酒旅游是建立在澳大利亚特有的葡萄生产和种植的农业基础之上的，国际上很多的国家也有自己的葡萄酒旅游项目，但是无论是在规模上还是在知名度上都无法与澳大利亚的葡萄酒旅游相提并论，澳大利亚的葡萄庄园可以说享誉全球。澳大利亚政府除了对于葡萄酒相关农业的大力扶持之外，还深度地挖掘了葡萄酒的文化内涵，对于很多的差异性以及创新性的项目都进行积极地开发和研究。1. 充分发挥农业与旅游业的产业协同作用：澳大利亚的旅游协会也在逐步完善以及发展，当地的旅游协会起到了连接政府、农户以及旅游业的作用，旅游业与农户经营者之间进行积极的沟通，这样对于澳大利亚的葡萄农业旅游的发展提供了技术推广以及项目交流的良好契机，对于整个农业以及农业旅游的发展都起到了良好的作用。2. 对农业资源和旅游资源要进行双重保护。3. 积极地调动农业旅游主体的积极性并且培养特色农业旅游。4. 澳大利亚的葡萄酒旅游业之所以能够持续发展的另外一个重要的原因就是对于旅游项目的不断深入的开发，使游客总能在旅游中得到新鲜的体验，很多游客在陶醉于澳大利亚的美景的同时不断地在旅游中发现崭新的元素。

案例 15：法国葡萄酒旅游线路

法国葡萄酒风情之旅六条最佳路线。

1. 香槟区 12 小时旅程：始于巴黎，是对香槟区的探索之旅，包括停留参观一家葡萄园、吃顿有当地香槟搭配的丰富午餐以及参观酩悦香槟酒屋；还包括在兰斯市观赏欧洲最壮观的大教堂。2. 普罗旺斯品酒一日游：在这个始于阿维尼翁市的一日旅行中，可以品尝普罗旺斯的葡萄酒。你将会看到如画的中世纪村庄，以及观赏教皇堡四周葡萄园的风景。3. 巴黎左岸散步和品酒旅程：这是个独特的旅行，包括在巴黎左岸散步以及两次葡萄酒体验。其中一次体验是在巴黎人葡萄酒酒吧。旅行一共 3.5 个小时，还包括参观万神殿，那是伏尔泰、卢梭、米拉波、萨芬、雨果和左拉等名人的安息之所。4. 波尔多格拉夫地区葡萄酒旅行：对于葡萄酒发烧友来说，这是在法国进行的终极葡萄酒旅游之一。参观法国最古老的葡萄酒产区和波尔多葡萄酒的诞生地 Pessac-Leognan 地区。在一家葡萄酒酒庄游览、品酒；然后在另一个酒庄品酒、吃午饭；旅程在参观完 Chateau de La Brede 后结束。5. 梅多克爱好者的艺术和美酒之旅：梅多克，法国最重要的葡萄酒产区之一。这个 8.5 个小时的旅程从波尔多出发，去探寻这片奇妙土地上的葡萄酒和艺术。旅行包括三段旅程以及在梅多克的酒庄品酒。在阿尔萨克当代雕塑园也会有停留，参观绘画和酒杯收藏。6. 勃艮第葡萄酒旅行：这个 3.5 个小时的旅程始于第戎市，在著名的勃艮第产区的中心地带参观，将会穿越美丽的 Cote de Nuits 葡萄酒产区，要在两个酒窖逗留、品酒和游览。①

与其他景点组合的葡萄酒旅游路线：

法国 1 号线路线——巴黎波尔多 4 日精品之旅：巴黎—利摩日—圣埃米利永—波尔多—干邑产区—图尔—巴黎。

法国 2 号线路线——法国卢瓦尔河谷城堡精品之旅：巴黎—香博堡—神农索水上城堡—昂布瓦斯城堡—巴黎。

法国葡萄酒旅游的亮点在于它结合了其他类型的旅游资源，在线路组合上避免单调乏味，尤其是上述第二种做法，将法国各著名旅游目的地连成线路，多种资源、多种旅游相结合，值得借鉴。②

案例 16：新西兰葡萄酒音乐节

新西兰人素有在各个地方展现他们对音乐热爱的传统，不论是街头还是海滩，而他们最有创意的举动，则是将音乐节搬到了葡萄园里，这就是

---

①http：//www.winetour.cn/html/0906/2009062870749201.html.

②http：//www.elongqq.com/?p=70.

著名的“酒庄之旅”（The Winery Tour）。自 2007 年开始，“酒庄之旅”一共在新西兰本地完成一百多场演出。北到图图卡卡（Tutukaka），南到因弗卡吉尔（Invercargill），艺术家全部来自新西兰本地。

将葡萄与音乐相结合，反映了新西兰的一个文化特色——让舞台回到生活。葡萄酒音乐节的旅游形式既可以吸引大量的游客前来葡萄酒庄参观游览，还可以使音乐的素养轻快响亮地融进普通民众的生活[①]。

（六）事件旅游

事件旅游也有人译作为大型活动旅游，专指以各种事件为核心旅游吸引物的一种特殊旅游形式。主要分为八大类：文化庆典旅游、文化娱乐事件旅游、商贸及会展旅游、体育赛事旅游、科学教育事件旅游、休闲事件旅游、政治事件旅游、私人事件旅游。中国及国外民族文化活动及相关节庆、狂欢节、音乐节、啤酒节、奥运会、世界杯、环法赛、世博会、园艺博览会及一些大型活动都可以归入“事件”范畴，且许多事件都跟旅游发展有密切关系。相对于传统旅游活动，事件旅游具有鲜明的特点：旅游活动历时较短（一般为几天至几十天），但旅游人数和旅游活动在时间和空间上的集聚强度很大，造成各种活动行为在较短时间内和较小空间上对环境形成高强度冲击，相对于传统旅游方式，旅游影响的时空变化也具有不同的规律。事件可带来正面影响亦可产生消极影响，如何放大正面影响降低消极影响，是事件旅游管理中的重要课题。根据保继刚等人的观点，事件可分为特殊事件、节事（即节日与特殊事件的合称）、标志性事件和重大事件。根据此分类，宁夏也有很多事件，如乐堡啤酒音乐节、沙漠音乐节等，中阿博览会一定程度上也可以成为发展旅游的契机。

①http://www.wine-world.com/culture/ly/20150223103851000.

案例 17：上海世博会

2010 年在中国上海举办的世博会，投入了 300 亿元来筹备和运营世博会，世博会新建的国家馆和企业馆为上海市塑造了一系列经典的人文旅游资源，形成了沿江旅游带，为上海旅游业的跨越式发展提供了新的机遇。

世博会的举办注入新的经济变量，对旅游业的发展带来直接的影响，可以直接从财务账面上反映出来，增加旅游收入和旅游产业增加值。世博会筹备期，投资修建世博园区和基础设施，注入大量资金以投资拉动旅游业发展为主；世博会举办期间，激活旅游消费，以消费促进旅游业发展为主；世博会举办后，丰富了旅游资源，以利于发挥世博会的后续旅游效应。世博会通过投资、消费对旅游产业带来直接的影响，由世博会因素带来旅游业产业增加值增量为 241.02 亿元，世博会激活旅游消费市场，旅游消费总量约合 805 亿；同时世博会也间接影响酒店业、旅行社、旅游交通等，促进旅游业发展上了一个新的台阶①。

同时世博会对旅游设施、国际影响力和旅游合作等也带来积极的影响，通过巩固旅游业发展的基础、完善旅游业发展的条件来间接地影响旅游业的发展。

案例 18：国际国内著名的节事活动

国外著名节事：世界杯、奥运会、世界博览会、园艺博览会、西班牙奔牛节、Woodstock 摇滚音乐节，德国、青岛啤酒节，巴西、德国狂欢节，法国泥浆节、泰国水灯节等。

国内节事：少数民族的文化节事活动，如傣族泼水节、蒙古族那达慕、壮族火把节等；上海电影节，一些大城市的国际旅游节等。

宁夏节事：中阿博览会、摩托车旅游节、沙漠旅游节、乐堡啤酒音乐节等。

---

①蒋小浪.2010 年世博会对上海旅游业的影响研究[D].华东师范大学，2009.

（七）健康旅游

追求健康是21世纪人类的主题，健康旅游是时代的潮流。国际上健康旅游被称为health tourism、wellness tourism，是一种以生态环境为背景，以休闲养生为主题的专项旅游，也是利用中医养生、现代医学、心理疏导，以及各种有益于身心的艺术、运动、学习等方式开展旅游健身、益智、宁神的活动。国际上有保健旅游与医疗旅游之分。保健旅游主要包括温泉、瑜伽、香料、武术等，利用其自然的优势，积极打出健康、健身等口号来招揽旅游者；医疗旅游在内容上更侧重于侵入性手术和医疗诊断等内容，包括减肥、整容、美容等项目。据统计，2010年，全球医疗旅游者人数达250万人，其中亚洲170万人，营业额达400亿美元，亚洲达300亿美元。国内健康旅游主要包含老年旅游、医疗旅游、森林旅游、温泉旅游、滨海旅游、体育旅游等旅游形式，在浙江、海南、北京与南宁等地，健康旅游已成为旅游业的新方向。

世界医疗旅游业最发达的国家是泰国，除此以外，包括印度、印尼、哥斯达黎加等国目前均在大力发展医疗旅游产业。中国香港与台湾地区也在大力发展该新品，但由于这两个地区的人力成本较上述东南亚国家要高，故在收费上难以与印度、泰国等抗衡。

各国医疗旅游的发展各有特色，其中印度、韩国、马来西亚、新加坡的医疗旅游特色鲜明，优势突出。①

印度拥有世界一流的医疗水平。印度大多数公立医院条件差，平均每1000人分配不到一张病床，但新兴私立医院却别有洞天。埃斯科特医院高楼耸立，绿树成行。不远处的阿波罗医院远看像一座宫殿，病房里各种先进的医疗设备一应俱全。医疗质量有保证是吸引人的关键。埃斯科特医院2013年完成4200例心脏手术，死亡率只有0.8%，感染率只有0.3%，而在发达国家，同样的手术平均死亡率达到1.2%，感染率则是1%。

①http：//baike.baidu.com.

韩国设立的整容美容支援中心，成为韩国医疗旅游最具吸引力的因素，大多数外国患者到韩国寻求医疗服务，主要是医牙、整形外科和体格检查。另据报道，由于越来越多的日本、中国等亚洲国家女性为整容到韩国，韩国首都首尔市从 2015 年开始启动为“外国整容游客”联系首尔整容外科医院的工作。在地方自治团体中，首尔市首开设立整容美容支援中心、积极吸引医疗游客的先河。韩国医疗旅游协会表示：将医疗旅游集中在整形美容上的首尔市的这次尝试，将比韩国政府正在推进的医疗旅游事业取得更好的效果。

马来西亚的“医疗旅游”中，政府发挥着积极的作用。目前政府已指定 44 家私人医院、7000 余张病床参与“医疗旅游”。马来西亚“医疗旅游”的口号是：“放松的时候就是做健康检查的最佳时机。”游客在休闲、购物甚至打高尔夫球的间隙，可以前往与下榻旅店挂钩的医疗中心做胸部透视、血压测试、肝脏扫描等健康检查。通常，做完检查大约 5 个小时后，就可以得到完整的检查报告，如果需要进一步的治疗或者手术，可以转往医疗中心继续治疗。马来西亚推动“医疗旅游”的最大优势是其医疗费用十分低廉。根据伦敦一家报纸的报道，为游客提供健康检查的费用仅仅是英国同类检查的 1/5。此外，马来西亚特别针对全球来马来西亚的穆斯林医疗旅游者实行了一个计划即“对穆斯林友好照顾技术的提升”(Extending“Muslim-friendly” care expertise”)。

被世界卫生组织列为亚洲拥有最佳医疗系统国家的新加坡，近年成为周边国家富商最为喜欢看病的地方，许多印尼富商甚至每年定期到新加坡住院一个星期，接受健康检查，演变成医疗度假的形态。新加坡也积极开拓医疗旅游，2005 年共有 40 万海外患者来新加坡接受包括 X 光检测，眼、心脏、大脑和癌症等手术在内的一系列医学治疗，带来了约五亿美元的收益。

此外，匈牙利的专业牙医、以色列的试管婴儿也使得这些地区的医疗旅游取得一定的发展。日光浴、海水浴、空气浴、沙浴、泥疗、矿泉浴都是发展医疗旅游的项目。

近年来，中国旅游业也取得了一定的发展，其中以“上海、海南”两省市发展最快。但与国外的医疗旅游来说，仍有较大的差距。对于宁夏来说，应在相关行业政策的管理下，结合宁夏自身医疗卫生、生态环境等优势，积极借鉴国外成功经验，将现有资源有机融合，促进、带动相关服务业发展，形成新的服务产业模式，推动医疗旅游发展。

表 5-5　医疗旅游目的地发展

非洲	亚速尔群岛、埃及、南非
澳大利亚与南太平洋	澳大利亚、文莱、马来西亚、新西兰、菲律宾
中亚与中东	塞浦路斯、印度、伊朗、以色列、约旦、沙特、叙利亚、土耳其、阿联酋
中南美洲	阿根廷、巴西、哥伦比亚、哥斯达黎加、萨尔瓦多、危地马拉、巴拿马、委内瑞拉
东亚	中国、中国香港、新加坡、韩国、中国台湾、泰国、越南
欧洲	比利时、保加利亚、捷克、芬兰、法国、德国、英国、希腊、匈牙利、意大利、立陶宛、马耳他、波兰、西班牙
北美与加勒比地区	安提瓜、阿鲁巴岛、巴哈马群岛、巴巴多斯、古巴、多米尼加、牙买加、墨西哥、美国

资料来源：Bookman and Bookman 2007，Gahlinger 2008，Woodman 2008。

总结国内外医疗旅游目的地，见表 5-5，每个大洲都有一些典型的医疗旅游目的地，中国、中国香港也在其中。根据图 5-6 国内医疗旅游者对医疗服务的要求，可发现多种类型的医疗服务都被国内旅游者需要。宁夏要发展医疗旅游，不仅要面对入境旅游者，大部分国内旅游者也是其潜在客源。

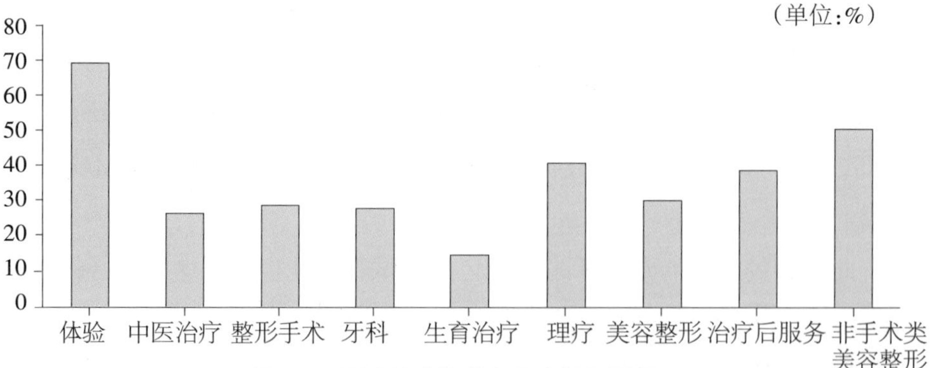

图 5-6　国内医疗旅游者医疗服务需求

案例 19：森林浴

森林保健旅游资源具有众多优势：小气候舒适、空气洁净、环境噪声低、绿色镇静效应明显、空气负离子浓度高、植物精气含量高。森林浴是指一种短暂、悠闲的森林旅行，和自然芳香疗法相似，轻松地参观森林景观，以及在呼吸着森林中的挥发物质和空气负离子同时进行娱乐活动。德国、法国、奥地利、日本的森林浴发展迅速，国内已有一些地方开展森林浴，浙江天目山、广东鼎湖山及浙江千岛湖等地，都建有森林健康医院或森林氧吧等类似森林浴的场所。森林浴场的地址选择具有一定标准，距离城市 20 千米~50 千米，夏季平均气温 20 度~25 度，海拔 600 米~800 米，地势平坦，植被面积及树龄、树种要求较高，常绿的针叶树如松树、冷杉、柏类等。鉴于这些要求，宁夏境内也可找到部分这样的区域，如六盘山区将与阿布扎比投资局合作建成森林浴场所。

案例 20：日本温泉旅游

日本列岛位于环太平洋地震断裂带上，频繁的地壳运动造就了无数的温泉。日本从北到南有 2600 多座温泉，75000 多家温泉旅馆。可供养颜、健身的各式观赏性温泉遍布于日本的乡村田间与山中秘境。

日本的温泉旅游注重的是以旅游者体验为核心的体验旅游。温泉旅游目的地在于提供丰富的休闲娱乐和各种康体健身及现代化的专业保健服务，让游客获得身体和心智双重休养的效果。另外通过泡温泉，人们在体验当地的风土人情的同时，还可以激发起对未来的憧憬和向往；一方面利用温暖宽松的气氛解除身心疲劳，另一方面感觉到精神上的愉悦。通过温泉旅游的体验，给广大游客带来了物质和精神的双重享受。

案例 21：三亚市中医院的医疗旅游

三亚市中医院是以中医为主，中西结合的综合性公立医院，自 2002 年以来，医院结合本土地理环境与旅游资源，大力发展“中医国际疗养游”，已接待俄罗斯、瑞典、挪威、奥地利等 10 多批游客，其中包括多位国家政要，且众多的游客对其中医药服务表示肯定和赞赏。目前医院已与俄罗斯、瑞典、奥地利、哈萨克斯坦等国签订了中医疗养和带教合同。究其优势：一是优质天然的旅游资源；二是政府的支持与重视，政府在各个规划上都加强了医疗建设，且将医疗保健作为特色旅游项目；三是在政策及人才配备上有所优势。

（八）慢旅游

随着社会的不断发展，科技水平不断提高，人们的生活要求也不断需要提高；然而在这种高速的生活节奏下，越来越多的人开始追求一种相对较慢的生活，因此慢城这一概念应运而生。慢城一词来源于意大利语和英语的合成词 cittaslow，意思是慢节奏的城市运动。慢城运动一经提出，立即得到很多意大利本土城市的积极响应。随着人们对高质量生活的追求和分享，越来越多认可慢城的城市，开始申请加入慢城协会。2010 年 11 月 27 日，在苏格兰召开的国际慢城会议上，江苏省南京市高淳县桠溪镇被正式授予“国际慢城”称号，成为国内首个慢城。从慢餐—慢城到慢旅游，特点凸显一个“慢”字，是一种脱离当前“快”旅游方式或相对传统旅游方式的特有方式。2007 年世界旅行市场（伦敦）会议上，慢旅游（慢旅行）被提出并作为一个新兴市场。Gardner （2009）将慢旅游总结如下：

图 5-7(a)　慢城的标志

图 5-7(b)　slow travel.com 的 logo

资料来源：http://www. cittaslow. Org/

它是一种心理状态，旅游者行动较慢、尽量避免快速交通，整个旅程强调旅游体验，注重目的地的地方性，将所见所闻作为关键要素，与当地人进

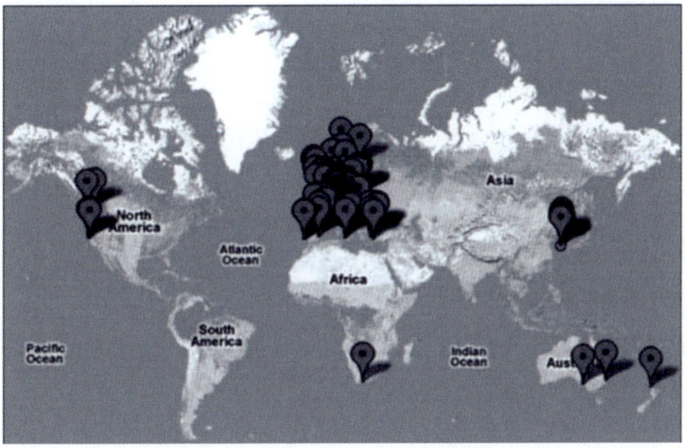

图 5-7(c)　2011 年全球慢城的分布

资料来源：http://www. cittaslow. Org/。

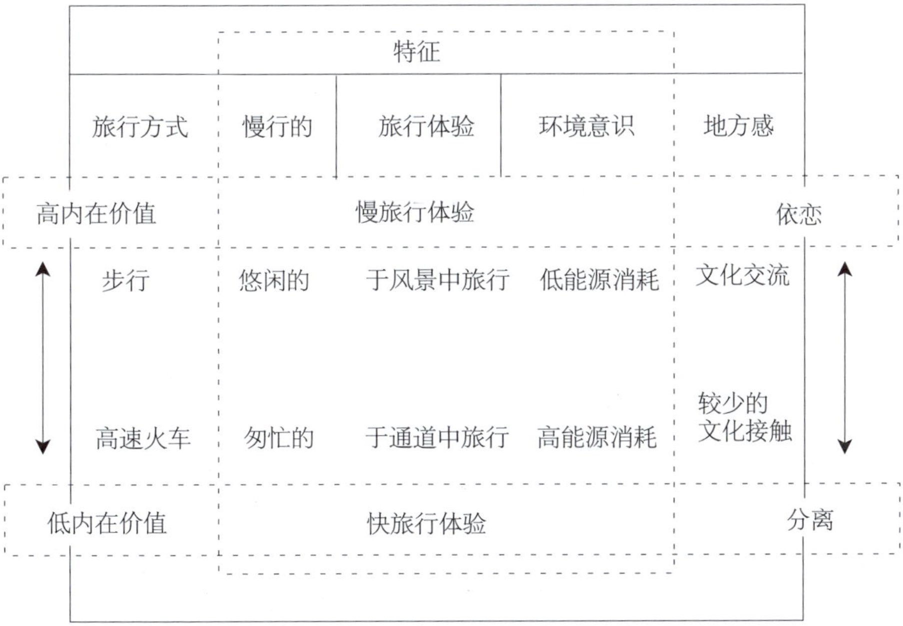

图 5-7(d)　慢旅行概念框架

资料来源：Les M. Lumsdon & Peter McGrath ，2011。

行文化交流并参与到当地人的一些活动当中，注重发现那些未曾被发现的新奇，回馈当地社区。根据 Les M. Lumsdon & Peter McGrath 的研究，慢旅游与常规旅游的区别见图 5-7，差别集中在旅行体验质量、文化交流等各方面。

国际上慢旅游逐渐流行，包括美国、土耳其、韩国等，国内相对比较少见，但也有一些“慢生活区”，如杭州西溪湿地及南京桠溪国际慢城等。

案例 22：韩国慢城建设

2007 年 7 月，韩国全南新安郡（曾岛）、莞岛郡、长兴郡、溧阳郡成为国际慢城，是加入国际慢城组织的第一个亚洲国家；2009 年 2 月，庆尚南道河东郡成为韩国第五个慢城。曾岛是韩国的著名生态旅游地，具有韩国最大的太平盐田，是一个适合骑行、步行的岛屿，拥有自行车 350 辆，分放在各个地方，免费出租。其目标是打造“没有化石燃料汽车的岛”，亦是韩国最大且最早的沙堤生态教育空间，可以看到沙堤的诞生过程及韩国沙堤的面貌，及沙堤生活的生物展示。①

案例 23：意大利小镇奥维托——世界上第一个慢城

意大利的奥维托是城市在反污染、反噪音、反量化之余，支持都市绿化及保留地方特色，譬如在意大利长期以来漫长的午睡传统，又譬如支持以山城传统蜜蜂色灰色料粉刷房屋，当地学校午餐供应的都是当地的有机食物。

慢城主义者改造现在的观光产业和农业甚至一般商店的经营方式，在奥维托，店铺开始卖传统地方特色的东西，如有机香肠、手工巧克力。但是，起初当市长主张车子不准开入城里时，许多店铺都很紧张，因为一般认定，交通流量意味着购买力，没想到整个城市成为行人徒步区后，观光客不降反增。

①http://baike.baidu.com/view/6030512.html.

该市市长齐米奇主张，品位是可以教导和训练的，而慢城主义其实是一种品位主义。没有品位便没有生活质感。慢城主义是提升生活品质的一种诉求。所以，市长着手撰写《慢》手册，并准备在他的慢城学校推广内容为品位的教材。市长提到，“请慢用”这个词，在中国和日本，可能是说的客套话，但是这句话其实具有慢食或慢活的精神。只有慢工才能出细活，只有慢条斯理地吃，才能吃出品位，甚至活出品位。①

案例 24：高淳县桠溪镇：花田骑行

江苏南京高淳县桠溪镇是国内首个也是唯一被“世界慢城组织”授予慢城称号的中国城市。严格来说，它其实不是一座城，而是位于高淳县桠溪镇西北部一个面积约 49 平方公里的地区，地处苏皖两省及溧阳市、高淳县、溧水县、郎溪县四县市交界处，本身纵贯桠溪镇西北部丘陵地区，西离宁高高速 7 公里，东接 246 省道，人口约两万人。这座江南慢城由 6 个自然村组成，在绵延 50 公里的生态路上，杏花林、竹海、丘陵、河溪、葡萄园以及珍珠一样的湖泊一路穿越。因为长期以来保持自给自足的农业，使得这里的山水保持了江南水乡难得的静谧，这里如意大利托斯卡纳的艳阳天的景象打动了国际慢城组织。桠溪镇没有公共交通工具，50 公里生态路最适合骑车前行，游人甚至可以在附近的农家乐里向热情的当地村民租一辆电动车，优哉游哉地在花田骑行。累了可以入住“山中农家”，尝尝“山中”无添加的野味，土鸡汤、胖头鱼汤、清炒荠菜和豇豆等都会让客人大快朵颐。小小的慵懒和安宁，成全了江南少有的山居岁月。同时，其民俗文化资源也十分丰富，有省非物质文化遗产“卞和望玉”的望玉山、省文保单位牛皋抗金的南城遗址，还有市文保单位永庆寺、刘伯温开挖的大官塘、岳家军的操兵场遮军山、张巡纪念馆等景观。

---

①http：//www.yogeev.com/article/27335.html.

这些自然风光、人文景观与慢城倡导的理念不谋而合。①

2014 年 7 月 16 日，景域集团与国际慢城（高淳）管委会正式签署合作协议，景域集团获得高淳国际慢城的独家运营权，双方将合作打造中国首家慢旅游、慢生活主题体验景区。②

（九）影视旅游

影视旅游属于新型的专项旅游形式，是旅游发展到一定阶段与影视产业相结合的产物。影视旅游是将影视成功嫁接到旅游上的产物，狭义的影视旅游是指对影片拍摄的外景地进行的旅游，而广义的影视旅游还包括以影视城、故事发生地、影视拍摄技术博物馆以及影视节庆等为吸引物而发生的旅游；定义角度上，供给角度和需求角度国内外采用的都比较多。影视旅游的产生需要 3 个关键性因素：影视文化、广大的观众和旅游目的地，其核心要素见图 5-8（a、b、c）。影视旅游包括参观拍摄地、影视主题吸引物、颁奖典礼、电影节等多方面。动机是影视旅游营销的关键点，

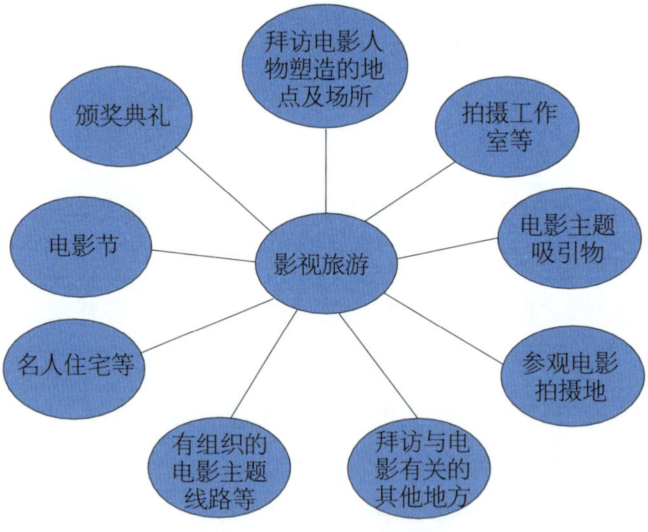

图 5-8(a)　影视旅游视野

①http：//baike.baidu.com/view/6030512.html.

②http：//www.js.xinhuanet.com/2014-07/19/c_1111695964.html.

影视旅游者的动机，包括社会、新奇、怀旧、自我提高、朝圣、浪漫等多方面，根据 Macionis（2004）的研究，旅游者按对影视的兴趣亦分三类，其动机逐渐多样化。

- 影视旅游文化系统
  - 影视作品文化
    - 影视主体文化：爱情、友情、亲情、励志……
    - 影视剧情文化：历史、武侠、悬疑、魔幻……
    - 影视作品包含的当地文化
      - 历史文化：历史事件；历史名人；历史演变
      - 民俗文化：岁时节日；衣食住行；婚庆礼仪；信仰
      - 艺术文化：雕塑工艺；戏曲；书法绘画
      - 文学文化：著作；诗文；楹联
      - 饮食文化：食文化：菜肴、糕点、烹饪方法；酒文化：酒类、酒史、酒令；茶文化：茶类、茶道、茶俗；医药文化
      - 建筑文化：房屋：皇宫、官邸、民居；聚落：村落、古都、古镇；工程：防御工程、水利工程、路桥工程；陵寝
      - 宗教文化：教义；建筑：寺、庙、观、教；名胜：佛教名山、道教名山、朝圣地；节日
  - 影视产业文化
    - 影视活动文化：首映式、发布会、明星见面会
    - 影视技术文化：拍摄、特技、动画技术
    - 影视历史文化：影视展览、影视节
  - 流行时尚文化——切合时尚潮流的上述文化要素的任意组合

图 5-8(b)　影视旅游目的地的文化要素系统

国外影视旅游发展较好的案例有诺丁山、苏格兰高地（《勇敢的心》拍摄地）、新西兰霍比特村（因《指环王》的拍摄著名）、日本秋田县（韩国电视剧《IRIS》拍摄地）、韩国历史剧拍摄地民俗文化村、法罗岛（电影人伯格曼钟爱的地方）等。近年来韩剧流行，其拍摄地也成为旅游目的地（见表 5-6），且这些拍摄地承载了很多文化要素，是文化旅游的重要部分。影

提升对电影的兴趣 →		→
偶然的电影旅游者	一般电影旅游者	特殊电影旅游者
偶然拜访电影描述的地方的人群	参与电影旅游吸引物的旅游者但又不是特殊电影旅游者的人	专门针对自己观赏过的电影寻找其拍摄地及相关主题的旅游者
社会交流及好奇心	逃离 好奇心 教育 怀旧	丰富体验 自我提升 自我实现 自我认识
		朝圣
		幻想
		地位、声望
		浪漫
		怀旧
提升自我实现		
降低真实性的重要性		

图 5-8(c) 影视旅游者动机

视旅游具有重游率高、体验性强等特点，宁夏自然风光及本土文化、西部影视城等主题景区都具有独特性，适宜发展影视旅游。

表 5-6 韩剧及拍摄地的文化要素

剧名	拍摄地	带动景点介绍	说明
蓝色生死恋	江原道	束草市大叔村（恩熙的故乡）、大闭岭三江牧场(俊熙和恩熙去蜜月旅行的地方)、华津浦海水浴场（最后一个外景地——俊熙背负死去的恩熙走在海边的场景)、凤凰度假村(剧中泰熙家的饭店,其住房至今保持拍戏原样)	江原道位于韩国东北部,拜韩剧所赐,两三年内,一举成为韩国旅游市场上最红火的新型观光胜地。
冬季恋歌	江原道	厚岩洞智堂(俊祥深情地诉衷情的地方)、有真的家、中央高校(男女主角学生时代就读的学校)、南怡岛(水杉林步、恋歌之家咖啡馆)、春川明洞(两人约会后逛街的地方)、龙平度假村(初次咖啡馆、缆车)	南怡岛是《冬日恋歌》取景最多的地方之一。本剧并非单纯的爱情故事,它追求的还有像诗般美丽的画面,离开了都市或室内等封闭的空间,走到地方的田园小镇、古老的校园、雪原、下雪的湖滨、山庄、寒风中的林荫小树、滑雪场等。用冬季丰富的影像给缠绵、哀怨的故事增添色彩,让作品更加完美。

续表

剧名	拍摄地	带动景点介绍	说明
巴黎恋人	首尔	世界足球场的CGV电影院(剧中女主角上班的地方)、Grand Hyatt Seoul、南山公园	位于南山的Grand Hyatt Seoul居高临下，可以俯瞰首尔和汉江，是本剧的重要拍摄地。
浪漫满屋	首尔近郊	仁川市北岛面矢岛海滨白色别墅 Full House	这桩位于海边的白色房子（名为：Full House）是《浪漫满屋》最重要的拍摄地点，乃是剧组耗资10亿韩元量身打造而成的
大长今	首尔及近郊 济州岛 全罗道 忠清道	MBC大长今村、昌德宫、韩国民俗村、华城行宫济州民俗村、独立岩、阵地洞窟、禅云寺、龙门窟、来苏寺、傍山半岛国立公园忠州湖、锦山	MBC文化公园里的大长今村是电视台专为拍摄《大长今》所建造的外景舞台布景，占地近2000平方公尺，有20多个主要场景。
All In	济州岛	All in House纪念馆乐天饭店 HYATT饭店 PARADISE饭店	韩剧《All In》大多以济州岛为拍片场景，位于东边涉地可支海岸的All in House为片中的教堂重新改建成纪念馆，成为济州岛最热门的景点，也是韩国第一座电视剧纪念馆。
美丽的日子	首尔及近郊	汉城塔(女主角最想造访的地方)、汝矣岛、新村、梨花女子大学街、乐天世界等	有三分之一的剧情都在新村现代百货旁的Victory Records或外面街道拍摄。
明成皇后	首尔	云观宫(高宗父亲大苑的宅地)、景福宫(明成皇后出生和生长地)、昌德宫(景福宫大火后的正宫所在地)、德寿宫、昌废宫	韩国历史剧首尔五大古宫：景福宫、昌德宫、德寿宫、昌废宫、废熙宫。
女人天下	首尔	景福宫	韩国历史剧

资料来源：张焱华，2008。

案例25：好莱坞环球影城

好莱坞环球影城位于洛杉矶市区西北郊，是游客到洛杉矶的必游之地。在好莱坞环球影城，人们可以参观电影的制作，解开特技镜头之谜，回顾经典影片中的精彩片断。影城由三个部分组成，分别是影城之旅（全程50分钟的电影之旅，有专门的讲解员）、上园区与下园区。可以在电影拍摄现场亲身体验电影的拍摄过程。影城出入口旁还有一个风格时尚的购物区——环球城市大道。

案例26：中国十大影视城

中国十大影视基地包括：横店影视城、上海影视乐园、中山影视城、长影世纪城、北普陀影视城、同里影视基地、象山影视城、镇北堡西部影视城、焦作影视城、涿州影视城。

1. 横店（浙江省东阳市）

横店是亚洲最大的影视拍摄基地，已有500余部影视作品在横店取景拍摄，有“东方好莱坞”的美誉。每天都有剧组在这里演绎着上至帝王将相，下至黎民百姓的悲欢离合，酸甜苦辣。

2. 上海（上海市松江区车墩镇）

上海影视乐园又称为“车墩影视基地”或“松江影视基地”，以老上海风情场景著称。这里有十里洋场的繁华，也有石库门里弄的市井，置身其中，恍若隔世般穿越时空回到20世纪30年代灯红酒绿的旧上海，黄包车、有轨电车、老爷车穿梭在灰白色的街道中；“外白渡桥”“黄浦江”、天主教堂，这里曾经上演的爱情故事将引领人们重温《上海滩》那段若即若离的乱世爱情。

3. 中山（广东省中山市翠亨村）

整个影视城围绕国父孙中山的生平而建，集中反映了孙中山先生领导的中国民族、民主革命进程。

4. 长影（吉林省长春市净月潭风景区西侧）

长春电影制片厂是中国老牌的电影制作单位，被誉为新中国电影的摇篮，长影世纪城是中国首家电影制片工业与旅游业相结合的电影主题公园，是借鉴美国好莱坞环球影城和迪斯尼游乐园的精华建造而成，被人们誉为“世界特效电影之都”。

5. 北普陀（北京市瀛海乡南宫村）

北普陀影视城距故宫直线距离16公里，是一座集旅游观光、影视拍摄、影视培训、会议招待、文化交流业为一体的大型多功能影视城。

6. 同里影视（苏州市吴江区同里古镇）

纯正水乡，旧时江南，这就是同里，每个角度都有景。整个同里古镇就是一个天然摄影棚，具有得天独厚的水乡风貌，又保存了大量完整的明清建筑，古朴的小镇，宁静的深宅和长长的石板路，摄影基地就是古镇本身。基地建筑依水而立，有“东方小威尼斯”之称。

7. 象山（浙江省宁波市象山县新桥镇）

“飞雪连天射白鹿，笑书神侠倚碧鸳”，而《神雕侠侣》则是其中最具特色的一部。随着象山影视城的拔地而起和电视剧《神雕侠侣》拍摄的落户，使象山一下子成为万众瞩目的热点。踏入影城，仿佛就踏入了武侠的世界，古战场、作坊区、村街区、归云庄、活死人墓、陆家庄、襄阳城、蒙古包八大景点各具特色。

8. 镇北堡（宁夏银川市西郊镇北堡）

镇北堡历经数百年沧桑，以其雄浑、古朴的风格，成为贺兰山东麓风景旅游景观，并以它那特有的神秘韵味，引起了中国许多著名电影艺术

家的浓厚兴趣，被艺术家们称赞为“神秘的宝地”。更难能可贵的是，影视城中的城堡，本身就是拥有数百年历史的古迹。城里的瓮城被电影界称为“幸运之门”，曾出现在几十部影视剧的镜头里。

9. 焦作（河南省焦作市）

焦作影视城以春秋战国、秦汉、三国时期文化为背景的仿古建筑群著称，主要景点由文化广场区、周王宫区、市井区、楚王宫区、古战场区等多余处影视拍摄景观组成。

10. 涿州（河北省保定市涿州市）

涿州以历史大片《三国演义》而著名，最宏伟壮观的当属铜雀台景点，集亭、台、楼、阁、廊、桥、院、阙于一体，气势雄伟，历史的硝烟味就弥漫在身边。

（十）乡村旅游

乡村旅游是以具有乡村性的自然和人文客体为旅游吸引物，依托农村区域的优美景观、自然环境、建筑和文化等资源，在传统农村休闲游和农业体验游的基础上，拓展开发会务度假、休闲娱乐等项目的新兴旅游方式。国内外学术界对乡村旅游还没有完全统一的定义，主要有以下观点。西班牙学者 Gilbert and Tung（1990）认为：乡村旅游就是农户为旅游者提供食宿等条件，使其在农场、牧场等典型的乡村环境中从事各种休闲活动的一种旅游形式。世界经济合作与发展委员会（OECD，1994）定义为：在乡村开展的旅游，田园风味是乡村旅游的中心和独特的卖点。以色列的 Arie Reichel 与 Oded Lowengart 和美国的 Ady Milman（1999）则简明扼要地说，乡村旅游就是位于农村区域的旅游，具有农村区域的特性，如旅游企业规模要小、区域要开阔和具有可持续发展性等特点。英国的 Bramwell and Lane（1994）认为，乡村旅游不仅是基于农业的旅游活动，而是一个多层面的旅游活动，它除了包括基于农业的假日旅游外，还包括特殊兴趣的自然旅游，生态旅游，在假日步行、登山和骑马等活动，探险、运动和健康旅游，打猎和钓鱼，教育性的旅游，文化与传统旅游，以及一些区域的民俗旅游活动。

国内有关乡村旅游的定义较多，何景明和李立华认为狭义的乡村旅游是指在乡村地区，以具有乡村性的自然和人文客体为旅游吸引物的旅游活动。乡村旅游的概念包含了两个方面：一是发生在乡村地区，二是以乡村性作为旅游吸引物，二者缺一不可。

国外乡村旅游起源于1885年的法国，19世纪80年代开始大规模发展，乡村旅游在德国、奥地利、英国、法国、西班牙、美国、日本等发达国家已具有相当的规模，走上了规范化发展的轨道。乡村旅游对推动经济出现不景气的农村地区的发展起到了非常重要的作用。乡村旅游对当地经济的贡献和意义得到了充分证明。在许多国家，乡村旅游被认为是一种阻止农业衰退和增加农村收入的有效手段。在美国就有30个州有明确针对农村区域的旅游政策，其中14个州在它们的旅游总体发展规划中包含了乡村旅游。在以色列，乡村旅游开发被作为对农村收入下降的一种有效补充，乡村旅游企业数量逐年增多，包括加拿大、澳大利亚、新西兰、东欧和太平洋地区在内的许多国家，都认为乡村旅游业是农村地区经济发展和经济多样化的动力。

根据中国国家旅游局的最新测算，中国乡村旅游的年接待游客人数已经达到3亿人次，旅游收入超过400亿元，占全国出游总量的近三分之一。据介绍，全国农业旅游示范点已经达到359家，遍布内地的31个省区市，覆盖了农业的各种业态。每年的黄金周，全国城市居民出游选择乡村旅游的比例约占70%，每个黄金周形成大约6000万人次的乡村旅游市场，乡村旅游已经成为旅游业新的增长点。①

乡村旅游的发展呈现出推进社会主义新农村建设、农业多产化、农村景区化、农民多业化、资源产品化的发展趋势。

案例27：英国乡村旅游运营模式

英国的乡村旅游不仅仅是单纯的“农家乐”模式，而是具有以下的消

①http://baike.baidu.com.

费特征：1. 游人亲自参与农业活动。英国不少农场主将农业生产活动展现给旅游者，展示剪羊毛和驯牧羊犬等，并允许参与，甚至有城市居民到乡村租种耕地。2. 娱乐休闲活动种类众多。英国各个乡村根据自身资源特色，因地制宜，举办各种乡村集市或游艺会等休闲活动。很多乡村集市举办各类竞赛和演示，如最圆的番茄、最绿的黄瓜和大小尺寸最均衡的青椒等，也有适合小孩玩乐的游乐设施。3. 旅游住宿饮食非常便利。英国 B&B 小旅馆随处可见，特别是在乡村，另外饭店或客房旅馆也较多。B&B 小旅馆是由当地人自己经营的，已成为英国的一大特色。莎士比亚小屋就是白金汉郡乡村知名的 B&B 小旅馆。B&B 小旅馆便捷且收费相对低廉，还提供第二天的早餐，虽无英国传统早餐必不可少的咸肉和熏鱼，但有牛奶、面包、黄油和果汁等。4. 乡村旅游商品颇具特色。英国乡村经常借助乡村展会等推出一些颇具特色的商品以满足游客的消费需求。这些商品有农场自产的农产品和农副产品等特产，也有手工编织的手工艺品和纪念品。

英国的乡村旅游具有以下经营特征：1. 经营规模普遍较小。各景点经营面积大小有差异，20~200 英亩（1 英亩≈0.4046 公顷）不等，但游客活动空间不大；每个景点雇佣员工很少，一般少于 10 名，全日长期工 2~4 名；除了一些文物、古迹和博物馆外，其他旅游景点投资不多，约 5 万英镑；接待游人 3000~70000 人，年接待游客人数普遍少于 5 万；年收入一般不超过 22 万英镑。英国乡村旅游能够提供选择的旅游项目和主题很多，即使规模小，也可消化众多的市场需求。2.经营的主体私营化。以农场为主题的乡村旅游是在私营农场的基础上发展而来，农场主在从事农业生产时开展多种旅游经营。通过制订各种旅游计划，推动当地人普遍参与乡村旅游。3. 经营目标市场本土化。游客对乡村旅游景点的选择性不强，只要有相应的人文风情就可满足休闲放松的需要，故无需跨区旅游。英国乡村旅游者绝大多数都是本地区 2~3 小时车程之内的城市居民，外地游客较少，外国人更少。游客中又以家庭和学生游客为主，以家庭为组织形式的游客约占 40%。英国的乡村旅游目标市场明确，注重本土化运营。

案例 28：日本稻田画

日本稻田画是一种被日本人称为“田んぼアート”的稻田种植画。稻田画图案有古今故事和人物、动漫形象等。田舍馆村是日本稻田画的鼻祖。受到麦田怪圈的启发，为了振兴当地经济，开发观光资源，1993 年该村村民开始制作稻田画。每年题材都不同，题材涉及日本内外，非常广泛，既有日本著名的古代武将雄姿，也有蒙娜丽莎、拿破仑，甚至还有哆啦 A 梦这样的动漫形象。

稻田画是用稻米种植出来的室外艺术，起源于 20 世纪 90 年代初日本青森县南津轻郡田舍馆村。当时，田舍馆村的村委会想要搞活经济，提高当地村民的收入，于是便想出了这个主意。但他们也没有想到，这个点子竟然能如此奏效，如今，每年去田舍馆村的参观旅游人数已超过 20 多万人。这真是种田种出的“旅游业”。甚至，还有一些大企业找上门，希望能利用农民们的稻田画来为他们做“宣传广告”。①

①http://mp.weixin.qq.com.

（十一）创意旅游

创意旅游是指用创意产业的思维方式和发展模式整合旅游资源、创新旅游产品、锻造旅游产业链。创意旅游促进旅游业向纵深延伸拓展。创意旅游不是“创意”与“旅游”的简单融合，“创造”是社会发展的重要源泉，是创意旅游的核心。创意旅游产品因双方深层体验和共同创造而具有高附加值。创意旅游不仅包含体验性的旅游形式，而且包含着主动参与和双向互动互助的动态创意过程。游客和目的地居民同时都具有创意消费者和创意生产者的地位，不仅深入到文化旅游、生态旅游、科学旅游等深层内涵，而且深入到游客及目的地居民社会生活的方方面面，与人的全面发展提升乃至社会的进步密切关联。

创意旅行是在定制旅行的基础上安排更具特色和个性的服务。通常会涉及专业人士、名人、专家的引荐、陪同或培训，以及私人俱乐部、私家会所等旅行项目。特殊定制是为了满足游客最富个性化需求而设置的超前卫旅游服务。创意旅游作为国际上近十年发展起来的新理念，对旅游产业的发展、旅游研究的深入以及以创意为核心的城市建设，都具有积极的推动意义。

关于创意旅游的内涵，主要有三种观点。一是指具有创造性的游客超越观光层面而进行参与性、真实性体验的旅游，他们深入旅游目的地居民生活，置身于诸如摄影、烹饪、雕刻等创意活动并与目的地居民互动互助，共同开发分享创造潜能。二是指游客在度假时通过独自从事探索潜能的某一项特定活动开发技能从而提升幸福感的旅游。三是指游客直接参与诸如建筑、电影、时尚、设计等创意产业旅游。

案例 29：以爱之名——全球爱情地标

在被称为“白色情人节”的 2015 年 3 月 14 日，“爱情地标”众筹项目奠基启动仪式在三亚亚龙湾国际玫瑰谷隆重举行。此项目由大地风景担纲设计，淘宝众筹、三亚玫瑰谷、周大生共同发起，这块承载了全国 27 万多人情感的“爱墙”，成为国内旅游界首个众筹成功的项目。此次三亚爱情地标众筹成功是旅游项目跨界合作的首个案例，也是旅游行业众筹成功并同时刷新众筹、互联网、旅游项目投融资、旅游目的地营销多项纪录的首个案例。

盘古智库学术委员、国际旅游学会秘书长吴必虎教授认为：“‘爱情地标’众筹成功也强烈依靠创意与设计，设计师的作用不可忽视，淘宝也成为千千万万旅游者共同创造旅游吸引物的创意工厂、创业平台。”

据悉，该项目达成远超300万的众筹目标，打破27万人参与单个众筹项目的世界记录。同时，将成为全球首座刻有情侣姓名的爱情地标，地标以“玫瑰花”作为造型，由中国知名建筑设计师王珏参与设计。同时，此次众筹为提高用户参与性和传播性，设计了1~9999元不同层次的信物，颠覆了传统景区旅游开发的理念，以淘宝众筹为载体，以旅游吸引物作为众筹投资对象。

景区方面透露，“未来将以‘全球爱情地标’为承载物，开发系列衍生活动和产品，打造婚庆市场。而淘宝为这个新的旅游目的地吸引而来的年轻用户，也成为这一市场的潜在人群”。

业内专家称，“淘宝众筹‘爱情地标’这一旅游项目的众筹成功，将大大提升景区的品牌内涵和人文价值，为旅游景区吸纳更多游客，以电商+旅游的跨界众筹方式为旅游业注入新的活力”。

此次众筹项目，对旅游产品的开发、目的地营销、淘宝网店模式及设计行业都有不小的冲击。首先，实现业主、设计方、潜在游客、赞助商以及融资平台旅游产品开发多方参与。过去OTA主要是对机票、酒店、景区门票代销的影响，但玫瑰谷作为旅游吸引物直接受到了网络交流技术与社交媒体的促进，多方参与得以在阿里巴巴的虚拟空间平台上实现了业主、设计方、潜在游客、赞助商周大生以及融资平台的互动。更重要的是，参与众筹的人不仅出了钱有了项目参与感，还可以在爱墙上刻下自己的名字，这会成为他们将来多次重访三亚玫瑰谷的重要动因。其次，情感营销强化三亚作为爱情胜地的品牌建立。一般的众筹目的是筹集资金而且是一次性筹资，但爱情地标对参与众筹和没参与众筹的网络社交平台的阅读者都造成情感刺激，在众筹期间抓住了2月14日情人节、3月7日女神节这些节日掀起普通大众，特别是年轻受众的心灵响应，对三亚作为美丽之都、爱情胜地的目的地形象，具有持久的品牌建立和强化作用。第三，创新淘宝网店商业模式——从普通“商铺”到创意“车间”。爱情地标众筹的成功，使之成为众筹者参与生产过程的创意空间，淘宝成为千千万万旅游者共同创造旅游吸引物的创意工厂、创业平台。第四，设计的无穷魅力成就设计型目的地。这次项目的成功，设计师的作用不可忽视。有一种目的地叫设计型目的地。在符合其文脉的某个地方，精美、别致、高雅、激情四射的建筑设计、景观设计、活动策划，可以成就一个充满吸引力的目的地。因为三亚玫瑰谷有了这样成功的设计方案，所以它也将成为中国最具魅力的设计型目的地之一。第五，玫瑰谷农业项目与旅游项目节目完美结合，实现了乡村现代化1+3产业融合的新案例。①

国外以“爱情”为主题的创意旅游产品开发十分典型。如美国纽约市中央公园的长椅是由美国一些家庭以夫妻的名义捐赠的。长椅上镌刻着夫妻的姓名和捐赠日期，通常游人坐下长椅后都会认真阅读捐赠夫妻的姓名和留下的警示语句。更有一些捐赠者在老年或失偶后，经常来到中央公园找到自己捐赠的长椅安静地坐着，缅怀逝去的青春和美好的过去，记忆着所爱之人的点点滴滴；也有后代子女到中央公园来探寻自己父母的脚步，纪念自己长辈的人生。长椅已成为纽约中央公园一道靓丽的风景图画。

---

①http://mp.weixin.qq.com/.

案例 30：上海创意文化游

2014 年上海市旅游局发布的数据显示，国庆长假 7 天，上海累计接待观光游客 881.25 万人次，实现旅游收入 82.60 亿元，同比分别增长 15.8% 和 10.5%，刷新历年黄金周纪录，堪称“史上最热黄金周”。除名声在外的传统旅游景点外，田子坊、世博源等地也游客甚众，其中，上海世博园区首先开发成熟的“世博源”，2014 年国庆期间日均客流超过 30 万人次，再现了 2010 年世博会期间的盛况。

田子坊、世博源这类景点对游客大众的吸引力，主要来自上海的文化创意旅游。近年来，上海落实《上海文化旅游发展三年行动计划》，将文化创意产业与城市旧区改造有机结合，建成了包括世博源、田子坊在内的文化旅游片区。

上海较好地将体现城市历史文化特色的若干要素融入到旅游产业中来。“田子坊也好，新天地也好，在这里，我们看到了上海的老弄堂、石库门，这些都是上海这座城市独一无二的东西。正是这些带着传统文化印记的‘独一无二’对大众有着巨大的吸引力，也激发着这些老建筑在高楼大厦林立的现代都市中焕发出新的活力。”

兼具实用性和美观性的旅游文化产品开发，是文化创意助力城市旅游发展的重要因素。“上海的文化旅游地标看到印着外滩天际线的丝巾、扇子、餐盘，还有被列入上海首批非物质文化遗产的上海剪纸，印在了台灯、相框上，非常特别。这些文化产品不仅体现了强烈的城市特征，也在无形中传播着上海的文化特色。”

(十二)智慧旅游

“智慧旅游”是一个全新的命题，它是一种以物联网、云计算、下一代通信网络、高性能信息处理、智能数据挖掘等技术在旅游体验、产业发展、行政管理等方面的应用，使旅游物理资源和信息资源得到高度系统化整合和深度开发激活，并服务于公众、企业、政府等的面向未来的全新的旅游形态。它以融合的通信与信息技术为基础，以游客互动体验为中心，以一体化的行业信息管理为保障，以激励产业创新、促进产业结构升级为特色。智慧旅游的建设与发展最终将体现在旅游管理、旅游服务和旅游营销三个层面。①

随着 IBM 公司推出的“智慧地球”以及全世界掀起的智慧城市热潮，国外较早地就将信息技术应用于旅游业的研究，其实就是智慧旅游。2001 年，欧盟创建用户友好的个性化移动旅游服务，计划在欧洲建立一个统一的旅游信息系统；2005 年，美国科罗拉多州的 Steamboat 滑雪场推出为游客配置的 RFID 定位装置反馈系统 Mountain Watch；2006 年，美国宾夕法尼亚州的波科诺山的度假区引入了射频识别手腕带系统；2010 年，IBM 公司创建智慧酒店（Smarter Hotel），提供供酒店预订与服务的 APP（Application）程序、楼宇自动导航、WIFI 网络、客房设备、远程会议等服务；2011 年，韩国提出智慧旅游“I Tour Seoul”项目；2012 年，比利时布鲁塞尔提出“标识都市“（TAGTAGCITY）项目。

为顺应旅游业发展的趋势，近年来中国许多地区也在积极构建研发智慧旅游系统。2010 年江苏省镇江市率先在全国提出“智慧旅游”概念，开展“智慧旅游”项目，开辟“感知镇江，智慧旅游”新时空。随后，南京、苏州、福建、黄山、杭州、北京、大连等地的智慧旅游陆续展开。

案例 31：“番茄来了”

“番茄来了”是一家开发智慧旅游的企业，其主要与旅游城市的客栈合作，近期，其刚开发了一款智慧旅游产品——“智连古镇”，即游客到店以后，不需要进行繁琐的登记流程，只需要连接客栈的微信 WiFi，进入服务页面，即可以快速的办理入住手续，自动分配到房间。退房时，通过页面的快速退房就可以迅速通知老板准备结算。同时在支付方面，游客也无需为古镇 ATM 机少，提款不方便或客栈没有 POS 机等问题困扰，客人只

①http://baike.baidu.com.

需要快速入住的时候，选择微信支付就可以轻松搞定付款环节，当然也可以通过“番茄来了”提供的行业创新的“虚拟 POS—快捷支付”方式，轻松扫码付房费。

“通过这些智能服务，我们可以获得客户的使用以及他们的入住和消费数据，这些数据弥足珍贵。我们会按照几个指标进行分析，然后给旅游产业链者带来巨大商业价值。”“番茄来了”运营总监赵永林告诉记者，基于这些数据，其可以进行房型入住率分析，以入住率、收入变化、同比、环比等数据分析，客栈酒店经营者可以根据分析结果来为客栈装修整改、房型更改、房价调控，改善入住率。①

案例 32：海南智慧旅游

国家旅游局将 2014 年旅游宣传主题确定为“美丽中国之旅——2014 智慧旅游年”，要求各地要结合旅游业发展方向，以智慧旅游为主题，引导智慧旅游城市、景区等旅游目的地建设，尤其要在智慧服务、智慧管理和智慧营销三方面加强旅游资源和产品的开发与整合，创新发展模式，推动中国旅游业又好又快发展。2014 年，海南智慧旅游年将围绕提升海南旅游服务水平、强化海南整体营销能力、发展智慧旅游产业三条主线，紧紧围绕海南国际旅游岛建设的总体目标，全面贯彻国家《旅游法》，充分发挥信息技术作为经济增长“倍增器”、发展方式“转换器”和产业升级“助推器”的作用，以服务游客、企业为中心，以集约化的全局性基础设施建设为基础，以大数据应用为重点，以公共服务体系建设为先导，以产业创新为突破，以社会化参与为支撑，构建国际旅游岛信息化大格局。

三、宁夏旅游业开发的新思路

根据国际旅游新业态，不难看出各类传统产品正在从单一元素转向多元复合型，更注重挖掘资源文化内涵，注重产品文化包装和深度文化体

①http://mp.weixin.qq.com.

验。宁夏旅游业的发展同样离不开文化的深度挖掘，应在各类资源和现有产品的基础上注入更多文化韵味，以文化为魂，资源为体，开发文化体验产品。

绿色养生旅游：继续发挥六盘山、贺兰山、火石寨、罗山等良好生态旅游资源，利用其夏季凉爽的气候、宜人的环境，大力开发度假养生旅游、森林养生、森林保健旅游等产品，同时借助宁夏枸杞、甘草等特色中草药开发药膳养生产品和纪念品。

遗产旅游：扩大宁夏境内多元文化遗存的作用，将西夏文化遗址、回族文化建筑、长城文化遗址等载体及相关无形文化资源进一步组合，扩大宁夏在丝绸之路中的地位及影响力，学习国外遗产廊道等先进做法，在扩大遗产解说及保证遗产体验真实性的前提下大力发展宁夏遗产旅游。

回族特色社区旅游：进一步扩大宁夏社区在旅游发展中的作用，在乡村旅游地及景区周边等区域拉动社区参与力度，扩大旅游对于社区扶贫及福利作用，远期考虑建设社区旅游典范；积极开展典型穆斯林社区旅游，并以此带动国内游客感知普通穆斯林生活方式，进而在未来吸引阿拉伯国家伊斯兰世界的游客自主选择社区旅游模式。

美食旅游：扩大宁夏美食在旅游发展中的作用，举办一些地方美食文化旅游节，以吸引国际国内游客，将宁夏特色美食推向全球。

葡萄酒旅游：打造优良的线性葡萄酒旅游线路，与其他旅游产品进行优化组合，学习法国及澳大利亚等国的先进经验，做足葡萄酒旅游产品。

事件旅游：扩大中阿博览会、沙漠旅游音乐节等节事的影响力，争取国际国内大型活动的举办权，增强宁夏在国际国内的知名度及影响力。

慢旅游：加强慢行游憩系统及慢旅游区的建设，加强宁夏悠闲氛围，加强优良生态环境宣传，实现其度假地、避暑地等功能。

影视动漫旅游：不能局限于现实外景地和西部影视城的集中旅游，也不能仅限于现实的电子游戏竞技大赛，而是要拓宽思路，将现实旅游带入到虚拟世界。除了对于一些影视剧的外景拍摄地进行大力宣传及营销，拍摄西夏文化、黄河文化及大漠文化等主题的影视节目外，还要将宁夏旅游景区作为游戏场景、历史人物事件游戏情境化，放大宁夏自然及人文景观的再现作用，扩大宁夏文化旅游影响力并吸引消费者能将宁夏作为其今后的旅游地。2015 年推出的《神秘的西夏》大型记录片，对宁夏文化旅游具有深远的促进意义。

特色村镇风情旅游：选取特色村镇，将乡村旅游与民俗风情旅游相结合；创新丰富多样的乡村旅游体验主题，挖掘各地民俗风情、文化景观；开发有特色的乡村旅游商品；提高乡村旅游体验真实性，构建“美丽乡村”“美丽乡愁”的文化意象。

创意旅游：把宁夏参观式旅游上升为体验式旅游，设计个性化、体验化、情感化、休闲化的旅游经历，强调创意、凸显体验的旅游新常态，积极推动当代旅游产业尽快转型升级。

智慧旅游：建设智慧宁夏城市，加大政府的支持力度，打造丝路智慧游，与东部地区交流学习、相互借鉴，引进、培养智慧人才，加强试点景区，完善官方网站，积极推进旅游产业的转型升级。

国家旅游局也将 2014 年确定为“智慧旅游年”，旨在全面提升旅游信息化水平。旅游信息化是旅游业可持续发展的必由之路，因此宁夏旅游必须走信息化路径，具体可以从以下几个方面展开。

（一）建立健全旅游信息化网络组织机构

要建立旅游信息化网络组织机构，即自治区级和县（市）级旅游局和旅游企业负责组织，下设旅游信息中心。上下级组织机构把获取的旅游相关信息相互传递，为制定政策、做出决策提供依据。

（二）建立旅游信息化共享平台

要实现旅游信息化，信息共享是最终目的。如果不能信息共享，那只是一堆电子数据，不能进行数据交换，其价值将大打折扣。为了实现这一目的，未来宁夏智慧旅游必须建立共享的旅游信息平台。

（三）完善旅游信息化基础建设

大力发展旅游信息化基础建设，积极推进“金旅工程”，建成自治区、市、企业三级计算机网络系统，提高信息处理的计算机化程度。航空售票和酒店经营的计算机化管理要进一步完善，旅行社、风景名胜区、公园、博物馆、旅游局的旅游信息处理要尽快实现计算机化。旅游信息化基础建设的另一个重要方面是网络化。随着旅游业的不断壮大和日益复杂化，旅游信息日益丰富和繁杂。为满足旅游信息广泛传播和迅速获取的需要，信息处理必须网络化。

（四）发挥旅游管理部门主导作用

宁夏的旅游信息化建设明显落后于其他省份，因此，在宁夏旅游信息化的建设中要发挥旅游管理部门尤其是各级旅游局的主导作用。这样，一方面可以适应旅游业信息化建设的需求，另一方面也可以借此增强旅游管理部门的管理职能。

旅游管理部门的主导作用主要体现在以下方面：进行全行业信息化建设的整体规划；制定相关的指导性文件；制定统一标准，规范建设方向；提供必要的资金、技术等方面的支持；协调可能出现的问题；发挥监督作用。

互联网营销思维。互联网思维，就是在（移动）互联网、大数据、云计算等科技不断发展的背景下，对市场、用户、产品、企业价值链乃至对整个商业生态进行重新审视的思考方式。真正的互联网思维是对传统企业价值链的重新审视，体现在战略、业务和组织三个层面，以及供研产销的各个价值链条环节中，并且将传统商业的“价值链”，改造成了互联网时代的“价值环”。宁夏旅游营销不仅要利用互联网和各类终端设备等营销途径，更重要的是改变传统营销思维，建立市场大数据库，明确营销市场，了解游客需求，展开定投式营销、引导式营销，为游客提供所需信息，根据游客偏好，创造新需求。

实现多种业态共同发展。强化宁夏回族自治区政府的职能，由于政府在旅游业态的发展中起着重要的作用，因此强化政府正确的引导功能是保证宁夏旅游业态发展的重要保障；优化宁夏旅游业态结构，丰富业态内涵，拓展旅游功能；完善基础设施，提高供给水准；实施品牌策略，创新旅游产品，实施错位发展；优化人才战略；打造低碳型精品旅游景区。

完善旅游产业链条，促进旅游产业融合发展。产业链是国民经济各部门间基于一定的技术经济关联而形成的链条式关联形态。完善旅游产业链就是不仅要促进旅游产业内部门与部门之间的经济技术联系，同时要延伸旅游产业链，促进旅游产业与旅游相关产业和国民经济其他产业的关联。完善宁夏旅游产业链条，应从以下方面展开：强化产业链的薄弱环节，完善旅游产业链需要从最薄弱环节着手，避免这些薄弱环节对整个产业链的工作效率造成负面影响而使产业链崩溃；调整产业链的内部关系，在制定旅游产业发展战略时，应处理好旅游产业链纵向和横向的关系，利用旅游产业链上各部门的协作、依赖关系，建立完善的利益和协同机制，优化产业链各节点的关系，实现产业链最大效益的发挥；促进产业链的外部融合，旅游产业链的外部融合表现在旅游产业链向工业、农业拓展和延伸，即不仅要重视旅游产业内部各环节的横向关联，还要重视旅游产业与为旅游者提供间接旅游产品的产业之间的纵向关联。

第六章　宁夏文化旅游市场开拓重点与品牌建设

一、宁夏文化旅游 ASEB 分析

ASEB 栅格分析法是以消费者需求为导向的一种市场分析方法，它把消费者的体验纳入分析范围中，重视从消费者的角度对项目的各个情况进行分析，对于分析体验式消费引发的问题有很好的针对性。ASEB（Activity，Setting，Experience，Benefit）将曼宁—哈斯—德赖弗—布朗（Manning—Hass—Driver—Brown）的需求层次分析即活动、环境、体验和利益与 SWOT 分析中的不同要素相互对应结合起来，形成包括 16 个单元的矩阵，按顺序从 SA（对活动的优势评估）到 TB（对利益的威胁评估），并对这 16 个单元逐次进行研究分析。

曼宁—哈斯—德赖弗—布朗分析表对指导旅游区（点）开发具有实际意义。ASEB 栅格分析法从消费者的角度对活动、环境、体验与利益的优势、劣势、机遇与威胁的分析和评估，更好地满足了消费者的需要。由此方法得以评估游客对旅游产品开发的满意度和产品需求，从而有利于在景区（点）中对消费者或者市场导向的产品进行开发与升级，为消费群体针对性地提供他们所期望的满意产品（见表 6-2）。

表 6-1　ASEB 栅格分析法及其单元代号（ASEB 分析矩阵）

	活动（A）	环境（S）	体验（E）	利益（B）
优势（S）	SA	SS	SE	SB
劣势（W）	WA	WS	WE	WB
机遇（O）	OA	OS	OE	OB
威胁（T）	TA	TS	TE	TB

不同于 SWOT 分析法，ASEB 栅格分析法将消费者的体验纳入分析范围中，重视从消费者的角度对项目的各种情况进行分析。这种分析方法不仅使得传统 SWOT 分析变换了分析角度，更有利于采取体验式营销方式的项目的分析，还将分析者对项目分析的影响最小化。所以说 ASEB 栅格分析法是对传统分析方式的改进与完善。通过这种分析方法，可以为宁夏文化旅游开发提供一种更合适的市场分析方法，为项目提供更能满足游客需要的决策依据。

表 6-2　宁夏文化旅游 ASEB 栅格分析

分析	活动(A)	环境(S)	体验(E)	利益(B)
优势(S)	①文化资源多样,吸引力强②回族文化的唯一性,清真饮食与清真寺的便利性;与阿拉伯—伊斯兰文化的文化认同强	①自然景观类型多样，大漠黄河景观独特②年均温 15℃,空气质量好③社会稳定,突发性自然灾害少④文化类型多样，回乡风情浓郁	①多样资源带给游客不同体验感，游兴大增②旅游与学习共存,视觉、听觉盛宴共享	①拓宽视野,增长文化知识②康体休闲，放松身心,修身养性
劣势(W)	①文化旅游项目开发少，专门性不强,知名度不高,宣传力度小②与相邻省市非遗旅游产品雷同较多,竞争激烈	①社会经济较为落后,交通网不完善,机场、高速铁路、区域快速网等方面都比较落后;涉外、星级饭店明显不足②旅游季节性强,旅游旺季短	①缺乏参与体验式旅游项目，游客参与度低，在宁停留时间短②入境游客可能因为接待设施、服务标准较低等问题导致体验度降低	①文化旅游开发体验度低，游客满意度降低②游客满意度影响重游率和旅游地形象，也会影响非遗的后续开发和传承
机遇(O)	①文化产业发展得到国家重视②宁夏向西开放,建立“两区”③文化旅游开发成功案例增多,开发的外部条件较成熟(资金、政府支持、技术实践等)	①开展生态文明建设,退耕还草、治沙工程效果显著②文化教育水平提高，服务质量不断提高	①开发多样性的体验参与旅游项目②宁夏文化“走出去”,扩大宣传,发挥地域特色优势	①优秀的文化旅游产品吸引投资，为传统文化保护与发展提供资金支持②引进国外先进理念、技术、经验,促进传统文化保护和传承③文化旅游带动贸易、就业等发展
威胁(T)	①如果开发不当,文化生态环境被破坏②文化旅游商业化,给传统文化传承和保护带来巨大挑战	①周边省市的遮蔽效应②银川“两区”的建设，承接产业转移容易对本地资源环境等造成压力	①回族文化中部分禁忌,成为游客体验障碍②外来文化入侵，与本土文化进行冲突或融合	①利益相关者之间有可能进行利益争夺，损害利益主体的利益②传统文化传承保护遭到挑战,濒危或扭曲发展

综上分析，宁夏文化资源丰富，特色鲜明，有着良好的体验环境，有一定的资源基础和市场潜力。然而，由于长期开发和推广力度不够，宁夏文化旅游开发还存在一些问题：一是文化旅游开发中普遍存在着对某种文化的形式或仪式生搬硬套，简单模仿，而对其背后的人文精神和文化内涵不求甚解的短视现象。这种短视使得文化的保护和传承会受到威胁。一旦开发方式不得当，文化旅游的各利益相关者会出现利益分配不均衡的失调状态，从而给文化保护带来挑战，会造成传统文化传承濒危。二是忽视游客的体验需求，游客体验性弱。现有的文化旅游对游客体验性需求无法满足，游客体验性弱，参观游览式的旅游行为使游客在景区内停留时间短，消费额度小，降低了游客旅游满意度。

二、基于网络文本分析的宁夏旅游感知形象

美国学者 J.D.Hunt 被认为是旅游形象研究的先驱，他最早探讨形象在旅游开发中的重要意义。Crompton 把旅游目的地形象解释为对具体事物、事件、行为所持有的感觉、观念、印象、信念的总和。Tasci，Gartner & Cavusgil 认为只有个体对目的地的视角、观念、情感、思维和意愿交互影响时，才产生对旅游目的地形象的整体评价。尽管这些形象或口号通过报纸、杂志、影视、网络等各种形式传播以期能够得到大众潜在游客的广泛认知，但游客在实地旅行后所产生的感知形象与媒体宣传资料所推广的原生形象是否一致？若存在不同，其感知差异主要表现在哪些方面？最终游客在实地旅行结束之后对景区满意度如何？对于已经塑造了旅游形象的旅游地来说，充分了解游客实地旅行后对其形象感知的优劣程度，发现游客实地感知与宣传形象之间的异同点，对于提升和完善现有旅游形象，及时调整营销策略具有重要的意义。

在网络信息高速发达的今天，网络成为旅游景区宣传推介和游客出行参考的重要媒介。本报告在对宁夏旅游资源分析的基础上，采用内容分析法，利用 ROST Content Mining 软件对宁夏旅游景区（点）基本信息和游客游记评价两方面的网络信息文本分别进行了词频分析和情感分析，提炼出

宁夏旅游形象和游客感知形象，并将两者进行对比。

网络文本分析方法是一种针对网页、论坛、博客、微博等网络信息源，运用武汉大学信息管理学院沈阳教授研发的 ROST 高频词汇统计软件进行分词、词频统计、聚类、相关性、相似性、情感倾向、共现、同被引、时序、趋势、词频爆发、语义网络及社会网络分析，实现内容挖掘、文本分析、知识处理等目的内容挖掘的新型方法。该方法是定性研究的量化分析方法，将用语言表示的文献转换为用数量表示的资料，并将分析结果用统计数字描述。

(一)文本信息来源

本研究网络文本信息来源分为两部分。第一部分为政府及景区官方网站推介营销信息，从宁夏旅游政务网、宁夏旅游资讯网以及宁夏各AAAAA、AAAA 级景区官网搜集景区描述信息和推介信息 99 条。第二部分信息选取游客的旅游评论和游记。在百度旅游网、携程旅行网、去哪儿网三家旅游网站中搜索“宁夏旅游”，对检索到的文本进行整理，得到旅游评论 403 条。其中百度旅游网 241 条，携程旅行网 103 条，去哪儿网 56 条。由于游记数量过多，仅选取内容涉及食、宿、行、游、购、娱六大要素，且浏览量超过 1000 次的游记。包括百度旅游网 32 篇，携程旅行网 20 篇，去哪儿网 24 篇。

(二)宁夏官方旅游形象宣传资料分析

将政府及景区官网文本保存为 TXT 文本，并导入 ROST 软件中，进行分词和词频分析，剔除如“研究”“展览”“举办”“面积”“公里”“单位”等与研究无关的词汇，得到宁夏旅游宣传形象高频词汇表（表 6-3）。

对宁夏旅游宣传形象高频词汇进行可视化功能分析，得到高频词汇标签云（图 6-1），可以直观地对其进行了解。发现宁夏旅游宣传存在以下特点。

从景观构成上来看，宁夏回族自治区内旅游资源丰富多样。依托山地、荒漠、平原、沙漠、绿洲发展自然观光体验型旅游，依托西夏文化、回族文化、长城文化发展文化旅游。

表 6-3　宁夏旅游宣传形象高频词汇表

词汇	频数	词汇	频数	词汇	频数
黄河	94	礼拜	14	罗山	7
西夏	93	大漠	14	传说	7
宁夏	90	明代	13	传统	7
建筑	72	设施	13	陵园	7
文化	64	鼓楼	13	柳林	7
公园	63	风格	13	丹霞	7
贺兰山	58	宝塔	13	中卫县	7
景观	51	价值	13	避暑	7
自然	48	丰富	12	蜿蜒	7
历史	46	度假	12	纪念馆	7
沙漠	45	水车	12	垂钓	7
银川	43	干旱	12	贺兰	7
长城	43	塞上	12	石峰	7
保护	41	古城	12	美丽	7
文物	38	野生	12	幽静	7
保护区	35	峡谷	11	远古	7
遗址	34	兴庆	11	壁画	7
生态	32	清真	11	楼阁	7
特色	30	生态旅游	11	公元	7
湿地	30	地貌	11	奇特	7
中卫	30	壮观	10	奇观	7
森林	29	砖雕	10	鸣翠湖	7
休闲	28	平原	10	文明	7
石窟	28	化石	10	完整	7
西北	25	典型	10	盐湖	7
草原	24	著名	10	固原	7
回族	24	规模	10	清代	6
岩画	24	大峡谷	9	风情	6
枸杞	22	神奇	9	恐龙	6
独特	19	古老	9	佛教	6
艺术	18	气势	8	天都	6
沙坡头	18	鸟类	8	山水	6
观光	17	绿洲	8	美景	6
江南	17	地形	8	迷宫	6
风景	17	红色	8	建造	6

续表

词汇	频数	词汇	频数	词汇	频数
观赏	17	海原县	8	秀丽	6
始建	17	展览	8	菩萨	6
动物	17	青铜峡	8	南关	6
荒漠	17	河水	8	珍稀	6
博物馆	16	山上	8	游乐	6
腾格里	16	体验	8	台基	6
军事基地	16	科技馆	7	范围	6
资源	15	珍贵	7	餐饮	6
沙湖	15	神秘	7	寺庙	6
水洞沟	15	芦苇	7	防御	6
天然	15	古建筑	7	东南	6
湖泊	14	雕塑	7	古迹	6
娱乐	14	塑像	7	唯一	6
高庙	14	人文	7	西安	6
北武当	14	宗教	7	苏峪口	6

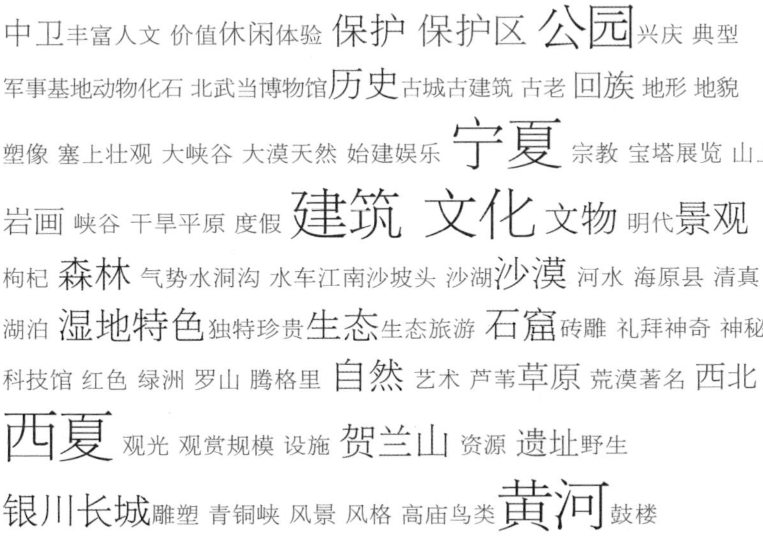

图 6-1　宁夏旅游宣传形象高频词汇标签云

从空间分布来看，宁夏旅游景区覆盖全区。南部山区以观光、避暑为主，中部地区以黄河、沙漠为载体发展体验式旅游，北部平原地区则形成集文化旅游（包括西夏文化、回族文化、建筑文化、遗址文化）、体验旅游、生态旅游为一体的旅游发展模式。

从功能上来看，宁夏旅游宣传侧重游和娱，对于食、宿、行、购这四大要素的宣传不到位。在旅游宣传形象高频词汇前 150 位中只提到枸杞(20)和餐饮(6)，并且词汇频率较低。

（三）游客感知形象分析

1. 感知形象高词频分析

对游客评论及游记进行分词和词频统计分析发现游客对宁夏旅游的感知印象丰富，涉及到食、宿、行、游、购、娱六大要素。从前十位高频词汇中可以发现，游客对宁夏的感知印象集中于沙漠、西夏与黄河（见表 6–4）。

从景观构成上看，游客对宁夏的主体感受是沙漠旅游，其次是西夏文化。在游客感知形象高频词汇表中，沙漠（420)居于首位，以沙漠为载体

表 6–4　游客感知形象高频词汇表

词汇	词频	词汇	词频	词汇	词频
沙漠	420	感受	40	铁路	22
银川	333	游玩	39	文物	22
西夏	289	讲解	38	出租车	22
宁夏	287	羊皮筏子	38	自驾	22
黄河	221	一片	38	陵园	22
沙湖	214	距离	38	芦苇荡	22
沙坡头	204	最好	37	黄土	22
中卫	180	枸杞	36	高速	21
贺兰山	138	遗址	36	下车	21
王陵	134	游览	36	黑车	21
景点	129	大殿	36	餐厅	21
文化	128	沙丘	36	保护	20
影视城	120	大巴	35	遇到	20
历史	117	穿越	35	古老	20
骆驼	115	电瓶车	35	唯一	20
酒店	110	陵墓	33	好吃	20
岩画	106	芦苇	33	漂流	20
草原	103	拍摄	33	好好	20
建筑	98	包车	33	日落	20
博物馆	93	风光	32	沙山	19

续表

词汇	词频	词汇	词频	词汇	词频
回族	87	汽车站	30	讲解员	19
鼓楼	71	著名	30	湿地	19
羊肉	71	鸟岛	30	可惜	19
司机	65	文字	30	城堡	19
腾格里	65	便宜	30	张贤亮	19
西北	64	回民	29	人民	19
电影	62	小吃	28	表演	19
水洞沟	60	荒凉	28	原始	19
特色	57	穆斯林	28	固原	19
味道	57	日出	28	独特	18
自然	57	想象	27	明代	18
体验	57	民族	27	金沙岛	18
建议	56	娱乐	27	李元昊	18
滑沙	56	南关	26	古代	18
高庙	54	伊斯兰	26	行走	18
交通	52	雄浑	26	绿色	18
机场	51	感受	40	好玩	18
导游	51	游玩	39	越野	18
清真寺	49	江南	26	壮观	18
回乡	48	黄沙	25	担心	18
清真	47	长城	25	经典	18
快艇	47	手抓	25	旅行	18
免费	46	神秘	24	有名	17
快捷	46	欣赏	24	陵寝	17
火车站	46	方便	24	风格	17
大门	46	帝王	23	颜色	17
公交	42	许多	23	丝绸之路	17
行程	42	美丽	23	震撼	17
刺激	41	穿过	22	公园	17
冲浪	40	步行	22	漂亮	17

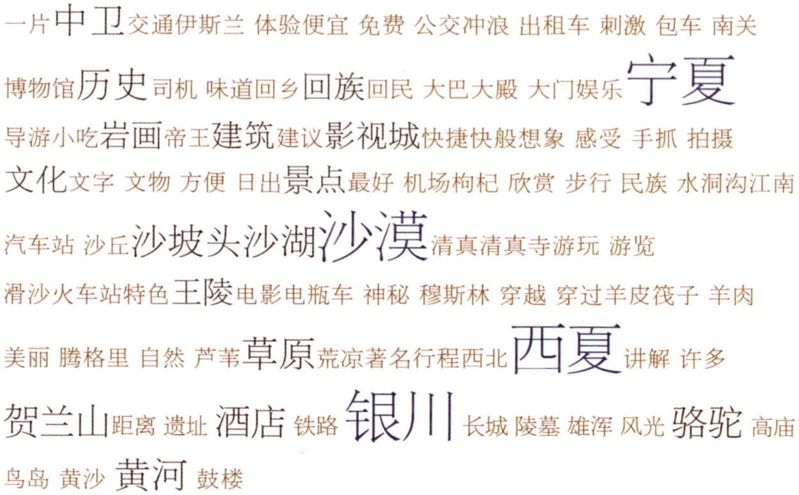

图 6–2　游客感知形象高频词汇标签云

的景区沙湖(214)、沙坡头(204)也居于前列，沙漠旅游参与体验项目如骆驼(115)、冲浪(40)、越野(18)也都属于高频词汇。相对于沙漠旅游，游客对文化旅游的热衷程度相对较低。

从空间布局上来看，游客主要集中于沙坡头、沙湖、西夏王陵、镇北堡影视城等高知名度的旅游景区，对于一些知名度不高的旅游景区却少有涉及。从全区范围来看，游客游览频率较高的景区多分布于中部和北部，尤其是银川市周边地区。

从功能上来看，宁夏特色饮食文化深受游客喜爱。宁夏的羊肉（71)出现频率最高，与饮食相关的小吃(28)、手抓(25)、餐厅(21)以及修饰性词语好吃（20）出现频率也较高。此外，从高频词汇表中可以发现宁夏交通便利，游客出行方式多样，与其相关的词汇多达 16 个。

2. 感知形象情感分析

对游客评论及游记进行情感分析，发现游客对宁夏的积极情绪较高，达到 67.01%，消极情绪只占 10.31%，且没有极端消极情绪。可见，游客对宁夏旅游的总体满意度较高。

游客游记与评价网络文本的情感分析

积极情绪：　65 条　67.01%

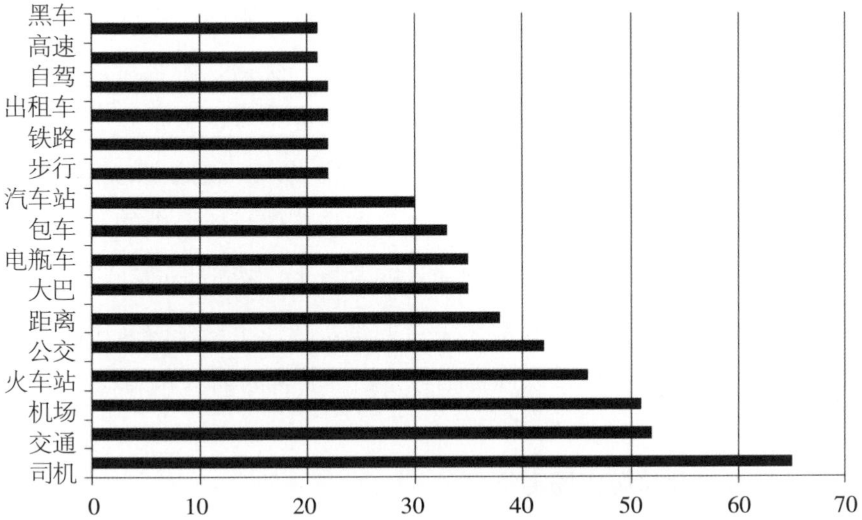

图 6–3 游客交通方式词频图

中性情绪： 22 条 22.68%

消极情绪： 10 条 10.31%

其中，积极情绪分段统计结果如下：

一般（0~10）： 30 条 30.93%

中度（10~20）： 18 条 18.56%

高度（20 以上）： 17 条 17.53%

其中，消极情绪分段统计结果如下：

一般（–10~0）： 8 条 8.25%

中度（–20~–10）： 2 条 2.06%

高度（–20 以下）： 0 条 0

（四）结论

基于宁夏景区和游客评价和游记两方面的分析可知，第一，游客对宁夏的旅游感知和宁夏的旅游宣传形象重合度较高，但偏重自然景观，忽视文化内涵。宁夏旅游形象重点宣传的沙漠、黄河文化和西夏文化，与文本分析出的游客感知高频词汇沙漠（420）、西夏（289）、黄河（221）存在较大重合。但游客感知中与之相关的均为自然景观，对其文化内涵缺少了解。第二，作为回族自治区，宁夏有回族人口 2190979 人，占全区人口的

34.77%，[①]拥有独特的回族文化，无论是在建筑、服饰还是饮食上都有其独特性，然而在对外宣传上并没有充分利用这一优势，游客对其也缺少感知。第三，餐饮、美食在游客感知形象中占重要地位，但宁夏旅游宣传形象中对地方美食推荐力度不够，并没有把美食当作一项独立的旅游吸引物和旅游产品进行营销，对美食的认识还停留在仅仅是旅游中的一方面或一个环节。因此，在国际旅游目的地建设的背景下，特别是面向国际穆斯林旅游市场，有必要对宁夏旅游形象进行调整，凸显宁夏旅游文化内涵，进一步鲜明我区穆斯林特色，以迎合国际穆斯林游客的需求和偏好。

三、宁夏文化旅游市场定位

根据 Morrison 提出的旅游市场 PIB 方法，见图 6-4（a、b），市场定位、塑造形象及打造品牌，市场定位是前提，在市场定位基础上进行形象设计或提升，并在此基础上创建旅游品牌，且这三者有助于揭示旅游目的地的独特之处，同时在此基础上进行旅游文化营销才具有更好的有效性。

国内市场。在宁夏旅游形象定位上强调“塞上江南”的特色，塞上的雄浑壮丽与江南的旖旎风光并存且融为一体，突出宁夏旅游中的西夏文化、回族文化、边塞文化等各种文化底蕴并对其进行深加工，打造吸引国内游客尤其是国内出游率及出游力较强的各大市场的文化旅游产品，在文化营销及信息技术的应用方面应有所突破。

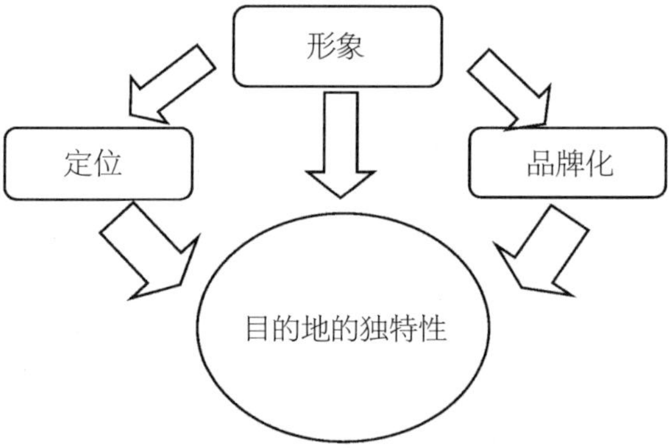

图 6-4（a） 旅游市场定位、形象塑造、品牌打造及营销之间的相互关系（Morrison，2013）

① 《宁夏回族自治区 2010 年第六次全国人口普查主要数据公报》。

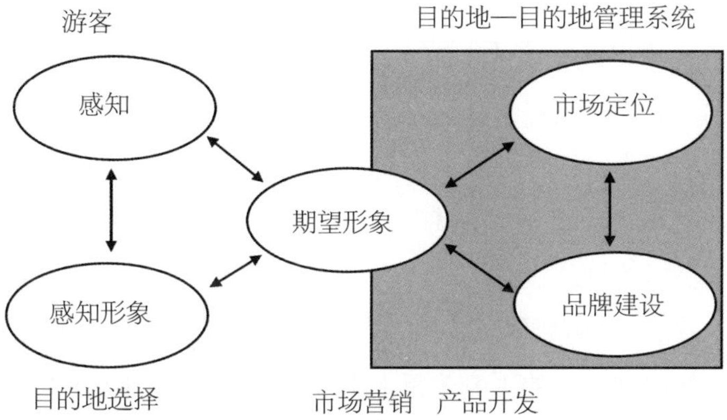

图 6-4(b)　旅游市场定位、形象塑造、品牌打造及营销之间的相互关系(Morrison,2013)

亚太市场。针对韩国“孝”“敬老”及日本健康旅游及文化偏好、西亚、东南亚等文化邻近国家进行区别对待，不同国家或地区的文化营销侧重点及手段方面均应有所不同。

欧美市场。必须考虑与国内其他省份的旅游合作，分享其国际客源，在国家入境旅游大背景下凸显自身文化特色，以差异化的文化旅游产品呈现给欧美游客。针对一些重点国家进行专门营销，如德国、俄罗斯、澳大利亚等。

阿拉伯与穆斯林市场。必须精细化穆斯林饮食及住宿服务，在文化同源背景下设计其他旅游产品，以避免旅游产品的单一性。

四、宁夏旅游形象提升

旅游目的地形象是旅游者对区域内各种自然、社会经济等方面的旅游要素的综合感知和印象，可通过电视、杂志、广告、网络信息等媒体传播获得的关于旅游地的总体印象。政治经济状况、自然环境、人文旅游资源、基础设施、旅游业发展与旅游设施等都是构成旅游目的地形象的要素。国外旅游研究表明，形象是吸引旅游者最关键的因素之一。关于宁夏旅游形象研究目前只有涉及宁夏银川市及丝绸之路固原段内容的个别论文，对于大多数市县及景区的旅游形象无论从理论研究者还是旅游从业者均没有进行深远的考虑。旅游形象是旅游资源的本体素质及其媒介条件在旅游者心目中的综合认知印象，旅游形象可提升旅游目的地的整体吸引力且能激发或打击游客的忠诚度（或重游率），因此，需考虑宁夏旅游形象设计及宣传等方面。郭筠、刘艳华认为宁夏旅游形象定位不清晰。宁夏旅游主题形象为“塞上江南 神奇宁夏”，若定位为江南，并不具有国际性且特色不够鲜明，故其重点应在于“神奇”，并在旅游宣传时凸显神奇的特点，当作为国际旅游目的地建设时，是否应具有国际化的主题形象及宣传口号，值得深思。宁夏旅游的形象提升需通过众多手段来实现，如游客的亲身体验、媒体及影视作品的影响、重大事件的举办带来的效应等，这些均涉及旅游营销策略及具体手段方面。关于形象提升，较好的案例是韩国，韩国自 1999 年起制作国家旅游形象电视宣传广告，截至 2009 年 12 月 13 日，共计发布国家旅游形象电视宣传广告 24 则，部分广告见表 6-5，随着时间和宣传地点的变化，其广告的内容也相应在变化，宁夏也应做到主题形象因时因地而异。

表 6-5 韩国国家旅游形象电视宣传广告统计表

2000	1	30	33	新韩国，欢迎您来访问！	日本地区
	1	30	26	Korea, come refresh your senses!（韩国，新感觉！）	亚洲其他地区
	1	30	25	Korea, 5,000 years new!（韩国，新五千年！）	欧美地区
2001	1			本则广告于国家旅游形象无太大实际意义	
	1	30	35	新韩国，欢迎您来访问！	日本地区
2002	1	30	38	Dynamic Korea, Hub of Asia（动感韩国，亚洲中心）	国际
	1	30	36		
2003	1	30	30	Dynamic Korea, Come felling it!（动感韩国，尽情体验！）	国际
2004	1	30	30	开心胜地，好客邻邦！	中国大陆
	1	30	15	Dramatic encounter!（偶遇！）	日本地区
	1	30	36	More exciting in the movie.Korea, colorful adventures!（电影中的精彩。韩国，多彩冒险之旅！）	东南亚地区

续表

2005				无	无
2006	1	30	24	韩国之旅，明星之旅！韩国，给您更多！	中国大陆
	1	30	22	韩国之旅，明星之旅！韩国，给您更多！	中国香港
	1	30	22	一个来了就不想离开的国度！韩国，给您更多！	日本地区
	1	30	23	In Korea, you are the star! Korea something more!（在韩国，您就是明星！韩国，给您更多！）	东南亚地区
2007	1	60	43	Korea, sparkling!（韩国，炫动之旅！）	国际
	1	30	29		欧美地区
	1	30	28		亚洲地区
	1	30	47		国际通行版
2008	1	30	29	Korea, sparkling!（韩国，炫动之旅！）	国际通行版

五、宁夏旅游的文化品牌建设

当今旅游业已进入目的地竞争时代，品牌化成为当代旅游目的地营销手段的利器。大至国家，小至景区，各种空间类型的旅游目的地都将品牌打造视为目的地管理的重要工具。将宁夏部分景区打造为全国典范，提升代表性景区的级别及自身内涵，打造属于自己的品牌，这方面沙漠型景区，如沙坡头、沙湖应该突出雄浑壮丽的边塞文化和神奇的沙水一体景区，回族文化与西夏文化具有本土伊斯兰教特色和神秘意义，宁夏的黄河文化、影视文化、葡萄酒文化于中国其他地方既有共性也有特性，但如何

Morgan, Pritchard and Piggott（2004）总结了新西兰的特征“新西兰，100%天然”（“New Zealand, 100% Pure”），成功打响了新西兰的旅游品牌战：(1)传递独特、简单的信息（unique, compelling, and Simple message）；(2)研究品牌价值，第一步骤是对目的地形象及品牌的核心价值进行品牌定位及重新定位；(3)突出新西兰旅游的品牌个性（brand personality）；(4)营销方式多元化。广告、网络及非传统媒体等。交互式媒体、直接营销及事件营销等。

图 6-5(a)　新西兰品牌建设阶段

核心标识(Core Identity)

娱乐 Entertainment

赌博 Gaming

物有所值 Value for Money

延伸标识 Extended Identity

旅行体验 Travel Experience: do nothing or do everything, you create your experience

个 性 Personality: Playfully mischievous, Slightly stimulating, Energetic, somewhat exciting, Randomly thrilling, Stays in Vegas

口号 Slogan: What Happens in Vegas Stays in Vegas

标志 Logo: "Only Vegas"

产品范围 Product Scope: complete resort destination, anything and everything Value Proposition

功能收益 Functional Benefits: value, man-made attractions, shows, shopping, dining

情感收益 Emotional Benefits: exciting, arousing, fun

符号收益 Self-expressive(symbolic) Benefits: young, adult, sexy, be what your want to be

图 6-5(b) 拉斯维加斯品牌识别

表 6-6 宁夏旅游目的地形象宣传广告统计表

旅游目的地	形象定位
宁夏	塞上江南,神奇宁夏
银川	雄浑贺兰,多彩银川
吴忠	黄河金岸,水韵吴忠
石嘴山	山水石嘴山,奇石甲天下
中卫	黄河古城,浪漫沙都
固原	红色六盘,绿色固原,避暑圣地
沙湖旅游区	中国王牌景区,宁夏沙湖
沙坡头旅游区	浪漫沙都,宁夏沙坡头

续表

旅游目的地	形象定位
镇北堡西部影视城	来时是游客,走时是明星
六盘山旅游区	红色六盘,绿色固原,避暑圣地
西夏陵	“神秘的奇迹”;“东方金字塔”
中华回乡文化园	传承中华文明,弘扬回族文化;浓郁回族风情的旅游胜地
贺兰山岩画	远古的杰作;观千古岩画,品雄浑贺兰
黄沙古渡原生态旅游区	黄沙古渡,塞外奇景
水洞沟旅游区	时光隧道—水洞沟;历史探秘—水洞沟
须弥山石窟旅游区	领略神奇灵秀的丹霞景观,感受独具特色的石窟文化
青铜峡黄河大峡谷旅游区	慈祥母亲河,佛祖百塔林

将这些类型的文化景区融合打造为宁夏的具有较强吸引力的品牌，是当前及今后的关注点。宁夏区内国家级景区并不多，且没有世界遗产及世界公园等级的吸引物，因此宜加强建设，打造国际品牌，具体品牌化过程可借助新西兰及拉斯维加斯品牌建设过程，也可参考许多国内外案例，进行旅游品牌建设。

六、宁夏旅游的文化营销

（一）旅游文化营销理论

文化营销的概念作为一种新的营销观念在 20 世纪 90 年代被引入中国，有学者将其与整合营销、服务营销、绿色营销、关系营销和网络营销并列为新世纪的六大营销理念。旅游文化营销是指旅游业经营者运用旅游资源通过文化理念的设计创造来提升旅游产品及服务的附加值，在满足和创造旅游消费者对真善美的文化需求中，实现市场交换的一种营销方式。总体上包括以下几个方面。

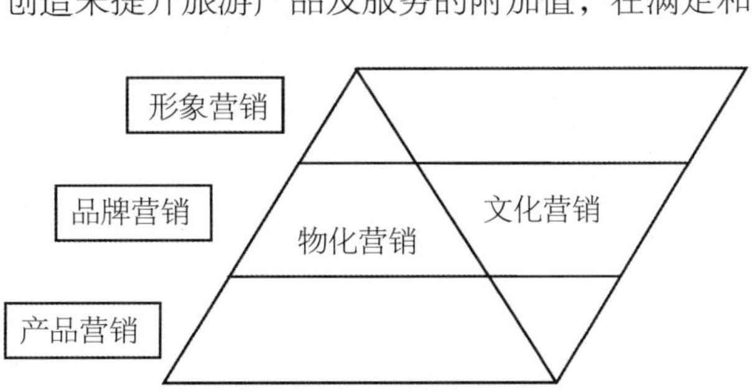

图 6-6(a)　文化营销的结构层次

从文化营销的角度看，现代旅游市场

营销应是物化营销和文化营销的一种结合，且贯穿旅游目的地形象、品牌及产品各个领域，如图 6-6（a、b）。旅游文化营销的核心理念在于促进和完美、独特的文化体验，以实现旅游产品价值的最大化及旅游者需求最高层次的满足，其根本目标在于实现旅游产品的文化价值和旅游者的文化满足，而文化体验正是实现二者最大化的唯一途径。文化价值、文化满足与文化体验构成的内三角是旅游文化营销的内部框架。

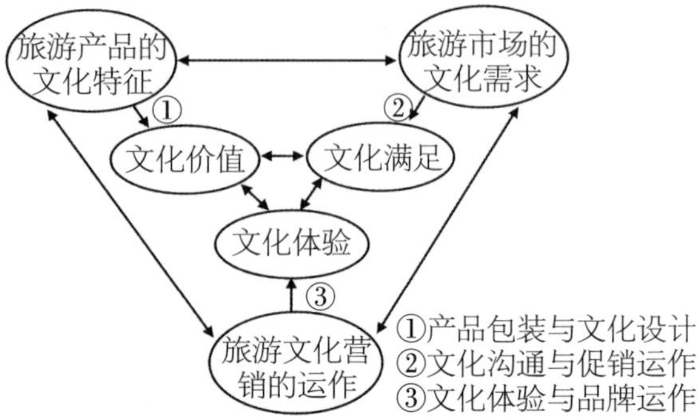

图 6-6(b)　旅游文化营销框架(赵西萍,2011)

1. 文化包装与产品设计

文化包装策略是指在旅游产品原有功能的基础上，以文化为主导，使旅游目的地的包装具有较强的文化感染力，蕴含丰富的文化观念，以满足旅游者的某种心理需求。在包装时，要把文化融入其中，使产品本身注入一种民族的、现代的、健康的文化意识，提升旅游产品的文化品位和文化含量，突出其附加价值，让旅游目的地成为文化的载体。

旅游产品文化营销是文化营销的核心，具体表现为设计、造型、生产、包装、使用等方面。旅游景点的文化包装是文化营销的基础，从命名、设计到设施的选择、空间的布局等方面都应充分考虑营销文化渗透。要根据目标旅游者的文化背景和企业营销策略，使旅游产品的文化包装体现出自身的民族地域文化特色，或是异国他乡文化风采。既要继承优秀的传统文化，又要创新发展融合时代文化风貌，巧妙地利用文化差异增添旅游产品的魅力。

2. 文化传播与广告促销

文化营销传播是营销传播在方式上的现代化体现，它是以系统整合的文化行为为手段达到营销目的的营销传播。文化营销传播是传播文化的系统行为，其评估标准是游客满意度。文化营销传播要通过文化广告和文化促销的方式来实现。

文化广告制作的第一步是确定文化广告的目标，这些目标必须符合先前指定的有关目标市场、市场定位和营销组合决策。文化广告关键是令人振奋、明确、直截了当，它应该强调对客户的重要旅游产品特征，语气统一，强调旅游产品或服务及公司的名称，清楚地指出目标市场，并且能够引起足够的重视。文化促销包括各种短期性的刺激工具，用以刺激客户较迅速和大量地购买某一特定的旅游产品或服务。文化促销主要是吸引那些品牌忠诚度不高的客户，因为他们寻找的是低价或赠奖。在运用文化促销时，必须确定目标、选择工具、制订方案、实施和控制方案，并对结果进行评估。

3. 文化体验与旅游品牌

体验旅游是以体验为主要诉求目标的旅游活动，是旅游者通过活动和感受产生比较大、比较深、比较强烈的心理印象。不同地区、国家、民族、年龄、性别、教育程度及阅历的旅游者，其心理追求差异较大，需要选择不同的角度和切入点，采用不同的方式和手段，在不同层面和水准上，向不同的旅游者提供体验旅游项目。

体验旅游是旅游品牌的重要建设部分。在建设旅游品牌时，文化必然渗透和充盈其中，并发挥不可替代的作用；创建旅游品牌就是一个将文化精致而充分的展示过程；在旅游品牌的塑造过程中，文化起着凝聚和催化的作用，使旅游品牌更有内涵；旅游品牌的文化内涵是提升旅游品牌附加值、产品竞争力的源动力。因此，当旅游产品同质化程度越来越高时，旅游品牌文化正好提供了一种解决之道。未来的企业竞争是旅游品牌的竞争，更是旅游品牌文化之间的竞争。

（二）旅游文化营销的基本模式

以产品（P）、市场（M）、文化（C）的关系进行区分，主要有以下模式。

1. P—C—M 模式

即以产品为出发点、市场为核心的“文化推销”：比如香港的旅游文化营销模式，主要包括主题推广—动感之都；电视广告推广，名人代言，娱乐营销：如郭富城主演的电视剧《动感豪情》以及《亚洲自我挑战赛》电视节目；旅游代理商推广。

2. M—C—P 模式

是指在营销主体能够控制旅游产品时，对主要旅游产品的文化内涵的培养与模式的发掘；当营销主体无法影响旅游市场时，更应充分对旅游进行调研，寻找市场“买点”尤其是文化买点，为旅游赋予文化内涵，展开文化营销。浙江宋城景区以建筑为形、文化为魂，追求个性讲求品质，营销中体现文化主题。

3. C—P—M 模式

是指当营销主体能够把握市场文化发展趋势，同时能较强地控制旅游产品时，就可以旅游市场文化发展为导向，对旅游产品进行深度开发，衍生新的旅游产品形式，满足市场需求。温泉文化就是这种模式，日本温泉文化表演“汤揉”，中国“御温泉”等都是将文化体验引入温泉旅游中，成为旅游亮点。

4. C—M—P 模式

是指营销主体与旅游市场紧密相连，时刻捕捉旅游市场的文化观念变化，把握主流文化运行方向，以旅游者心理动机和文化需要为出发点，通过一系列的活动来引领文化发展。美国迪士尼就是这种模式。

（三）国内外文化营销案例

根据 Moscardo（1996）的研究，市场营销、旅游者社会经济特征、目的地形象、目的地选择等方面存在重要关系，见图 6-7，要想使潜在游客拜访旅游目的地，市场特征、形象及如何让其得知旅游目的地的消息显得尤为重要。市场特征、形象在前面已经阐述，如何让旅游者了解旅游目的地的信息即市场营销是最后阶段，且这一阶段尤为重要。

总结国内外著名旅游文化营销案例，大致可分为以下类别。

1. 主题形象营销

国际的如“法国浪漫之都”“埃及：历史的金库”“意大利：一座露天博物馆”等。国内的如“好客山东”“彩云之南”“醉美贵州”“美丽

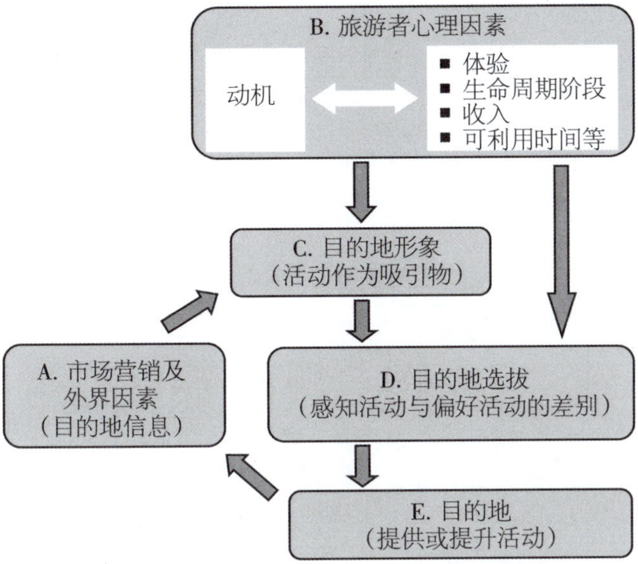

图 6-7　目的地选择模型（Moscardo，1996）

中国”等，这些都是比较成功的案例。旅游形象的塑造不仅是旅游目的地整体形象的一部分，同时也是展现旅游产业竞争力，打造旅游品牌的需要。

案例 1：好客山东

“好客”是植根于五千年齐鲁文化的特有品质，在中国的行政版图和文化分区中有着高度的重合性、显著的标志性。“好客”文化已经沉淀为鲜明的“山东性格”。“好客山东”以人为本，抓住了山东旅游文化的核心。其营销中，山东省为了推介“好客山东”旅游品牌，不仅出台“好客山东”的服务标准，还集中整顿旅游市场秩序，参加旅游推介会等。2009 年，山东省政府承办了举世瞩目的第十一届全国运动会，借助全运会这个平台，“好客山东”这一旅游品牌越叫越响。此外，落实载体——旅游品牌打造及政府加强宣传等方面都起到关键作用。

2. 电影及电视剧等娱乐营销

包括《指环王》拍摄地新西兰、《阿凡达》取景地张家界、《罗马假日》拍摄地罗马古城，少林寺、太极、武当等功夫题材电影拍摄地嵩山少林寺及武当山等。影视作品作为一种旅游促销手段，发挥了非常重要的作用［见表6-7(a、b)］，国内国外相当数量的影视作品对于旅游目的地的提升作用不可忽视。

表6-7(a) 国外影视作品对旅游目的地的提升作用

影视作品名称	放映时间	拍摄地	对旅游地产生的推动作用	主要研究者
《钢木兰花》	1989	Idaho,USA(美国,爱达荷州)	影片放映前,拍摄地的游客人数为零，影片放映后1989—1991年，游客接待量分别为8000人、26000人、65000人	Riley R.
《到庄园出世》	1979	Somerest,UK(英国,萨默赛特)	1980年游客增长了37%	Tooke N and M Baker
《与狼共舞》	1990	Badlands National Park,South Dakota,USA(南达科塔州白德兰国家公园)	1991年当年，旅游人数增长了19.1%	Riley R.
《小妇人》	1994	Massaohusetts,USA(美国,马萨诸塞州)	该片放映后,到马萨诸塞州果园的游客增加了65%	Roger Riley
《廊桥遗梦》	1995	Idaho,USA(美国,爱达荷州)	外景地设立旅行社，设立艺术节,吸引了更多的游客前往参观	Riley R.
《心碎》	1991	Goathland,North York Moors National Park,UK(英国,戈斯兰北约克穆尔斯国家公园)	1991—1993年，游客平均增长41%,该电视节目放映的第一年即1991年，游客增长达到最高峰,增长了60%	Tooke N and M Baker
《哈里·波特》	2002	Alnwick Castle,Northumberland,England(英格兰,安尼克堡)	2002年游客增长了100%	Grihault N.

资料来源于郭文(2010)整理。

表6-7(b) 国内影视作品对旅游目的地的提升作用

影视作品名称	拍摄地	对旅游地产生的推动作用	主要研究者
《卧虎藏龙》	浙江安吉县竹海	成为新兴旅游景点和外景地	吴丽云、侯晓丽
《英雄》	敦煌雅丹地貌,九寨沟的箭竹海,内蒙古的胡杨林,浙江横店	去《英雄》拍摄地观赏黄金般的胡杨;去横店影视城秦王宫的游客大增,促进了雅丹魔鬼城被授予风景名胜区称号	潘丽丽
《乔家大院》	山西祁县	影片播出后的3个月,乔家大院接待游客3.8万人次，门票收入比2005年同期增长近3倍	吴普、葛全胜、席建超等

续表

影视作品名称	拍摄地	对旅游地产生的推动作用	主要研究者
《三国演义》《水浒传》等	江苏无锡影视基地三国城、水浒城	无锡成为华东地区新的旅游热点，并促进国内旅游市场的客源迅速向该地倾斜	郭文
《杨贵妃》《武则天》	江苏无锡影视基地唐城	带动了唐城的发展，影视旅游受到关注	郭文、王丽
《五朵金花》	云南大理	大理通过荧幕进入人们的视线	周慧颖、黄远水
《红高粱》	宁夏华夏西部影视城	增加了旅游产品的丰富度，宣传了旅游目的地	王树春、李陇堂、王彦庚

除了表 6–7（a、b）所列举的案例外，还有许多案例，如杭州西溪湿地，在以往具有一定知名度的基础上又因电影《非诚勿扰》的宣传吸引了众多的游客。影视营销是非常有效的文化营销手段，宁夏具有多样的自然景观，且具有西部影视城这种大型的、拍摄了众多影视剧的优良载体和空间平台，西夏的神秘消亡更可以充分发挥历史编剧的想象力，成为宁夏影视旅游销售的广阔空间，进一步提升影视旅游营销水平。

3. 特色电视节目营销

除了影视剧的拍摄外，电视节目对旅游地的营销亦有重要作用。近年来，许多电视节目都策划了旅行主题的相关节目，如《玩转地球》《有多远走多远》、韩国的《两天一夜》《花样爷爷》与《花样姐姐》《爸爸去哪儿》及很有影响力的《跑男》等。与单纯介绍旅游地的节目差别在于，这些节目融入了许多趣事，且将旅游目的地比较精华的内容呈现给观众，对一些旅游目的地起到了无形营销作用，如韩国《两天一夜》其中一期节目拍摄地就是慢城曾岛，《跑男》其中一期拍摄地是澳大利亚，包括黄金海岸及墨尔本等地，都起到了巨大的旅游区宣传作用。国外的众多节目被国内一些电视台引进，如四川卫视的《两天一夜》、湖南卫视的《爸爸去哪儿》《花样姐姐》《花儿与少年》、东方卫视的《花样爷爷》及海南卫视的《玩转地球》等。四川卫视版《两天一夜》拍摄地均是在省内著名旅游景区，如青城山、阆中古城、蜀南竹海及海螺沟等地，宁夏卫视也可引进《两天一夜》进行旅游营销，尤其是针对那些知名度还不太高且具有地方特色的旅游景区。湖南卫视版《爸爸去哪儿》在宁夏沙坡头拍过一期，但这一期起到的作用并不大，或许跟第一季节目策划有关系，第二季拍摄地几乎都受到了节目的积极影响，如重庆武隆天坑（世界遗产）、浙江及湖南等一些拍摄地，长远来看，如果能将后续节目拍摄地定位在宁夏，可发挥其旅游营销作用。此外，韩国一些节目如《花样姐姐》等拍摄地是国外，宁夏如果能成为其拍摄地，由于节目本身有许多观众，其在韩国乃至国内外的旅游营销方面都将加强，潜在游客将增加。

案例 2：《两天一夜》

《两天一夜》是韩国 KBS 电视台出品的电视综艺节目。节目以“真实体验野生，走遍韩国美丽的地方”为宗旨，成功跻身为韩国家喻户晓的综艺节目。节目以“开场、途中、晚饭福不福、床位福不福、起床任务”五个主要环节形式展开，偶尔在其中增加新的游戏环节。开场：决定此次旅游的目的地。途中：途中会穿插进行各种有趣搞笑的游戏。MC 们偶尔能通过游戏，在中途休息站获得一些可怜的早午餐食物（特别强调：两天一夜摄制全程，MC 们是不能携带食物和钱包的）。晚饭福不福：顾名思义，通过游戏任务，福气的有吃的（或美味佳肴），不福气的饿肚子（或白饭、拉面）。且这些吃的均为当地特色美食，输者吃不到当地美食。就寝福不福：床位争夺战。赢的室内就寝，输的野外帐篷（或者“野野”，就是连帐篷都没有，只提供睡袋）。无论三九严寒，还是三伏酷暑都乐此不疲。有时都会让观众觉得太残忍了，可是同时却还能捧腹大笑。节目形态：搞笑、亲切、自然；内容品质：真实、震撼、感动。从 2007 年一直热播到现在乃至今后一段时间。

4. 具体的舞台表演形式

如《阿诗玛》《五朵金花》，由杨丽萍主刀的《云南印象》、广西桂林的《印象刘三姐》、陕西西安《大唐芙蓉园》、泰国人妖表演、江苏的《好一朵茉莉花》等，内蒙古非物质文化遗产营销，呼麦、马头琴等。这些表演中某些只是在当地表演，部分是在全球巡演，对于全球巡演的节目，对其入境旅游者的影响较大，本土表演的节目只有当旅游者参与其中才能体会到，因此两者营销效果存在差异。《云南映象》属大型原生态歌舞集，巡演过巴西、美国等25个国家35座大中城市，总体上效果较好；《印象刘三姐》是水上实景表演，对参与其中的游客的视角影响较大，参与者可通过口碑介绍，为潜在游客进行营销。

5. 主题年与节事活动

当前许多旅游目的地都举办节事活动，如葡萄酒节、啤酒节（啤酒音乐节）、沙漠音乐节等，已有许多国家开始举办主题年，如中国的从2008到2013年的主题年活动有：

* 2008 奥运旅游年

* 2009 生态旅游年

* 2010 世博旅游年

* 2011 文化旅游年

* 2012 幸福及健康旅游年

* 2013 海洋旅游年

* 2014 智慧旅游年

这些主题旅游年与当年的一些重大节事分不开。

案例3：巴西狂欢节

巴西狂欢节被称为世界上最大的狂欢节，有“地球上最伟大的表演”之称。每年2月的中旬或下旬举行3天。它对女性化的狂热程度举世无双，每年吸引国内外游客数百万人。在巴西各地的狂欢节中，尤以里约热内卢狂欢节为世界上最著名、最令人神往的盛会。节日活动：化妆舞会、彩车游行、假面具、宴会。在巴西的狂欢节中，巴伊亚州首府萨尔瓦多市的狂欢节独具特色。由于巴伊亚人不愿将狂欢节市场化，所以这里的狂欢节得以保持它的原汁原味。此外，在音乐方面，巴伊亚是巴西最发达和最重要的地区。巴西狂欢节上曾展现过中国文化魅力，2013年浙江金华婺剧团应邀派出演出队加盟雷斯廷加的狂欢节表演，他们带来了变脸和舞龙，为巴西狂欢节游行表演添兴助威。游行队伍中有五台大型彩车，分别表现“中国故宫”“万里长城”“郑和宝船”“佛教寺庙”和“东方明珠”，这些举动都起到了旅游营销的作用。

6. 作者笔下的旅游地

文学和旅游之间有十分密切的关系：文学作品对特定空间的描述，或者作者自身的空间经历，都能够成为旅游者进行旅游活动的灵感。中国旅游鼻祖徐霞客的《徐霞客游记》、詹姆斯·希尔顿著的《消失的地平线》（香格里拉）、沈从文先生的《边城》（凤凰古城）、马尔克斯《百年孤独》中描述的阿拉卡塔卡镇。此外，余秋雨的《千年一叹》和《行者无疆》，阿兰·德波顿《旅行的艺术》等，都承载了许多旅游地的故事，一定程度上起到了旅游营销的作用。

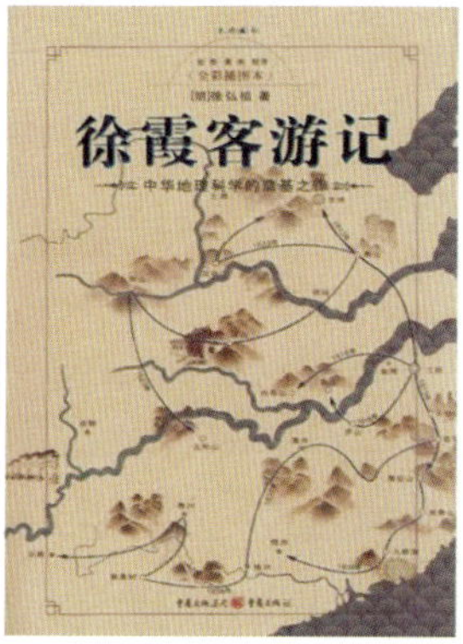

7. 营销方式多元化

国外文化营销手段很多，如大众媒体及网络空间、利用旅游者体验的博客与微博，网络民族志 netethnographic、名人营销、广告、促销等。来华的入境旅游者的信息获取手段见图 6-8，排第一的是网络，第二是旅游指南，第三是朋友亲戚介绍，第四为旅行社，第五是旅游经营者，第六是博客，第七、八为报纸杂志，第九、十为旅游局、旅游组织的相关材料。当前电子营销作用较大（如图 6-9），网站、电子邮件、智能手机、博客等都是主要手段，国外许多学者喜欢用微博（twitter 或 Facebook 等）来评价旅游目的地或叙写自己的旅游体验（见表 6-8、图 6-10）。

中国国际游客的信息获取

根据贝尔国际旅游咨询公司的调查数据，网站与网络是最为常用的信息获取工具。

第 1 名 网站与网络
第 2 名 旅游导览书
第 3 名 亲戚朋友介绍
第 4 名 旅行社
第 5 名 旅游经营部门
第 6 名 博客
第 7 名 杂志
第 8 名 报纸
第 9 名 旅游部门的营销资料
第 10 名 旅游机构的广告

图 6-8　中国入境旅游者信息获取平台

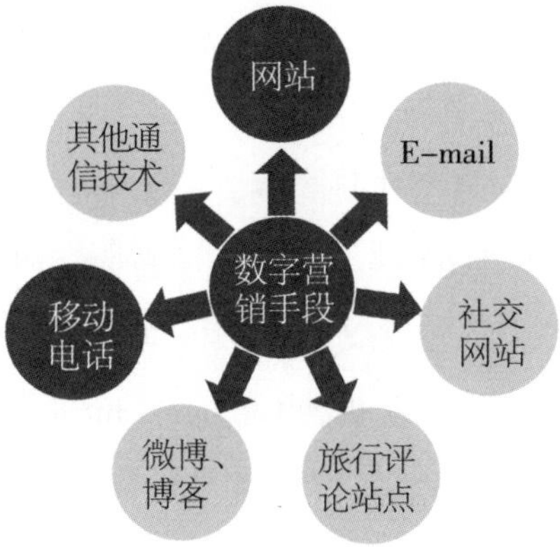

图 6-9　电子营销工具及场所

表 6-8　典型国家或地区游客所采用的社会媒体渠道

国家	Facebook	Twitter	YouTube	Other	Rss
西班牙	√	√	√	Formspring	√
意大利	√	√	√	FoursquareGoogle+Joinltaly	√
英国	√	√	√	FlickrGoogle+	√
德国	√	√	√		√
马来西亚	√	√	√	Trip Advisor	√
墨西哥	√	√	√	FlickrTrip Advisor	√
中国香港	√	√	√	Flickr	√
奥地利	√	√	√	Trip Advisor	√
加拿大	√	√	√	Flickr	√
澳大利亚	√	√	√	FlickrGoogle+	√

图 6-10　利用网络分享旅游经历

案例 4　“世界上最好的工作”如何撬动全球关注

2009 年 1 月，澳大利亚昆士兰旅游局向全球招募大堡礁“保护人”，主要工作为探索大堡礁各岛屿，包括喂海龟、清洗水池、担任兼职信差等，每周通过更新博客和网上注册等方式，汇报探奇历程，平均每周工作只需 12 小时，半年薪水为 65 万人民币。护岛人还可以入住澳洲汉密尔顿岛的高级宿舍，三房设计，有先进配套设施等。5 月 6 日，34 岁的英国人苏豪脱颖而出，这次由澳大利亚机构 Cummins nitro 设计的事件，被路透社等多个媒体评为 2009 年堪称经典的网络营销案例。总结其几点成功之处：一是最吸引媒体眼球的招聘，媒体的作用非常重要；二是最疯狂的网络营销，包括活动网站、各员工在全球国家的论坛、社区发帖，且借助 YouTube 在全球传播，口碑和病毒式传播，成功应聘的护岛人还需将自己的经历、照片、视频等以博客形式呈现给世界观众，甚至接受媒体采访；三是最好的旅游策划，各大重量级媒体对大堡礁进行了免费广告，昆士兰州旅游局将一个旅游胜地营销到了全世界。其前五大客源国是新西兰、美国、英国、日本和中国，它以各种语言的形式进行营销，花费 170 万澳元的活动带来了价值 7000 多万美元的公关价值。网络时代，大创意比大预算来得更有力、更时效。

（四）宁夏文化营销方向及指引

总体上，宁夏文化营销需要以下一些前提。

一是形成旅游目的地营销系统（DMS），采用多种旅游文化营销模式；成本允许的前提下，应时刻关注旅游者心理动机及文化需要，同时注重本地文化的合理开发。

二是需要更好的创意，设计内涵更加丰富的本土化、特色化文化旅游产品。

三是与整合营销、关系营销、服务营销、网络营销、绿色营销相结合，选择更有效的营销渠道及方式。

具体的做法包括以下这些。

一是主题形象营销。针对不同客源地将“神奇宁夏”及其他主题形象进行区别营销，针对欧美市场、亚太市场、阿拉伯及穆斯林市场、国内市场乃至下分市场，其主题形象应有不同定位，不同市场其主题形象不同，相应的营销也应有所差异；不同时期的营销广告反映的侧重点及针对性应有所区别，不能一成不变，应时刻考虑文化旅游市场需求及游客心理动机等多方面的旅游需求影响因素，切实做到准确定位。

二是影视手段、电视节目等娱乐营销。做好宁夏本土文化的影视拍摄、策划相关节目，如《两天一夜》《爸爸去哪儿》及国外引进节目的拍摄；具体做法见图6-11，将文化贯穿于旅游营销的每个环节，如挖掘拍摄地的文化内涵、进行文化传播、开发文化体验产品、调查文化需求、进行文化促销等。

三是名人体验营销。国内名人营销比较成功的案例有刘若英代言的乌镇旅游，“乌镇，来过便不曾离开”是许多见过此广告或到过乌镇的人都能体验到的。宁夏旅游营销是否可考虑合适的名人进行代言以实现旅游文化营销，尚需要进一步策划。

四是节事活动。根据相关研究，宁夏本地居民对中阿博览会了解较少，更何况外地游客。针对宁夏旅游营销，需进一步策划合理高效的节事活动，并扩大现有节事活动的影响力，如摩托车旅游节、宁夏电影节、啤

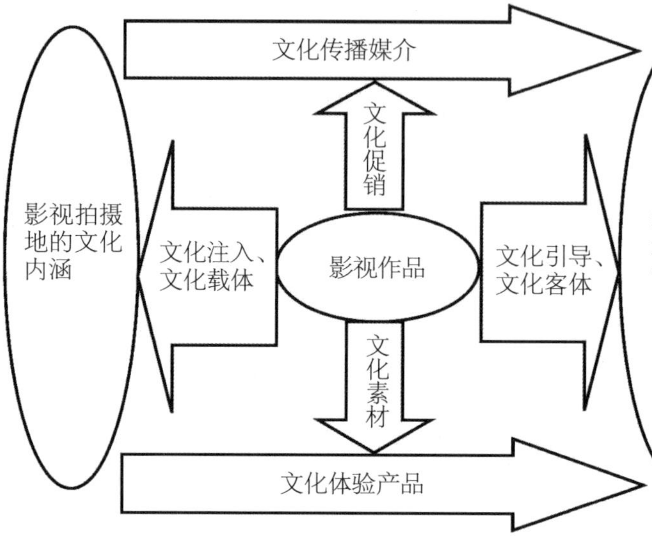

图 6-11 影视旅游文化营销模型

酒节及西夏文化节等；针对各大市场如欧美市场、亚太市场、阿拉伯及穆斯林市场的入境旅游者，其节事活动更需活化和创意；在其他地区或国家的节事上呈现“宁夏”元素。

五是大型舞台巡回表演。策划宁夏本土文化的舞台化呈现，在成本允许下进行巡演，扩大潜在游客规模。

六是网络营销、技术革新。采用社会媒体、博客、智能手机、微信等多种手段，精心策划网络营销方案，切实保障营销效果。

七是考虑与其他邻近省份或相关省份甚至是国外旅游目的地的联合营销。与西北五省区、丝绸之路沿线国家或地区，东中西部省份等进行旅游合作，实现旅游营销。2013 年世界旅游组织（UNWTO）提出了“丝绸之路项目”的目标体系（见图 6-12），各国联合、形成品牌、延长游客停留时间扩大旅游产出、文化及环境管理、文化传播等多方面。

八是对各手段进行效果评价，时刻调整旅游市场营销计划。有些手段实施后并不一定具有预期效果，应随时调整营销计划。

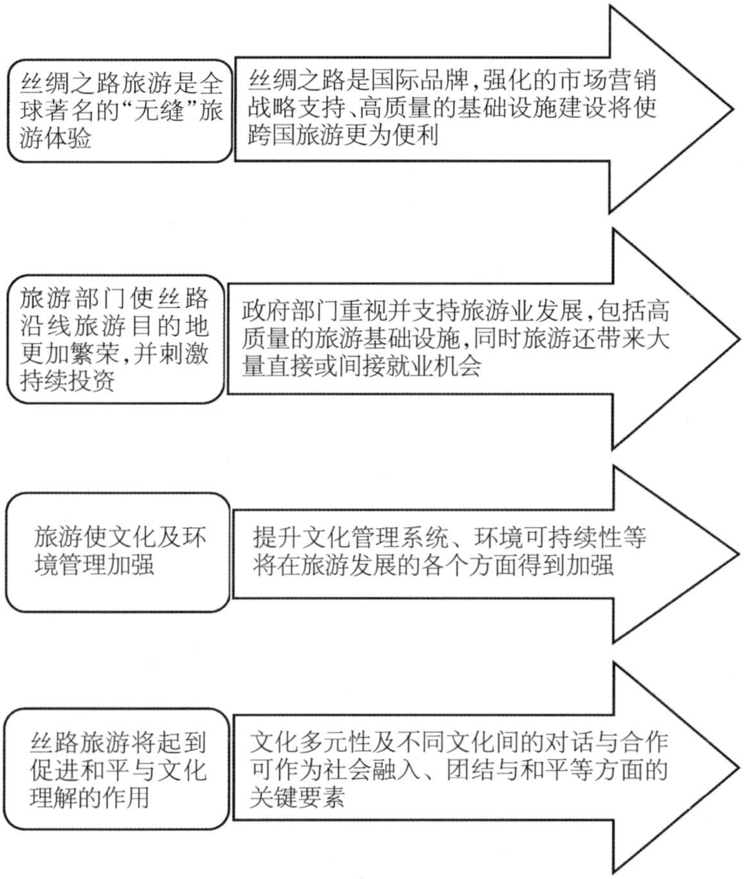

图 6–12　世界旅游组织“丝绸之路项目”目标体系

第七章　宁夏旅游业发展 PEST 分析与保障机制构建

一、宁夏旅游业发展 PEST 分析

(一)PEST 分析方法

PEST 分析方法是一个常用的外部环境分析工具，它通过四个方面的因素分析，从总体上把握宏观环境，并评价这些因素对企业战略目标和战略制定的影响。

P 即 Politics，政治要素，是指对组织经营活动具有实际与潜在影响的政治力量和有关的法律、法规等因素。主要包括政治制度与体制、政局、政府的态度以及政府制定的法律规范等。

E 即 Economic，经济要素，是指一个国家的经济制度、经济结构、产业布局、资源状况、经济发展水平以及未来的经济走势等。构成经济环境的关键要素包括 GDP 的变化发展趋势、利率水平、通货膨胀程度及趋势、失业率、居民可支配收入水平、汇率水平等。

S 即 Society，社会要素，是指组织所在社会中成员的民族特征、文化传统、价值观念、宗教信仰、教育水平以及风俗习惯等。构成社会环境的要素包括人口规模、年龄结构、种族结构、收入分布、消费结构和水平、人口流动性等。其中人口规模直接影响着一个国家或地区市场的容量，年龄结构则决定消费品的种类及推广方式。

T 即 Technology，技术要素，包括那些引起革命性变化的发明，还包括与行业或企业生产相关的新技术、新工艺、新材料的出现和发展趋势以及应用前景。

(二)宁夏旅游业发展的 PEST 分析

随着中国改革的不断深化和对外开放的不断扩大，社会经济快速增长，旅游需求稳步上升。有关研究表明，到 2020 年，中国居民人均 GDP 将达 3500 美元左右甚至更多，这将进入世界旅游界公认的旅游业爆发性增长阶段。旅游业作为崛起的支柱产业，不仅在国民经济中占有重要地位，而且在带动关联产业、改善经济结构等方面都具有重要的作用。宁夏旅游业作为宁夏经济发展的重要组成部分，得到宁夏回族自治区内相关人士的高度重视，其发展要求也相应提高。长期以来，宁夏旅游业在其自身内部改变调整的同时，还受到外部宏观环境变化的巨大影响，运用环境分析的有效方法——PEST 分析模型对宁夏旅游业发展的外部环境进行分析，列示和总结影响宁夏旅游发展的政治、经济、社会和技术四个方面的因素，确定出这些因素的变化对宁夏旅游业整体发展带来的影响，将有利于宁夏旅游业开发战略选择，最终促进宁夏旅游产业又好又快的发展。

1. 政治（Politics）

政治制度与体制、政府对组织所经营业务的态度发生变化，政府发布了对行业经营具有约束力的法律、法规等，在这些情况下，行业和相关企业的经营战略就必须随之做出调整。因此，在政治因素中，产业政策的变化无疑对旅游行业的发展起着至关重要的作用。宁夏旅游业在其发展的过程中，不仅得到国家和地方政府相关政策、法律、法规等的大力支持，同时也受到周边政治事件的消极影响，其发展既有机遇也充满挑战。

(1)国家对第三产业的高度重视为整个旅游行业的发展奠定了基础

在新世纪新阶段，党中央、国务院把扩大内需、促进消费确立为促进国民经济发展的长期战略方针和基本立足点。旅游业是第三产业的重要组成部分，是世界上发展最快的新兴产业之一，被誉为“朝阳产业”。《国务院关于加快发展服务业的若干意见》提出，要围绕小康社会建设目标和消费结构转型升级的要求，大力发展旅游、文化、体育和休闲娱乐等面向民生的服务业。2015 年 1 月 16 日，国务院印发了《关于促进服务外包产业加快发展的意见》，明确表示，要加快发展文化创意和休闲娱乐等领域服务外包。随着全面建设小康社会的不断推进，国家扩大内需的经济发展方略和加快推动服务业的发展，将为旅游业进一步发展创造新的机遇。在国家政策支持下，我国旅游业发展朝气蓬勃，宁夏旅游业发展作为整个国家旅游行业的一部分，必然得到良好的发展基础。

（2）“两会”中关于旅游业的提案对旅游业的健康发展产成了一定的推动作用

2015“两会”已画上句号，代表委员关于旅游的议案、提案和建议不仅受到旅游行业的关注，更在社会上引起反响。旅游厕所建设，文明旅游问题，赴港“一签多行”不能“一刀切”，如何落实好带薪休假制度，怎样在更大范围、更广领域实施免税政策，应建立责权统一的国家公园管理体制，度假旅游产品不能做成一个样，国家旅游局升格为旅游总局或改组为国家旅游发展委员会……一系列关乎旅游业健康有序发展的问题被广泛涉及。[①]这些提案、议案的通过和采纳必将对旅游行业的健康发展提供政策支持和智力保障，同时也将对宁夏旅游业的升级营造良好的政策环境和发展空间。

（3）“515”战略将优化入境旅游环境与政策

中国确定旅游市场“五步走”优化入境旅游环境与政策。为认真贯彻落实全国旅游工作会议精神，2015 年 2 月 9 日，全国旅游市场工作会议在北京召开。会议提出 2015 年全国旅游市场工作要深入贯彻国务院 31 号文件精神，全面落实全国旅游工作会议上确定的“515 战略”目标任务，大力开拓入境旅游市场，积极引导和扩大旅游消费，努力实现三大市场协调发展，不断提高我国旅游业的国际话语权和综合竞争力，构建旅游对外开放新格局。并提出从全力塑造国家旅游新形象，提升中国旅游品牌在入境消费市场中的吸引力；加大旅游新产品建设，培育市场消费新热点；强化联合推广新方式、运用智慧旅游新手段，努力扩大市场消费影响面；发挥旅游外交对市场发展的促进作用，努力拓展旅游市场新空间；积极推进出

---

①资料来源：《中国旅游报》。

台旅游新政策，创造旅游消费新环境等五方面进一步优化入境旅游市场的政策环境、舆论环境、工作环境。办好丝绸之路旅游专项活动和国家间旅游年活动、在“走出去”上形成合力、在“请进来”上提升质量，全力塑造国家旅游新形象，通过抓好大国旅游合作、周边国家旅游合作、发展中国家和传统友好国家旅游合作、多边合作以及旅游外交务实合作工作，拓展市场发展空间、优化市场发展环境、放大市场格局。

（4）“一带一路”建设为宁夏出入境旅游的发展提供了广阔的平台

2015年3月28日下午，国家发改委、外交部、商务部在博鳌论坛期间如期发布了《推动共建丝绸之路经济带和海上丝绸之路的愿景与行动》（简称《愿景与行动》）。规划中许多重磅内容将极大推动沿线国家及城市旅游业长足发展。该《愿景与行动》可从以下三个方面推动旅游业的发展。

首先，基础设施联通将大幅提升旅游可达性。尤其是深处内陆的丝绸之路沿线的中国中西部地区将极大改善交通条件，极大促进东部主要旅游客源市场进入中西部旅游资源集中的目的地，同时也将显著提升周边国家与中国边境省份之间的边境旅游。其次，一带一路沿线各国签署合作备忘录，简化人民往来的签证手续，将极大促进入境旅游和出境旅游，对于连年停滞不前甚至略有下降的入境旅游能起到力挽狂澜的作用。而蓬勃发展的出境旅游则将以更高的速度狂飙突进，增加更多异域风情的旅游目的地国家和旅游产品。最后，合作重点中专门提出，打造具有丝绸之路特色国际精品旅游线路和旅游产品，将是未来几年丝绸之路沿线地方政府和企业进行旅游策划、规划、设计、投资、建设和运营的一个重要方向。[①]

中国遭遇“旅游赤字”

《国际财经时报》称，中国正面临着“旅游赤字”。据统计，2014年中国游客在海外消费1648亿美元，比外国游客在中国的花销多出1136亿美元。结合国家旅游局和世界旅游组织公布的数据不难发现，2014年，中国

①http://mp.weixin.qq.com.

游客出境游数量再创新高的同时，入境游客数量再次减少。中国居民的可支配收入在2014年增加了10.1%，其中很大一部分转化为境外游和境外消费。与此同时，外国游客在选择境外游时，总是因为种种原因，跳过中国。有分析人士认为，这与中国空气污染和复杂的签证要求有关。而外国“驴友”则表示，在中国旅游成本越来越高是他们止步的重要原因。过去10年中，人民币对美元汇率上升了20%。

挪威摄影师汤姆·伯杰热衷旅游，过去5年中为中国文化着迷的他两次来到中国。他本打算更加频繁地到中国旅游，无奈获得签证困难重重。因为他生活的城市没有中国领事馆，伯杰除了60欧元的签证费，还必须向帮他办理签证的中介公司支付75欧元。135欧元的总费用相当于从挪威到中国往返飞机票价的1/4。而且在申请中国旅游签证时，必须出示预先设计好的行程，伯杰认为这样减少了旅行的乐趣，“我喜欢随时改变旅行计划，旅途中遇到‘驴友’，他们总会推荐一些不容错过的好去处”。被种种不便利“打败”的伯杰，只好怀揣着对中国的不舍，在越南、马来西亚、日本等中国周边国家旅行。

“丝绸之路经济带”建设对宁夏旅游业发展产生深远的影响。宁夏位于丝绸之路沿线的中国中西部地区，“一带一路”的建设将极大改善交通条件，极大促进东部主要旅游客源市场进入宁夏，同时也将显著提升周边国家与宁夏之间的旅游。宁夏是我国唯一的回族自治区，回乡风情浓厚，宁夏与阿拉伯世界各国联系密切，这为“一带一路”背景下宁夏的入境旅游提供了一个良好的资源基础。2000多年以来，络绎不绝的驼队迤逦西行，穿越中亚前往欧洲，走出了一条融汇东西方文明的丝绸之路。宁夏，是古代中原通往西域的咽喉要道，是古丝绸之路东段北道上重要驿站，曾吸引大批波斯和阿拉伯客商驻足停留；须弥山石窟是中西方文化在丝绸之路宁夏段上碰撞与交流的最大手笔；祆教、摩尼教、景教、佛教、伊斯兰教等的传教者、信仰者沿着古丝绸之路，历经千难万险，在历史长河中先后来到宁夏，寻找发展的空间。元明以后，“丝绸之路”对于宁夏不单是与欧亚各国经济贸易往来的古老通道，同时也是宁夏虔诚的穆斯林教徒迈向麦加、走进信仰的朝觐之路。

宁夏站在新的历史起点，落实中央提出建设“丝绸之路经济带”国家战略，发挥宁夏在“丝绸之路经济带”的支点作用，主动融入“丝绸之路经济带”建设。开辟宁夏成为阿拉伯国家“向东看”和中国“向西看”的契合点，宁夏旅游业发展正处于难得的机遇期和快速发展的提升期，国家支持宁夏建设西部独具特色的面向阿拉伯国家、穆斯林地区的国际旅游目的地。

此外，“一带一路”建设也给旅游业带来挑战，包括旅游安全指数、文化冲突和产品的价格竞争力三方面。这其中中亚各国的旅游产品尤甚。丝绸之路的中亚各国与中国的国情迥异，以往交流也偏少，难以避免文化冲突，甚至安全系数也较低。丝绸之路沿线的旅游产品，短期内仍然是价高人少，不可能像东南亚旅游一样甚至比三亚更便宜，但仍然有细分市场可以细水长流地经营。面对这些挑战宁夏需要加强法律保障、加大文明教化和做好精心运营，而非回避和模糊焦点。

（5）“西部大开发”与“向西开放战略”为宁夏旅游业发展提供了良好的契机

2010年8月，党中央、国务院召开了西部大开发会议，决定实施新一轮西部大开发战略，其主要内容包括：大力扶持西部地区利用资源优势发展特色旅游业在内的现代服务业，增加西部地区人民经济收入，缩小东西部差距。“十二五”期间，国家投入进一步向西部倾斜，国家对西部旅游业的投资也较之以往明显增长。宁夏作为西部大开发的重要地区，依托丰富多样的旅游资源，把握良好的契机，其旅游业迎来了发展的黄金时段。

(6)内陆开放型经济试验区为宁夏旅游业发展提供了新的机遇

2012年9月，国务院正式批复设立“宁夏内陆开放型经济试验区”，并提出了将宁夏打造成为国家向西开放战略高地和国际旅游目的地的宏伟目标。而旅游行业作为连接中国与阿拉伯国家的一条纽带，“先导”作用不可替代。在对外开放过程中，旅游业将为全区形象塑造、文化宣传、国际交流等方面搭建广阔的平台并发挥巨大的先行优势。旅游行业将牢牢把握这一机遇，充分发挥桥梁和纽带作用，为宁夏国际经贸合作发展创造有利环境。

(7)宁夏回族自治区不断加大对旅游的重视程度，形成了良好的发展环境

宁夏回族自治区政府不断加大对旅游的重视程度，把旅游业的发展摆到了较高的位置，明确提出“培育旅游主导产业”的战略思想。自治区人民政府与国家旅游局达成了关于加快《宁夏旅游主导产业战略合作框架协议》，2010 年 11 月《中共宁夏回族自治区委员会关于制定国民经济和社会发展第十二个五年规划的建议》明确提出：“要大力发展旅游业，着力打造西部地区独具特色的旅游目的地。”时任自治区党委书记张毅明确提出：“要继续增加全区旅游发展资金额度，国家和自治区党政领导均把大力发展旅游业视为培育宁夏经济发展新优势的重要举措，把支持旅游业的发展推向了新高度。”

2011 年 12 月 22 日，自治区党委十届十四次全体（扩大）会议通过了《宁夏回族自治区党委人民政府关于做强做大文化旅游产业的决定》（宁党发〔2012〕3 号），提出：做强做大文化旅游产业，大力推进文化旅游融合发展，努力把文化旅游产业培育成我区重要支柱产业和新的经济增长点，经过 5—10 年的发展，基本建成面向全国乃至阿拉伯国家和穆斯林地区独具特色的文化旅游目的地。

2012 年，自治区党委、政府出台了《关于做强做大文化旅游产业的决定》及其《实施意见》，提出了加快发展文化旅游产业的新战略、新任务、新内涵，确立了“文化旅游产业成为国民经济战略性支柱产业”的新定位，将发展文化旅游产业提升到了前所未有的高度。

2013 年，自治区政府提出全面深入贯彻落实党的十八大精神是促进旅游业科学发展的重要思想保证。要坚持以科学发展观为指导，紧抓“两区”建设为加快旅游业发展提供的重要机遇，充分发挥旅游业“先导”作用，大力推进文化旅游业整合发展，建设特色鲜明的国际旅游目的地。

(8)各地区恐怖事件的频繁发生成为宁夏旅游业发展的双刃剑

旅游业的发展与政局的稳定息息相关，旅游业的发展最需要和平的环境，恐怖事件与旅游就像火与水一样不可相容。虽然中国国际大环境和平友好，国内整体上政通人和，但是局部问题依然层出不穷。近几年来，恐怖袭击事件频繁发生成为中国旅游业发展的严重障碍，“3·1”昆明火车站暴恐事件、连续多发的新疆暴恐事件以及更早时期的西藏恐怖事件等，不仅使得少数民族地区旅游受到重创，也大大打击了人们出行的意愿，对整个旅游行业产生的消极影响不容乐观。然而，恐怖事件对宁夏旅游业来说却更像一把双刃利剑，宁夏旅游一方面因恐怖事件造成的行业整体效益下滑而受挫，另一方面又因自身仍处于和平安全的一隅而成为倾心西北民族地区旅游人们的首选对象，成为其发展的相对优势。因此，宁夏一定要在政治上竭力维护自身安定，为旅游业创造良好的环境。同时，旅游行业也要抓好机遇，迎接挑战，使其发展更上一个台阶。

2. 经济（Economic）

区域经济的增长加快了旅游业的发展，反之，旅游业的发展在促进区域经济增长上又起到重要的作用，二者相辅相成、相得益彰。影响旅游业发展的经济因素主要包括经济增长态势、旅游业的总体发展趋势、国民经济收入、居民可支配收入以及交通状况等。

(1)经济增长和国民收入增加是宁夏旅游业进一步发展的重要支撑

国际经验表明，经济增长和国民收入的增加，将为旅游需求提供重要支撑。伴随着改革开放和相关政策法规的不断完善，中国经济快速增长，发展势头明显。至 2013 年，我国共实现国内生产总值 568845 亿元（见图 7-1），城镇居民人均可支配收入 26955 元，农村居民人均纯收入 8896 元（见图 7-2），人民生活水平显著提高。在有闲置资金可以支配的前提下，人们的消费观念和消费模式也随之改变，除了满足基本的温饱外，开始追求更高层次的需求，旅游业作为满足更高需求的一项内容受到了广大人民的青睐。

图 7–1　2008~2013 年中国国内生产总值状况

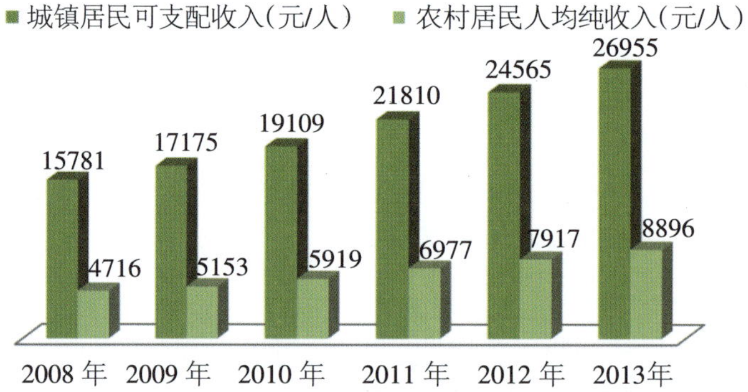

图 7–2　2008~2013 年中国城乡居民收入状况

数据来源：国家统计局《国民经济和社会发展统计公报》。

此外，宁夏经济增长突飞猛进（见图 7–3），城镇人均可支配收入和农村人均纯收入近几年来皆呈稳步上升态势。截至 2013 年，宁夏区内地区生产总值高达 2600 亿元，城镇居民可支配收入 21833 元，农村人均纯收入 6931 元（见图 7–4）。收入的增加使人们的消费意识开始增强，消费结

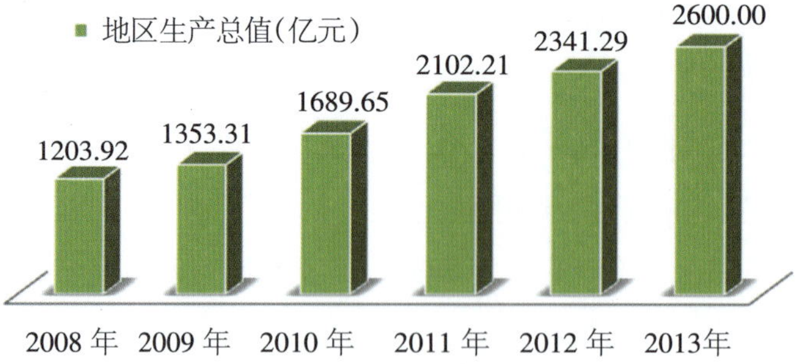

图 7–3　2008~2013 年宁夏地区生产总值

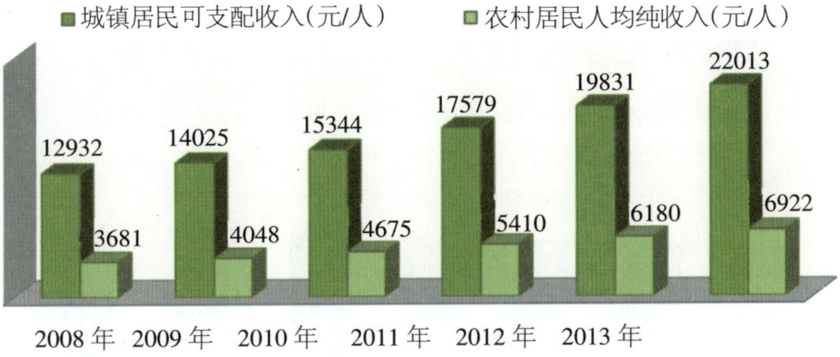

图 7-4　2008~2013 年宁夏城乡居民收入状况

数据来源：宁夏统计局《宁夏统计年鉴》。

构发生变化，这为宁夏区内旅游的发展提供了基础条件。依靠国家经济增长和宁夏本区经济增长的双重依托，伴随人民收入水平的普遍增加和人们生活方式持续转变，宁夏旅游发展环境和发展形势更加良好。

(2)城市化快速发展是增强城市吸引力和扩大旅游客源市场的助推剂

宁夏人口逐年增多（见表 7-1、图 7-5），城市化步伐日益加快（见图 7-6），资源、区位、环境等方面优势明显。随着各区域城市经济快速发展，宁夏工业欣欣向荣，经济实力不断增强。尤其是“大银川”发展格局模式（见图 7-7）和滨河新区建设战略规划的提出，使银川市大、强、美的发展理念深入人心，为银川成为经济实力强劲、辐射范围大、带动作用强的西北地区重要的现代化区域中心城市做了有力宣传，提供了无限商机，创造了良好的投资环境，致使城市影响力和吸引力不断增强，外来人口显著增多。宁夏发展前景宽广，较多的外来人口愿意留居宁夏，共谋发展。截至 2013 年年底，宁夏全区常住人口 654.19 万人，其中，城镇人口

表 7-1　2008~2013 年年末人口数统计表

年　份	2008	2009	2010	2011	2012	2013
全区总人口(万人)	617.69	625.20	632.96	639.45	647.19	654.19
全区城镇人口(万人)	277.82	288.21	303.57	318.56	327.96	340.28

数据来源：2008—2012 年来源于宁夏统计局《宁夏统计年鉴》，2013 年来源于宁夏统计局《宁夏回族自治区 2013 年国民经济和社会发展统计公报》。

340.28 万人，占常住人口比重 52.01%，比 2012 年提高 1.34 个百分点（见图 7-6）。人口的增长尤其是城市人口的增加为进一步城市化以及大城市格局的发展提供了基础条件，增强了吸引力。此外，宁夏旅游资源丰富，民族

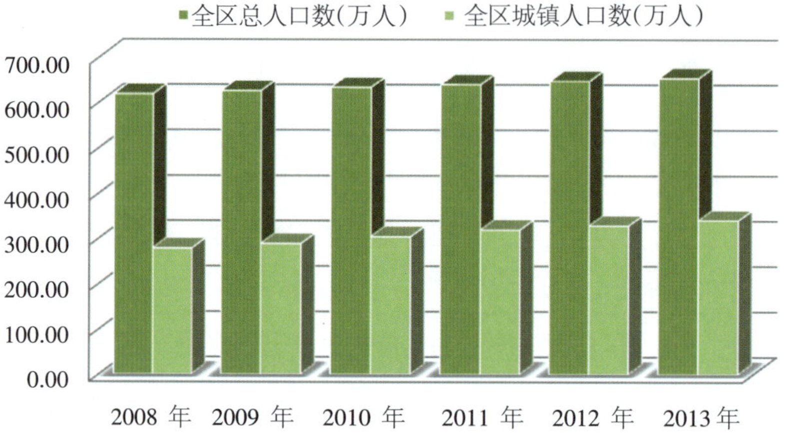

图 7-5　宁夏总人口、城镇人口数量

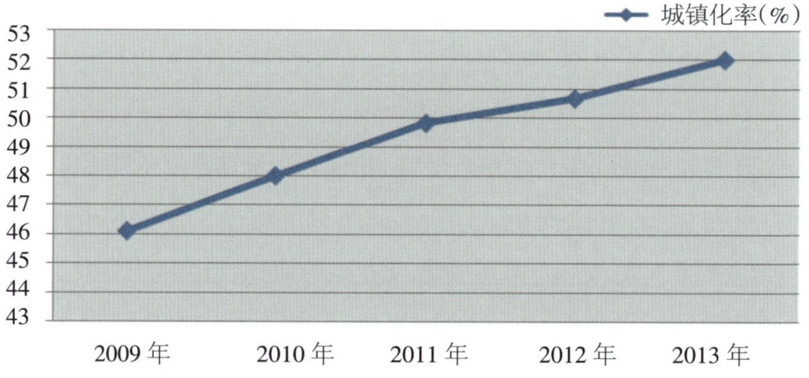

图 7-6　2008~2013 年宁夏城镇化发展趋势图

数据来源：宁夏统计局《宁夏统计年鉴》。

图 7-7　宁夏大银川格局建设

图片来源：http://image.baidu.com/i?tn=baiduimage&ps=1&ct=201326592&lm=-1&cl=2&nc=1&word=宁夏大银川格局建设 &ie=utf-8&ie=utf-8。

文化多样，城市化建设中的务工人员和基于城市吸引力前往的外来人口无疑成为旅游客源的潜在组成部分，最终为宁夏旅游业发展做出重要贡献。

(3)基础设施和交通的完善为宁夏旅游发展提供了基础条件

配套支撑体系不断完善，旅游业发展的基础更加稳固。经过多年的建设，宁夏现已建成较为完备的通信、供水、供电、供气和污染处理、防灾减灾等现代化城市基础设施体系，旅游业的发展已具备了更加稳固的基础。宁夏航空运输突飞猛进，高速公路四通八达，铁路运力不断增强（见图 7-8），公共服务体系日趋完善，配套的旅游服务设施已经形成（见表 7-2）。随着“太中银”铁路的开通，交通“瓶颈”进一步得到缓解，为旅游业的发展提供了更加便利的基础条件。

表 7-2　2013 年宁夏全区旅客运输量、增长速度及交通整体状况

	运输总量		运输周转量	
	绝对数(万人)	比 2012 年增长(%)	绝对(亿人/公里)	比 2012 年增长(%)
铁路	594	11	44.5	8.2
公路	16631	6.2	85.5	7.3
航空	204	8.7	26.4	12.4
总计	17429	6.4	156.5	8.6
2013 年年末宁夏铁路营运里程 1029.3 公里;公路通车里程 28553.9 公里,增长 7.7%;高速公路里程 1343.8 公里,比 2012 年增长 1.53%;机场吞吐量 424.78 万人,增长 11.5%。				

数据来源：宁夏统计局《2013 年宁夏国民经济和社会发展统计公报》。

图 7-8　宁夏交通建设

图片来源：http://baike.baidu.com/picture/。

目前，宁夏的高速公路呈现“三环九联”的分布格局：银川环线、中卫环线、石嘴山环线高速公路；银川至石嘴山、盐池至鄂托克前旗、盐池至中卫、中卫至海原、寨科至海原、固原至西吉、固原至彭阳、泾源至华亭、隆德至静宁高速公路（见图 7-9）；铁路网“五纵五横”：包兰铁路、银西高铁、宝中铁路、中卫至阿拉善左旗铁路、海原至同心铁路，干武铁路、太中银定边至银川联络线、太中银定边至中卫段、环县经海原至中川铁路、定西经隆德至平凉铁路（见图 7–10）①。

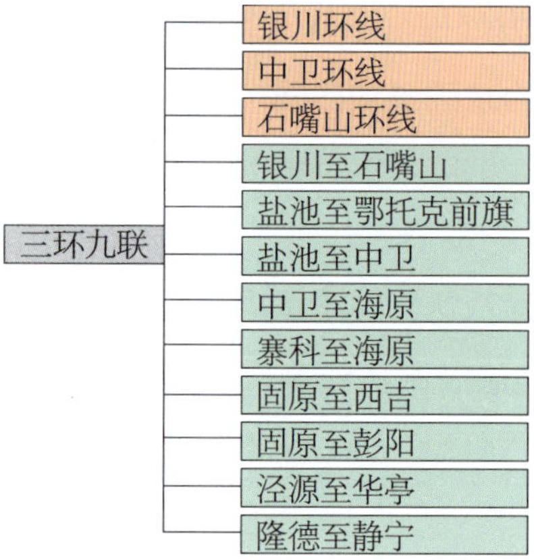

图 7–9　宁夏高速公路格局

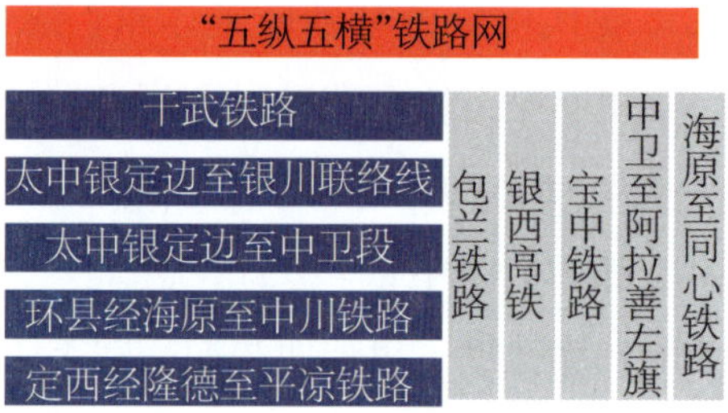

图 7–10　宁夏铁路网

自银川至韩国和银川至泰国两条国际航线开通以来，银川河东机场出入境旅客明显增加，出入境人员同比增长 809.7%。据海关工作人员介绍，对出入境人次数据增长贡献最大的莫过于开通的两大国际航班——银川至韩国航班和银川至泰国航班。其中，银川至韩国首尔航班自 2012 年 3 月 25 日开通至今，共进出 222 架次，运输出入境旅客 15848 人次；银川至泰国航班自 2013 年 1 月 13 日开通至今，共进出 29 架次，运送出入境人员 3567 人次。两大国际航班的开通，极大满足了宁夏及周边旅客出境旅游的需求。②

2010 年 5 月，由银川首发经深圳中转至迪拜的货运包机航线已经开通。宁夏已经成为中国对阿拉伯国家和地区重要的贸易中转口岸。2011 年 5 月 11 日由银川经昆明直飞迪拜的定期国际航班开通，这标志着宁夏正式搭建起至阿拉伯世界的空中“丝绸之路”。

(4)穆斯林商贸的发展进一步助推宁夏旅游向国际化迈进

2010 年，首届中阿经贸论坛在银川成功举办，银川成为中阿经贸论坛

① http://mp.weixin.qq.com/s? biz=MzAxNjAwOTA2Mg==&mid =202611276&idx=1&sn=4ae114081ce3f1715fa26ff3cdf7e2b9&scene=2#rd.

② http://www.nxnews.net/cj/system/2013/04/28/010560205.shtml.

永久会址所在地。论坛为宁夏与阿拉伯世界开展政治、经贸、文化交流提供了良好平台，有利于宁夏利用国内国际两个市场加速发展，有利于中国与阿拉伯世界的合作和联系。

随着中阿经贸论坛连续成功的举办，近几年，宁夏与阿拉伯国家在经济、文化等方面的联系日益紧密。2013年，中阿经贸论坛升格为中阿博览会，进一步加强了中国同阿拉伯国家政治、企业、民间的交流与合作，并将搭建中阿商品贸易、服务贸易、金融投资、技术合作、文教旅游五大平台。首届中阿博览会期间，由国家旅游局全力支持的世界穆斯林旅行商大会，更是为宁夏开拓穆斯林入境旅游构筑了快速通道。

中阿友好交往源远流长，随着穆斯林商贸的加速发展，双边合作进一步加深，为宁夏旅游带来了客源及随后经贸人员往来、经贸合作、各种设施以及项目的拉动效应，将极大地提高宁夏在阿拉伯国家和伊斯兰世界的知名度。

商贸的发展使宁夏旅游向国际化推进，巨大的潜在市场、世界穆斯林人口17亿、中东及阿拉伯国家3.5亿，其中每年仅中东及阿拉伯国家的国际旅游度假市场有700多万人。今后与阿拉伯国家在包括旅游在内的交流合作也将作为一种传统传承下去，不断深化彼此的国际关系。这将助推宁夏开拓国际旅游市场，为宁夏打造国际旅游目的地产生重大的影响。

(5)旅游业的发展在促进宁夏经济增长中作用明显

国民经济发展转型加速，旅游业在促进经济增长中的作用凸显。“十一五”期间，中国国民经济出现重大战略性调整，为了加快经济方式转变，突出消费在促进经济增长中的作用，国家在扩大内需、调整经济结构、加快服务业发展等方面出台了一系列措施。旅游业作为最终消费和综合性消费，在拉动经济增长、促进居民消费等方面具有独特作用和发展空间。旅游消费作为大众消费的重要内容和城乡居民的经常性消费需求，对国民经济增长起到了重大促进作用。

旅游业的社会功能大大增强，成为宁夏政府和群众关心的热点。在国家和自治区政府的重视下，宁夏旅游业加速发展，旅游经济收入持续增加

（见图 7–11），不仅在国民经济收入中占有比重不断加大（见图 7–12），而且在提高宁夏人民生活质量、拉动当地内需、促进消费、带动相关产业及人民群众脱贫致富等方面的作用不断凸显。旅游业对宁夏国民经济的贡献率持续攀升，引起了社会各界高度重视，形成了关心与支持旅游业的良好氛围，社会资本也开始转向旅游业，进一步促进了宁夏经济的增长，形成了良好的循环发展态势。

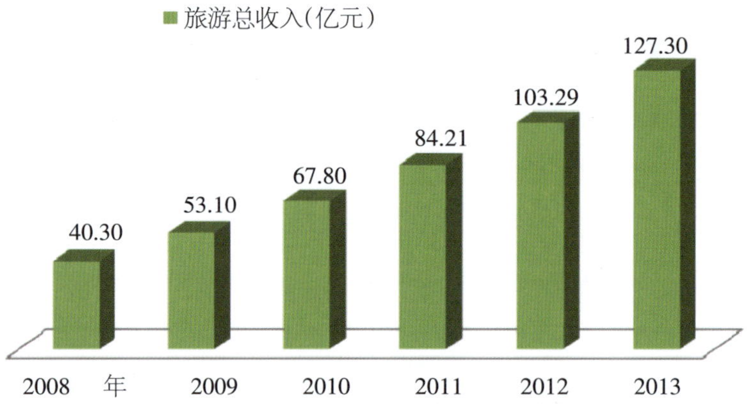

图 7–11　2008~2013 年宁夏旅游总收入

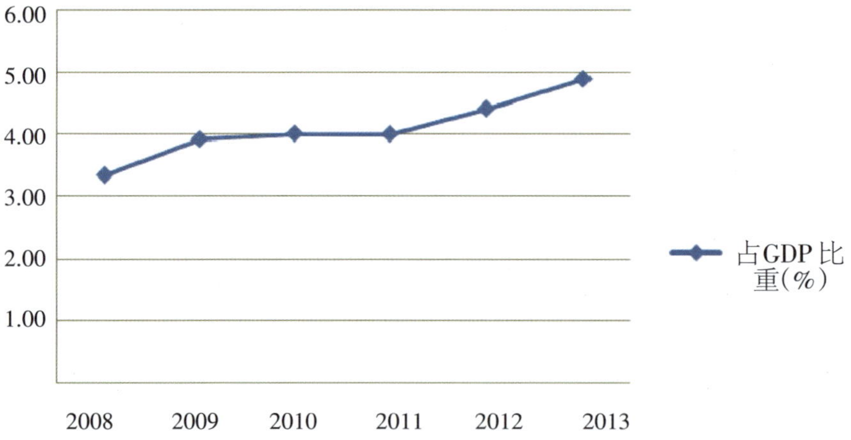

图 7–12　2008~2013 年宁夏旅游总收入占 GDP 比重

数据来源：宁夏统计局《宁夏旅游经济和社会发展统计公报》。

3. 社会（Social）

社会文化环境包括一个国家或地区的居民受教育程度和文化水平、宗教信仰、风俗习惯、审美观点、价值观念、年龄结构等。这些因素都会影响居民的需求层次、指引其消费取向，最终影响其对某种组织活动的选择，而这些因素的变化对旅游业的发展产生了重要影响。

(1)宁夏作为中国唯一的回族自治区与国际伊斯兰世界的文化和宗教相互吸引

穆斯林旅游市场潜力巨大，宁夏回族文化对于穆斯林旅游者来说既有着同源的亲近和吸引，同时也因其与中国传统文化融合而凸显独特魅力。当今世界的冲突越来越多由宗教、文化和民族的不同引发，中国回族文化正是不同文化和宗教和谐共生的范例，宁夏回汉人民的和谐共处、亲如一家，更是中国人民古老智慧的结果。因此，要面向世界彰显回族文化的和谐形象和理念。

(2)清真生活习俗能获得穆斯林旅游市场的信任，有利于进军国际清真产业市场

哈俩里或曰清真（Halal），意为许可的。起初，清真主要用于按照伊斯兰教教法宰杀的动物，后来延伸到所有包含肉类的即食食品，再后来延伸到其他产品。这个词不仅适用于食物和饮料，还包括日常生活所使用的一切事物，包括药和化妆品。作为有着同样宗教信仰和生活习俗的回族聚居区，宁夏更容易获得清真用品用者的信任和选择。

此外，全球清真产业的规模相当庞大，年价值约为2.1万亿美元而且还在继续增长。占据2.1万亿美元清真市场85%份额（占全球食物产业份额的20%）的产品是在巴西、美国、加拿大、阿根廷、法国、澳大利亚、荷兰以及新西兰生产的。阿联酋有几个大型清真食品生产商如“阿联酋家禽”（Emirates Poultry）和Al Islami。不过最大的清真食品生产商在西方，比如总部在瑞士的雀巢公司。雀巢公司不只是全球最大的食品公司，还是全球最大的清真食品生产商。在东方，泰国是最大的清真生产地（泰国甚至不是伊斯兰国家）。实际上，大量生产清真食品的伊斯兰国家只有印尼和马来西亚。

清真市场蒸蒸日上，宁夏有着天然优势，不能错失良机，应加快清真

认证（见图 7-13），获得国际穆斯林认可，开发各类清真旅游商品，发展清真产业。

图 7-13　国际上各类清真认证标志

国际上主要的“清真认证服务”(Halal Certification Services)机构

马来西亚 JAKIM-halal 认证机构

马来西亚伊斯兰教发展署 Department of IslamicDevelopment Malaysia (JAKIM) 是一家政府机构，作为马来西亚清真产业的领头羊，深受本国和国际市场的欢迎与认可。在马来西亚政府的直接领导与管理之下，认证业务已从本国走向国际市场，权威性和知名度将不断提高，更多的市场需求者积极寻求与 JAKIM 的协助和合作。由此可见，通过该机构所颁发的 Halal 证书在世界各国是通用的，也是全球所有 halal 认证机构中认可度最高，影响力最大的机构。

美国 HFCI-halal 认证机构

国际清真食品理事会（Halal Food CouncilInternational/ Halal Food Council S.E.A.）是美国多家国际清真认证运营机构之一，HFCI 机构是全球著名的伊斯兰清真认证机构。HFCI 已得到 JAKIM（马来西亚）、MUIS（新加坡）和 MUI（印度尼西亚）等国家的认可，并以东南亚清真食品理事会（HFC-

SEA）的名义在美国和世界各国运作。HFCI 严格按照马来西亚、新加坡和印度尼西亚制定的清真准则执行。世界所有伊斯兰国家都同意国际食品法典委员会（1997 年）发表的清真准则，其中包括清真屠宰、清真食品、清真化妆品和清真可用物品的标准。

有关亚洲区域的 Halal 认证事务现由加入 WHC 成员的 IFRC-halal 认证机构主席全面负责。因此，HFCI 机构所颁发的 Halal 证书在世界各国都是通用的，特别是欧美、非洲、东南亚及中东等地区更加深受认可。

美国 IFANCA-halal 认证机构

美国伊斯兰食品和营养协会（The Islamic Food and Nutrition Council of America）是一家致力于推广清真食品和清真机构的非盈利性伊斯兰机构，是全球最大、最权威、最专业的从事 Halal 认证的机构之一，成立于 1982 年，总部设在美国芝加哥伊利诺依州，在美国西海岸、加拿大多伦多、比利时布鲁塞尔都设有办事处。主要对生产食品原料、配料、食品添加剂、药品、化妆品及营养品的企业进行 Halal 认证。目前，全球已经有 2200 多家公司获得 IFANCA-Halal 证书。

IFANCA 是独享马来西亚政府委托，对北美、欧洲和亚洲地区食品进行认证的美国机构中唯一的一家，作为有信誉的清真认证机构，深受伊斯兰国家和清真进口地区的青睐。IFANCA 被以下宗教和政府机构承认和认可：泰国伊斯兰委员会办公室；印度尼西亚稳麦理事会（MUI）；新加坡伊斯兰宗教委员会（MUIS）；沙特阿拉伯世界穆斯林联盟；菲律宾清真协会；美国农业部国际项目。因此，IFANCA 机构所颁发的 Halal 证书在世界各国都是有效的，特别是北美和欧洲地区。

马来西亚 IFRC-halal 认证机构

伊斯兰食品研究中心（Islamic Food Research Centre）是 Bahtera Lagenda Sdn. Bhd.（BLSB）的分支机构。BLSB 是一家专业协助各公司获得 halal 认证的服务公司，针对各类产品、食品制成品和食品原料进行认证。公司拥有认证本国产品的马来西亚伊斯兰发展署（JAKIM）的授权，同时，也拥有认证进口产品的总部位于美国芝加哥的美国伊斯兰食品和营养委员会

(IFANCA) 的授权。BLSB 以 IFRC-ASIA 的名义给当地食品和出口产品，以 HFCI 名义给国际食品颁发 halal 证书，协助与食品相关的所有企业获得所需的 halal 认证，使客户的产品能够进入马来西亚和国际穆斯林市场。公司的服务包括：食品研发、食品咨询、认证培训、食品清洁服务、halal 认证咨询。

同时，伊斯兰食品研究中心 (IFRC) 已经加入世界清真委员会 World Halal Council (简称 WHC)，并成为 WHC 执行委员会的成员，Hj. Abdullah Fahim Ab. Rahman 担任 WHC 的清真认证和咨询等事务。众所周知，WHC 是由世界各国多家 halal 认证机构所组建的一个有着一定影响力和权威性的世界清真认证联盟机构，目的是确定国际清真标准的通用规则、制定统一清真标志、研究与发展清真贸易。凡是加入 WHC 并成为其会员资格的 halal 认证机构，就代表着会员所授予的清真证书可以在全球通用，该机构所颁发的证书在东南亚、非洲及中东地区深受青睐。

新加坡 MUIS-halal 认证机构

新加坡伊斯兰宗教委员会 Majlis Ugama Islam Singapura (MUIS)，也称为新加坡伊斯兰宗教理事会 (Islamic Religious Council of Singapore)，是新加坡负责处理穆斯林事务的最高伊斯兰权威机构，成立于 1968 年，是一个国家法定机构。作为新加坡唯一的清真认证管理单位，MUIS 确保所有的认证工厂都能获得良好的清真保证。

MUIS 被授予权利作为唯一的权威机构管理和规范新加坡的清真认证，是全球最著名、最专业的国际清真认证 (HALAL 认证) 机构之一。MUIS 在新加坡负责颁发清真证书给任何相关的食品、服务或活动。它还确保穆斯林法律在运输、生产、加工、储存、销售和食品展示方面得到遵守，提供服务和开展活动。

到 2007 年，全球经过 MUIS 认证的企业和单位已经超过了 2000 多家，并且作为清真食品保证保管者在确保新加坡 15%的穆斯林清真食品安全方面发挥着重要的作用。新加坡伊斯兰宗教理事会推出了一项能够在国际上提高清真认证标志信誉度的新方法，该方案称作新加坡 MUIS 清真质量管理体系（HalMQ），并于 2008 年 3 月 1 日之后，使用系统方法实现了应用在 MUIS 清真认证条件下的清真认证。

印度尼西亚 MUI-halal 认证机构

印度尼西亚乌拉玛委员会（MUI）于 1989 年 1 月 6 日通过决议成立了食品、药品及化妆品评估机构（LP.POM-MUI），该机构在 MUI 的指导下作为一个独立的组织机构，专门对食品、药品和化妆品进行深入的研究、调查和审核，然后把结果提交给 MUI。负责协助支持印尼安拉理事会关于食品、药品及化妆品政策、法规、建议及指南编制并决定，以确保提供给穆斯林消费者的食品、药品及化妆品是符合伊斯兰教教规的。

至今，LP.POM-MUI 已经获得了越来越多的信任，无论是消费者还是生产商。这种信任不仅仅是来自国内民众的信任，同时也有来自国际社会的普遍信任。因此，LP.POM-MUI 可以执行各种跨国公司的调查和审核，并且能够成为世界上其他类似清真认证机构的参考。由此可见，通过如此权威的伊斯兰教食品认证将使公司产品成为全球各区域消费者信赖的产品，该组织颁发的 Halal 证书在世界各国通用，在世界上也是权威性最高的机构之一。

菲律宾 IDCP-halal 认证机构

菲律宾伊斯兰宣教理事会（Islamic Da'wah Councilof the Philipines）在菲律宾证券交易委员会（SEC）指导之下，于 1982 年 1 月 4 日注册并登记，是由一名皈依的前基督教宗教领袖劳罗·德·莱昂（伊玛目穆罕默德·阿尔-劳罗·德·莱昂）领导和建立的机构，该机构的创始人大部分是菲律宾首家注册的穆斯林宗教机构（1953 年）的成员（CONVISLAM ）。

同时，菲律宾伊斯兰宣教理事会（IDCP）已经加入世界清真委员会 World Halal Council（简称 WHC）并成为 WHC 执行委员会的成员，Mr. Atty Abdul Rahman Linzag 担任 WHC 的秘书长。众所周知，WHC 是由世界各国多家 halal 认证机构所组建的一个有着一定影响力和权威性的世界清真认证联盟机构，目的是确定国际清真标准的通用规则、制定统一清真标志、研究与发展清真贸易。凡是加入 WHC 并成为其会员资格的 halal 认证机构，就代表着会员所授予的清真证书可以在全球通用，该机构所颁发的证书除了在本国深受青睐外，也在东南亚、非洲及中东等地区被认可。

荷兰 HFFIA-halal 认证机构

清真饲料和食品检验局（Halal Feed and Food Inspection Authority）是一家独立的基金会，给政府、工业界（非营利）组织和（教育）机构，并为消费者提供有关清真食品的信息。比如配料、添加剂和医药产品和动物的清真屠宰。

荷兰设计师克丽丝汀·梅因德斯玛曾经统计过一种动物身体各部分能生产出的所有产品。

3 年后，2009 年，她出版了一本名为《猪 05049》的书，证实这头代号 05049 的猪全身各部位共用于 185 种不同产品的生产，从牙膏到面团改良剂以及甜点。而猪产品的消费对穆斯林来说是非法的。行业专家称梅因德斯玛的书告诉大家，在全球化的今天，产品的加工如何发展，了解我们的食物及用品含有何种成分有多重要。

印度人穆罕默德·金纳（Mohammed Jinna）说清真的观念应该涵盖一切事物。“你的牙膏、香皂、面霜、唇膏——这一切都应该是清真的。”然而即使人们认为本该是清真的食物也有可能是不被允许的。

根据清真发展委员会行政长官兼秘书长——同时也是国际清真联合会的创建人和董事的阿萨德·萨贾德（Asad Sajjad）的说法，在某些方面，人们仍然缺乏清真意识。

让我们用糖果来举例。原料糖本来是源自植物的产品，但它的加工过程中会用到骨炭——来自动物骨头的炭，这种炭经常来自牛或者猪。如果是后者，那么最终产品就不是清真的。而且即使是允许食用的肉类比如鸡肉有时也不是清真的。在一些大型养鸡场，人们为了增加鸡的重量给鸡喂食蛋白质然后注水。“给鸡喂食蛋白质是为了把水留在鸡体内，否则水会被排出去。可那些蛋白质是来自于猪的。”萨贾德先生说。

(3)社会生活水平的提高增加了居民的高层次需求

随着我国经济的不断发展，人民生活水平显著提高。根据马斯洛需求层次理论，人们在基本的衣、食、住、行等得到满足之后，就会追求更高层次的需求。而在高层次需求中，马斯洛还曾增加“求知的需要”和“求美的需要”，将原有的五层次理论分为七个层次（见图7-14）。旅游可以放松身心、开阔眼界、洗涤心境、锻炼身体等，满足人们的社交、自尊、信仰、求知、审美、成就等高层次需求，因此受到越来越多人的喜爱。尤其在近几年中，人们开始追求不同的文化体验，追求新奇、刺激的心理，并且希望在休闲娱乐过程中获取知识，从而使得文化旅游产品被广泛关注，为旅游产品后续开发提供了一定的依据。

(4)教育水平的提升转变了居民的消费观念

随着中国教育事业的进一步发展，居民的受教育程度不断提高，九年义务教育已不能满足人们接受教育的需求，他们开始追求更高的学历和文化知识。仅2013年，我国全年研究生招生人数61.1万，普通本专科招生

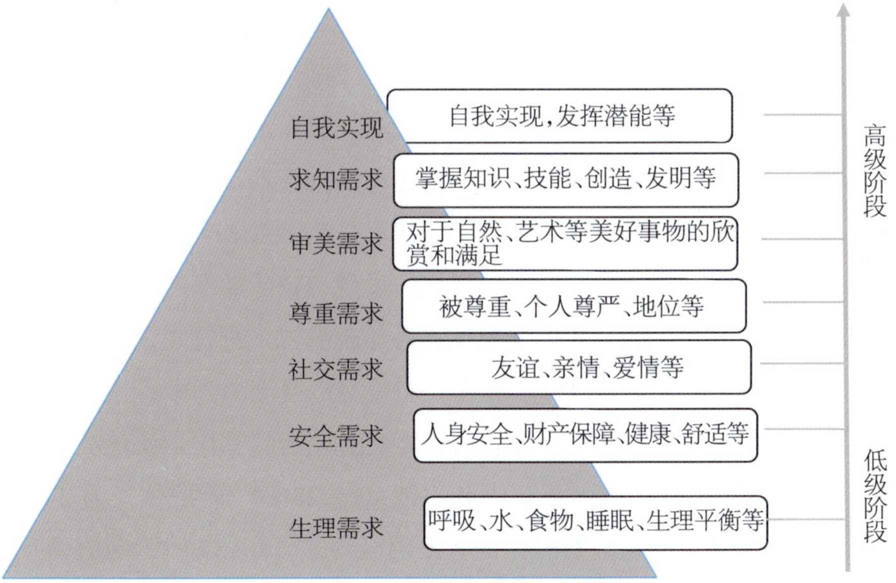

图7-14 马斯洛需求层次理论

人数 699.8 万，中等职业教育招生人数 698.3 万，普通高中招生人数 822.7 万。整体教育水平的提升使人们的消费观念发生新的变化，人们不再只对有形的物质消费感兴趣，而是越来越多地关注精神生活，文化、娱乐、服务等消费支出不断加大，休闲意识不断增强。在旅游消费中，人们的旅游动机已经逐步从纯自然的观光旅游向更富有知识性、文化性和娱乐性的文化旅游转变，将对具有丰富历史文化内涵的旅游活动抱有浓厚的兴趣。人们更渴望通过外出旅游获取更多的知识与体验，进而带着某种特定的兴致和目的，选择适合自己个性的旅游点或者旅游方式，通过参与特色旅游获得某种个性的肯定和自我价值的寻求。

（5）不同年龄阶层的旅游需求不断增加

我国人口众多，人口结构多样，不同年龄阶层的旅游需求不断增加。老年阶层因为退休后没有工作牵绊，而大多又有稳定的收入，加之他们了解外面世界的心理强烈，旅游市场规模庞大。青少年阶层中的学生阶层，虽然没有很强的消费能力，但他们对外面世界有着很多好奇和探求欲，旅游需求强烈，很多旅行社还特别制定了与之相关的学生旅游路线，旅游景区也推出了不同体验的旅游产品。已经踏入社会参加工作的青年阶层，既有很高的消费能力，又有强烈的旅游意愿，成为旅游业的主力军。此外，由于不同社会阶层，不同年龄层的经济实力有明显差距，中年白领的经济实力较强，支付能力也较强，其倾向于将更多的钱花费在社会文化消费产品上，而对于旅游的消费需求则更高。根据北京大学文化产业研究院 2012 年做的关于年龄对文化消费影响的调研报告发现，各年龄层的旅游支出远远超过其他文化消费活动，人们更愿意通过旅游的方式进行文化消费活动并获得更好的体验（见图 7–15）。而在具有较高消费能力的中青年白领阶层中，各年龄层在旅游方面的平均花费差距更加明显：其中消费最高的是“31~35 岁”的群体，为 5694 元，最低的是“16~25 岁”的群体，为 2739 元，且通过旅游进行文化消费的花销者比例极高，“46~55 岁”的白领几乎 100%倾向于旅游文化消费（见图 7–16）。

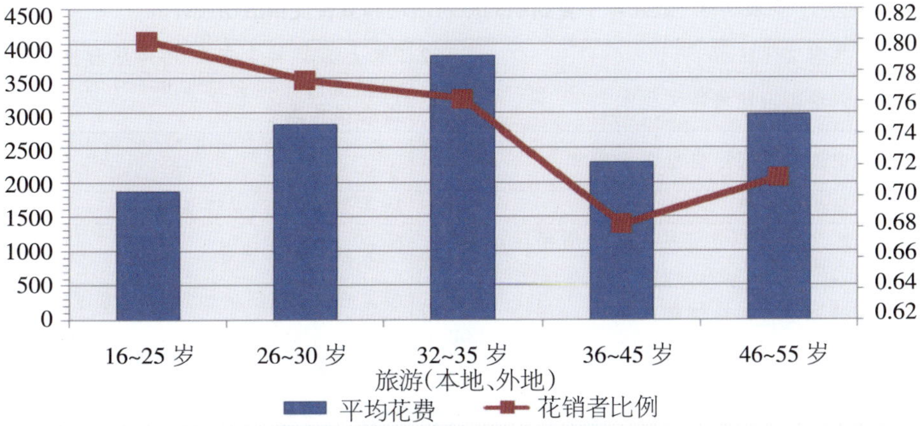

图 7–15　各年龄层旅游平均花费及比例

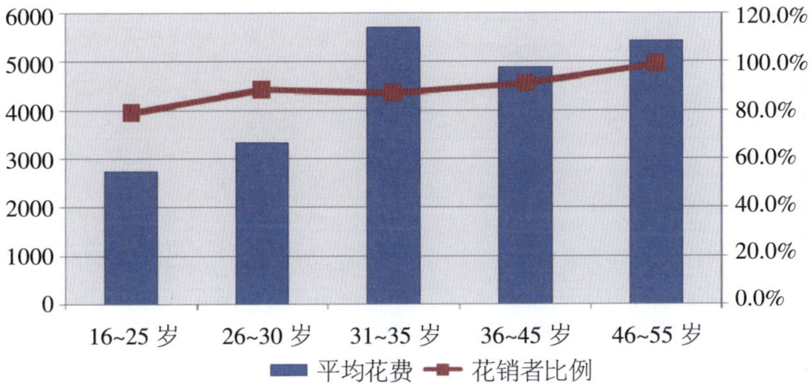

图 7–16　各年龄层白领旅游平均花费及比例

数据来源：http://www.icipku.org/academic/BasicRes/Consumption/2012/03/20/1481.html。

(6)节假日和文化旅游节的开办为旅游发展注入新的活力

随着对现行休假制度的完善和带薪休假制度的落实，巨大的国内旅游消费市场逐步形成。近几年来，中国节假日改革完善，增加了人们休闲娱乐的时间，尤其是“五一”“十一”旅游黄金周的兴起，为旅游业蓬勃发展注入了新的活力。与此同时，各地旅游文化节的开办，成为旅游宣传和促销的有力手段。宁夏各地区抓住机遇，积极开办不同形式的节庆活动和宣传促销活动（见表 7–3），如“中国宁夏大漠黄河旅游节”“中国（宁夏）国际文化艺术旅游博览会”“中国银川国际汽车摩托车旅游节”“宁夏冬季文化旅游节”“宁夏六盘山山花旅游文化节”“宁夏风”劲炫 2013

表 7-3　近几年宁夏组织的旅游活动和宣传促销活动统计表

1	冬季文化旅游节	22	"塞上江南 神奇宁夏"香港旅游推介会
2	六盘山山花旅游文化节	23	抢抓机遇开拓台湾市场　力促宁台旅游合作共赢
3	中国宁夏国际自驾车旅游节	24	"塞上江南 神奇宁夏"江苏南京旅游推介会
4	银川摩旅节	25	联手黑吉两省，共谋旅游发展
5	纪念水洞沟遗址发现九十周年国际学术研讨会	26	宁夏旅游赴粤促销
6	世界穆斯林旅行商大会	27	宁夏旅游局组团参加 2013 北京国际旅游博览会
7	须弥山石窟文化旅游节	28	宁夏组团参加第九届中国（深圳）文博会宣传促销
8	西吉丁香花节	29	2013 中国国内旅游交易会贵阳开幕 宁夏旅游贵州展魅力
9	冰雪旅游节	30	宁夏组团参加 2013 中国海洋旅游年港澳地区主题宣传推广活动
10	"沙枣花香·幸福灵武"文化旅游节	31	"塞上江南　神奇宁夏"发力上海滩 国际旅交会上精彩纷呈
11	"欢乐旅游、健康生活"5·19 中国旅游日活动	32	"塞上江南　神奇宁夏" 浙江杭州旅游推介会
12	银川赏石旅游节	33	宁夏旅游春光万里行第三阶段（江浙）旅游宣传促销
13	宁夏休闲旅游垂钓节	34	宁夏回族自治区在西安推介特色旅游
14	银川滨河冰雪彩灯艺术节	35	宁夏组团参加 "2011 北方旅游交易会"和第七届海峡旅游博览会
15	水洞沟踏青（宁夏人免门票）	36	"2011 年宁夏旅游春光万里行"活动
16	银川—曼谷直航旅游包机开通助力 2013 年境外旅游促销	37	宁夏在沪旅游推介
17	宁夏金凤凰 台北展风采 喜迎八方客	38	"宁夏风"劲炫 2013 中国国际旅游交易会
18	"塞上江南　神奇宁夏" 韩国釜山旅游推介会	39	宁夏旅游牵手北京通州
19	自治区旅游局随团参加意大利中国文化年旅游宣传月启动仪式	40	2013 宁夏（香港）经贸文化旅游活动
20	赴港参加 2009 宁夏（香港）经贸文化旅游活动	41	宁夏回族自治区旅游局利用哈洽会开展"塞上江南 神奇宁夏"旅游推介活动
21	台湾旅行商来宁"精读"宁夏旅游		

中国国际旅游交易会、2013 宁夏（香港）经贸文化旅游活动等。宁夏每年旅游节庆大小 15 场左右，旅游促销活动 20 余次，为旅游业发展和民族文化宣传做出了重要的贡献。

4. 技术（Technological）

技术环境要考虑和考察与所处领域的活动直接相关的技术手段和发展变化，旅游业中的技术发展包括交通、电子网络技术以及 GPS 卫星定位等工具的使用。此外，智慧旅游的快速发展和广泛应用将成为旅游业技术后续发展的主要方向。

(1)交通工具的改进和普及为旅游业发展提供了便利条件

目前，各地区交通工具形式多样，数量齐全、班次合理、时速快捷，不仅使人们出行更加方便，也大大缩短了旅行乘车时间，提高了游客出游的兴趣；飞机、轮船、火车、汽车等交通工具的生产技术改进及其成本的降低，使出行成本降低，增加了出游人员数量；国内高铁、动车等工程和项目的广泛建设和大量通行也极大程度地提高了时速，使游客外出便捷度和舒适度大大改善，提高了旅游吸引力，增加了游客外出的意愿。此外，由于生活水平的提高，私人汽车越来越多的进入普通家庭，自驾旅游成为居民外出旅游的一种新时尚，为旅游发展注入了新的活力。宁夏借助中阿博览会的平台，已经架起的“空中丝绸之路”，将 22 个阿拉伯国家作为合作的主要目标国家和目标市场，并向外延伸至 57 个伊斯兰国家。搭建起了以传承文化共通、扩大商贸共赢、深化经济共融为内涵，致力于全方位提升中阿政府、企业和民间层面的合作，构建商品贸易、服务贸易、金融投资、技术合作、文教旅游五大平台。所以，在打造网上丝绸之路方面，宁夏有得天独厚的优势，再加上宁夏在丝绸之路经济带的区位优势和丰富多彩的旅游资源优势，已经成为网上丝绸之路的重要支点。

(2)网络电子商务环境的发展为旅游业快速发展提供了新的平台

网络电子商务环境的发展使网络交易平台兴起，为人们了解世界提供了便利。电子网络一方面使旅游业各方面的相关信息公开化、透明化，增加了人们对旅游景区（点）的了解。另一方面，旅游点、景区、旅行社、旅游推介机构等的网络链接，加大了旅游宣传力度，尤其是目前微信等通信软件的广泛使用，在旅游口碑宣传方面起到重要作用。

此外，电子客票的普及使人们得到各种旅游票据更加方便快捷。除交通票据网上订购外，旅游机构也推出了各种电子票据，如景区门票购买、旅行社报名、餐饮住宿预约等均可在网上进行，使人们在票据获取方面更加方便快捷，增加了人们的旅游兴趣。

(3)地理信息技术和手机电子通信技术的发展使人们出行更加方便快捷

近年来，手机电子通信技术发展迅速，为旅游出行带来了极大的便利。旅游业是一个综合性行业，如果再加上后台服务，则技术应用非常广泛。GPS 定位系统与手机 APP 应用、互联网技术等相互结合，不仅能够准确定位游客出游线路，而且可以诱导交通、进行客流监控、实现旅游资讯共享等一系列活动，在为游客出行提供便利的同时，也方便了景区管理，成为旅游发展的主流技术和重要支撑。

(4)智慧旅游的发展和应用成为旅游业技术新的发展方向

智慧旅游是利用云计算、物联网等新技术，通过互联网/移动互联网，借助便携的终端上网设备，主动感知旅游资源、旅游经济、旅游活动、旅游者等方面的信息，及时发布，让人们能够及时了解这些信息，及时安排和调整工作与旅游计划，从而达到对各类旅游信息的智能感知、方便利用的效果。目前，智慧旅游的建设和发展成为各个城市旅游发展的新方向。2014 年 1 月，《宁夏旅游信息化 2013—2015 发展规划》暨《宁夏智慧旅游行动计划》和《宁夏旅游目的地数字系统建设规划》，正式通过了国家信息化专家咨询委员会、国家旅游局、科技部专家的评审，确定了以宁夏旅游云数据中心为基础，宁夏旅游公共信息服务体系、宁夏旅游产业管理与网络运营体系和宁夏旅游资源市场营销推广体系为重点的“一个中心，三个体系”的建设思路。现在，宁夏旅游信息电子认证系统、景区游客流量动态监测与服务系统、旅游电子门票分销系统、旅游目的地数字系统、旅游电子政务平台和宁夏旅游 APP 应用成功上线运行，为宁夏打造网上丝绸之路架起新的空中走廊，标志着宁夏旅游“大数据”时代的到来。智慧旅游将提升游客旅游体验和旅游品质，使游客利用手机和网络就能在旅游信息获取、旅游计划决策、旅游产品预订支付、享受旅游和回顾评价旅游的整个过程中都能感受到全新的服务体验，真正的实现“一机在手，游遍宁夏”。

二、宁夏旅游发展的保障体系与机制构建

旅游发展保障体系与机制构建是为了构建一个由各种保障性措施所构

成的相互关联相互作用的有机体系，它是弥补市场失灵、保证旅游均衡发展、大力发展旅游业的前提与需要。目前，宁夏旅游业虽然发展迅速，但相对于旅游大省和自身发展目标来说，仍然具有明显差距，宁夏旅游产业发展的各方面保障措施极不完善，构建完整有序的保障机制，使宁夏旅游业按照既定目标有序发展，成为一项尤为重要的内容。

根据宁夏旅游发展自身的特点和存在的问题，将宁夏旅游发展保障体系分为组织保障、政策保障、资金保障、人才保障、技术保障五个子系统。其中，组织保障处于中心和核心地位。政策保障包括宏观政策、法律法规以及规范条例，资金保障包括投资优惠政策、政府投资、企业投资、旅游发展专项基金，人才保障包括人才管理及培训，信息保障包括电子网络、移动通信等。每个子系统相互联系，共同为旅游发展服务。

（一）宁夏旅游业发展的组织保障

宁夏旅游业发展组织机构保障体系的最高层次为“宁夏回族自治区旅游发展促进委员会”，由自治区主管旅游的副主席担任委员会主任。可在宁夏旅游发展促进委员会下设立“宁夏回族自治区旅游咨询委员会”，作为组织机构保障体系的技术支持单位。咨询委员会为发展促进委员会提供各种决策参考意见和建议。发展委员会下面还可设若干个工作小组。各工作小组可由相关部门的主管和有关专家学者组成，负责不同的任务，如宁夏旅游规划研究、客源市场分析和营销对策、宁夏旅游市场秩序存在问题分析和宁夏旅游发展的对策建议等等。宁夏按行政区域划分的各市县可根据实际情况成立旅游发展领导小组，负责组织实施和监督当地的旅游开发。宁夏回族自治区旅游局在整个旅游发展保障体系中起着重要的作用。在自治区政府和自治区旅游发展促进委员会领导下，宁夏旅游局负责对全区旅游行业实施主要的行政管理，包括制订全区旅游规划、市场营销计划措施、收集和分析统计数据、开发人力资源以及对区内旅游企业的具体监督管理。

另外，可组织和设立“宁夏回族自治区旅游协会”。“自治区旅游协会”是一个半官方组织，其成员主要为酒店、旅行社、旅游景点经营单位和旅游汽车公司、自治区内旅游大专学院（职业学校）以及航空公司等。

旅游协会应积极组织旅游企业开展各种活动，加强企业自律，逐步变成真正的社团组织，发挥政府和企业之间的桥梁和纽带作用。

（二）宁夏旅游发展政策保障

宁夏旅游业是宁夏经济发展的重要组成部分，其发展受客观经济规律的制约。这就要求宁夏旅游业在发展的过程中，既要遵守国家和旅游行业发展的客观规律，又要根据自身发展特点，通过区内旅游政策和法规的手段对其发展方向、规模和重点进行有效调控，以实现最佳旅游发展状态。

1. 宏观政策

旅游业的发展离不开整个国民经济的发展，制定旅游业发展的宏观政策必须要建立在国家经济发展的大背景之下。由于旅游业是综合性关联性较强的行业，其大力发展必须加强与其他部门的合作。宁夏在制定旅游发展政策时，要充分考虑国家宏观经济政策，同时必须考虑与其他相关部门之间的联动性，还要均衡各相关者之间的利益。在宁夏回族自治区内，宁夏旅游宏观政策的制定需要和三个部门加强合作。首先，旅游部门要和财政税收部门联合，制定宁夏旅游业发展财政政策和税收优惠政策，通过税收、财政补贴、价格和优惠贷款政策等对有利于旅游发展的行为进行激励。其次，旅游部门应和科技部门联合，出台旅游业发展技术研发相关政策和鼓励机制，通过研发和引进相关高新技术来促进旅游业发展。最后，旅游部门还应和人事部门联合，制定和出台宁夏旅游发展人才引进政策，鼓励旅游专业大学生、研究生等高级人才来宁夏就业，为宁夏旅游发展贡献力量。

此外，宁夏文化旅游业虽然尚处于起步阶段，但其发展目标是独具特色的穆斯林国际旅游目的地。因此，宁夏旅游发展在宏观政策制定上还要充分考虑与中东阿拉伯国家的合作，制定投资优惠政策、国外游客入境旅游保护政策、购物退税政策等。

2. 法律法规

旅游立法是旅游发展的重要保障。宁夏旅游立法要在国家旅游法规制度的基础上进行。宁夏在具体实施上，既要注意协调好各地之间的关系，又要注意协调好政府与各个旅游参与主体之间的关系；既要明确资源的所有权归国家所有，又要保障好开发商的使用权；既要提供优惠政策鼓励招商引资，又要注意对那些污染重的企业有所取舍，不能只看眼前利益而忽视长远利益。

宁夏要通过三个方面来完善自身立法，保障旅游多方利益，进而形成一套操作性较强的体系。

一是要加强旅游管理、旅行社管理法律法规建设，维护旅游市场秩序，避免恶性竞争，维护游客的合法权益，提高游客的满意度，引导企业合法诚信经营，维护宁夏旅游的整体形象。

二是建立和完善旅游服务质量管理、质量评定法律法规，建立旅游服务质量、价格、线路、投诉处理等监管体系。

三是要依法加强市场监管和行业自律，维护宁夏旅游市场秩序，切实保障旅游经营者和消费者的合法权益和利益。通过法律法规的完善，为宁夏旅游的发展提供法律保障。

3. 规划与规范条例

旅游业的发展需要完善的旅游规划制度和旅游规范条例作为保障。一个旅游项目的顺利完成，不仅要有科学合理的规划，在其建设过程中更离不开规范条例的约束。旅游资源过度开发，旅游环境污染日益严重，就是因为缺乏科学合理的规划和相关规范条例作为保障，违章违规行为得不到严惩致使情况日益恶化。因此，宁夏旅游发展要吸取传统教训，在综合考虑社会、经济、环境、人力资源等各方利益的前提下，对旅游资源进行科学合理的规划，并制定适合自身旅游经济发展的规章制度予以保障，确保宁夏旅游实现全面协调可持续发展。

宁夏旅游发展在规划上，首先要完善规划细则，在现有的规划要求基础之上，制订细化的规划方法，要从标书的编制，招标资格的确定，评审标准的出台，具体办法的实施等方面规范招投标流程，对招投标工作中做得好的企业要予以肯定，并加以推广；对于招投标工作中存在问题的企业也要找出问题，并帮助其进行改造；对于经过纠正仍无法胜任的企业，要及时予以更换。还要对历次的招投标工作进行归档记录，以便在以后的招投标工作中作为参考。

其次要明确规划原则。旅游发展关系到社会、经济、政治、文化、环境等多方面要素，要根据当地的实际情况因地制宜的进行规划和设计，具体说来要实现旅游业全面协调可持续发展。

最后，旅游规划的内容要依据既定目标，科学合理地进行，在财力物力允许的情况下超前设计，为后期建设做好准备。

宁夏旅游发展规范条例的制定是约束不合理行为，从细节入手进行旅游发展保障的重要内容。宁夏旅游发展目前可制定的规范条例如：

其一，严格遵守旅游发展规划进行旅游开发的相关规定。

其二，限制重复开发低档次旅游项目，浪费旅游资源的相关规定。

其三，旅游企业恶性竞争的处罚条例。

其四，景区、酒店违规排污，破坏生态环境的处罚条例，等等。

在对宁夏旅游发展进行科学合理的规划的基础上，通过规章制度对旅游企业和旅游者以及相关者的行为进行约束，使宁夏旅游发展有章可循，保障宁夏旅游健康有序的发展。

（三）宁夏旅游发展资金保障

中国对伊斯兰金融越来越感兴趣，虽然至今没有一个独立的伊斯兰金融机构在中国运行，但对于伊斯兰金融产品来说，中国是一个具有巨大发展潜力的市场。

2015 年 3 月，首届全球伊斯兰投资门户会议在巴林举行。来自 80 多个国家 7 个区域的重要投资发展机构以及相关的投资人参加了会议，其中 30 多个国家属于伊斯兰会议组织的成员国，而 7 个重点发展区域包括：海湾合作组织，中东与北非地区，独联体国家，东南亚，南亚，西非，以及撒哈拉以南非洲。

会议主要就国际伊斯兰金融发展的趋势及其影响做了深入研讨，比如如何在拥有 6.7 万亿美金的伊斯兰金融市场里，找到投资与发展的机会；如何能够在长期运行的伊斯兰经济规则下，找到投资发展的机会。除此之外，会议还发布了“2015年伊斯兰市场成长报告”，指出了一些重要的具有巨大发展潜能的投资项目。

在过去的10年里，伊斯兰金融以双位数字增长，与此同时，更多的非伊斯兰国家也参与并抓住了伊斯兰金融发展的机遇。现在伴随着其他领域也逐步涉入伊斯兰金融体系里，可以预计，未来伊斯兰国家和非伊斯兰国家会有更多的跨领域合作与发展。

伊斯兰债券（阿拉伯语为sukuk）是伊斯兰金融体系中最重要的一个部分，2015年，相关的公司和政府预计出售大约145亿美元的债券。而在伊斯兰债券领域，伊朗、马来西亚和沙特阿拉伯目前占据市场的主导地位，英国也一直努力想参与到伊斯兰债券市场中来，2014年，英国就变成了第一个拥有伊斯兰债券的西方国家，前伦敦市市长吉福德曾说过这么一句话：“伊斯兰金融应该成为英国的炸鱼和薯条。”英国的伊斯兰债券在2014年6月开始出售，吸引了23亿英镑（35.5亿美金）的资金流入。而来自中东的资金被用来建设伦敦的一些大的建筑项目，诸如碎片大厦，它是伦敦最高的建筑，于2013年建完，这批中东资金的幕后金主就是来自卡塔尔的投资财团。

以中国为例，为了促进伊斯兰金融的发展，中国已经开始迈开步子，它通过某个特殊的产业或某个有选择性的投资渠道进入中国的主流经济里。而中国台湾地区正在努力发展与中东北非国家的关系，同时也在中东北非地区为台湾本身的产品寻找市场，并且允许中东北非国家在大中华圈内开展伊斯兰的金融贸易。至于中国香港地区，它发行了大量的以人民币计价的伊斯兰债券，此举让国际市场和一些监管机构不得不把注意力放在作为全球金融中心的香港身上，同时它也为宁夏回族自治区带来了很多外国的伊斯兰金融的投资。中国正在努力扩展伊斯兰银行业务，从而可以建立起与阿拉伯伊斯兰世界的贸易联络，同时它已经是这个地区最大的商业合作伙伴。

20世纪90年代以来，旅游产品的开发已从80年代的“低投入、高产出、见效快”模式逐步向“高投入、高风险、高产出”模式转化。旅游接待设施和交通基础设施已经不是制约宁夏旅游发展的关键因素。目前，宁夏旅游发展关键在于产品的品位和资金的支持力度。旅游业投资渠道众多，疏通投资渠道并建立多元化的资金保障制度，是保证宁夏旅游开发资金需求，促进宁夏旅游发展的必然选择。

1. 政府投资

宁夏旅游业起步较晚，属于政府主导型产业。目前，宁夏旅游业发展正处于转型升级的关键阶段，政府主导尤为重要。因此，政府应加大对宁夏旅游产业发展的资金投资力度，在逐年增加对旅游产业发展的引导资金和旅游宣传促销经费投入的同时，根据旅游发展实际，在相关资金的安排使用上更多地支持旅游业的发展。此外，政府还要在加强与国家有关部委衔接以争取更多旅游发展资金的同时，加大旅游招商引资力度，推动旅游企业上市融资、吸引带动社会投入，最终形成企业参与的市场化运作模式。政府投资主要包括以下几个方面。

其一，必要的旅游配套基础设施，如餐饮住宿业、主要景区连接交通干线的旅游公路建设以及文化内涵丰富、服务旅游经济的文艺精品的打造等。

其二，可持续发展旅游所做的规划与研究。

其三，公共性接待设施（如广场、厕所等）的建设。

其四，促进人力资源开发，为引进人才创造有力条件。

其五，招商引资商贸会，引进外资，并为企业间合作、交流等创造机会。

其六，政府购买公共服务。

2. 企业投资

政府投资虽然可以为旅游业的发展提供良好的发展环境，但是仅靠政府一家是难以实现旅游业快速发展目标的，必须充分调动社会各方面的积极性，利用各种有利条件和机遇，多渠道、全方位地进行招商引资。政府要鼓励和引导企业策划、包装那些品位、档次相对较好且能促进宁夏旅游业可持续发展的大中型项目，吸引国内有实力的大型企业或企业集团来投资开发。同时，要扩大对外开放，继续改善投资软环境，以适应“宁夏内陆开放型经济试验区”的发展需要，为国外公司创造更有吸引力的投资条件。此外，还要调动民间资本投资，以私人投资、旅游债券、信用担保、银行贷款、定向募集、个人贷款等各类形式大力吸收社会资金，以推动旅游业的快速发展。

3. 制定新的投资优惠政策

允许以外商独资或与国内企业合资的形式开发、经营旅游企业，不限制投资的比例，尤其要向阿拉伯世界推介旅游投资项目，提供旅游项目投资优惠政策；组织旅游项目及旅游资源考察，开展旅游投资咨询服务；鼓励和支持区内竞争力较强的旅游企业开展外包业务，在一定的期限内对各种外商投资项目给予减免税费，支持旅行社通过参股、品牌输出等形式跨国设立法人资格分支机构；保证外商投资本金和纯利润的汇出自由；保障外商的合法权益。

4. 设立旅游发展专项资金

设立旅游发展专项资金，列入宁夏回族自治区财政年度预算，根据旅游业发展的需要逐年增加。主要由宁夏回族自治区旅游行政主管部门用于全区旅游基础设施建设，旅游宣传促销以及扶持名、优、特旅游工艺品，纪念品的开发、促销等。由自治区财政部门负责监督。各市县也可根据本地旅游发展需要设立旅游发展专项资金。

（四）宁夏旅游发展人才保障

人才是旅游业发展的关键因素，要保障宁夏旅游又好又快的发展，必须建立合理的人才保障机制。

1. 人才管理

宁夏旅游发展一定要依靠人才的力量，做好规划、开发、运营和管理等一系列工作。宁夏旅游管理相关部门如宁夏旅游局应设立专门的旅游专业人事管理部门，负责协调各地、各企业人力资源开发，将旅游行业的人才需求和发展趋势等情况及时向上级部门和旅游教育机构汇报。同时，旅游人事部门能吸引国内外高级旅游专业人才加盟宁夏旅游业；建立“人力资源数据库”，扶持各地兴办旅游职业介绍所；还可考虑成立宁夏回族自治区旅游教育培训协会，通过协会调研人才培训教育中存在的问题并提出对策，亦可通过协会组织有关培训。

2. 人才培训

宁夏要加强旅游人才的教育和培训。现有旅游职业学校和大专院校的学生除课堂学习外，要加强与旅游景区和企业的沟通，明确旅游景区和企业所缺少的人才方向、了解需要掌握的专项技能。要多去旅游开发地实习，结合宁夏自身资源现状做出开发和管理的合理判断。

另外，各旅游企业应比照现有旅游职业学校和大专院校或其他教育培训体系的有关课程，编写出更能学以致用的内容开展内部培训，并从注重业务训练转向与个人发展相结合，从单纯传授业务知识、提高技能转向与开发情商、开发潜能、拓展训练、设计职业生涯等相结合，注重培养一专多能员工。

3. 宁夏国际旅游目的地建设人才保障方案

(1)推进高校、科研机构和旅游业界的合作，依托区内高校、科研院所，增设国际导游专业，进一步加强外语教学，增设阿拉伯语、韩语、日语、俄语等语种学习班，并加强国际地理和外国文化的教学，使人才培养更加适应建立国际旅游目的地的需要。积极引进、培养一批外语水平精、国外历史文化通的高级导游、旅游管理、酒店管理人才，建立高素质的旅游服务团队。

(2)逐步建立和完善旅游宾馆、景点服务人员、旅行社工作人员持证上岗制度，提高服务人员素质，改善服务水平，改进服务质量。

(3)要建立旅游人才培训信息系统，加强人才培训信息的沟通，推动人才培训工作的交流与开展，实现人才第一资源的合作互动、优势互补、互利共赢目标。通过人才的培养，为把宁夏打造成特色鲜明的国际旅游目的地提供人才支撑。

(五)宁夏旅游发展信息保障

高科技信息时代的到来为旅游业发展提供了机遇和挑战。信息时代使旅游业网络化、柔性化。信息时代富有弹性的变化趋势势必加大旅游经营管理者协调控制的复杂程度。谁能积极研究新的变化趋势，综合运用知识时代赋予人类的以高科技信息为主的知识体系，找准旅游业发展的切入点，谁将是 21 世纪的赢家。宁夏旅游业的快速发展一定要以先进的信息技术作为保障，才能拥有一定的市场竞争力。

1. 电子网络

电子网络技术为旅游商务提供了一个方便快捷的平台，是宁夏旅游发展信息保障的主要组成部分。宁夏必须推进信息化管理建设，发展旅游电子网络信息系统：要建设覆盖宁夏全区的旅游多媒体数据库，全面推进旅游咨询、旅游宣传、旅游销售的电子信息化；要完善旅游景区、旅游饭店、旅行社、旅游商品的电子管理系统，实现旅游经营主体的智能化管理。各市（区）、各旅游重点县、重点景区要建设旅游网站，并实现各旅游点、周边景区、旅行社等网站的链接，全面提升信息化服务水平。

2. 移动通信

移动通信技术已经成为经济发展建设中的基础条件。旅游业行业人员的移动性和信息需求的多样性，使有位置服务优势的移动通信技术备受青睐。移动通信技术与电子网络技术深度捆绑，为旅游发展提供了新的机遇。宁夏要建立覆盖全区的移动通信网点，加大移动通信在旅游咨询、宣传、销售等方面的作用，要依靠移动通信技术，通过交通诱导、智能导游等技术，为游客出行提供更加便利的服务。

（六）宁夏旅游发展保障体系构建

1. 保障体系子系统相互关系分析

宁夏旅游发展保障体系构成的要素是相互关联的，不是孤立存在的。宁夏旅游发展保障体系中的组织保障、政策保障、资金保障、人才保障、信息保障五个子系统的相互关系如图 7–17 所示。

组织保障各子系统相互关系。组织保障是最高层次保障，它是政策、人才、资金、信息保障的前提。组织保障下设的“宁夏旅游发展促进委员会”和“宁夏旅游发展咨询委员会”，将对旅游发展的政策、资金、人才、信息等相关内容进行统一决策和意见指导，处于中心领导的地位。而政策、资金、人才、信息四个子系统将在各自发挥保障作用的过程中向组

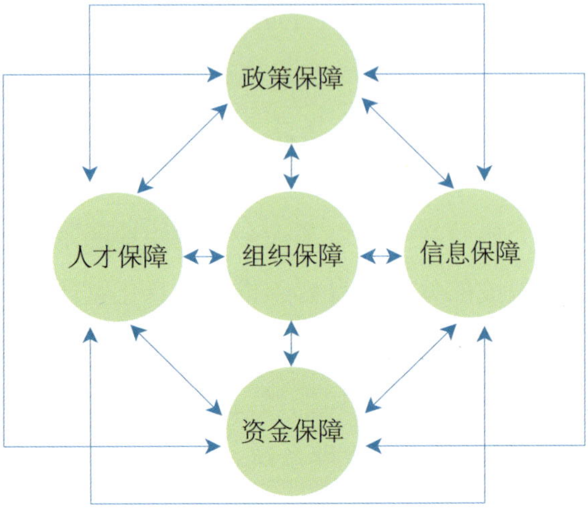

图 7-17　宁夏旅游发展保障体系子系统相互关系图

织保障提出相关意见并进行信息反馈。

政策保障—人才保障相互关系。政策保障体系可以提供人才管理和培训的相关政策，包括对人才引进的优惠政策，比如户籍政策、住房政策和福利政策等，就有可能吸引更多的人才加入到宁夏旅游的建设中来。相对应的，制定宁夏旅游发展的合理政策要靠熟知旅游发展规律的专业人才，人才的质量影响着政策的优劣，甚至影响着宁夏旅游的发展方向，没有好的人才就不会有好的政策保障体系，完善人才保障体系促进政策保障体系的发展。

人才保障—资金保障相互关系。宁夏旅游的发展要靠人才，人才的挖掘需要一定的资金投入，只有充足的资金保障，才有可能吸引高端人才进入宁夏旅游发展建设行业，反过来，有了人才也可以更好地融资或者获利，让资金保障体系更健全，两者之间是相互推动发展的。人才保障体系的健全和完善要靠资金，资金保障体系的发展要靠人才的推动。

资金保障—信息保障相互关系。良好的资金保障是旅游信息获取的重要基础。有了一定的资金保障，旅游各类前沿资讯和专利技术就更容易获得，也更有利于宁夏与其他旅游业发展较好的地区进行信息交流和沟通。反之，良好的信息保障又是旅游资金获取的有效手段，各类前沿的旅游信息不仅可以透析出旅游业未来发展趋势，使旅游各行业尽可能向盈利增收的方向发展，而且可以规避旅游行业投资中的风险，降低资金损失机率。

信息保障—政策保障相互关系。信息是科技进步、社会发展的关键性因素。宁夏旅游发展政策的制定包括旅游信息政策的制定，即关于对旅游发展信息技术的开发、应用以及宁夏智慧旅游的建设。同时，信息技术可以反应宁夏旅游发展相关状况，为旅游政策制定提供依据，使政策的制定更具有科学性和实效性。

政策保障—资金保障相互关系。政策保障体系中的关于政府出资，社会、企业融资以及外商投资等优惠政策的制定，将吸引社会大量资金，为旅游业发展提供财力支持。同时，政府可以从资金方面对市场进行宏观调控，避免旅游资源和项目的盲目开发。此外，在政策制定过程中，有了良好的资金保障，相关部门就更有能力和条件去邀请和聘用优秀人才制定更好的旅游相关政策，为旅游发展提供服务。

人才保障—信息保障相互关系。高素质的旅游人才对旅游行业信息技术的了解和掌握程度相对较高。专业的信息技术人才与旅游人才的相互配合，更能将信息技术运用于旅游业进而促进旅游业的发展。相反，信息资源越丰富，就越有利于高科技人才的发现和挖掘，同时也有利于现有人员的管理和培训，成为旅游业发展的基础保障。

2. 宁夏旅游发展保障体系结构图

宁夏旅游发展保障体系的五项内容相互联系，互相影响。组织保障是最高层次保障，处于中心地位，它与政策、资金、人才和信息保障一起共同构成了宁夏旅游发展保障的动态体系，并且在内部驱动力和外部推动力作用下不断地与外界发生物质、信息、能量交换。根据五项保障内容的相互关系，构建宁夏旅游发展保障体系结构图（见图 7–18）。

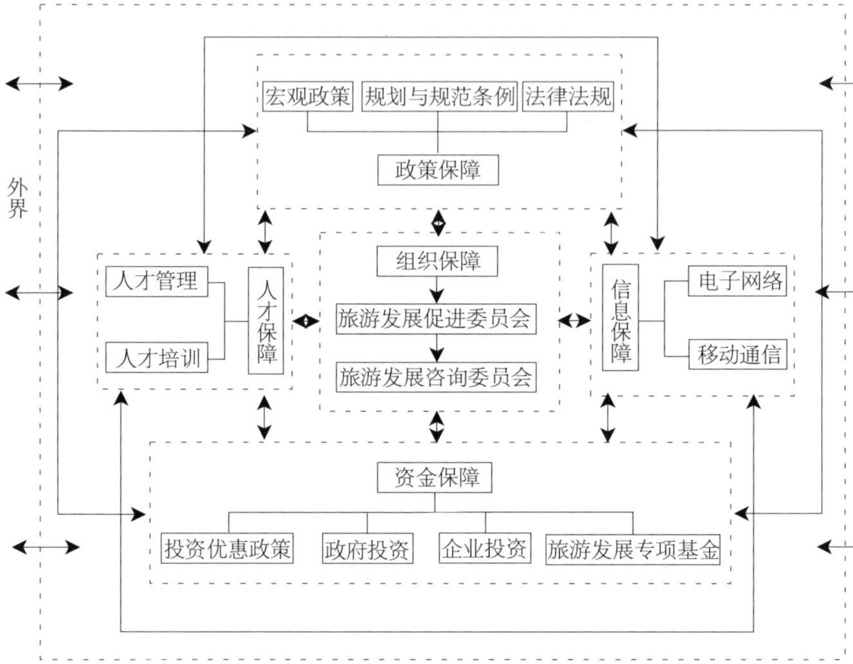

图 7-18　宁夏旅游发展保障体系结构图

综合来看，不管是文化旅游资源的传承与保护还是对其进行旅游开发，都是与其相关的各方利益均衡的结果。因此，文化旅游资源的开发利用实际上是在一整套平衡机制下的参与各方的利益达到“帕累托最优”时的一种经济行为。在文化旅游资源开发系统中，传承人、社区居民、投资者、经营者、旅游者、政府等是直接的参与者，构成了直接的利益相关方；相关文化学者和社会公众则构成了间接利益相关方。其中，传承人和社区居民是文化旅游资源的直接创造者，作为资源的所有者构成了第一方利益。投资者和经营者属于企业行为，是文化旅游资源向旅游产品转化的商品生产者，构成了第二方利益。旅游者是文化旅游产品的消费者，构成了第三方利益。文化旅游资源的传承与保护、开发与利用实际上是上述三方利益进行多重博弈的过程。在这个多重博弈过程中，政府是文化旅游资源转化为产品直至产品被消费过程中的服务者。政府行为一方面要体现社会公众的意愿，另一方面，还必须为社区居民、旅游企业和旅游消费者提供产品转化和消费的平台。而文化学者和社会公众作为第四方利益对文化旅游资源的传承与保护及其旅游开发起到推波助澜的作用。社区居民、旅游企业和旅游者是文化旅游发展的直接利益相关者；间接利益相关者包括政府、社会公众和相关文化学者，这些利益相关者之间的利益耦合关系是保障文旅游资源开发顺利运行的先决条件（见图 7–19）。

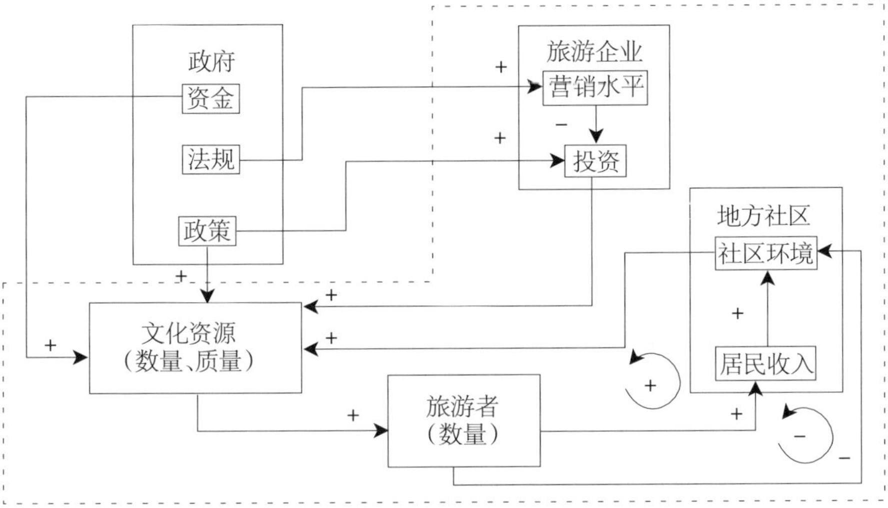

图 7–19　文化旅游资源立体开发保障机制

在由上述各方构成的系统链条中，旅游企业的营销水平和投资，地方社区环境和居民收入以及旅游者的数量和文化旅游资源的数量和质量构成了该系统的内生变量，而资金投入、相关政策和法规等政府行为构成了外生变量。这些变量之间的正负反馈关系推动了整个系统的发展演化，从而保障文化旅游的科学开发和繁荣发展。

第八章　宁夏文化旅游产业体系构建

一、文化旅游与文化产业融合路径

（一）资源产品融合

凡是对于游客构成吸引力的有形与无形事物都可以构成旅游吸引物，而沉淀深厚的文化资源是旅游资源的重要组成部分。因此，文化资源与旅游资源具有较大重合性和良好的组合性。文艺创作与表演、历史遗产保护、艺术品展示等文化活动在促进文化产业发展的同时也服务于旅游业，文化产业与旅游业资源共享才能创造更具吸引力的产品，实现综合效益的最大化。

如当前发展如火如荼的民俗文化村和古城古镇古村落等，借助其丰富的民俗文化和历史文化资源，发展现代旅游服务业，取得了很好的经济效益、文化效益与社会效益。以民俗文化、历史文化资源为依托，产生了丰富的文化体验游、休闲度假游、影视娱乐游、社区体验旅游等产品形态，不仅极大地丰富和创新旅游商业业态的内涵与外延，还在一定程度上为当地社区文化的复兴与传承提供了强大的发展动力与经济保障。

东方好莱坞——宁夏镇北堡西部影城

宁夏镇北堡西部影城有限公司成立于 1993 年 9 月 21 日，由著名作家张贤亮任董事长。因以古时屯兵的镇北堡两座废堡为基地，故称“镇北堡西部影城”。

镇北堡西部影城地处雄浑的贺兰山东麓，距银川市火车站 25 公里，河东机场 60 公里，110 国道和银川北环高速直达影城，是贺兰山东麓旅游景区的亮点。镇北堡西部影城自成立以来，董事长张贤亮率领全体员工在保护文物的基础上，通过智力策划，设计、创意，运用现代企业管理理念，将一片荒凉、两座废墟打造成银川首家国家AAAAA级旅游景区，被文化部评为“国家文化产业示范基地”和“国家级非物质文化遗产代表作名录项目保护性开发综合实验基地”，2011年荣获“中国十大影视基地”“亚洲金旅奖·最具特色魅力风景名胜区”，并被评为“中国品牌100强”和“亚洲品牌500强”，在全国绝无仅有，创造了中国旅游产业的奇迹，堪称“中国一绝”。被游客评为“中国最受欢迎旅游目的地”和“中国最佳旅游景区”，并被宁夏回汉乡亲誉为“宁夏之宝”。

镇北堡西部影城富含影视文化，在此拍摄了《牧马人》《红高粱》《黄河谣》等获得国际大奖的电影及《大话西游》《新龙门客栈》《锦衣卫》《刺陵》等200部脍炙人口的影视片，许多蜚声国际影坛的中国影星由此一举成名，故而镇北堡西部影城享有“中国电影从这里走向世界”的美誉。如今影城保留着各类影视片重要场景200余处，能让您进入银屏的梦境，全程提供免费讲解服务。如今又更上一层楼，以“继承中华传统，弘扬民族文化”精神为主线，逐步实现了从“出卖荒凉”向“出卖文化及历史”的跨越，成为中国古代北方小城镇的缩影，镇北堡西部影城“借影视艺术之体，还民俗文化之魂”，集中了大量中华传统物质文化与非物质文化，再现了我们祖先的生活方式、生产方式、战争方式和娱乐方式。广大游客朋友来到这里就像穿过了一条“时光隧道”，回到我们已经消逝了的过去，以此唤起我们民族的记忆。

2011年，镇北堡西部影城着力打造老银川一条街，同时推出旅游新概念——“养生休闲游”。不仅如此，游客朋友来到这里可以参与最具个性时尚的影视短剧、MTV等娱乐项目，让您真正感受到“来时是游客，走时成明星”。并有提供餐饮、住宿、休闲、娱乐的马缨花养生休闲中心和旅游商品超市，是一处服务优良的集旅游观光、娱乐、餐饮、住宿、购物为一体的体验型旅游景区，故有“宁夏之旅 必游影城”的赞誉。

镇北堡西部影城和“老银川一条街”都是张贤亮的立体文学作品，他将文学的想象力和构思铺写在大地上，可谓是“步步呈胜景，处处有文化”，您可以在移步换景中深刻体会到“旅游长见识，行走即读书”的奥妙。[①]

（二）市场融合

文化产业通过与旅游产业的融合，有效地扩充了其市场容量。文化产业辐射半径由当地居民市场逐渐延伸至异地的游客市场，并借助旅游业得到迅猛发展。如举世闻名的悉尼歌剧院、凡尔赛宫、维也纳国家歌剧院等，不仅是澳大利亚、法国、奥地利文化艺术的殿堂，也是当地旅游业的灵魂，来自世界各地的游客络绎不绝。北京、上海、西安、福州等地已挂牌的数十家旅游剧院，其目标就很明确，不仅为本地居民提供服务，还要为各地游客提供其喜爱的剧目，在丰富游客旅游体验的同时，也刺激了当地的文化产业发展。

另一方面，旅游产业也可共享文化产业的市场，进行旅游产品的包装、营销与推广。如文化产业中的出版发行与版权服务以及广播、电视、电影、广告、演艺等，旅游业不仅可以共享其文化产业的市场群体，同时可以借助其平台进行旅游的营销与宣传，如近年发展火热的影视旅游、动漫体验游、小说情境游等皆是如此。

水乡艺苑——浙江乌镇大剧院

乌镇，以其精致的江南水乡古镇的面貌示人，吸引了众多游客前往。起于2013年的乌镇戏剧节，为乌镇增添了许多艺术的氛围，对于游客来说，在游览水乡风光的同时，多了一种看戏剧的选择，除了看戏，乌镇歌剧特色的剧院也值得细细品味。

乌镇大剧院位于江南水乡梦境似的古镇，乌镇管理者将乌镇设定为国际重要戏剧节的活动地点。乌镇大剧院最大的挑战是设计一个包含两个1200和600个座位的剧院的大型建筑。使用吉祥文化的“双莲”作为比喻，它的功能完全使两个剧院共用一个舞台区，设计是由两个椭圆形状彼

①http：//www.chinawfs.com/index.asp.

此环环相扣，其中一个透明和不透明的形式组成。

由于其戏剧节和旅游的双重目的，剧院的功能是多方面的。包括正式的舞台表演，前卫的创作，时装表演，公约和婚礼仪式。游客到达剧院可乘木船或步行过桥。右边较小的影院坐落在“固体量”，踏板门厅各地，身着古代超大尺寸的砖，包段厚斜倚墙壁一样。扇形玻璃曲折前括在大剧院的左侧，与中国的窗口主题，在晚上发光，并反映在水面上，增加魅力，这种超凡脱俗的水村已经具有超现实的气氛。

（三）功能融合

文化旅游产业的功能融合，是在具体的融合过程中依托文化产业与旅游产业提供的产品或服务之间的融合，这也是文化产业与旅游产业融合较为常见的表现形式。在现实文化旅游产业发展过程中，通过功能上的融合，能够使相互有关联的产品能够为彼此带来业务，带来更大的市场份额，培育出更加符合市场需要的产品和服务。

功能融合主要是通过修学旅游、奖励旅游、医疗旅游和教育旅游等形式，使旅游的某项功能得以凸显和深化并得到强化和有效发挥，通过创新产业发展方式实现融合产业发展的相得益彰。

（四）渠道融合

旅游与文化产业的融合发展，不仅仅在于借助文化资源实现旅游观光的发展，更深层次的融合是丰富旅游产品的形式与种类，创新旅游产品与业态，丰富游客的体验，促进文化产业的全面发展，从文化服务到文化产品的销售再到文化产品的创作与生产的全面发展。而渠道是营销学中“4P理论”（产品 product，价格 price，渠道 place，促销 promotion）之一，对产品的宣传与销售具有重要影响。在现代市场经济时代，对渠道的占有是获得市场的关键因素。

如美国迪士尼集团的主题公园、地产和娱乐事业遍布全球，该集团凭借其拥有的渠道资源，在进行影视动漫拍摄后，迅速推进相关衍生品的开发，包括书籍、唱片、玩具、服饰以及主题公园的开发等。以影视动漫中的文化为主题，能够快速地进行相关文化产品的开发与销售，延伸文化产业链，提升产品附加值，正是凭借其所拥有的渠道优势占有市场。

迪士尼的营销策略与文化塑造

一、营销策略

（一）多元化品牌互动战略

迪士尼是沃尔特迪士尼公司的品牌，其中主题公园是迪士尼公司的品牌之一。卡通人物与迪士尼主体公园的组合是迪士尼在主题公园运作中最常见的一种品牌组合战略。因为迪士尼的卡通人物是迪士尼发展起始期的品牌，延续至今。从游客认知角度说，把电影卡通人物这样一个品牌引入到主题公园当中，能够使游客快速建立“公园—卡通人物—迪士尼”的品牌关联联系。

卡通人物品牌与迪士尼主题公园的组合主要通过以下三种方式来实现。

戏剧表演。在迪士尼主题公园内可以观到看迪士尼卡通人物戏剧表演、迪士尼卡通人物巡游以及与其合影等。

日常消费与主题公园相结合。迪士尼消费品通过在主题公园内设立大大小小的商品零售店，以主题公园为场所，为自己的零售品又增添了一条销售渠道。同时，会有一些特殊的商品在主题公园之外的迪士尼专卖店买不到的，这些是在主题公园内的零售店为主题公园起到了广告传播的效果。

网络媒体与主题公园的品牌组合。从性质上说，两者兼有传播媒介与渠道的功能。迪士尼采取的组合方式是：使一种成为商品，另一种为传播媒介。在奥兰多迪士尼世界中的好莱坞影城主题公园内，有属于迪士尼传媒集团 abc 电视网的参观景点，在其中，abc 电视网的历史以及其播出的主要节目可以被找到，而在一些快餐店，可以通过移动电视收看 abc 出产的电视剧。它对迪士尼“快乐文化”的核心价值，多个品牌构建起的品牌链条起着大众传播的重要效用。

品牌组合作为品牌战略的重要组成部分，需要依托强有力的公司品牌作为依托，在不同层次，以科学的方法对品牌进行组合。迪士尼以其80年的品牌形象，以快乐文化为核心，在主题公园、媒体网络、影视娱乐、零售消费品四个平行的子品牌中进行种类繁多、方法各异的品牌组合，使各个子品牌利用现有资源，优势互补，形成一条从商品到渠道不断变化的品牌组合之路。

（二）“体验与合作”双模式营销

迪士尼与其他行业的企业进行合作营销，对主题公园的作用和影响可以总结为以下几点。

良好的经济效益。合作方的资金投入可以缓解资金链上的压力，另一方面也解决了庞大游乐设施维修方面的费用。

合作方对于其赞助迪士尼的商品打广告、做宣传时，同时也是为自己在免费打广告。

与一些大公司、大企业在进行合作营销时，主题公园的品牌形象可以通过联想效应在公众心目中树立良好的市场形象。

与传统的规模营销、差异化营销、整合营销不同，体验营销是在21世纪兴起的一种营销模型，它要求企业以顾客体验为劳动对象，主动地为品牌服务，用商品作为辅导道具，体验就是从个人情感中被剥离出来，成为商业领域的一种经济提供物。迪士尼公园强调顾客的快乐体验，因此，其体验营销策略也从多层次、多角度在公园内展现出来，具体分以下几个方面。

感官刺激。迪士尼主要利用游乐设备及声光表演来满足视觉及知觉这两方面的需求及满足。大型的过山车与跳楼机让人体失重与速度的刺激，带上特殊眼睛才能欣赏的四维电影等使用高科技手段使人们的眼睛为之一亮。

逃避现实。现实世界总有诸多烦心之事，给我们的情感造成巨大压力。为此，迪士尼为我们的情感体验设置了一个世外桃源，在这里，人们可以无忧无虑地和卡通人物共同起舞，可以在古代城堡的顶层观看美轮美奂的烟火表演，充满快乐的童话王国为我们冗杂繁忙的现实生活提供了完美的逃避场所。

科普文化。迪士尼主题公园不仅满足人们对于生理及肢体方面的体验需求与快乐享受，在教育与普及知识层面，让人们充分体验求知的快乐。历代美国总统的成列馆、声光技术的演讲室、万国博物馆，使人在激烈的游戏过后，享受安静的气氛，这也给众多以家庭为出游单位中的家长以舒心，他们完全有理由再次带他们的孩子来此一游，来体验迪士尼公园中的科技文化。

通过以上三个方面的体验式营销，迪士尼主题公园赋予了快乐更广阔的含义，拉近了与消费者的距离，给予商品更多的文化附加值。

二、品牌文化塑造

（一）"体验快乐"的品牌定位

从市场远景角度说，"快乐体验"这样一个以文化概念作为品牌定位对于企业的发展具有很好的扩展性。不必拘泥于任何行业，因为快乐是可以通过任何一种手段来制造，来传播，来抵达消费者的。从开始的电影创造、卡通形象以及后来的主题公园和玩偶商品，迪士尼通过以"体验快乐"的品牌定位出发，寻找各种各样能够承载并传播快乐元素的商品及媒介，通过多元化的渠道，把快乐带给消费者和顾客，把成就与收益留给了迪士尼。

（二）多元化的传播途径

迪士尼所搭建的传播快乐的品牌主要由三个方面构成。首先，是通过直接的商品销售、卡通玩偶和实用小品。这些看似微小的物件其实是最能凝结快乐元素的，尤其是对于孩童来说。其次，通过媒介。迪士尼有自己的电影制片公司，在美国有专门的电视频道，相比与使用商品来传递快乐的品牌文化，电影、电视这样的大众媒介无疑是可以接触到更多的大众，无论是迪士尼的消费者还是潜在消费群体，都可以通过媒体来感知迪士尼所创造的快乐文化。最后，主题公园。主题公园兼有商品和媒介的双重功能。通过游乐景点和游乐设施以及公园内大大小小的商品零售点，让游客体验快乐、享受快乐。作为媒介，主题公园内塑造快乐区，在此，人们可以充分感受快乐的风味。

(三)企业文化与品牌文化的共同促进

迪士尼不仅重视对外的品牌文化建设与传播，向内也树立“快乐”为先的企业文化。例如，定期举行卡通人物与企业员工的快乐排队，提供打折的迪士尼商品等。培养员工的快乐意识不仅为企业的健康发展打下基础，还拓宽了品牌文化对外传播的途径，挖掘员工自身创造快乐的潜力，按照品牌管理中企业文化必须与品牌文化相一致的要求，提高企业文化向外转化为品牌文化的效率。

(五)企业融合

企业是市场经济的行为主体，无论是资源产品融合还是渠道融合，在一定程度上都依赖于企业的融合发展，同时资源产品的融合等也会刺激企业融合。企业融合发展不同于传统的企业横向一体化、纵向一体化发展，企业融合可以更加有效地提高资源利用率，提升产品附加值，优化企业资源配置，提升企业的核心竞争力，在竞争激烈的市场中争得一席之地。(见图 8-1)

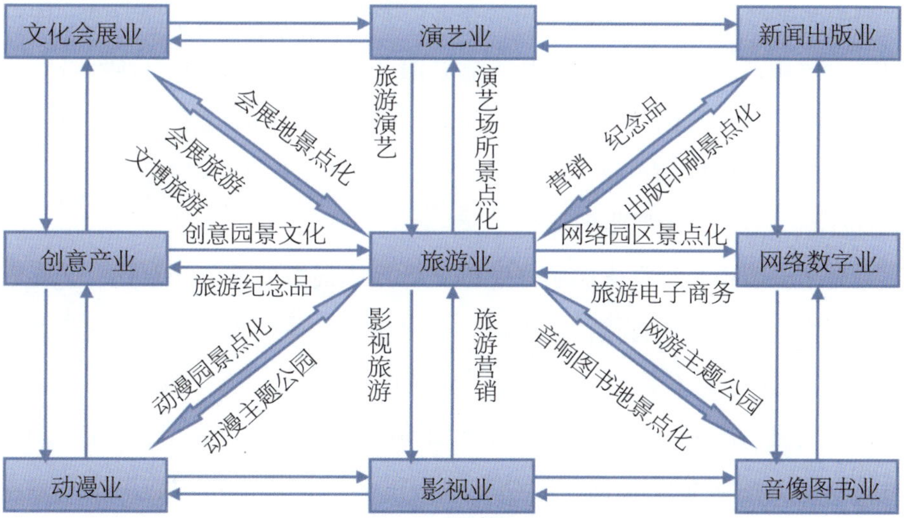

图 8-1　文化产业与旅游产业融合路径的过程模型

二、宁夏文化旅游产业体系主体要素与框架功能

依据构成要素的作用形式和功能特征，可将要素分为：主体要素、环境要素、文化旅游资源要素三部分。

主体要素。文化旅游产业创新的主体是指具有社会实体结构、直接承担创新功能的实体性创新要素，包括文化旅游企业、民众、政府、中介组织、大学及相关科研机构五个要素组成。

环境要素。创新环境是指文化旅游产业创新活动所处的各种政治、经济、自然、社会及其支持产业和机构的发展状况等诸方面因素相互交织、相互作用而形成的有机整体，是创新主体进行创新的一切外部条件的总和，分为硬环境和软环境。

旅游资源系统。是指对文化旅游者具有吸引力的、具有旅游价值的资源，包括自然存在、历史文化遗产、现代景观、无形的文化以及旅游服务条件等。本章主要论述文化旅游产业体系主体要素。

(一)文化旅游企业

包括从事文化旅游的旅游企业及与文化旅游相关的行业机构和企业。主要由两部分组成：一是直接旅游企业，是指利用历史的、地方的、民间的文化要素，以盈利为目的，从事旅游服务业务的企业，包括旅行社、饭店、旅游商店、餐馆、交通公司、旅游景点、娱乐场所等；二是与文化旅游相关的行业机构和企业，如文化产业，影视公司、出版单位、通信设施以及食品、卫生等生活服务部门。

文化旅游企业是文化旅游产业创新体系中最重要的经济单元，也是参与创新实现增值的最直接行为主体。文化旅游企业相当于一个“文化经济人”，将旅游地所承载的文化内涵以旅游产品的形式包装、加工、推销出去，是文化内涵创新与文化内涵外化创新的直接行为主体。在文化旅游创新体系中，旅游企业是创新活动的核心主体，也是创新活动重要的推动者，对文化旅游创新产品的生产、销售发挥着重要作用。

(二)民众

在文化旅游创新体系中，民众是指旅游地的居民。民众是文化创新的

源泉，也是文化创新的体验者和参与者。居民是一个地区精神环境的主要载体，人们的生活方式、邻里关系与历史信息的互动，和当地的物质形态历史遗存是融合在一起的，物质形态的历史遗存因为传承了历史信息的居民存在而充满了活力。在文化旅游创新体系中，民众在受到创新活动影响的同时，更是创新活动最重要的参与者、监督者与决策者，是创新的核心主体。

（三）政府

国内外的经验表明，政府凭借其崇高的社会威望、强大的管辖能力与雄厚的财政实力，能在旅游业的发展中发挥至关重要的作用。文化旅游产业创新体系中其主要作用体现在：依法治旅，创造良好的市场环境；政策引导；战略规划创新；加强文化旅游基础建设；营造文化旅游创新环境五个领域。

作为政府职能机构的旅游局则主要负责较为具体的事务，包括：信息提供，及时研究市场动态，通报给各旅游企业，统筹协调各地的促销工作，并及时根据市场发展，提出有关旅游产业内部调整的意见；规划开发，负责对区域范围内新建的旅游项目有关创意内容、规划建设等各项工作的审查；行业管理，按国家和区域内旅游法规和管理办法等，指导、监督区域内的旅游活动；业务培训，负责对区域内企业经营管理人员、技术人员、服务人员等的业务培训。由此可见，政府及其职能部门旅游局对于旅游产品的结构创新、形象创新、促销创新、市场创新起了相当大的作用，甚至直接主持或参与新项目开发环节中的规划、评审、引资等工作，应该是文化旅游创新的主体。

（四）中介组织

中介组织包括各种文化旅游行业协会及与文化或文化旅游相关的民间组织、文化事业单位、传媒等。

旅游行业协会包括旅行社协会、酒店行业协会、旅游协会等组织机构。民间组织，在中国是社会团体、民办非企业单位和基金会的统称。

社会团体是指中国公民自愿组成，为实现会员共同意愿，按照其章程开展活动的非盈利性社会组织。民办非企业单位是指企事业单位、社会团体和其他社会组织以及公民个人利用非国有资产举办的，从事非盈利性社会服务的社会组织。基金会是指利用自然人、法人或者其他组织捐赠的财产，以从事公益事业为目的成立的非盈利性法人。

文化事业单位，国务院1998年发布，2004年修订的《事业单位登记管理暂行条例》中将事业单位定义为："国家为了社会公益目的，由国家机关举办或者其他组织利用国有资产举办的，从事教育、科技、文化、卫生等活动的社会服务组织。"因此文化事业单位是国家为了社会公益目的，由国家机关举办或者其他组织利用国有资产举办的，从事文化活动的社会服务组织，如文化馆、文委，街道、乡镇文化站（所）等。

传媒，他们无形中充当了知识、信息传播载体与交换场所的角色，是政府、企业、民众之间联结的纽带。同时，也是文化旅游创新的直接参与者，是创新的主体。

（五）旅游院校及科研机构

旅游院校和旅游科研机构作为知识、技术的支撑主体，可以对区域文化创新提供知识、技术上的支撑，还可以通过对文化脉络的梳理研究为政府、企业的开发规划中的创新提供科学的指导。因此，旅游院校与旅游科研机构是创新的主体。

文化旅游产业创新体系各要素的结构功能：创新主体中，民众与企业是创新主体中的核心要素；政府是协调者、服务者、监督者；中介机构起到联结作用；旅游学院及科研机构提供科学指导，政府、中介机构、科研机构的创新活动可以直接产生创新，但更多的是为民众和企业创造更好的创新环境以促进二者文化旅游的创新。

三、宁夏文化旅游创新型产业集群设计

产业集群化发展是当今世界各国产业组织的先进方式。文化旅游是宁夏旅游的核心和主体，宁夏文化旅游能否在规模、层次、内涵上有所突破，关系到宁夏旅游业的可持续发展。宁夏文化旅游走产业集群化发展道

路，能迅速扩大文化旅游发展规模，提升文化旅游内涵品位，降低文化旅游产品开发成本，改善文化旅游服务环境，促进文化旅游产品的创新，增强宁夏文化旅游产品的市场竞争力。走产业集群化发展道路是宁夏文化旅游产业发展的一种必然选择。

虽然目前对于旅游产业是否存在集群仍有争议，但基于旅游产业的综合性、关联性、网络性等特点，旅游产业很容易形成空间集聚。此外，旅游产业内各行业为了共同的利益，他们之间的产业联系非常密切；再加上产业集聚可以扩大产业规模和提升地区的竞争力，因此，旅游产业集群应得到足够的重视。

（一）文化旅游产业集群概念

结合文化旅游产业和产业集群的概念和特征，本研究将文化旅游产业集群定义为：以文化旅游资源为依托，文化旅游核心行业（包括食、住、行、游、购、娱中体现文化内涵的旅游企业）、文化旅游产业的引致行业及相关服务和支撑机构，按照专业分工和协作的要求，为满足旅游者文化需求而在一定区域范围内（中小尺度的旅游目的地）聚集形成产业组织群落，构建起完整的文化旅游产业链的集群。文化旅游产业集群是文化旅游产业发展到一定阶段的产物，也是其发展的新模式。由于文化元素的加入，有利于形成区域独有的竞争优势，提升竞争力，从而在经济、社会、文化等方面可持续发展。

（二）文化旅游产业集群的构成

根据文化旅游产业的概念，文化旅游产业集群从横向上可分为核心层、外围层和支持层；在纵向上可分为文化旅游产业的创意主体、开发规划和制造主体、宣传销售主体、管理和服务主体等。基于文化旅游产业的结构，把集群划分为文化旅游核心产业集群、文化旅游关联产业集群和支撑服务产业等。其中核心产业集群主要由文化旅游产业的核心层和外围层中满足文化旅游者食、住、行、游、购、娱等需求，同时具有文化内涵或体现文化特色的旅游企业构成。如文化旅游景区（点）、特色餐馆、文化主题酒店、旅游纪念品商店、旅游车船公司、以推行文化旅游线路为主的旅行社等。关联产业集群主要由文化旅游活动所带动相关行业和部门的加入，主要包括外围层中为旅游者文化体验提供便利及基础设施保障的企业和组织。主要有文化类旅游商品制造业、文化旅游设施设备供应和维修商、旅游用品和纪念品生产部、旅游策划和咨询商、旅游广告和咨询媒体、印染印刷、建材建筑、电视台、报纸杂志、网络等媒体。支撑服务产业：对文化旅游业直接提供信息、人力、文化资源、管理等服务，保障和支撑文化旅游产业集群可持续发展所需的基础设施和配套机构和组织。如政府、各级行政管理部门、旅游行业协会、金融、保险、通信、培训机构、医疗环保机构、教育科研机构、旅游劳动力、旅游原材料供给者等。文化旅游产业集群是一个多产业联合运行的庞大而复杂的系统。

在文化旅游产业集群中，资源是产业集群形成的基础；景区和旅行社与旅游六要素相连，吸引相关企业集聚；旅游要素所涉及的旅游企业为文化旅游者的旅游过程提供旅游基础服务；区域内的其他旅游景观丰富了旅游内容；支撑和服务产业为旅游者和其他企业提供保障。

（三）文化旅游产业集群类型

由于划分标准不同，文化旅游产业集群类型也不同。目前，主要有以下几种分类。

第一种，按层次划分，分为宏观旅游产业集群（国家层面）、中观旅游产业集群（部门和行业层面）、微观旅游产业集群（企业层面）。

第二种，按组织结构划分，分为核心层（主导产品的重要生产商）、相关辅助层（主导产品的原材料供应商）、基础设施层（基础设施、人力资源、资金、技术等）。

第三种，按主导因素划分，分为资源驱动型、市场驱动型、政府驱动型等。

第四种，按企业内部结构划分，有意大利式集群（各类旅游企业主要集中在供应链的单一功能上）、轮轴式产业集群（不同的旅游企业和相关企业逐渐围绕着核心企业或旅游景区集群，布局形态表现为同心圆）、中心—网络式产业集群（以大型旅游企业集团为龙头，中小型企业为主体，相关旅游要素企业为依托形成的竞争合作产业集群）。

宁夏文化旅游有其多样性、民族性和特殊性，本研究从以下几方面对宁夏文化旅游产业集群的分类进行探讨。

1. 按主题划分

文化旅游资源种类多样，如宗教文化、民俗文化、红色文化、名人文化、饮食文化、建筑文化等。可以依托不同的文化旅游吸引物，开发出不同的文化主题，形成文化旅游产品，进而吸引相关旅游服务设施和企业在此集聚，形成不同文化主题的产业集群。如以贺兰山东麓为依托的葡萄酒文化长廊；基于西夏文化开发的西夏王陵风景名胜区和黄河横城国际旅游产业区。

2. 按层次划分

根据层次划分，文化旅游产业集群可分为：宏观文化旅游产业集群，这类集群关系到国家经济结构，基本上是政府的战略安排，如大型文化旅游企业集团和国家级旅游区。目前，国家层面的文化旅游产业集群较少，将宁夏建设为中国与阿拉伯国家及伊斯兰世界文化交流合作窗口即是国家层面的战略规划。

中观文化旅游产业集群，是在一定区域范围内，文化旅游企业、相关企业及支撑服务机构因地理位置靠近，围绕旅游核心吸引物集聚，且在产业间和产业内相互协作形成的产业集群，这种多是自发形成的。如宁夏旅游业发展“十二五”规划中提出的建设五百公里“黄河金岸”生态文化旅游带，包括沙坡头、西部影视城、沙湖等著名景区。沿黄各市旅游产业逐渐打破行政界限，加大彼此之间的产业联系，形成区域旅游产业集群。

微观文化旅游产业集群，即围绕一个或几个核心文化旅游企业，如饭店、购物商店，再加上其他服务企业，形成的企业层面的产业集群。如永宁县纳家户清真寺及中华回乡一条街，滨河新区景城一体化发展轴，银川市新华商圈。微观文化旅游产业集群具有灵活性，更容易形成具有地方特色的文化氛围。

3. 按集群内企业组织结构划分

从集群内企业组织结构来看，文化旅游产业集群可以分为：轮轴式、马歇尔式和“龙头+网络式”文化旅游产业集群。轮轴式文化旅游产业集群是核心旅游企业及相关企业以大型文化旅游景区为核心，在其周边集聚，形成同心圆的布局形态。如沙湖旅游区近十公里范围内，有文化创意园、农家乐、宗教文化旅游等各式文化旅游企业、相关企业布局。

马歇尔式文化旅游产业集群，即中小企业围绕多个不同的核心吸引物集聚，因而企业间存在可替代性，竞争激烈；各集聚体分布较为分散，很难形成规模集聚效应，但有利于进行多样化开发，灵活地应对风险。如滨河新区在百公里范围内聚集了黄沙古渡、兵沟、黄河横城、鸣翠湖等众多星级景区，围绕在景区周边的文化旅游企业规模形似，特色各异，竞争激烈。

“龙头+网络式”的文化旅游产业集群，依托具有很强旅游吸引力的“龙头”，其他旅游集聚体在其周边不断发育壮大，最大程度地发挥规模集聚效应。如沙坡头旅游区周边通湖草原、迎水桥镇沙坡头村、童家园子等，围绕在沙坡头旅游区周边，经营地方特色与民族特色餐饮，销售土特产品、手工艺品，为游客照相等，沙坡头上游的南、北长滩村民利用河湾果园、田园风光、黄河水车等资源也发展了黄河民俗村。

4. 按旅游产业集群形成的主导因素划分

按旅游产业集群形成的主导因素可以分为资源驱动型和政府推动导向型文化旅游产业集群。资源驱动型文化旅游产业集群需要拥有独特的、具有优势的文化旅游资源，继而不断吸引其他的旅游企业、机构等进入该区域形成集聚。如大沙坡头国际旅游区，这种集群多是在市场导向作用下“自下而上”的形成。政府推动型文化旅游产业集群，即在产业集群发展中，政府协调文化旅游产业和其他产业之间的关系，进行合理的资源分配和控制，为旅游产业的有序、可持续发展提供必要的政策和良好的市场环境。文化旅游产业作为一个朝阳产业，发展还不成熟，在开发规划、宣传等各方面都需要国家和各级政府给与支持和引导。尤其是在宁夏这种文化旅游资源非常丰富但经济欠发达的地区，更需要政府“自上而下”的干预和培育，制订文化旅游发展规划，在政策上给予更大优惠，吸引和鼓励投资者进行投资、开发，引导文化旅游向着产业集群化方向发展。

（四）宁夏文化旅游创新性产业集聚设计

1. 宁夏文化旅游创新性产业集聚空间结构

结合资源、设施、交通、行政界线等情况，对特定的空间进行区域划分，使旅游产业达到局部空间集聚，进而完成旅游产业集群的空间培育。文化旅游产业集群空间结构是文化旅游活动在空间上的投影，它决定着信息、知识、技术等资源的空间流动、旅游企业之间的空间关系、旅游者的空间移动，对旅游资源的配置、旅游企业的经营成本、区域旅游形象的形成等具有重大影响。为提高宁夏文化旅游产业的竞争力，基于实现空间集聚、突出资源特色、利于企业互动和促进关系和谐的原则，合理布局文化旅游产业的空间结构。

(1)宁夏文化旅游产业集群增长极

由于宁夏经济发展制约以及各地市文化旅游资源禀赋不同，在文化旅游产业集群形成时期不可能均衡发展。因此，需要寻找集群中的经济增长点，然后由增长点（极）向外扩散，通过乘数效应带动其他城市乃至整个区域的经济发展。作为丝绸之路经济带上的重镇，宁夏应将银川、固原这两个城市作为文化旅游产业集群的增长极。

政府应支持增长极的率先发展，然后发挥增长极的传导机制和动力机制，带动周边地区文化旅游产业的发展，进而实现宁夏文化旅游产业集群协调发展。对于增长极的培育，最重要的是在政策上给予优惠，在基础设施和科研经费等方面加大投入，在政策和经济上给予支持；创建优秀的旅游公共服务，建设公平、透明的旅游市场环境，建立良好的信息交流平台，为增长极的进一步发展和辐射效应营造良好的环境。要培养一批高素质的旅游专业人才，为文化旅游产业集群的可持续发展提供智力支持。

(2)宁夏文化旅游产业集群战略布局

综合上述理论，结合各地地理位置、文化旅游资源禀赋、交通通达性和宁夏旅游业发展“十二五”规划及宁夏文化产业发展“十二五”规划等因素，确定宁夏文化旅游产业集群的战略布局为“一二三四”结构，即“一核、两区、三板块、四组团”。[①]具体来说，一核指宁夏文化产业中心城市银川；两区指以吴忠市、永宁县为重点区域打造回族风情文化产业区，以西夏王陵及其周边为重点区域打造西夏文化产业区；三板块指黄河金岸文化旅游、贺兰山历史文化、大六盘红色生态三大文化产业带；四组团指建设宁夏区域特色文化城市，推动石嘴山、吴忠、固原、中卫四市文化产业区域联动、优势互补和差异化发展。

2. 宁夏文化旅游产业链

旅游产业链是以旅游景点景区、旅游用品和纪念品商店、旅游休闲娱乐场所、星级酒店等旅游企业为核心，旅游相关企业加以辅助，以旅游基础设施、旅游局、旅游行业协会、旅游院校、旅游咨询机构等为支持和服务构成的旅游产业集群网络。旅游产业链的形成及发展，可以使节点上的企业降低交易成本，获得经济效益。文化旅游产业链的整合、创新受文化旅游企业、相关产业部门及支撑和服务机构的动态关联影响。构建和培育文化旅游产业链，发挥其规模效应和互动效应，从而取得最大经济效益；同时，构建产业链也是文化旅游产业集群培育和发展的具体内容和内涵深

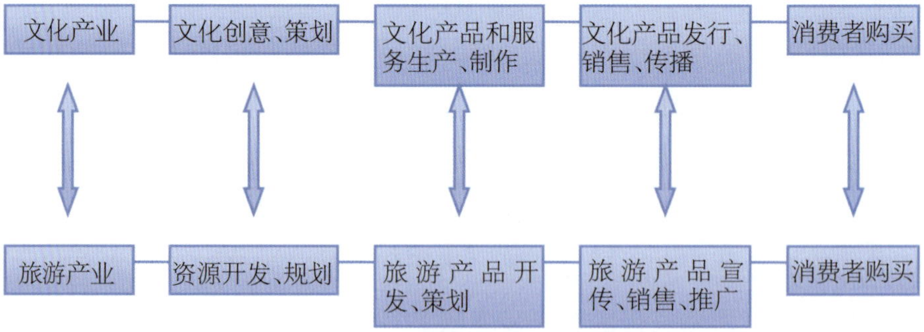

图 8-2　文化产业与旅游产业融合价值链图

①宁夏回族自治区人民政府：《宁夏文化产业发展“十二五”规划》。

化。文化产业和旅游产业在内外因素的影响下，打破行业隔阂，融合或延伸到彼此的产业活动领域，使得旅游产业与文化产业的产业链和价值链整合、重组与创新，最终形成文化旅游产业价值链，经过对融合过程的分析，发现文化产业和旅游产业在设计开发、生产、宣传销售和消费等环节都存在很好的融合点(见图 8-2)。

宁夏文化旅游产业链可以从纵向和横向两方面进行培育(见图 8-3)。

一是纵向产业链延伸。纵向上，文化旅游产业已经形成了上游环节(文化旅游资源规划、开发、创意的形成)、中游环节（文化旅游产品和服务的运营、品牌包装与公关营销)、下游环节（旅游服务供应）三段。包含的企业主要有上游的旅游规划公司、文化类旅游商品制造企业、旅游科研机构等；中游的旅游运营商，如旅行社、旅游网站、旅游广告和咨询媒体等；下游的旅游服务供应商，如文化旅游景区、旅游交通、旅游饭店、旅游用品和纪念品商店、娱乐休闲场所、旅游基础设施、旅游行政管理机构、旅游行业协会（旅行社分会、汽车旅游分会等)、旅游培训机构等。通过上、中、下游的旅游企业纵向延伸以及产业链上的旅游企业根据自身特色，发展出子链条，实现产业链纵向延伸。如一些大型旅行社也进行旅游线路开发，通过与旅游景区、旅游饭店合作或自身投资建设景区、饭店、旅游汽车公司来延伸产业链；一些大型酒店为了降低成本和保证质量，自己生产原材料或为了满足消费者的多样化需求，除了食、住以外，也提供休闲娱乐的场所，这样就逐渐形成了自身的产业链条。对于文化旅游产业来讲，它的产业链也相应实现了纵向延伸。

二是横向产业链整合和扩张，即文化旅游产业链上的上、中、下游企业通过横向合并或建立行业联盟，从而扩大经营规模或形成子产业链。将宁夏文化旅游产业链中的食、住、行、游、购、娱六大部门横向地“对接”，或某一类旅游企业之间兼并或重组，来拓宽文化旅游产业链。如旅游景区兼并旅游饭店、旅游汽车公司等其他旅游相关企业；或不同类型的旅游饭店之间的合作等。文化旅游产业具有延展性、关联性和超强的综合性，涉及与不同产业的横向、纵向合作，如旅游产业、出版传媒、影视、会展、动漫游戏、文艺演出、体育、休闲娱乐产业、艺术产业等，而这些产业自身又可以衍生出新的商品市场，因而文化旅游产业在跨行业、跨领域的横向扩张上有很大的发展空间。如利用网络、微博、微信等对新文化旅游产品体验进行互动式交流，进而改进产品；通过文化类旅游商品与制造业进行融合，发展更多具有民族性的文化旅游商品制造企业；旅游与影视对接，将西部影视城打造为中国西部影视基地，发展影视旅游；旅游业与重大的节庆和会展活动相融合，凭借节事活动的影响力，推动文化旅游业的发展，如六盘山山花旅游文化节、宁夏（沙湖）国际观鸟节、世界穆斯林旅行商大会等；如宁夏与其他西北省份共同建设“丝绸之路经济带”，以点带面，从线到片，逐步形成区域大合作。一些新的旅游产品或用品，如汽车旅馆和自驾车营地的相关设施设备、旅游房车等，带动了户外运动产业、旅游纪念品产业和以游艇、酒店相关用品为主的旅游制造业的发展。除此之外，文化旅游产业还与其他部门机构衔接配合，包括政府、投资者、产业管理者、教育科研、产品设计和开发、基础设施等，要大力发展旅游投资服务、信息服务、广告服务、研究咨询、人才培训等中介性组织。可见，文化旅游产业涉及众多行业，因此，要建立合理的利益分配机制和协作管理机制，行政管理部门加强监督和指导，保证产业链上各企业之间建立长期的、和谐的战略联盟关系，充分调动各方资源，充分发挥协同效应，提升管理水平，促进产业创新。

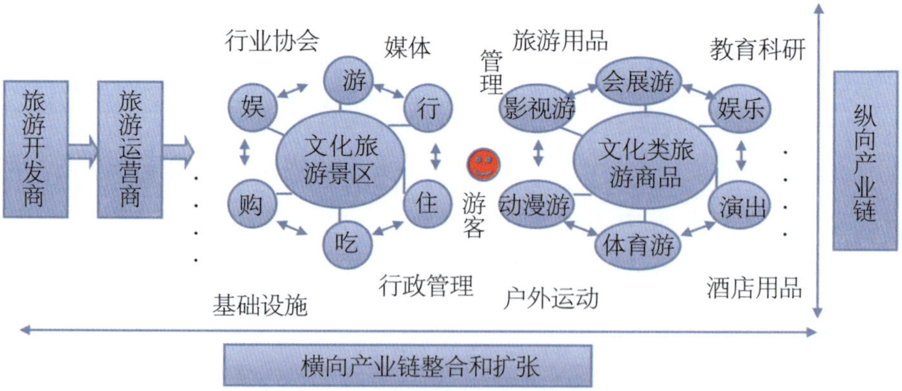

图 8-3　宁夏文化旅游产业链构建示意图

21世纪以来，宁夏文化旅游迅速发展，“塞上江南·神奇宁夏”的旅游形象口号响遍海内外。文化旅游产业链的形成需要核心企业的主导，带动其他相关企业的发展。宁夏文化旅游产业链应以文化旅游景区或旅游集团为核心企业。文化旅游景区可以提供差异性的旅游产品；大型的旅游集团可以最大限度地调动产业内的资源。两者把食、住、行、购等连接起来，同时也将第一、第二、第三产业连接起来。目前，宁夏主要有沙坡头旅游产业集团、沙湖旅游股份有限公司、六盘山旅游集团、宁夏华夏西部影视城有限公司、宁夏中国国际旅行社、宁夏天豹汽车运输有限责任公司等，这些旅游集团涉及开发和经营旅游产品、旅游景区、酒店、娱乐、交通等，具有很强的综合性和带动性。随着景区和度假区的吸引力越来越大，旅游相关企业逐渐以其为核心开始集聚。如沿黄经济区的旅行社、酒店、旅游汽车公司、旅游商品商店等主要集中在靠近沙坡头景区、银川市、沙湖景区，形成一个多节点的带状区；大量的旅游基础服务设施、旅游相关企业围绕旅游度假区集聚，如六盘山旅游度假区周围集聚了满足食、住、行、游、购、娱等旅游需求的旅游服务设施以及与度假区相配套的公用基础设施。现在地区通过建设文化旅游产业园、文化产业园或创意产业园的方式发展文化旅游产业，进一步推动宁夏融入丝绸之路经济带，加速内陆向西开放步伐，如宁夏长湖清真产业园、中宁枸杞文化旅游产业园、泾源香水河回族文化生态旅游产业园、永宁澳洲风情（宁夏）旅游生态产业园、永宁世界穆斯林城、银川801创意产业园、石嘴山星海湖文化产业园等，这些文化旅游产业园经过发展，也可以成为文化旅游景区，甚至成为区域核心文化旅游景区。

发展文化旅游产业，要培育旅游六要素中各个领域中一批规模较大、实力较强、能够开展跨国经营的龙头旅游企业，尤其需要重视交通和旅游功能叠加的复合型企业集团；不同景区如果具有相同文化内涵或历史背景，可以进行合作，避免浪费资源和恶性竞争；对于节点上的中小型企业，如小旅行社、饭店、餐馆等，同类型企业可以通过联合或大企业对其兼并，实现资源整合，扩大企业规模，改变旅游企业小、弱、散的局面。

处于产业链上游的进行文化旅游资源开发、规划的研发机构或企业较少，不利于文化旅游规划和开发达到专业化和科学化水平且具有持久性。宁夏旅游规划单位主要有宁夏景元旅游规划设计研究院（甲级）、宁夏城乡规划设计研究院（有限公司）、宁夏志邦源规划设计研究院有限公司、宁夏社科规划办、宁夏汇景旅游规划咨询设计有限公司、银川宁大城市规划设计研究院（有限公司）等。这类研发机构或企业具有一定的准入门槛，主要对某地区或景区景点进行规划与设计，为旅行社开发设计文化旅游产品。旅游商品研发和生产的相关企业较多。旅游商品设计研发单位120多家，旅游商品（旅游纪念品、旅游装备用品、旅游一般用品）生产企业达300多家，这有利于结合宁夏文化特色，设计出更多满足旅游者个性化需求的商品，拉动旅游购物，增加文化旅游收入。但这类企业规模较小、分布散、实力弱，其作用没有充分发挥出来。整体上，文化旅游产业链的上游较薄弱。

文化旅游者旅游的目的是体验目的地文化，获取新的知识，这需要导游博览群书，了解当地文化，也需要咨询机构为旅游者答疑解惑，相应带动了培训业和旅游咨询业的发展；要求旅游景区（点）及旅游用品和纪念品等具有文化品位、体现文化特色，相应带动旅游策划、文化类旅游用品和纪念品制造业的发展；对当地环境的高要求，带动园林绿化公司、清洁公司的发展。

（五）宁夏文化旅游产业集群创新培育

创新是旅游企业竞争优势的源泉。文化旅游产业只有不断创新，才能适应和满足不同旅游者和同一旅游者在不同时期的不同需求；也只有不断创新，旅游企业才能获得更多的附加值，产生竞争优势。文化旅游资源把文化旅游企业、政府和旅游主管部门、中介组织、旅游学院及科研机构等主体联系在一起，这些创新主体在创新环境中彼此合作、相互影响，最终形成了产业集群的创新体系。其中创新环境是指文化旅游产业集群创新所处的社会、政治、经济、自然、文化环境以及支撑机构和产业的发展状况，对创新主体起服务和支持作用；创新对象是文化旅游资源，它起基础性作用；创新主体是文化旅游产业创新的主体力量，它们通过知识、信息、资金、技术、人才等要素的有效流动和合理配置，相互合作，产生创新。因此，本文主要从创新主体的角度提出如何提高宁夏文化旅游产业集群创新能力。

1. 文化旅游企业

在创新主体中，旅游企业和民众是文化旅游创新的核心主体。旅游企业为获得更多的经济利益，积极地对文化旅游的表现形式和体验形式进行创新，并将创新成果转变成文化旅游产品和服务。文化旅游企业的创新也将促进产业集群的升级优化。本研究从产品、过程和管理制度等方面探讨文化旅游企业的创新。

(1)旅游产品创新

根据文化旅游市场需求和企业自身的状况，不断创新产品，提供新的服务，实施产品多样化战略。如深度挖掘文化旅游资源的内涵、开发新线路或重新组合旧线路、重新塑造旅游形象、创新企业或区域旅游品牌，针对不同旅游者的需求提供个性化服务，形成与其他旅游产品的差异性，提高旅游的文化含量，提高旅游企业和宁夏文化旅游市场竞争力。

(2)融合过程创新

随着信息技术、计算机技术和通信技术的发展，文化旅游产业可以与这些行业融合发展，把先进的科学技术应用到旅游交易、旅游目的地营销、旅游信息查询和旅游信息交流平台等系统中，增加旅游产品和服务的附加值，提高文化旅游产品和服务的供给、销售的效率和便利性，旅游者也可以在游览过程中使用通信技术寻找独特的、个性化的文化旅游产品。目前，宁夏数字旅游服务系统落后，旅游电子商务发展缓慢，应加快旅游信息传送速度，提高旅游业的科技含量和信息化水平。

(3)管理制度创新

旅游企业的创新决定着产业集群创新的能力和程度，而管理和制度的创新是企业创新的动力和源泉。旅游企业应加强管理理念创新，学习现代企业管理理论和方法，并将其运用到企业的经营中。如通过兼并、重组建立旅游集团，采用现代企业制度，创新组织模式等。加强对参与文化旅游产品生产和消费主体的管理，如对旅游企业员工进行培训、分工，鼓励他们学习新知识、培养创新精神；让社区居民参与旅游发展决策，提高旅游者的责任心和环保意识等。此外，旅游企业也应将获取创新的经济利益反哺民众和社会，实现文化旅游收益的合理分配，这有利于文化旅游创新的可持续发展。

2. 政府

政府的创新主要是通过制定相关政策、制度，优化配置和合理开发文化资源，为其他创新主体的文化创新提供轻松、和谐的创新氛围和市场环境，对其创新行为进行引导和规范。政府要引导企业分工协作，培育企业间的良性竞争；政府通过相关政策协助企业进行经营机制改革，探索文化旅游产业集团化发展道路；政府搭建起创新主体的联系与合作的桥梁，有利于文化旅游产业集群的创新获得智力支持；政府加强对中介机构的支持和建设，使其成为旅游企业交流的重要平台；建立合理的人才激励机制，促进人才流动，为文化旅游集群的发展提供不同层次的旅游人才。政府主要是在宏观方面为文化旅游产业集群的创新创造良好的社会、经济环境。

3. 中介组织

中介机构为其他主体之间的文化、信息交流提供了良好的平台，是政府、企业、科研单位之间连接的纽带与桥梁，为旅游企业提供公用行政服务、协调矛盾等。如宁夏旅游行业协会为旅行社、旅游景区、汽车旅游等相关企业提供行业发展数据和信息资料，有助于旅游企业科学合理地分析宁夏旅游宏观市场环境，进而根据市场变化制定相应的策略；传播媒体，通过宣传创新的相关活动和成果，激励更多的民众和企业创新。

4. 旅游学院及科研机构

文化旅游产业集群创新的源头是拥有较强创新能力和科研实力的旅游学院及科研机构。目前，宁夏拥有宁夏大学、北方民族大学等高校和宁夏社会科学院等研究机构及若干旅游规划设计研究院，这些机构的科研实力比较雄厚，有一批理论和实践经验丰富的科研人员，在创新成果的基础上，研究文化旅游产业集群创新的理论和方法，并将新的成果应用到集群发展的实际中。因此，要加强高校、科研单位与旅游企业之间的合作，做到理论和实践相结合，把科技成果很好地应用在资源开发与规划等方面。旅游院校、科研机构和培训机构，要不断提高自身能力，创新培养机制，培育出专门的、优秀的、高端的旅游人才。

四、宁夏文化旅游产业体系构建

(一)宁夏文化旅游产业发展思路

以十八大理论和“中国梦”精神为指导，深刻把握社会主义核心价值体系建设根本任务，着眼打造特色文化强区，挖掘和整合地域民族历史特色文化旅游优势资源，深化文化旅游体制改革，加大投入支持力度，着力构建现代文化旅游产业体系和市场体系，着力培育壮大文化旅游市场主体，着力打造民族区域特色文化旅游产品和品牌，着力推动文化旅游产业规模化、集约化、专业化发展，努力把文化旅游产业培育成为宁夏新的经济增长点进而成为国民经济支柱性产业。

努力发挥黄河文化、回族文化、红色文化、西夏文化等地域民族历史特色文化资源优势，倾力打造“黄河文化汇宁夏、回族文化聚宁夏、西夏文化在宁夏、走向胜利来宁夏”四大文化品牌，大力提升文化旅游产业整体实力和竞争力，把宁夏建设成为：

丝绸之路经济带战略支点。以宁夏内陆开放型试验区为平台，发挥宁夏民族人文优势，主动融入丝绸之路经济带与周边国家战略格局中，加快建设陆上、网上、空中丝绸之路，为建设开放宁夏、富裕宁夏、和谐宁夏、美丽宁夏发挥积极作用。

中国与阿拉伯国家及伊斯兰世界文化交流合作窗口。发挥回族与伊斯兰文化纽带作用，利用中阿博览会等平台优势，全方位拓展宁夏与阿拉伯国家及伊斯兰世界文化交流合作和产品贸易，使宁夏成为中华回族文化向西开放的桥头堡。

全国黄河文化旅游产业高地。把握沿黄经济区建设的重大机遇，充分挖掘黄河文化旅游资源，依托黄河文化产业园、华夏河图、中华黄河坛等，高标准打造“黄河金岸”文化旅游展示线，成为全国黄河文化旅游产业发展高地。

全国回族文化旅游产业基地。以展示回族优秀文化为主体，以精品创作、品牌培育为重点，打造回族特色系列文化旅游产品，培育中华回乡文化园、世界穆斯林城等文化旅游产业基地，使宁夏成为全国回族文化展示基地和产品集散地。

全国最大的葡萄酒文化旅游产业走廊。依托贺兰山东麓酿酒葡萄“原产地商标”和“地理标志”的独特优势，大力发展具有自主知识产权和文化内涵的酒庄、酒坊，打造集观光采摘、休闲度假、酒庄体验为一体的国内一流、享誉世界的贺兰山东麓百万亩葡萄文化旅游长廊。

全国西夏文化研究展示基地。加强西夏学研究交流，强化对西夏历史遗迹和文物的保护，整合西夏文化元素，展现神秘西夏历史文化，拓展文化旅游产业发展空间。①

（二）宁夏文化旅游开发重点

1. 主要任务

促进文化旅游深度融合，以文化提升旅游内涵，以旅游扩大文化传播和消费，形成文化内容与旅游载体相互促进、文化形象与经济实力相互支撑、社会效益与经济效益相统一的发展格局。

建设文物旅游示范区。坚持以保护求发展，以发展促保护，加大对各级文物保护单位的保护和利用开发力度，全面加强文物本体维修和环境整治、旅游配套设施建设，以西夏王陵、水洞沟遗址、贺兰山岩画、一百零八塔、董府、须弥山石窟、自治区博物馆、固原博物馆等一批保护基础好、发展潜力较大、配套设施齐全、辐射范围较广的文物保护单位和博物馆为试点，建设国家级文物旅游示范区，提升文物旅游整体素质和影响力、竞争力。

---

①据《宁夏旅游业发展“十二五”规划》整理。

打造文化旅游新景观。按照“文化创意+科研培训+制作加工+展示营销+旅游服务+城乡建设”综合发展模式，建设各具特色的文化产业园区、基地和特色街区、村镇，支持打造文化旅游综合体、文化旅游实验区，成为带动文化旅游产业发展的新景观、新载体。注重资源整合和科技创新，鼓励实施演艺科技餐饮旅游一体化集成发展等实体项目，形成新的文化消费热点，不断催生新的文化消费形态。

提升文化旅游内涵品质。通过文化创新创意改造提升现有各类文化旅游基地和景区，突出特色，建设遗址博物馆、景区博物馆和艺术馆。有效利用手工技艺类和表演类非物质文化遗产，建立文化旅游商品和纪念品研发中心、生产基地和销售体系，深度开发文化旅游工艺品。鼓励演艺业、影视业与旅游资源整合，在知名景区打造形式多样、特色鲜明、雅俗共赏的演艺和影视动漫精品，推动文艺节目进景区，不断丰富文化旅游内容产品。培育文化旅游活动品牌，利用各种文化传媒扩大文化旅游宣传展示。

2. 产品体系

(1)西夏文化旅游产品

以西夏王陵为依托，建设结构合理、旅游功能完善、生态环境平衡、旅游环境优美，实现高效协调和良性循环，以游赏西夏帝陵陵园、陪葬墓群遗址、西夏博物苑、碑林等，开展西夏文化观赏、文物考古、科学考察、避暑度假为主要功能，并能满足国内外游客综合需求的国家重点风景名胜区，将西夏文化旅游打造成面向国际、国内两大市场的宁夏旅游第一大品牌。构筑六景、一线、三中心的旅游产品空间格局，打造两大层次的精品旅游线路。

(2)回族文化旅游产品

将银川市作为回乡民俗风情旅游的中心集散地，大力塑造其“回乡首府”的城市形象，率先发展银川市的回族特色旅游。依托银川南关清真寺、永宁纳家户中华回乡文化园、同心清真大寺、宁夏长湖清真产业园、泾源香水河回族文化生态旅游产业园、永宁宁夏穆斯林国际城、泾源回族山寨、青铜峡市峡口乡洪乐府、中宁县洪岗子等几个资源品位高的景点，按各自的特色资源，分期分批进行建设，树立宁夏“中国回乡旅游”的品牌形象。开发清真寺礼拜、清真美食、穆斯林文娱体育三大活动。挖掘回族文化内涵，提升民俗文化品位，重点开发展示回乡风情和穆斯林文化的城、乡、寺、民俗四大景观，构筑点、线、面相结合的回族风情吸引网络。

（3）“塞上江南”绿洲文化旅游产品

以银川平原为核心的“塞上江南”特色旅游中心，打造“塞上湖城”特色品牌。将沙湖荷花苑、芦苇园、湖东湿地、鸣翠湖、鹤泉湖、沙坡头水利工程及边缘湿地等，都纳入到塞上江南专项旅游范畴。开发水乡风景、水利博物馆和田园风光三类旅游资源。开展观光与参与式旅游活动，创建以银川为中心，以黄河、景观水道和唐徕渠三条水路为轴线的旅游产品空间分布格局。

（4）大漠黄河文化旅游产品

沙湖与沙坡头目前已经是宁夏档次最高、知名度最大、经济效益最好的特色旅游区。今后要继续发挥品牌带动效应，加大特色旅游资源的开发力度，推出更多的特色旅游项目，将这两个旅游区做大做强，建立以“两沙”旅游区为核心的“黄河大漠”游核心基地，开发四大旅游区（基地）及多条旅游线，发挥旅游资源的多种功能，开展参与式旅游，以探险和体育锻炼为主线进行开发，打造沙漠旅游运动形象。

（5）边塞历史文化旅游产品

探寻古丝绸之路北道中段迷踪，对开发旅游的历史文化遗迹可以进行适当的整修，坚持“修旧如旧”，保持该类旅游资源的历史沧桑感和文物价值。推行历史文化旅游资源与其他旅游资源或地域景观的联动开发，使游客在有限的时间内获得更完全、更充实的精神和物质体验。推介“长城访古游”“丝路寻踪游”“人类足迹游”等旅游精品系列，形成多样化的历史文化旅游产品开发格局。

（6）红色文化旅游产品

充分认识红色旅游在推进社会主义核心价值体系建设中的作用。通过深入研究挖掘红色旅游思想文化内涵，改进创新红色旅游宣讲和展陈方式。大力丰富红色文化旅游产品创意创作，增强红色旅游产品感染力和影响力。将宁夏红色旅游产品归类为革命遗址、遗迹类旅游产品，红色纪念馆、博物馆与烈士陵园类旅游产品。在实际中，各类旅游产品相互渗透、相互影响。

(7)葡萄酒文化旅游产品

葡萄产业文化长廊的建设将融合文化旅游、统筹城乡于一体，贺兰山东麓葡萄酒产业长廊是宁夏文化特色旅游地，与黄河金岸遥相呼应。建设

表 8-1　宁夏文化旅游产品体系表

<table>
<tr><th rowspan="2">文化旅游资源类型</th><th colspan="4">旅游产品</th></tr>
<tr><th colspan="2">景区（点）</th><th colspan="2">旅游线路</th></tr>
<tr><td>西夏文化</td><td colspan="2">西夏都城兴庆府承天寺景区
贺兰山贺兰口岩画景区
贺兰山苏峪口敖包圪垯圣山景区
贺兰山拜寺口双塔景区
贺兰山滚钟口景区
贺兰山西夏王陵景区</td><td>西部帝陵游
西夏秘境游</td><td>秦皇陵（兵马俑）—西夏王陵—成吉思汗陵
兰山岩画—西夏王陵—三关口明代长城—阿拉善左旗—南寺、北寺—额济纳旗黑水城—居延文化遗址
西夏王陵—滚钟口—拜寺口—贺兰山岩画—西夏离宫
一百零八塔—西夏王陵—宁夏博物馆—承天寺塔—海宝塔</td></tr>
<tr><td rowspan="4">回族文化</td><td>城</td><td>博物馆
文化广场
商业文化街</td><td rowspan="4">回乡风情游</td><td rowspan="4">银川南关清真大寺—纳家户回乡风情园—长湖清真产业园—利通区板桥道堂—同心清真大寺—固原回族村寨—泾源香水河回族生态园</td></tr>
<tr><td>乡</td><td>永宁县纳家户清真寺
纳家户中华回乡风情园
六盘山回族山寨</td></tr>
<tr><td>寺</td><td>银川南关清真大寺
同心清真大寺</td></tr>
<tr><td>民俗</td><td>吴忠穆民新村、泾源冶家村等</td></tr>
<tr><td rowspan="4">“塞上江南”绿洲文化</td><td>“塞上湖城”银川市</td><td>青铜峡鸿乐府
大银川湿地公园</td><td>黄河金岸游</td><td>黄河沿线景观水道</td></tr>
<tr><td>水利博物馆</td><td>沙坡头水利枢纽
青铜峡水利枢纽</td><td>精品游带</td><td>唐徕渠
汉延渠</td></tr>
<tr><td>大银川湿地公园</td><td>鸣翠湖湿地公园
阅海公园
鹤泉湖湿地公园</td><td rowspan="2">塞上江南·印象</td><td rowspan="2">大银川湿地公园—青铜峡水利博物馆—中宁万亩枸杞园—中卫沙坡头水利枢纽
大银川湿地公园—玉泉营万亩葡萄园—沙湖生态旅游区</td></tr>
<tr><td>田园风光</td><td>玉泉营万亩葡萄园
中宁万亩枸杞园</td></tr>
</table>

续表

<table>
<tr><th rowspan="2">文化旅游资源类型</th><th colspan="4">旅游产品</th></tr>
<tr><th colspan="2">景区(点)</th><th colspan="2">旅游线路</th></tr>
<tr><td rowspan="2">大漠黄河文化</td><td colspan="2" rowspan="2">沙坡头旅游区
沙湖旅游区
滨河旅游区
银川摩托车旅游基地</td><td>大漠黄河游</td><td>银川—青铜峡库区—沙坡头黄河漂流—腾格里沙漠营地
沙湖—黄沙古渡—兵沟旅游区</td></tr>
<tr><td>大漠探险游</td><td>银川摩托车旅游基地—三关口长城—横穿腾格里沙漠
沙坡头—腾格里沙漠营地</td></tr>
<tr><td rowspan="3">边塞历史文化</td><td>长城之乡</td><td>灵武市长城小龙头
永宁县长城三关口
盐池县长城头道与二道边
石嘴山红果子沟长城
原州区秦长城</td><td>千里长城游</td><td>贺兰山三关口明长城—灵武小龙头—盐池双长城—固原战国秦长城</td></tr>
<tr><td>丝路寻踪</td><td>须弥山石窟
石空寺石窟
固原博物馆
青铜峡108塔
中卫高庙
平罗玉皇阁</td><td>丝绸古道丝路明珠</td><td>西安—六盘山—中卫—兰州—武威—张掖—敦煌—吐鲁番—乌鲁木齐
青铜峡旅游区—沙坡头旅游区—须弥山石窟—固原博物馆—六盘山旅游区
同心清真大寺—须弥山石窟—火石寨—西吉钱币馆—固原博物馆</td></tr>
<tr><td>历史遗迹</td><td>灵武市水洞沟古人类遗址海原县菜园遗址银川市兵沟遗址吴忠市古城湾汉墓群</td><td>历史探秘游</td><td>宁夏博物馆—水洞沟遗址—明长城—兵沟遗址
固原秦长城—海原新石器文化遗址—古城湾汉墓群—水洞沟遗址—兵沟</td></tr>
<tr><td rowspan="2">红色文化</td><td>革命遗址、遗迹类</td><td>六盘山红军长征红色旅游景区将台堡红军长征胜利会师纪念园单家集清真大寺</td><td>红色恋歌</td><td>银川—六盘山—静宁—会宁—定西—兰州
银川—盐池—吴起—华池—延安—延川—洛川—西安</td></tr>
<tr><td>红色博物馆与烈士陵园</td><td>宁夏博物馆乔家渠毛泽东长征宿营地任山河烈士陵园“五七”干校博物馆</td><td>感受红色宁夏</td><td>银川—盐池—豫旺—同心—西吉—六盘山
盐池革命烈士纪念馆—花马寺风景区—韦州古城—同心（清真大寺、红军西征纪念园)—将台堡—六盘山</td></tr>
<tr><td rowspan="2">葡萄酒文化</td><td>葡萄观光旅游产品</td><td>葡萄现代休闲农业葡萄产业基地科研与培训中心</td><td rowspan="2">紫色梦想之旅</td><td rowspan="2">石嘴山—镇北堡—贺兰山万亩葡萄产业园—张裕酒庄—志辉源石酒庄—玉泉营农场—红寺堡多元文化景观葡萄长廊</td></tr>
<tr><td>葡萄休闲旅游产品</td><td>葡萄生态长廊葡萄文化发展中心葡萄酒城(星海湖葡萄酒生态度假城、贺兰山葡萄产业新城、红寺堡葡萄酒文化城)葡萄旅游小镇</td></tr>
</table>

国内最大的葡萄酒文化长廊，打造全球知名的葡萄文化生态经济带和风情浓郁、特色鲜明的旅游观光带。树立“大好河山、品位宁夏”“葡萄美酒贺兰山、大好河山新宁夏”“寻味贺兰、品味宁夏”等良好形象。

3. 重点工程

(1)文化旅游主体培育工程

打造特色鲜明的园区基地。以特色文化城市和文化产业园区、基地、特色街区、特色村镇等为主要载体，推动文化产业集聚发展。重点打造自治区文化创业创意示范园区，支持市县加快建设具有地方特色、主业突出的文化产业聚集区，培育壮大黄河文化产业园、环星海湖文化产业园、世界沙漠博览园、宁夏（海源）剪纸刺绣产业园、华夏河图、中华回乡文化园、镇北堡西部影视城、固原文化城、隆德文化城等一批特色园区和基地，集聚人才、资金和技术，使其成为市场主体培育孵化的主要阵地和宁夏文化产业跨越发展的重要载体。

培育重点骨干文化企业。大力扶持转企改制文化企业，培育壮大黄河出版传媒集团有限公司、宁夏日报报业集团、宁夏广电传媒集团有限公司、宁夏演艺集团有限公司、宁夏文化产业投融资有限公司等国有文化龙头企业，加快公司制股份制改造，完善法人治理结构，形成符合现代企业制度、体现文化企业特点的资产组织形式和经营管理模式。鼓励重点骨干企业以资本为纽带，跨地区、跨行业、跨所有制兼并重组，提升企业核心竞争力和抵御市场风险能力，发展成为具有较强实力的大型综合性文化企业集团，积极推动上市融资。

扶持民营文化企业发展。重点扶持经营规模大、经济效益好、带动作用强的民营骨干文化企业，引导其服务自治区经济社会发展大局、遵循文化产业发展规律、兼顾社会效益和经济效益，不断做强做大。支持中小文化企业向“专、特、精、新”方向发展，向文化产业园区和基地集中，强化特色经营、特色产品和特色服务，形成富有活力的中小文化企业群。降低准入门槛，支持个体创作者、民间艺人、文化能人等各类文化人才创办文化企业。培育文化产权鉴定、评估、拍卖、经纪等机构，大力发展演艺经纪、票务销售、会展策划、版权代理、创意设计等文化企业。坚持开展“星级”文化企业评选，健全完善文化企业激励机制。

(2)文化旅游项目引领工程

切实搞好项目规划论证。坚持实施项目带动战略，以重大项目引领和推动文化产业发展。遵循文化产业发展规律，坚持以文化创意为源头，以内容生产为核心，以传播消费为目的，深化项目可研论证，抓好项目规划设计。健全完善文化产业项目管理审查制度，强化项目统筹规划，突出各自特色，加强引导调控，推动各级各类文化产业项目差异化良性发展，推动文化产业从数量扩张型向质量效益型转变，防止盲目投资、重复建设。

加快推进重点项目建设。按照“新建项目促开工、在建项目促进度、建成项目促达产”的要求，加快文化产业园区、基地、街区和影院剧场、主题公园、遗产保护、网络传输等基础设施项目建设，推进策划创意、产品研发、技术改造、精品创作、重大活动、文化交流等项目化实施，促进文化产业健康协调可持续发展。加快支撑文化产业发展的公共文化基础设施建设，统筹推进各级公共图书馆、文化馆、美术馆、博物馆、农家书屋和广播影视场馆建设，基本建立全区结构合理、规模适度、标准较高、运转高效的文化设施网络，夯实文化发展基础。

及时做好项目储备推介。深入挖掘整合文化资源，把握时代发展潮流，以全新的视角和创意，继续策划一批规模大、质量高、效益好、能实施的文化产业项目，及时充实完善文化产业项目库，从时间、空间上形成项目储备的梯次结构，做到项目储备一批、申报一批、开工一批、实施一批、竣工一批。建立完善文化产业项目投融资指导目录，研究提出科学的项目实施路径，利用各种平台和渠道，加大项目宣传推介力度，全力开展招商引资引智工作，积极引进国内外先进经营理念和资金、技术、管理经验，引入国内外优秀文化产品和文化名人，为文化产业项目实施提供支持，形成文化资源开发和文化产业项目建设的新高潮。

(3)文化旅游品牌塑造工程

树立宁夏文化整体品牌形象。把握历史文化脉络，突出民族文化特色，科学定位，整体策划，以丝绸之路经济带战略为契机，倾力打造“黄河文化汇宁夏、回族文化聚宁夏、西夏文化在宁夏、走向胜利来宁夏”四大文化品牌，让地域民族历史特色文化绽放灿烂之花、结出丰硕之果。推进特色文化城市建设，叫响“塞上湖城、西夏古都——银川”“山水园林、重工基地——石嘴山”“滨河水韵、回族之乡——吴忠”“浪漫沙都、枸杞之乡——中卫”“丝路古城、红色六盘——固原”文化品牌。

培育点面支撑的系列文化品牌。挖掘宁夏四大文化和特色城市文化内涵，根据资源禀赋和功能定位，立足当前，面向未来，精心策划培育特色鲜明、市场广阔、群众公认的系列文化品牌，重点打造一批重大活动品牌、文化精品品牌、园区基地品牌、特色产品和服务品牌、传统文化技艺品牌，充分彰显品牌标志的优异品质、代表的良好形象、承载的优质服务、蕴含的巨大价值。提高品牌保护意识，加大品牌宣传推广力度，形成品牌培育的强大合力，不断提升宁夏文化的影响力。

(4)文化旅游科技创新工程

加快文化科技推广应用。着力推进文化产业与科技的融合，鼓励运用现代文化装备、网络数字技术等改造传统文化产业，组织实施宁夏文化产业高新技术推广应用示范项目，支持各类文化企业实施技术更新改造，不断提高出版、印刷、传媒、影视、演艺、娱乐、动漫、文化旅游等领域技术装备水平和产品技术含量。加快院线经营、文化旅游、票务销售、艺术品经营的信息化、数字化，积极搭建宁夏文化产品网络一体化销售平台，扩大网络文学、网络音乐、网络动漫、网络艺术品、网络演出、微电影等文化产品在线和移动生产销售。

扶持具有自主知识产权的技术研发。把文化科技项目纳入自治区相关科技发展规划和计划，组织实施一批事关宁夏文化产业发展的全局性、战略性重大文化科技课题，开展对制约宁夏特色文化产品创作生产的核心关键技术的研究攻关，推出一批具有自主知识产权的地域民族历史特色文化产品。鼓励文化企业与高等院校、科研机构联姻，建立产学研一体化的文化技术创新机制，培育一批特色鲜明、创新能力较强的文化科技企业，推出一批文化与科技融合的示范基地和企业。支持示范基地和企业建立文化科技实验室、文化产品创意研发中心，申请文化科技项目。

(5)文化旅游人才培养工程

加强人才队伍建设。坚持“人才兴文”战略，结合“宁夏文化名家”工程，实施“百名优秀文化企业家”和“千名文化产业致富带头人”培养计划，加快培养造就一批文化产业经营管理人才和各领域优秀拔尖人才。鼓励以岗位聘用、项目聘任、客座兼职、定期服务、项目合作等多种形式引进高层次文化产业人才。加强区内高等院校文化产业学科建设，支持文化企业与教育机构联合搭建文化产业人才培养基地，加快培养一批文化创意等紧缺人才、专业技术人才和年青后备人才。注重选拔培养各级文化产业管理干部，定期举办文化产业人才培训班、研修班。

优化人才政策环境。坚持政策留人、待遇留人、事业留人、感情留人，对引进的优秀特殊人才在落户、住房、医疗和子女教育等方面给予政策倾斜。鼓励拥有特殊才能和自主知识产权的人才以技能和知识产权入股，参与收益分配。鼓励支持企业实行协议工资、年薪制等多种分配形式。探索建立自治区级文化产业荣誉制度和特聘专家、文化名师大家工作室制度，建立宁夏文化产业专家服务和文化创意人才基地，设立人才库、专家库，对有突出贡献的人才给予重奖。开展特殊文化企业资质评定、特殊文化产业岗位职业资格认定、动漫等文化产业专业技术人才职称评定、文化创意师等文化产业人才职业技能鉴定。探索出台切实可行的政策，逐步使非公有制文化企业在人员职称评定、培训深造、项目申报、表彰奖励等方面与国有文化企业享有同等待遇。

(6)文化旅游消费引导工程

拓展文化产品流通渠道。发挥中阿合作平台作用，把宁夏建设成为中国文化产品进入阿拉伯国家和穆斯林地区的枢纽。合理布局城市、农村文化服务网点，发展连锁经营、物流配送、电子商务等现代流通组织形式，拓宽面向基层的文化产品流通渠道，构建以银川市为中心、其他四市和县城相配套、辐射周边、贯通城乡的文化产品流通网络。组建宁夏文化产权交易中心，构建涵盖各类知识产权和文化产品、资源，与全国主要文化产权市场互联互通的交易平台。支持院线经营、网上交易，引导社会各方面投资兴建适合群众需求的各类文化消费场所，鼓励各类公共文化设施向社会免费开放，为促进文化消费增长提供基础条件。

促进文化消费快速增长。加强文化市场需求和消费趋势预测研究，引导文化企业开发适销对路的文化产品和服务，培育文化消费热点。编制政府文化产品采购目录，增加对普及型公共文化产品的采购数量，培育文化消费习惯。挖掘节假日和各类节庆活动的文化内涵，丰富文化内容和形式，引导群众节假日和节庆活动消费行为。开发网络文化产品，拓展动漫游戏、网络音乐娱乐等数字文化内容的消费。积极开发文化消费信贷产品，培育文化消费信贷市场。实施文化消费补贴制度，加大对困难群众和农民工文化消费的补贴力度。规范文化产品和服务的市场定价行为，加强价格监管，降低文化消费成本，鼓励商业演出安排一定数量的低价场次或门票，鼓励网络文化运营商开发更多低收费业务。

4. 各地区发展战略

(1)文化旅游产业中心城市银川

以完善提升文化创意、影视创作、商务旅游、休闲餐饮、文化娱乐功能为主，突出“塞上湖城、西夏古都”文化品牌，把银川建设成为辐射陕甘蒙青毗邻地区、在全国有较大影响力的综合性文化产业功能区和文化服务中心城市。

增强历史文化名城底蕴。坚持“保护为主、抢救第一、合理利用、加强管理”的方针，全面加强银川市国家历史文化名城保护，加大对大遗址、文物古迹、古民居等维修保护力度。进一步发掘城市文化资源，推进文化资源的保护性利用，适当恢复历史古迹、“老字号”店铺等，发展特色文化产业，展现历史文化名城风貌，建设特色文化城市。

彰显“塞上湖城”文化休闲功能。对市区及周边湖泊、湿地、水系资源进行综合性保护开发，构筑城市环湖生态圈，建造体现“塞上江南”特色的园林景观、生态公园。重点统筹规划、适度开发艾依河，突出城市特色文化休闲娱乐功能，合理布局建设河道两岸和环湖文化设施，开辟水上旅游路线，发展文化旅游、演艺娱乐等产业，扩大“塞上湖城”品牌效应。

加快文化产业聚集发展。创新文化产业发展模式，重点结合新华街商圈改造建设，整合提升西塔周边古玩字画交易市场，赋予步行街等街区更多文化休憩功能，发展民族民间工艺品、土特产品、回族餐饮、歌舞娱乐等规模经营场所。结合银川新区建设和西夏区工业转型升级、文化闲置土地开发利用，高起点规划建设文化产业示范园区、文化特色示范街区等，集中连片发展文化产业，加快特色文化城市建设。

增强产业辐射能力。大力发展图书报刊、电子音像制品、演出娱乐、工艺美术等各类文化产品市场，建立文化产权交易所等文化要素市场，培育发展文化经纪代理、评估鉴定、担保拍卖等中介服务机构。坚持政府引导、市场化运作，积极策划举办和承办全国重大文化体育活动和赛事，搭建全区文化对外交流合作、招商引资的重要平台，不断增强首府文化发展活力。

（2）“山水园林、重工基地”石嘴山

建设沙湖影视文化核心区。以沙湖盆景化景观为依托，建设以沙湖影视城为核心区的中国宁夏区域性影视基地，形成沙湖影视城与沙湖景区有机融合、互为补充、相互拉动的良性发展格局。同时，开发人性化、多元化的休闲产品，完善沙湖水镇建设，拓展文化服务功能，把沙湖建成集商务、会议、康体、科普等功能为一体的国家级度假区。

发展环星海湖特色文化产业。统筹规划环星海湖文化旅游资源开发利用，建设星海水镇、上下五千年雕塑馆，重点建设集文博会展、观光游览、影视演艺、文化商品销售等业态为一体的“五七干校”文化园，反映特定历史时期人们的生存生活状态，以历史启迪心智、教育人民，推动文化旅游产业发展。

深度开发军旅文化、移民文化、工矿文化。依托贺兰谷古长城、古关隘、古战场、古城堡做文章，开发边塞军旅文化旅游。建设采煤沉陷区治理文化园、建设矿山博物馆，开展工矿遗存文化游。按照石嘴山建市的历史脉络，整合各个时期移民文化的特点，弘扬具有时代特点的开拓创业精神，展示社会主义建设成就。

（3）“滨河水韵、回族之乡”吴忠

建设沿黄文化产业精华区。依托黄河金岸中华黄河坛、黄河楼等标志性文化建筑和良好的基础设施条件，建设黄河文化产业园，统筹规划黄河文化主题展览区、黄河慈善文化展示区、滨河养生休闲区、民俗体验互动区、水上运动健身区，使优美景观和文化符号相得益彰、文化产业和慈善事业交汇呼应，成为彰显中华民族传统美德和引领沿黄文化产业发展的精华区。

建设食品和穆斯林用品集散地。通过举办宁夏回商大会、中国（吴忠）清真美食节、中国（吴忠）回乡文化旅游节等一系列地域特色鲜明、内容丰富多彩的经贸文化活动，更好地展示回族服饰、民族民间艺术、回族医药、回族饮食、民族体育等文化元素，建设体系完善的清真食品和穆斯林用品生产、流通基地，广泛开展经贸文化交流合作。

大力发展包装印刷业。积极扶持培育包装印刷企业，引进数字化制版、印刷设备，发展绿色节能环保包装，推进行业整合，建设中国（吴忠）西部包装印刷城，使其成为西部最大的包装印刷产业基地，带动全区包装印刷业装备和技术水平的全面提升。

（4）“浪漫沙都、枸杞之乡”中卫

彰显防沙治沙成果文化。推动沙坡头景区提质增效，建设世界沙漠博览园，构筑大漠黄河沙水交融、沙漠绿洲人进沙退、边塞古城人与自然和谐共生的壮美景观，展示人类与自然抗争的奇迹。打造“风雨沙坡头”文化品牌，拓展旅游工艺品、纪念品、民间艺术品等衍生产品开发和营销，开发羊皮筏、黄河古渡等非物质文化遗产，提升沙坡头景区文化品质，用文化元素延伸旅游产业链条，把沙坡头打造成为世界级文化旅游目的地。

完善城市文化功能。依托黄河文化、大漠文化、边塞文化、生态文化聚集优势，把文化产业发展与建设新宁（中卫）能源化工基地有机结合起来，与造纸、建材等重点产业发展有机结合起来，建成中卫市图书馆、文化馆、博物馆、腾格里湖湿地公园等基础设施，有效提升交通枢纽城市文化功能和综合服务能力，把中卫市建成重要的区域性文化经济中心城市。

用文化产业理念引领特色农业产业发展。通过建设枸杞博物馆和世界枸杞博览中心，举办枸杞博览会，开展枸杞观光专题游等多种形式，提升中卫“枸杞之乡”品牌的影响力和知名度。推动“枸杞之乡”品牌延伸，用文化产业发展理念，包装硒沙瓜、红枣、葡萄、蔬菜等特色农产品品牌，促进特色农业做大做强，带动地方经济发展。

（5）“丝路古城、红色六盘”固原

深度挖掘红色文化内涵。提升六盘山长征纪念馆、将台堡一二方面军会师纪念碑、单家集红军长征遗址等红色文化旅游规模层次，扩大红色文化旅游产品创作生产和宣传展示，弘扬“不到长城非好汉”的革命精神，把固原打造成为全国红色文化高地、重要文化旅游城市，提升固原市知名度和影响力。

保护利用好丝路古道文化。借助丝绸之路跨国联合申报世界文化遗产的重大机遇，规划建设固原文化城，进一步改善固原古城、隋唐墓地、开城遗址、须弥山石窟等文物遗址保护性基础设施条件。扩建固原博物馆，完善须弥山博物馆，推动须弥山石窟申报国家级风景名胜区，举办“丝路古道”文化学术研讨会，依托“丝路古道”文化，再造“文化固原”新优势。

促进资源整合和产业融合。整合人文和自然资源，统筹规划爱国主义教育基地、文艺创作基地、民风民俗采风基地、革命题材影视剧拍摄基地、非物质文化遗产传承基地五大基地建设，以文化产业的大发展带动固原市经济社会跨越式发展。

五、宁夏文化旅游开发路径创新

通过宁夏文化旅游产业发展现状、集群框架、空间结构和产业体系分析，发现宁夏文化旅游产业在发展中存在一些问题。如有些文化旅游资源还未开发或开发不够合理，有些没有知名度；文化旅游产业链较薄弱，旅游企业小、弱、散，龙头旅游企业较少，旅游市场主体培育程度不高；旅游从业人员的素质较低，创新能力和潜力较低；文化旅游产业发展地区不平衡，银川平原旅游区发展较好，南部山区旅游区受自然条件、经济发展、资源等因素制约发展水平较低，还未形成集群；缺少区域合作机制等。

文化旅游产业的发展与经济、社会、文化、资源、环境等各个领域和各个行业密切相关，在开发、整合过程中应遵“R-I-B-E”模式，即资源（Resource）、产业（Industry）、品牌（Brand）、环境（Environment），具体说来应做到：

（一）以规划整合带动资源开发，提升文化旅游的文化内涵

文化旅游资源的整合不仅仅是小区域内的排列组合，而应是全区在文化旅游整体发展规划下进行的整合。即在宁夏已有成熟线路基础上，对宁夏现有景区景点进行整合，形成规模大、系列全、品质高、配套完善的景区，在凸显黄河特色、回族风情、红色军旅、丝绸之路、神奇西夏、生态文明上出品牌、出效应。一要以知名景区为龙头，对周边中小景区进行整合。如沙坡头旅游区可以中卫古城为旅游集散地，打造多元的、历史文化与自然景观交融的、配套完善的大品牌景区。二要以历史文化为主线，对相同文化类型的景区景点进行整合。如按照国家批准的西夏陵风景名胜区，以拜寺口西夏皇家寺院区为西夏文化中心展示区。三要以地文景观为核心，对景观区域内的景区进行整合。如将贺兰山自然保护区划为特别保护区、生态旅游区、文化景观带（岩画、长城、西夏遗址等），统称“贺兰山国家文化遗产公园”，使自然景观注入丰富的历史文化内涵，形成对游客有强大吸引力的产品。

总之，规划思路应借助“大带小，小促大，整景观，融文化”的思路，辅之以“多层次需求，个性化设计”的思想，依托骨干线路建设，充分发挥优势，开发出专业性强、消费档次高、大小各异、长短不一的专题旅游线路，以此促进宁夏文化旅游产业的良好发展。

（二）以核心产业整合支撑产业，优化文化旅游发展平台

依据文化旅游产业内部各行业与旅游消费的关联程度及产品属性，可将文化旅游产业分为核心产业与支撑产业。其中核心产业是直接为旅游消

费者提供旅游服务的文化旅游企业群，如文化旅游景区、文化旅游演艺业等。辅助产业是为核心产业提供物质支持、交通和各类支撑服务的相关企业群，如交通运输业、文化工艺品制造业、餐饮业、金融服务业等。核心产业与支撑产业是共生的关系，相互促进，互为支持。核心产业的发展需要针对性的支撑产业，支撑产业的完善又需要核心产业做引领，二者循环促进，共同发展。以核心产业整合支撑产业，就是要根据核心产业的需求去安排相应的支撑要素，通过文化旅游的扩散效应带动交通业、住宿餐饮业、旅游产品制造业等产业的发展，不断完善文化旅游产业“吃、住、行、游、购、娱”的综合功能。具体体现在以下方面：

1. 依托文化旅游方式，全面提升购物水平

鼓励在西夏文化、回族伊斯兰文化以及黄河文化旅游景点开办前店后场式生产加工服务，培养一批展示宁夏民俗民风的高水平特色工艺作坊，研发一批具有地方特色、文化含量高、技术含量足的旅游工艺品，提高购物消费水平。

2. 借助文化旅游业，重点发展宁夏特色餐饮

弘扬宁夏清真饮食文化，突出穆斯林特色，在旅游景点开办旅游饭店开辟专用餐厅，突出宁夏各地餐饮的个性原料与特色文化，挖掘各地的传统餐饮名吃及烹饪工艺，打造一批特色强、口碑好、能致富的餐饮特色产品和品牌，以旅游风味餐的形式推向国内外市场。

3. 以文化旅游为主，加快发展大众娱乐

宁夏丰富的文化旅游资源大部分的表现形式仅仅是静态的，不可参与的。因此，要开发参与性、趣味性强的文化娱乐项目，挖掘宁夏民俗文化中最具代表性的娱乐文化元素，将其创新开发成传统内涵深厚，雅俗共赏的文化娱乐产品，形成系列产品，以此吸引顾客进行亲身参与体会。

4. 以文化旅游为主，积极培育新型旅游业态

树立全域大旅游的思想，培育发展观光旅游、采摘旅游、休闲度假旅游、商务会展旅游、工农业旅游、体育赛事旅游等新型旅游业态，根据不同游客偏好及品位，形成多层次、多形态、多品牌的文化旅游产品体系。

5. 以文化旅游效益带动公共服务水平，加强基础设施建设

文化旅游产业的旁侧效应在一定意义上是指借助前期文化旅游带动基础设施建设，进而后期促进文化旅游加速发展。因此，加强文化旅游地公共服务水平，引导银行等服务业范围及功能向文化旅游地拓展都是必要的。

（三）以文化资源融合旅游资源，促进文化旅游产业和谐发展

文化与旅游的融合发展不仅是景点文化内涵的挖掘，还应该是在资源整合驱动下的产业资源的整合。因此，借助对文化与旅游两大产业内部的各个分支部分进行整合可以达到实现全面整合的目的。

1. 影视传媒业、节庆会展业与旅游业的产业资源融合

文化产业与旅游产业的相互融合程度直接影响着文化旅游产业的发展，二者相互为依托，相互渗透。借助以上几个方面来整合文化产业与旅游产业资源会有一定的整合效果。另外，文化产业中的影视传媒也应该充分发挥其作用。一方面借助大众媒体来整合非物质文化遗产资源。这需要借助电视这一比较直观的媒体，通过广告电视作品或拍摄专题纪录片来直接展现其现状；另一方面借助影视作品或节庆会展等媒体事件来整合现有物质文化旅游资源或已经转化为旅游资源的非物质文化遗产资源。

2. 工艺美术业与旅游业产业资源融合

宁夏文化产业消费不足，很多传统技艺的传承发展受到资金制约未能继续，工艺美术与旅游业的融合可以解决这些问题。融合的实质即借助相对成熟的旅游业市场平台，开拓文化消费市场，不断丰富文化产品的层次及内容，在更大范围内促进工艺美术业的发展，形成文化产业与旅游产业共同发展的双赢模式。大力开发具有宁夏区域标志文化元素的旅游工艺品或民间艺术品，通过旅游市场的大力推广，这不仅促进了文化交流，加深了旅游印象，同时也为工艺美术业的传承发展提供了所需的资金，带动工艺美术业蓬勃发展。

3. 休闲娱乐业与旅游业的产业资源融合

旅游产业是吃、住、行、游、购、娱、商、养、学、闲、情、奇十二要素俱全的产业体系，总体来看，宁夏旅游产业链条中普遍存在着“购”

"娱""商""闲"功能不足的"短板效应"，产业延伸不够，辐射作用不强。很多景区存在"娱乐项目少、休闲等级低、购物环境差、特色商品少、收费价格高、参与程度低、游客兴趣不足"的问题。因此，要将文化产业中的休闲娱乐业与旅游产业进行深度融合，要用文化要素充实旅游业的娱、购功能。应变普通的观光旅游为丰富的参与性旅游，调动游客的积极性，吸引游客。

（四）以龙头景区整合文化旅游资源，实现文化旅游产业集群发展

文化旅游的核心行业构成了旅游产业集群的核心层，是文化旅游产业集群机能的体现。核心行业中的旅行社、旅游酒店与其他行业的关联度高，容易吸引其他旅游相关企业集聚，形成旅游产业集群。然而宁夏文化旅游产业的核心产业所涉及的旅游企业存在散、小、弱的问题，因此，需要培育文化旅游龙头企业，特别是大型旅游企业集团。目前，宁夏已有沙坡头旅游产业集团、沙湖旅游股份有限公司、六盘山旅游集团等为数不多的大型综合性旅游企业集团，但布局分散，横向联系少，导致无法发挥其强大的聚合力。要突破此瓶颈，应以政府为主导，鼓励企业通过资产纽带和资本运作，实现产业重组整合，鼓励企业横向并购、纵向渗透，组建大型旅游企业集团，并积极创造条件鼓励其上市，逐渐形成集团品牌；加快旅游企业的股份制改造、品牌化建设；打破旅游企业相互封闭和压制的经营管理模式，加强彼此之间的竞争合作；加快大企业的品牌化建设，通过品牌的带动效应促进旅游产业集群发展。

就产业集群的类型而言，在总体资源层面采取主题旅游产业集群方式实现整合，宁夏文化旅游资源的分散性，部分资源文化内涵的高相似性及高价值性使得主题旅游产业集群有发展前景。依据主题旅游产业集群的概念以及主题公园的建造理念以及模式，宁夏文化旅游产业的集群可以采取主题式集群。在主题式产业集群中，遵循文化主题，按照旅游景点不连续的地理区位以及文化分类，结合区域优质资源的数量进行简单的浓缩型集聚，将宁夏的核心景点（世界文化遗产，国家 4A 级以上文化旅游景点，名人文化景点，影视基地等）通过一定的原真性浓缩和科学规划布局置于

某区域，通过强有力的宣传，达到推动宁夏文化旅游产业整体良好发展的目的或效果。

发展单一资源方面，旅游产业集群主要指多数旅游企业及相关企业在某一区域空间上的集聚和分工协作关系的建立，既包括同行业企业的集聚，也包括纵向联系企业和相关支撑机构的集聚，企业间上下游联系开始增多，景点、旅行社、酒店、旅游购物店、特色餐饮店之间开始出现分工和联系。文化旅游企业在旅游目的地的集聚促进了合作和竞争，竞争出现是旅游创新的前提，从而通过一系列创新措施的实施，使得单个企业建立竞争优势，带动集群竞争力的提升。即集群更多体现的是旅游企业纵横向或上下游集聚，而非资源横向或同类集聚。这一层面的旅游产业集群主要通过旅游企业分工协作关系的确立，降低交易成本，提高专业化程度，从而提高集群效率。需要注意的是，由于旅游地环境承载力有限，在一定的基础设施和生产力水平下，要控制单一景点文化旅游企业集聚的数量，以防止过多企业集聚造成的交通、环境、社会等问题的出现。

（五）以整体营销整合企业营销，塑造区域文化旅游品牌

将营销整合的概念引入到资源整合上，指以游客为中心，对不同地市、不同资源的相关营销因素进行重组，统一文化旅游的发展目标，统一宁夏文化旅游的整体形象，以此来传递给游客宁夏文化旅游的综合信息，实现吸引游客的目的。宁夏文化旅游企业的营销整合主要从几个方面来展开。

1. 景点营销整合

就单一景点来说，要从内部提高文化旅游景点的文化内涵，根据不同地区的特色资源及重要营销事件来构思不同的营销方式。

对于国际公认，知名度高的优秀文化旅游资源，在发展时直接把现实的文化旅游资源开发成旅游产品，并保持其原貌，形成精品旅游景区，构成宁夏文化旅游体系中的尖端旅游产品；对已失传的传统文化，按照历史记载，挖掘题材，恢复历史面貌，以人造景观的方式历史地再现民族文化；对一些传统民俗节日和历史事件的发生地，可以借助具有一定时效性

的旅游事件，构成区域文化旅游活动的时间多样性，借此进行整合；对于一些民间文学的申请地景区，可以采用情景营销方式进行整合，如对一些内容景区进行“情景营销”，即在旅游过程中给游客塑造一种小场景，使顾客身临其境地感受到自己成为情景中的一个角色，打造“角色融入式旅游”。

2. 区域整体营销

就不同地区之间的营销整合而言，主要是对营销方式、营销人才的整合。宁夏 5 个地级市在经济发展、交通网络、资源禀赋方面各有差异，地域之间的营销整合主要是以文化及旅游为核心点，建立有效的营销服务平台。在营销理念方面，各个地区要保持一致理念，致力于将宁夏打造成为全国文化旅游基地，在类似及互补资源方面要坚持营销方式与资源存在方式求同存异的观念，通过有力的宣传促销来创造强力文化旅游品牌；在营销环节上，要与文化旅游产品的开发紧密相扣，使得游客充分参与强力文化旅游品牌，体验品牌的多层次、多样性，同时通过营销方式的整合及文化旅游产品的设计，满足游客的层次化、定制化、特殊化旅游需求。在营销人才上，要加强区内各地区以及省际之间旅游营销人才的合作与交流。在营销方式上，要借鉴运用分类营销、捆绑营销、有奖营销及季节营销等新型营销方式，使营销宣传的旁侧效应最大化。通过这些举措真正达到营销资源共享、营销人才共创、营销创意共思、营销效果共喜的整体营销整合局面。

（六）以政府引导整合行业决策，创造产业发展良好环境

1. 制定相关政策法规，创造良好发展环境

政府部门根据当地的文化旅游发展水平等因素，制定出符合实际的产业政策，有利于文化旅游业稳定发展，引导旅游企业空间布局，改善不合适的集群发展模式，改善文化旅游发展的整体环境，引导集群不断升级。制定财政、金融等方面的优惠政策，为中小旅游企业融资创造条件，有利于招商引资。由于旅游资源具有脆弱性和不可恢复性，尤其是南部山区，因此，要制定相关法律法规，保护文化旅游资源，为文化旅游产业集群提供不竭的动力。

2. 培育文化旅游人才，提高服务质量

文化旅游产业集群的长远发展离不开高素质的从业者。各级旅游局在编制文化旅游人才培训规划，制定人才激励机制，创新用人机制；根据宁夏文化旅游产业发展情况和旅游市场需求变化，定期对文化旅游从业人员、旅游企业管理者和各级旅游局干部等开展业务培训；在区内选择有实力的文化旅游实践基地（文物局、博物馆等）。

一是入境旅游总量较小，但客源分布广泛。根据历年调查，国际客源地分布显示如表 8–2，宁夏的国际客源地呈现逐年多样化的趋势，近年来，欧洲、北美及亚洲太平洋地区的许多国家游客已经开始涉足宁夏旅游，但目前宁夏旅游接待国外游客仍属于试水阶段，多由于接待任务、国际会议来宁旅游，阿拉伯国家来宁旅游人数仍较少。目前，宁夏总体入境旅游接待规模小，但客源广泛，且游客评价度高，具有非常大的提升空间，进一步拓展多样化的客源地潜力巨大。根据表 8–3，几乎每年的入境旅游者中人数最多的国家均为日本，欧美部分国家的总人数相对较多，由于来宁的总体入境规模较小，扩展空间较大，今后需加强潜在客源地的旅游营销，尤其是针对广大阿拉伯国家伊斯兰世界的旅游营销，扩大宁夏作为中国回乡的旅游影响力。

表 8–2　国际客源地分布情况

年份	国际客源地
2007	日本、美国、德国、法国、新加坡等
2008	日本、韩国、美国、德国、法国、新加坡、澳大利亚等
2009	日本、美国、德国、韩国、法国、英国、马来西亚等
2010	日本、美国、德国、新加坡、法国等
2011	日本、美国、德国、韩国、马来西亚、英国、新加坡、法国、加拿大、澳大利亚、中国香港、中国台湾等
2012	美国、日本、韩国、德国、法国、新加坡、马来西亚、意大利、英国、澳大利亚、泰国等
2013	美国、日本、韩国、德国、法国、新加坡、马来西亚、意大利、英国、澳大利亚、泰国等
2014	美国、日本、韩国、德国、俄罗斯、马来西亚、印度、新加坡、加拿大、澳大利亚、法国等

二是文化旅游人才培育院系（宁夏大学、北方民族大学、旅游学校

表 8-3 主要年份海外旅游者接待规模(人次)

年份	日本	美国	加拿大	英国	法国	德国	意大利	俄罗斯	澳大利亚	新西兰
1998	1714	321	248	133	131	243	66	7	62	12
1999	2079	297	190	197	195	166	74	123	94	11
2000	1896	392	151	353	180	298	59	104	115	10
2001	1906	533	233	314	158	572	134	193	158	16
2002	1716	461	170	212	154	222	57	10	83	8
2003	857	217	90	77	108	190	45	34	50	9
2004	1797	633	204	302	605	298	71	10	98	19
2005	2106	600	295	374	528	229	131	41	131	37

等)，推进产、学、研一体化，培养一批高素质、专业化的文化旅游人才，培养在旅游规划和开发、游乐景点的投资建设、演艺、市场营销、信息技术及咨询等方面擅长的旅游服务人才，发展一批职业素质高的导游队伍。引进国内知名专家和国际化旅游专业人才，加强与国际知名旅游目的地学术研究、教育培训、标准开发等领域的交流与合作。

此外，政府还要加强旅游基础设施建设，为集群的形成奠定基础。开发旅游电子业务，如虚拟在线旅游、在线预订酒店、在线咨询等，为旅游者提供更加方便、快捷的旅游信息服务；建立紧急呼叫系统，加强旅游安全服务。培养区域信任文化、创新文化，增强文化旅游产业集群整体竞争力。

六、新常态下宁夏文化旅游发展路径

2014 年 5 月，习近平总书记在河南考察工作时第一次提及新常态：“我国发展仍处于重要战略机遇期，我们要增强信心，从当前我国经济发展的阶段性特征出发，适应新常态，保持战略上的平常心态。”2014 年 11 月 9 日，习近平总书记在亚太经合组织工商领导人峰会上的演讲中首次系统阐述了新常态。他说，新常态有三个特征：中国经济从高速增长转为中高速增长；中国经济结构不断优化升级；中国经济从要素驱动、投资驱动转向创新驱动。2014 年 12 月 5 日，习近平主持召开中央政治局会议，分析研究 2015 年经济工作。会议强调，中国进入经济发展新常态，经济韧性好、潜力足、回旋空间大。同时，经济发展新常态下出现的一些趋势性变化使经济社会发展面临不少困难和挑战，要高度重视、妥善应对。2014 年 12 月 9 日，中央经济工作会议对经济发展新常态做出系统性阐述，提出要认识新常态，适应新常态，引领新常态。新常态成为我国宏观决策层调控国家经济社会发展和治国理政的重要理念。新常态表明我国经济正在向形态更高级、分工更复杂、结构更合理的阶段演化，经济发展正从高速增长转向中高速增长，经济发展方式正从规模速度型粗放增长转向质量效率型集约增长，经济发展动力正从传统增长点转向新的增长点。

经济新常态之所谓“新”，意味着不同以往；新常态之所谓“常”，意味着相对稳定，主要表现为经济增长速度适宜、结构优化、社会和谐；转入新常态，意味着中国经济发展的条件和环境已经或即将发生诸多重大转变，经济增长将与过去 30 多年 10%左右的高速度基本告别，与传统的不平衡、不协调、不可持续的粗放增长模式基本告别。具体表现在资源配置模式和宏观调控方式方面提出：既要全面化解产能过剩，也要通过发挥市场机制作用探索未来产业发展方向；在消费需求方面，模仿型排浪式消费阶段基本结束，个性化、多样化消费渐成主流；投资需求方面，传统产业相对饱和，但基础设施互联互通和一些新技术、新产品、新业态、新商业模式的投资机会大量涌现；出口和国际收支方面，全球总需求不振，同时中国出口竞争优势依然存在，高水平引进来、大规模走出去正在同步发生；生产能力和产业组织方式上，新兴产业、服务业、小微企业作用更凸显，生产小型化、智能化、专业化将成新特征；生产要素方面，人口老龄化日趋发展，农业富余人口减少，要素规模驱动力减弱，经济增长将更多依靠人力资本质量和技术进步；市场竞争方面，逐步转向质量型、差异化为主的竞争，统一全国市场、提高资源配置效率是经济发展的内生性要求。资源环境约束方面，环境承载能力已达到或接近上限，必须顺应人民群众对良好生态环境的期待，推动形成绿色低碳循环发展新方式。经济风险方面，各类隐性风险逐步显性化，风险总体可控，但化解以高杠杆和泡沫化为主要特征的各类风险将持续一段时间。

《2014—2015 年中国旅游发展分析与预测》（《旅游绿皮书》）指出，在 2014 年中国经济进入经济增长速度换挡期、结构调整阵痛期、前期刺激政策消化期三期叠加的背景下，中国经济已进入“新常态”。在此背景下，中国旅游业也呈现出以下几个方面的特征和趋势：在旅游新政方面，制度红利集中释放；在简政放权方面，治理体系探索创新；在旅游需求方面，消费分层明显加速；在国际旅游方面，出境入境更加分化；在旅游投资方面，收益风险双向累积；在产业竞合方面，合纵连横开放平台；在旅游集团方面，商业帝国呼之欲出；在国际地位方面，大国旅游风范愈显。

（一）市场需求个性化、多样化消费渐成主流

中国经济新常态的消费需求特点显著：“过去我国消费具有明显的模仿型排浪式特征，现在模仿型排浪式消费阶段基本结束，个性化、多样化消费渐成主流。”中国旅游业走过了团队型爆发式的消费阶段，传统的景区景点观光、历史文化旅游、游山玩水等依然备受欢迎，但文化旅游业内涵延伸方向诸如中医药旅游、养生保健游、体育健身游、研学旅行与修学旅游等也蓬勃发展，自驾车游、房车游、邮轮游艇旅游、低空飞行旅游等更是热闹非凡，旅游消费的个性化和多样化日益明显。传统意义上的“食、宿、行、游、购、娱”六大要素已经不能全面地涵盖现代旅游，国家旅游局局长李金早在 2015 年全国旅游工作会议上提出了新的旅游六要素：商、养、学、闲、情、奇，在旅游基本要素的基础上将后者定义为旅游发展要素或拓展要素。

宁夏在“商、养、学、闲、情、奇”新的旅游六要素方面有较大的开发潜力，尤其是在民族文化、历史文化等方面具有很大的开发潜力。宁夏文化旅游产业需要积极借助中阿博览会、中国银川国际摩托车旅游节、中国回乡风情旅游节、中国西部旅游美食节等节庆活动积极开拓商务、会议旅游。利用六盘山、贺兰山和宁夏便捷的结题条件的自然条件发展避暑养生和户外体育健身旅游，融入已经举办 14 届的环青海湖自行车比赛等积极发展宁夏自助观光游、特色文化游。丰富“学”的内涵，借助宁夏特有的穆斯林文化吸引穆斯林留学生，积极开展以“大漠”“黄河”“回乡风

情”为主题的摄影、科考、培训、拓展训练、各种夏令营、冬令营活动。目前，宁夏已形成自然风光观赏型、休闲垂钓型、生态观光型、采摘篱园型、休闲农庄型和农家特色餐饮型六种类型的休闲农业发展模式，但仍缺少回乡特色型、回族农家生活原生态体验型等休闲农业发展模式。“情”是指情感旅游，包括婚庆、婚恋、纪念日旅游、宗教朝觐等。宁夏拥有一批具有情感记忆的旅游景区：沙坡头凝聚了一代人治沙的辛劳；国务院直属五七干校成为五七战士们缅怀青春的场所；镇北堡西北影视城更是电影爱好者的理想圣地。在充分挖掘当地文化旅游资源基础上针对不同的市场主体进行情感营销，宁夏具有得天独厚的优势。让宁夏的旅游资源充分满足消费市场个性化、多样化、文化化的需求特征成为今后文化旅游产业发展的方面和重点。

（二）市场竞争转向质量型、差异化为主

我国经济新常态的市场变化方面的显著特点：“从市场竞争特点看，过去主要是数量扩张和价格竞争，现在正逐步转向质量型、差异化为主的竞争。”在旅游业中，市场竞争更趋向这一大方向转化。经济新常态下，区域旅游业发展需要分析本地旅游服务诸环节的供需关系，适当控制供大于求的环节，重点推进短缺的服务项目建设，实现行、游、住、食、购、娱及信息要素的均衡配置。

对于宁夏回族自治区旅游业发展来说，第一，抓住开放的机遇。旅游业的全面发展应体现在入境、出境、国内三大旅游市场的协调发展上。而宁夏的入境旅游人数常年全国倒数第一，成为旅游市场发展的短板。随着“一带一路”的推进发展，宁夏同阿拉伯国家及世界穆斯林地区的交流合作的日益加深，国际穆斯林旅游市场将成为宁夏重要的入境旅游市场，对促进宁夏入境旅游大发展具有重要的意义。第二，抓住转型的机遇，实现“小旅游”向“大旅游”转变。宁夏文化旅游产业具有关联性大、带动性强的特点。文化旅游产业的这一特点决定了它具备与其他产业融合的天然属性。对着向西开放、一带一路、宁夏内陆开放型经济试验区建设，将会极大地促进商贸、会展、清真食品、穆斯林用品、特色农业等相关产业快速发展，这些产业均具备与文化旅游业融合发展的天然优势，未来必将有力地促进相关产业与文化旅游产业的融合发展，实现“小旅游”向“大旅游”的转变。第三，抓住提升的机遇实现单一产品向复合产品转变。随着中国旅游散客化、个性化趋势的到来，旅游产品的开发正在由单一的观光旅游产品转向以休闲度假为主的复合型旅游产品。当前，宁夏文化旅游产品仍是以面向团队游客的观光旅游产品为主，无法充分满足旅游者的需求。随着宁夏融入国家向西开放、一带一路战略，积极推进内陆开放型经济试验区建设，休闲度假旅游、特色文化旅游、商务旅游、会展旅游、奖励旅游等文化旅游产品将逐渐兴起。此外，葡萄酒文化旅游、体育旅游、修学旅游等也具备开发条件。这些将共同构成复合型旅游产品，更好地满足各种旅游需求。

2013年，世界穆斯林旅行商大会举办期间，自治区旅游局与中国国际航空公司开创了“航空+旅游”互利共赢的合作新模式。双方通过资源互换共享、互惠互利的合作模式，将宁夏旅游推广做到了航班上。2013年12月1日至2014年8月30日，在国航飞往银川的19个航点的航班上播放宁夏旅游专题片。同时，在国航各主要营业网点、网站及会员短信平台上进行宁夏旅游宣传促销，并在国航国内外上百个营业部通过柜台促销提示、产品推介等形式宣传推广宁夏旅游，以支持西部大开发，扶持宁夏航空和旅游业发展。宁夏旅游局免费为搭乘国航航班赴宁的区外旅客提供30000人次宁夏一日游代金券，提升国航订票率。“航空+旅游”合作项目的实施，为宁夏旅游宣传营销打开了一条空中通道，使宁夏旅游宣传从传统媒介扩展到网络、航空等有特定受众的渠道。此次空中宣传平台的建立，不仅有效促进宁夏旅游提速升级，也是宁夏旅游借助航空，向高端客源市场拓展迈出了实质性的一步。

研究表明，每年7月份一般是阿拉伯客源举家出游的旺季，他们的旅游消费特点是喜欢购物活动、青睐亲子项目等，旅游消费水平高。针对这一消费特点，宁夏将打造的度假要素至少应该包括大型免税商场、大型主题公园、突出亲子度假项目等。而东南亚穆斯林游客来自热带海滨地区，宁夏的沙漠资源、冰雪资源将产生差异性吸引力，可重点推出沙漠休闲体验项目、冬季冰雪旅游资源项目等。针对国际穆斯林商务旅游市场，重点打造高等级穆斯林会展节庆项目、大型穆斯林用品批发市场、高档穆斯林商务接待设施包括高档穆斯林饭店、高档穆斯林餐厅、高档穆斯林休闲会所等项目。

（三）从规模速度型粗放增长转向质量效率型集约增长

“从资源环境约束看，现在环境承载能力已达到或接近上限，推动形成绿色低碳循环发展新方式”；“经济发展方式从规模速度型粗放增长转向质量效率型集约增长，经济结构正从增量扩能为主转向调整存量、做优增量并存的深度调整”。传统的自然风景与文化遗产资源经过 30 多年的迅速发展、规模开发，大多已得到开发，拓展新的空间余地不大；著名旅游景区的开发已达到或接近上限；有些地方还处于初步开发阶段。为了保障旅游的可持续发展，必须不断推陈出新，淘汰单一落后的旅游项目，开发能够满足市场需求特征的旅游项目。无论是沙坡头、沙湖、镇北堡影视城这样的成熟景区，还是初步发展的新旅游景区，完善已有或开发新的景区都要十分珍惜资源，遵循集约、绿色、低碳和循环发展新方式。

2014 年，宁夏旅游接待国内游客 1671.62 万人次，增长 9%；接待入境旅游者 33657 人次，增长 32.7%；全年旅游总收入 142.69 亿元，增长 14.7%。宁夏游客接待量、旅游收入在全国均处于较低水平，且各地旅游业发展不均衡。各地的旅游开发要因地制宜，坚持调整存量、做优增量并存，盘活存量与适度增量相结合，提升已有产品与发展新业态、开发新产品并重；遵循产业融合、复合利用原则，尽量依托文化、教育、体育、医疗、农林、工矿、水利、交通、村镇和街区等各类社会旅游资源，开发与民众生活融为一体的大众休闲产品与新颖独特的人文旅游产品，切实推进从粗放式的资源消耗型向节约、集约、复合型开发转变。

贺兰山东麓葡萄产业及文化长廊是宁夏文化旅游产业新的增长点，围绕贺兰山东麓葡萄生态资源、文化旅游观光资源和区位优势大力发展葡萄产业和与其相关的文化旅游经济、体验经济及会展经济等综合产业发展。

"葡萄+旅游"的发展模式将葡萄种植基地、加工基地与重点旅游资源进行捆绑式开发，改变单一的发展方式，延长产业链，构筑新的旅游核心吸引力，使得旅游区与葡萄产业基地形成空间融通、内涵延伸和功能补充。

(四)从高速增长转向高中速增长

20世纪八九十年代，中国入境旅游以两位数增长，近10年降至个位数增长，近两三年出现负增长，表明入境旅游从爆发式自发增长进入常态式促销增长。国内旅游从一度井喷式增长到近几年10%左右的持续增速，也在向常态过渡。出境旅游仍在初期阶段，以20%左右的年速增长。各省市县区位、资源、交通、人口、城镇化与经济水平不同，旅游所处发展阶段不同，旅游增长速度有快有慢是常态现象。发达地区旅游规模大、基数高，进入成熟期后会率先进入平稳发展的常态期。旅游后发展地区条件差异巨大，不一定都具有后发优势，旅游发展速度与水平参差不齐也是正常现象。作为一个幅员辽阔的大国，由于受到自然和社会经济条件的限制，中国旅游业不可能全面开花、同步发展。旅游业也不可能都成为每个地区的支柱产业，也不可能每个省（市、县）都成为"旅游强省（市、县)"。地区间旅游发展速度、游客人数和经济规模不可简单类比。宁夏地处西北内陆，经济发展水平低于全国平均水平，旅游收入占全国比重较小。近几年虽然取得了较快的发展，但和旅游大省相比仍有较大差距。宁夏文化旅游产业要进一步从市场、特色和创新上下功夫。

一是要依靠市场挖掘旅游发展新潜力。文化旅游产业应当做好市场细分、合理制定旅游营销推广活动，积极开拓新市场。二是食宿要突出地方文化特色和民族文化特色。进一步完善宁夏特色沙漠酒店和回族特色酒店建设，加强清真食品认证，鼓励回族民族特色餐饮发展。三是开发整合文化旅游游览线路。交通网络设计环环相扣，科学设计班列时间，将游客在路上的行驶时间尽量缩短。同时，整合全区旅游各项线路，让游客可选择的项目尽可能串成线，使游客在最短时间里享受最快乐的个性化特色文化旅游。四是依靠创新激发宁夏文化旅游发展新活力。创新文化旅游营销模式、景区项目和产业融合模式，为宁夏文化旅游发展方式转变注入新活力。

（五）高水平引进来、大规模走出去正在同步发生

入境旅游收入属服务外贸出口，出境旅游支出属服务外贸进口。中国旅游从入境旅游起步，国内旅游后起，出境旅游跟进，三大旅游市场递次推进，目前已形成三大市场并进的正常格局，符合旅游后发国家和地区的一般轨迹。中央提出必须更加积极促进"进口和出口平衡、引进外资和对外投资平衡，逐步实现国际收支基本平衡，构建开放型经济新体制"。入境旅游的连年下滑、出境旅游的逐年猛增，导致旅游贸易从顺差转向逆差，赤字不断扩大。因此，必须奋力开拓入境旅游市场，积极引导出境旅游理性消费，努力为国家实现国际收支基本平衡做出贡献。全国入境旅游总体下滑的因素是多方面的，大多是国内外大环境决定的，不是旅游部门所能解决的。但就入境旅游的产品开发、服务质量与市场营销创新而言，旅游部门责无旁贷。

中央提出"高水平引进来、大规模走出去正在同步发生，必须加紧培育新的比较优势，使出口继续对经济发展发挥支撑作用"。2014 年，旅游企业、特别是民营旅企大踏步走出去初显端倪。旅游企业应充分利用中国公民大规模走出去的优势，结合向西开放和一带一路国家开放战略，重点谋划在中国公民出境旅游目的地带布局，在为出境游客提供航空、住宿和餐饮等服务中，使出境游支出部分回流。改革开放之初，旅游业曾率先"高水平引进来"，今后理应在"大规模走出去"方面有所作为。

宁夏是古丝绸之路上的一颗璀璨明珠，是中国与阿拉伯国家加强经贸往来和文化交流互鉴的重要平台，自古以来就是中华儒家文化与中东地区伊斯兰文化交流合作的重要纽带，并且在明清以来，宁夏回族逐渐形成以朝觐与商旅兼具为特色的沿汉唐古丝绸之路与阿拉伯半岛国家进行文化、宗教交流，丝绸之路历史文明十分显著。今天的宁夏，更富有活力、更加开放，作为全国唯一一个省级回族自治区，与世界 57 个伊斯兰国家和穆斯林地区的 16 亿人口有着相同的宗教信仰、相近的生活习俗、相似的民族文化，与阿拉伯国家伊斯兰世界有着天然的文化、宗教联系。随着国务院批准建立宁夏内陆开放型经济试验区、并将采取综合措施加以促进，宁

夏必将成为中国向西开放的“桥头堡”，构成国家对外开放布局中的“宁夏通道”。随着国家“一带一路”战略进一步实施，宁夏文化旅游产业面向阿拉伯国家和世界穆斯林地区，将会促进宁夏成为“世界知名的国际穆斯林旅游目的地”。2013 世界穆斯林旅行商大会吸引来自中东和东南亚等 20 个国家和地区的旅游主管、旅行商，国内丝绸之路沿线的省市（自治区）、开展穆斯林旅游业务的主要旅行商近 300 人来宁参加了大会，签订旅游合作协议 39 项，总投资约 30 亿元。高水平引进来、大规模走出去是宁夏建设国际旅游目的地的新要求和新目标。

第九章　宁夏国际旅游目的地建设

在向西开放、丝绸之路经济带国家发展战略目标下，宁夏旅游作为连接中国与阿拉伯国家的纽带，成为宁夏融入丝路经济带的有力抓手。宁夏回族自治区党委、政府适时提出了“两区、丝路经济带建设，旅游先行”的战略，拟将宁夏旅游业作为面向欧美发达国家、阿拉伯国家和伊斯兰世界的开放窗口和开放的先导产业集群体系，进而将宁夏打造成为特色鲜明的全域型国际旅游目的地。宁夏国际旅游目的地建设旨在推动、深化宁夏与阿拉伯国家及世界穆斯林地区的经贸投资合作和人文交流互鉴，通过向西开放、“丝绸之路经济带”国家战略建设，充分发挥宁夏特色旅游优势，以旅游搭台，促进和吸引阿拉伯国家和伊斯兰世界游客来宁旅游、商贸，打造中阿互惠互利、深度合作的黄金时代。通过国际旅游目的地等重点项目建设，以重点突破带动试验区全面发展，更好地提升中阿经贸合作、人文交流互鉴的深度与广度，更好地体现试验区向西开放的核心要旨，更好地提升试验区开放开发的后劲。因此，宁夏在当前紧抓“国家向西开放”和“丝绸之路经济带”战略机遇，将自身打造成为面向阿拉伯世界和世界穆斯林地区的特色鲜明、真正具有一定国际吸引力的旅游目的地，既是宁夏旅游业发展的一次重大机遇，又是宁夏旅游业发展面临的重大课题和艰巨任务。

宁夏地处黄河中上游中国西北腹地，自唐以来即有“塞上江南”的美称。地小物博而山河雄浑壮丽。地区兼有南国水乡的美丽特色和塞外边陲的壮丽景观，大漠黄沙的广袤壮阔和长河落日的雄浑奔涌、高山的巍峨险峻和平原的舒缓惬意；山川秀美，湖泊众多，沙、山、水、绿洲组合形成的自然景观雄浑秀丽。自然环境原始淳朴，自然景观雄奇独特。区内回汉居民和谐共处，穆斯林文化与汉文化交相辉映而又互融互通；宁夏历史源远流长，自古以来即为亚欧大陆游牧文化与农耕文化的缓冲过渡地带，战争与和平在宁夏境内的时空交错中不断地上演与谢幕。秦之三戎游猎之地与县郡的设置、古“丝绸之路”历史通道区位、西夏古国的兴起与覆亡之地、同治年间西北回民大起义的核心地区……深厚的多民族历史文化，造就了类型多样、丰富多彩而又极富鲜明特色的文化旅游资源，与自然景观资源共同构成宁夏建设特色国际旅游目的地的坚实基础。

尤其是宁夏文化旅游资源具有多样性、独特性、垄断性等诸多优势。因此，积极推动宁夏建设面向国际的旅游产业发展，将旅游产业发展成为新兴产业增长极和向西开发的先导产业集群，逐步把宁夏建设成为中国黄河文化旅游的高地、回族文化旅游的核心区、西夏文化旅游的王牌区、沙漠文化旅游的示范区、山水文化旅游的精品区、丝绸之路文化旅游的重地、西部重要的国际旅游目的地。

宁夏国际旅游目的地的建设要从旅游吸引力建设、旅游多方协调合作以及国际旅游市场营销三个方面入手，通过自身提升和对外合作，加强国际宣传推介，打造为拥有一定特色产品、具有较高知名度和影响力的世界旅游目的地。

一、旅游吸引力建设

(一)旅游吸引力的内涵

旅游吸引力是指由旅游资源的丰富程度所决定的对旅游者的刺激程度，它对旅游者决定或选择旅游地区、旅游方式和旅游类型有极大的影响。在其他条件一定时，旅游资源愈丰富，旅游吸引力愈大，引发的旅游动机愈强，旅游经济的规模就越大。

一个旅游区的旅游吸引力大小不仅取决于该旅游区自然和人文景观等旅游资源的奇特、优美，也取决于该旅游区的交通、通信、生活、医疗、保险等配套设施是否健全，服务经营管理是否合理，价格是否公道并为旅游者所能接受。在已有优势旅游资源的情况下，相关的旅游服务设施越健全，旅游吸引力越大，前来观光游览的旅游者就越多，反之就越少。

另外，由于旅游是和人们的审美活动相联系的，人们的审美意识随不同的社会时尚和社会背景而有着显著的差别。因此，旅游吸引力一方面会随着旅游消费和社会的发展而变化，另一方面则具有定向性的特点，即某项旅游资源对一些旅游者的吸引力颇大，但对另一些旅游者则无任何吸引力。旅游吸引力所激发的只是选定的目标市场，不可能对全部旅游市场都具有同样大的作用。

宁夏具有国际吸引力的旅游资源不是很多，目前在国际上能够叫的响的旅游资源（旅游产品）主要包括：丝绸之路（宁夏中卫市曾经是丝绸之路的组成部分）、沙坡头（蜚声国际的中国成功治沙经验）、镇北堡西部影视城（有“东方好莱坞”之称）和具有东方金字塔之称遐想神秘的西夏王陵。另外，近些年随着中国国力上升，对外人文交流互鉴互通日益频繁，中国与伊斯兰世界的经贸往来越来越密切，宁夏回族自治区作为中国唯一的回族自治区，极具鲜明伊斯兰特色和回族风情，成为伊斯兰世界了解中国民族宗教政策的窗口。

为了能够更好地分析资源、产品、市场三者之间的关系，夯实建设特色国际旅游目的地基础，对宁夏旅游资源与市场化开展旅游资源和旅游产品（R–P）、旅游资源和旅游市场（P–M）分析。

1. 旅游资源的市场域（R–M）分析

建设国际旅游目的地需要有国际性的旅游资源的支持，为了能够打造国际性的旅游产品和形成国际吸引力的旅游产品，依据资源的市场吸引范围对资源进行层次的划分（R–M 关系构成），对资源本身特色进行市场界定。根据宁夏旅游资源本身的吸引力和吸引向性，综合已形成的市场规模，将旅游资源分为广域型市场（国际吸引力）、中域型市场（全国吸引力）、狭域型市场（区域吸引力）和偏域型市场（专题吸引力）四种类型。

(1)广域市场型（国际吸引力）旅游资源

广域旅游市场主要面向国际客源市场和国内远程客源市场。对于国际客源市场而言，是宁夏独特的自然风光和璀璨的民族风情吸引游客的主体。而对国际旅游者具有吸引力的主要有垄断性和独特性的旅游资源，如丝绸之路北线、隋唐以来的古萧关到灵州的古道沿线淳朴的民族文化及外在建筑、遗址、风俗等表现形式，特色的宁夏穆斯林文化，沙坡头、镇北堡影视城、西夏王陵等国内罕见、世界少有的旅游资源，具有广泛的旅游客源市场，能够对国外和国内游客产生较强的吸引力。因此，建设特色的国际旅游目的地，宁夏旅游发展应该重视这一类型旅游资源的保护性深度开发，寻找国际市场卖点，打造国际性的产品，针对国际旅游消费群体，以宁夏文化差异与文化融合为主线，以特色产品组合结构为体系，积极开展国际旅游营销，着力开发广域市场型的旅游资源，拓展国际旅游市场。

(2)中域市场型（国内吸引力）旅游资源

主要面向国内中远程的旅游客源市场。宁夏面向国内客源市场的旅游资源除了以上提到的之外，处于干旱与半干旱、游牧与农耕文化交错地带而独具的自然风光、历史悠久的边陲文化也是其主要吸引力所在。这一类的旅游资源主要包括山水风情和历史文化，如沙湖、黄河风光、贺兰山和六盘山、古长城、边塞城堡、烽火燧台等，涉及的主要景区包括苏峪口国家森林公园、六盘山旅游区、须弥山石窟旅游区等旅游资源，这些资源在全国或是在省内外较大区域内具有不可替代性，因此要将这一类型的旅游资源作为宁夏中域市场型资源进行开发。

(3)狭域市场型（区域吸引力）旅游资源

狭域市场型旅游资源是以近距离周边客源市场为核心的旅游资源，即以宁夏回族自治区内及相邻各省区市的客源市场。这一类的旅游资源则主要是以六盘山、贺兰山的生态旅游资源、乡村旅游资源为主要吸引物，例如中卫腾格里湖湿地、青铜峡黄河生态园、灵武高庙和兵沟旅游区等旅游资源虽然特色明显，但是可替代性明显，不具有垄断性，其吸引力主要是在周边区域，因此可定位为狭域市场型资源。

(4)偏域市场型（专题吸引力）旅游资源

偏域市场型旅游资源是本身独特性突出但专业性极强，适合于某领域人出游的资源，面向专题旅游人群，可以开展探险、科考、宗教朝拜等专项旅游活动，例如腾格里沙漠探险、沙坡头治沙科考、回族风情体验游、贺兰山岩画探究和西夏文化探秘等，这一类的产品开发只是某些旅游资源的一小部分，其游客市场规模不大，多为专项旅游。

2. 依据产品性质进行资源层级划分（R–P 关系构成）

依据目前国际旅游市场的发育特征和产品设计的要求，结合宁夏回族自治区的旅游资源状况，考虑现有旅游资源可能的吸引范围，将宁夏回族自治区旅游资源与产品（R–P）的对应层次分为以下几种类型：观光游览型、生态休闲度假型、专项型、复合型旅游资源，同时分析主要旅游资源的旅游市场域及其资源开发和产品的关系（见表 9–1）。

表 9–1　主要旅游资源(景区)的市场与产品对应关系表

序号	资源(景区)名称	R–P 关系构成				R–M 关系构成			
		观光游览	休闲度假	专项旅游	复合产品	广域	中域	狭域	偏域
1	丝绸之路 	■■		■■	■■	◆◆			
2	伊斯兰文化(回族风情) 	■■		■■	■■	◆◆			
3	沙坡头 	■■		■■		◆◆			
4	沙湖 	■■	■■	■■	■■	◆◆			
5	镇北堡影视城 	■■		■■	■■	◆◆			

续表

序号	资源（景区）名称	R–P 关系构成				R–M 关系构成			
		观光游览	休闲度假	专项旅游	复合产品	广域	中域	狭域	偏域
6	西夏王陵 	■■		■■		◆◆			
7	六盘山旅游区 	■■	■■		■■		◆◆		
8	苏峪口国家森林公园 	■■	■■	■■	■■		◆◆		
9	黄沙古渡生态旅游区 	■■		■■	■■		◆◆		
10	固原博物馆 	■■		■■	■■		◆◆		
11	须弥山石窟 	■■		■■			◆◆		

续表

序号	资源(景区)名称	R–P 关系构成				R–M 关系构成			
		观光游览	休闲度假	专项旅游	复合产品	广域	中域	狭域	偏域
12	鸣翠湖国家湿地公园 	■■	■■	■■	■■		◆◆		
13	阅海国家湿地公园 	■■	■■	■■	■■		◆◆		
14	银川海宝塔 	■■					◆◆		
15	火石寨国家地质公园 	■■		■■			◆◆		
16	中华回乡文化园 			■■	■■			◆◆	
17	水洞沟旅游区 	■■	■■					◆◆	

续表

序号	资源(景区)名称	R–P 关系构成				R–M 关系构成			
		观光游览	休闲度假	专项旅游	复合产品	广域	中域	狭域	偏域
18	玉泉营葡萄庄园 		■■	■■				◆◆	16
19	平罗玉皇阁景区 	■■						◆◆	17
20	贺兰山滚钟口 	■■						◆◆	
21	贺兰山岩画 			■■					◆◆

资料来源：宁夏建设特色鲜明的国际旅游目的地规划(2013—2020)，宁夏回族自治区旅游局。

宁夏拥有与东部各省区迥然各异的旅游资源，塞上江南、大漠风光与水的巧妙结合，西夏文化和穆斯林文化特色风情，在全国的旅游系统中的地位无可替代。同时，总体而言，宁夏旅游资源种类齐全，并拥有沙坡头等高品位核心资源，资源组合度好、互补性强。雄浑的大漠风光、古老的黄河文化、旖旎的塞上江南、神秘的西夏古韵、浓郁的回乡风情、悠远的丝绸之路、纯净的自然环境，以及对阿拉伯国家及伊斯兰世界友善的人文环境等共同构成了宁夏多姿多彩的旅游资源体系，为宁夏建设国际旅游目的地奠定了扎实的资源基础。总体来看，宁夏的旅游资源丰富、类型全，具有一定的比较优势，但是世界垄断性的，具有很强吸引力的资源数量少。

从市场—资源—产品三者之间的关系分析入手，宁夏回族自治区大部分旅游资源无法对应广域市场，目前只有少数旅游资源具有国际吸引力，资源开发难度大。因此，深入挖掘中域及偏域市场型旅游资源对拓展宁夏回族自治区旅游国际客源市场具有重大而深远的意义。而偏域性资源开发和偏域性旅游产品的打造则可能是未来宁夏撬动国际客源市场的支点。

（二）宁夏国际旅游吸引力现状分析

1. 旅游资源丰富多样，特色鲜明

宁夏旅游资源丰富，且享有“两山一河（贺兰山、六盘山、黄河）、两沙一陵（沙坡头、沙湖、西夏陵）、两文一景（回族文化、西夏文化、塞上江南特色景观）”，是中国西北别具一格的旅游天地。扩大视野将其放入国际旅游目的地来看其旅游资源，宁夏首先则拥有较多独特的自然景观类型，尤其是黄河（塞上江南）与大漠构成自然景观区域优势，得天独厚。从国际化角度看，其与阿拉伯国家自然景观环境比较具有显著的优势。其次，宁夏文化景观“古”“今”融合，民俗丰富多彩，回族文化、西夏文化优势明显，尤其是回族文化，不仅体现出其文化的国际特色，更具有世界垄断性，旅游吸引力较强。宁夏的回族文化作为伊斯兰文化的一部分，与阿拉伯国家在文化上有着较深的渊源联系和共同性，其主要体现在：一是与阿拉伯、穆斯林文化的渊源——天然宗教联系下的亲和性；二是回族清真饮食——生活的便利性；三是大环境——可融合性。目前，宁夏旅游资源已形成以回族文化、西夏文化、古人类文化等为代表，面向国际、国内远程市场的旅游产品；以浓郁的塞上江南特色为代表的面向周边区域的旅游产品；以特色鲜明的运动休闲和农家乐为代表的面向本地市场的旅游产品体系。

另外，宁夏年平均气温约5℃~9℃之间，气候凉爽，在国际化视角中与阿拉伯国家气候形成鲜明对比，成为其休闲、度假的绝佳地区。

2. 旅游形象初步树立，可塑性强

明确的旅游形象有利于旅游目的地的对外宣传和推广，通过近几年的大力宣传和推广，“塞上江南 神奇宁夏”的旅游形象已初步树立，宁夏旅游的整体知名度和美誉度得到较大提升。宁夏的旅游资源开发晚，正因如此，宁夏的旅游资源还保持着较好的原生态性，可开发的空间大，保留着多处原生态的自然和人文风貌。这些都增加了宁夏建设特色鲜明的国际旅游目的的可塑性，为旅游形象的进一步塑造和固化提供了天然的保障。在旅游发展的过程中，以回乡文化为基础和依托，以沙坡头旅游区、沙湖旅游区、西夏王陵、六盘山旅游区为核心景区，联合开发打造，围绕宁夏旅游形象进行开发，进一步强化宁夏的旅游形象。

而最终塑造的由风情回乡、雄浑大漠、悠远黄河、塞外水乡、古韵西夏、文明丝路等元素共同构成了宁夏多姿多彩的旅游资源总体形象，成为旅游开发的主线，也是吸引游客的灵魂。

3. 后发优势潜力十足，专属客源广

宁夏旅游发展相对滞后，但是从另外一个角度来看，具有明显的后发优势。第一，宁夏可以吸取东部地区在旅游资源开发方面的经验和教训，并在此基础之上创新。第二，在经济落后和产业结构调整的大背景下，宁夏当地政府、企业和民众都有通过开发民族旅游产品、实现旅游经济超常规、跳跃式发展的强烈诉求。第三，宁夏由于开发较晚，工业化进程较滞后等原因，使得当地的旅游资源保护比较好，生态环境破坏和环境污染较小，从而为民族文化旅游产品的开发提供了原生态的民俗文化和生态环境基础。所以，目前的开发力度不强正是宁夏相对于其他区域所具有的后发优势。

宁夏回族自治区发展国际旅游的最大优势在于其具有回乡文化，发展国际穆斯林入境旅游具有得天独厚的优势。因而宁夏依托回族文化打造特色鲜明国际旅游目的地，大力发展国际穆斯林入境旅游，建设世界知名的国际穆斯林旅游目的地是大势所趋。

从国内市场看，宁夏回族仅占全国的 1/5，其余的 80%则分布在全国 98%的市县，宁夏回乡风情对散居全国各地的 700 多万回族同胞本身具有很大的吸引力；同时，由于回族“大分散、小集中”的分布特点，可以借助散居全国各地的回族同胞进行宁夏旅游的推荐与宣传，这对宁夏旅游发展具有重要的意义。

4. 外部交通制约显著，区位受限

外部交通仍是制约宁夏走向国际旅游目的地的主要因素之一。目前，虽然已开通银川河东机场至迪拜和首尔等地的国际航班，但每周各仅有两班，且迪拜航线要经停昆明，这与国际旅游目的地建设还相距甚远。作为特色鲜明的国际旅游目的地应该开通较多的国际直航航线。

从国内来看，宁夏银川的河东机场是干线机场，但是吞吐量有限（2012 年为 380 万次，居全国机场第 38 位）。国内航班数量也相对较少，航班密度相对较小，尤其与北京、上海、广州、深圳等发达城市之间的航班密度仍然较小，不能有效满足游客的出行需求。而铁路方面，情况也不容乐观，与一些主要的旅游城市比较，车次少且等级低。宁夏航空和铁路发展与全国快速交通网络大发展的趋势很不吻合，交通瓶颈亟待破解。

在入境游客方面，宁夏地处西部，距离我国主要的入境旅游三大口岸（北京、上海和广州）都比较远，大部分的游客要经过这些口岸城市中转，一定程度上制约了宁夏拓展国际市场。

从国内游客来看，宁夏距离我国主要客源地（东部发达地区）较远，很难对这些客源产生吸引。本地的人口少，省内潜在客源拉力不足，很难推进旅游发展。宁夏地处西部地区的东北部，与西部一些著名的旅游城市、旅游景点以及主要黄金旅游线相距甚远，远离西部主要旅游线，并且有着被边缘化的可能，很难借势发展，也没有融入到这些大的知名旅游线路之中，如西部著名的西安、敦煌和丝绸之路旅游线路等。

5. 经济发展相对滞后，人才匮乏

宁夏地处西部，虽然近年来经济发展速度快，但是由于基础差、底子薄，经济发展相对落后，国民人均可自由支配的收入较低，当地的旅游消费需求能力不强，本地市场规模有限，国内旅游规模难以扩大。总体经济实力较差，投资力量不足，特别是一些投资量大、回收期长、满足旅游需求的基础设施不足。

宁夏经济水平落后，旅游开发的资金投入较少。从旅游产业发展来看，受资金等条件制约，宁夏旅游企业的“小、散、弱、差”等问题比较突出，高星级饭店、大型旅行社数量等都比较少，发展处于较低水平，竞争力不足，缺乏带动性的龙头企业。受到经济条件的限制，宁夏旅游基础设施和公共服务设施发展虽具有一定的基础，但是距离国际旅游目的地的要求仍有很大的差距，公路、通信、供电、给排水等设施需进一步建设和完善。而在后续的国际特色旅游目的地建设中需要投入大量的资金完善基础设施。同时，区域经济的落后也导致人才的吸引力较弱。

宁夏长期依赖中央和东中部其他省区的经济、科技、人才、教育等方面的支援，地方相对缺乏旅游开发和管理的经验，也相对缺乏处理旅游业快速发展与大众需求的内在工作机制。宁夏旅游业起步较晚，地区经济落后，旅游业规模小，旅游职业队伍整体素质不高、经验不足，专业人才队伍成长缓慢，这也是制约宁夏旅游业发展的一个十分重要的因素。

宁夏长期存在旅游服务管理人才缺乏的状况，特别是高层次、高水平的旅游策划、开发、营销和管理专业人才。旅游人才培养的速度明显滞后于当前宁夏旅游业发展的速度，且存在从业人员专业素质低，阿拉伯语等小语种人员缺乏，知识结构水平、劳动专业技能相对滞后等突出问题。此外，宁夏的旅游职业教育、高等教育机构较少，不能有效适应宁夏建设国际旅游目的地发展的要求。

6. 旅游精品打造不足，设施落后

宁夏虽然有较丰富的自然、人文旅游资源，但因资金投入不足等原因，致使产品的打造、包装等尚未达到精品标准，在旅游发展精致化、精品化的趋势之下，景区内容单一，无法形成强吸引力的旅游品牌。大多数的旅游产品管理粗放，设施简陋，功能不全。

从传统的旅游资源来看，宁夏的旅游资源中并没有闻名世界的世界文化遗产，城市建设也相对落后，旅游资源虽然丰富，但缺乏高品位的旅游精品，仍然处于“一流的资源，二流的产品”状况。打造景区、景点相对分散，难以产生组合起来遥相呼应的龙头效应，想要打造有特色的、形成规模的精品旅游景区需要耗费大量的资金。景区、景点级别相对偏低，规模较小，缺乏高品位、高知名度的景区、景点，历史文化旅游资源没有得到充分挖掘，旅游资源缺乏文化内涵。某些人文资源由于文化延续出现断层，导致景区、景点不为人知，同时，也为目前的景区开发带来难度。

（三）宁夏国际旅游目的地吸引力建设

宁夏国际旅游目的地吸引力建设要从四个方面入手，即旅游资源和旅游产品吸引力、旅游形象吸引力、旅游服务吸引力及旅游项目投资吸引力入手，通过打造旅游精品产品、塑造国际化旅游形象、改善基础设施和提高旅游服务质量以及对外招商引资等手段，建设宁夏旅游发展整体吸引力，最终将宁夏打造成具有一定影响力和较高知名度的国际旅游目的地。

1. 依托优势旅游资源，打造旅游精品

旅游资源是旅游目的地籍以吸引旅游者的最重要因素，是一个综合性的概念，指一切能引发旅游者的旅游兴趣并构成旅游业的生产要素以满足旅游者需求的客观事物与现象。然而，针对整个旅游地的旅游资源展开平均施力的均衡式打造并不是明智之举。因此，增强旅游吸引力的关键性因素是对优势旅游资源进行重点剖析及建设，正如埃克尔斯和怀特所指出的：“一些相对优势因素对于旅游目的地的可持续发展是非常重要的。”

宁夏国际旅游目的地吸引力的建设首先是要依托优势旅游资源进行旅游精品的打造。要构建内容完整、结构合理的旅游精品体系。要依托现有特色性较强的自然、人文资源，加快发展观光、休闲和度假旅游，打造具有一定国际影响力的旅游产品。在具体实施上，首先要深度开发沙湖、沙坡头、西部影视城、西夏王陵等精品旅游品牌，打造沙湖旅游区、沙坡头旅游区、贺兰山沿山旅游区等旅游基地。其次，要努力开发新的旅游精品。通过开发民俗、宗教文化风情游，建设乡村生态游，开发移民风情游，加强回族文化、西夏文化和红色文化综合性载体建设，打造一批新的旅游精品。最后，还要挖掘旅游产品的文化内涵，提高旅游品位。文化是旅游的灵魂，旅游是文化的载体，要深入挖掘旅游产品所蕴含的黄河文化、回族文化、西夏文化、边塞文化、移民文化等文化内涵，提高旅游产品品位，提升旅游产品整体吸引力。

2. 定位国际化旅游形象，加强国外推广力度

旅游形象是旅游地的生命，一个良好的旅游形象对旅游地吸引力的建设起着极其重要的作用。在国际旅游目的地的确立中，旅游形象是至关重要的问题。旅游地形象包括旅游形象定位、旅游形象建设、旅游形象宣传。旅游者对一个旅游目的地的选择，依赖于对该目的地旅游形象的认知水平，并受其所掌握的旅游信息的影响。

当前宁夏旅游形象为“塞上江南 神奇宁夏”，此形象虽然在国内已具有较高的知名度，但其并不具有国际特色。“江南”仅仅针对国内而言，而且特色不够鲜明。与之相对应的“神奇”，显示出宁夏神秘不同的风格，故在对外宣传时应作为重点凸显。但是，宁夏想要真正走出国门，建设成为国际旅游目的地，其最终主题形象及宣传口号仍然值得深思。此外，在旅游形象的宣传方面，宁夏也要从国际化视角出发，必要时学习国外一些国家的推广手段及策略，力求将旅游形象植入国外游客的心中，最终通过旅游形象吸引力来提升旅游整体吸引力。

3. 加快基础设施建设，提高旅游服务质量

依托优势资源形成的交通、住宿、游览、餐饮、娱乐、购物、结算、中介服务等“一条龙”产品的品质和便利程度，是国际化的实质。宁夏要打造国际旅游目的地，落后的基础设施建设无疑成为发展的关键制约因素。宁夏要按照国际旅游目的地建设的标准，以银川市为重点，从加快开放型经济出发，完善城市基础设施建设，促进城市功能国际化、城市社会和经济运行机制国际化、城市产业结构国际化、城市法规和管理国际化、城市居民素质和意识国际化等。要以交通体系、星级饭店等旅游基础设施建设为突破口，尽快建设河东国际机场、加快空港物流基地建设。适时加开国际航线，发挥欧亚大陆桥功能，建设成为国内与穆斯林地区的物流中转地。通过高速、快速铁路项目实施，扩大宁夏铁路交通辐射力，并积极争取国家级层面的政策、财政支持。增设区内通往主要旅游景区（点）的旅游公共交通线路，加强景区景点间的联动性。整合现有的各级旅游汽车

公司，打造专用团队旅游车辆，并统一旅游团队用车外观及标识等。此外，政府可以在银川保税区规划建设银川保税区国际购物城，建立免税旅游纪念品商店，这些举措必将提升宁夏国际旅游目的地的吸引力。

在服务水平上，宁夏要以适应国际旅游目的地为需要，以满足旅游者吃、住、行为目的，重点建设与完善吸引、服务、线路、标志、质量、支持、保险等主要系统，并突出特色，形成差异，打造城市真正的品牌。推行国际化服务标准，根据国际化定位及目标客源国，考虑前来宁夏旅游游客的客源分布，区别不同国籍、不同民族、不同文化水平、不同宗教信仰、不同性别和年龄以及前来旅游的游客的不同旅游动机和目的，有针对性地开展服务工作，满足各类旅游者的各种不同的旅游需求。此外，还要培养和引进懂外语、熟悉国际旅游行业发展及操作规则的旅游人才，大力推动国际化人才开发。要强化旅游企业和旅游景区管理体系，为旅游者提供良好的导游、介绍、咨询、留念等服务。这些都是提高旅游吸引力的重要措施和关键。

4. 立足旅游项目，增强国际旅游吸引力

宁夏国际旅游目的地的建设，要加大招商引资，立足于涉及吃、住、行、游、娱、购等多方面的旅游项目，以项目建设来带动整个宁夏旅游产业的发展。旅游项目的招商引资不能仅局限于宁夏内部，要积极争取国内一流水平甚至是国外具有较高影响力的投资项目。宁夏国际旅游目的地的建设，其目标市场为中东阿拉伯地区，因此，一定要加强和阿拉伯国家的联系，组织和建立宁夏与阿方的各类投资贸易洽谈会、旅游招商会、旅游招商新闻发布会等，和阿方客商面对面洽谈。同时要通过现代科技信息媒介广泛发布招商信息，为外来客商投资提供便捷的服务，增强旅游投资吸引力。

另外，在旅游项目评定工作上，宁夏旅游相关管理部门要组织各单位认真做好旅游招商项目的可行性研究、总体规划等基础性工作，保证项目论证充分，切实可行。明确专人负责项目的征集、筛选、论证、上报工作，提高项目的可行性、吸引力以及国际影响力。

5. 借力丝路经济带建设，打造宁夏丝绸之路文化旅游经济区

国家旅游局将2015年国家旅游年主题正式确定为“美丽中国—丝绸之路旅游年”。盛兴于汉唐的陆上古丝绸之路是一条横贯亚洲、连接欧亚大陆的著名古代陆上商贸通道，东起长安，经陕西、甘肃、宁夏、青海、新疆，跨越葱岭（今帕米尔高原），经中亚部分独联体国家、阿富汗、伊朗、伊拉克、叙利亚而达地中海东岸（今罗马），全长7000多公里，中国境内的丝绸之路长度共计4000多公里。古老的丝绸之路沿线众多的历史文物、古迹、奇特壮丽的自然风光和多姿多彩的民族风土人情，吸引着世界各地的旅游者。宁夏作为古丝绸之路的重要节点，具有独特的区位优势，能够担当起建设丝绸之路经济带战略支点的历史重任。宁夏旅游作为连接中国与阿拉伯国家的纽带，应积极借力丝绸之路经济带建设，以旅游为宁夏融入丝路经济带的有力抓手。

积极协调沿线各省旅游行动。建立沿线各省区旅游发展的协调机制，成立一个丝路沿线省区广泛参与的高效协调组织机构，以高层联席会议、轮值主席制度等形式加强区域间的沟通和协调，共同开发跨区域精品旅游线路，制定共同行动准则，塑造丝绸之路旅游带整体形象，化解旅游发展过程中不同行政区划之间的利益矛盾，解决公共服务和管理方面的问题，建立区域旅游突发事件的应急处理互动互助机制，同时完善信息共享和合作保障等机制。

成立沿线城市旅游联盟。城市是现代旅游的基本载体，是丝绸之路旅游开发的直接实施主体。在丝绸之路经济带上，分布有一大批具有较强吸引力的旅游城市，如洛阳、西安、敦煌、兰州、乌鲁木齐、银川、固原等。可以在世界旅游城市联合会框架下，建立起丝绸之路城市旅游合作联盟，在城市层面开展合作。如建立城市旅游服务及公共服务标准，引领会员城市对制定旅游公共服务设施、旅游专业设施和旅游接待服务等方面取得共识。

完善丝绸之路旅游交通体系。尽快构建完整的丝绸之路旅游交通体系，保证各地区之间交通连接的通畅，实现沿线全方位的交通对接。对

此，除了改善交通基础设施硬件条件外，还需要不断完善交通运输便利化的软件条件，为团队旅游者、自驾车旅游者提供尽可能的便利。

二、旅游协调与合作

（一）国外与国内的协调合作

首先，应建立健全全方位、多层次旅游与贸易合作机制，促进合作有效推进。依托中阿博览会建立和完善组织健全和结构完整的旅游合作机构，加强与各国沟通联络、对外协调、联合促销、项目开发、交流合作等方面工作，共同推进中国与阿拉伯国家及伊斯兰世界的旅游合作；建立旅游信息共享机制，与阿拉伯相关国家协商建立旅游外宣信息共享机制，加强各国之间在旅游法律法规、旅游政策等方面的信息交流；加快安全保障与应急管理机制建立，实施与监督区域旅游安全与危机管理的组织实施，促进危机发生地旅游业健康持续发展。

其次，应搭建立体化国际合作平台，包括旅游合作决策、执行、推广平台。成立最高的旅游协调和决策机构，专门负责合作政策和机制制定、利益统筹、决策执行，协调和宣传中阿旅游合作发展的分支机构；以银川市为依托，开展与阿拉伯国家和穆斯林地区的旅游促销合作、旅游交通建设合作、旅游投资合作、旅游教育培训合作、旅游景区共同开发等具体合作；利用中阿旅游博览会，发挥旅游地管理部门和旅游企业的主体作用，做好旅游业的招商引资、项目推介、旅游地营销等工作。

最后，应合理设计国际合作路径，不断提升合作水平。通过多种有效路径规划设计，积极推进跨国旅游产品促销与推广、多目的地旅游项目合作。如 2014 年，阿联酋皇家投资局正式和宁夏固原市旅游局签署建设六盘山旅游度假区的协议。构建国际旅游目的地的支撑体系，突出本地区优势资源，实现中阿旅游合作水平的整合提升，互相借鉴各自成熟打造旅游目的地的经验，以区域内市场需求为导向，面向全世界，共同做好旅游产品板块的战略配置和服务要素搭配。具体规划设计包括开展联合促销，建立无障碍旅游区；凸显商务旅游先导作用，实施旅贸联动发展战略；完善多方组织协调，推动系统和谐共赢；建立健全危机管理机构，强化旅游危机管理。

（二）中央与宁夏地方的协调合作

宁夏打造国际旅游目的地，需要国家和宁夏地方协调一致，相互配合。国家应该出台有利于宁夏国际旅游目的地建设的优惠政策，提供其发展的有利平台，帮助宁夏旅游地建设招商引资，增强其国际旅游吸引力水平，同时提供必要的资金支持以做好宁夏国际旅游目的地建设的坚强后盾。近几年来，国家关于宁夏旅游发展的鼓励措施就有：2010 年，国家鼓励倡导的第二轮西部大开发战略就特别指出要大力扶持西部地区利用资源优势发展特色旅游业在内的现代服务业以缩小东西差距；中国旅游业“十二五”发展规划纲要明确提出未来五年中国将围绕两大战略目标和建设世界旅游强国，积极推动旅游业的产业化、市场化、国际化和现代化发展，并将宁夏规划为中国西部独具特色的旅游目的地；国家决定将中阿经贸论坛永久落户银川，扩大了宁夏与阿拉伯国家的联系；2012 年 9 月，国务院正式批复设立“宁夏内陆开放型经济试验区”和“银川综合保税区”。这都极大地助推了宁夏国际旅游目的地地位的确立。

宁夏地方政府也必须在中央政策和优惠措施的鼓励下，在中央财政的支持下，积极与中央政府配合，充分发挥主观能动作用，加强旅游团队建设，批复和采用高质量的旅游项目规划，加快基础设施建设，注重人才培养，建立完善的旅游发展体系，做好国际旅游目的地打造实施的直接工作。

（三）宁夏与周边省市的协调合作

21 世纪是合作共赢的时代，宁夏打造“世界知名的国际穆斯林旅游目的地”离不开与周边省市的协调合作。宁夏地处西北腹地，经济发展水平相对落后，在与周边省市的协调合作中，宁夏需要综合考虑自身的辐射作用及专门产品的领头作用，对于沙漠旅游产品、生态旅游产品、影视旅游产品及民族、西夏文化及葡萄酒文化旅游产品等主题旅游产品，其必须进行区域合作才能更好地走出去。如西北旅游协作区 2013 年 6 个省级旅游局将联合打造丝绸之路、黄河金岸、穆斯林风情三大精品线路等。此外，宁夏要加强与西部回民聚集区的交流与合作，通过交流合作，共谋划策，实现最终的互利互惠。如 2013 年 3 月 1 日，由宁夏、甘肃、青海、陕西、云南 5 省区共同制定的《清真食品认证通则》正式实施，在填补了中国清真食品认证空白的同时，不仅从“入口”处拉近了中国与阿拉伯国家的距离，也使得宁夏的国际化知名度有所提升。

此外，宁夏还要加强与内地著名旅游城市的合作力度，实现资源共享、市场共赢、客源互送、利益共赢的目标。例如，距离宁夏较近的西安，在国际旅游业发展上就具有一定的优势，宁夏应着重加强与西安的旅游合作，通过区位优势来提高自身的国际知名度。另外，早在 2010 年，联合了 18 个国家和地区的 24 家知名品牌旅行社，4 家国际航空公司，10 家国际品牌酒店，13 个精品景区及国内 15 个城市旅游行政管理部门的庞大的“国际最佳旅游联盟”在都江堰正式成立，而这个联盟目前已有 300 多个盟员单位，涉及中国西部精品旅游景区，对旅游国际化影响较大。宁夏要积极争取自身更多景区和企业加入该组织，并能利用此组织扩大对外影响力。

（四）宁夏区内县域的协调合作

宁夏国际旅游目的地的建设，区外合作固然重要，但同时也要重视宁夏回族自治区内部县域的协调合作。宁夏区内应确定旅游增长极或制高点，对于已经具有国内外知名度的景区或市县要加大建设，发挥旅游集聚优势。同时，要通过旅游产业发展，前向拉动和后向推动关联产业的发展。要以充分发挥银川的辐射作用，结合中卫的旅游优势地位，设计连通周边县域旅游景区的合理旅游线路，带动县域旅游经济发展。要加大旅游扶贫开发力度，帮助那些旅游资源富集的贫困地区尽快走上富裕之路。积极开展旅游信贷业务，支持县域旅游业发展。在具体实施上，各级县域政府还要努力拓展民间筹资渠道，通过制定相应的优惠政策，鼓励民间资金投向旅游饭店、旅游商店、旅游娱乐场所、旅游信息咨询公司以及游乐园、健身俱乐部、高尔夫球场等具有高盈利、服务性强的项目。各级政府要在自治区政府的领导之下，通力合作，互帮互助，充分调动起各种所有制企业及个人投资于旅游业的积极性，为旅游业发展拓宽资金渠道，使宁夏县域旅游业的发展得到一个新的突破，最终促进整个自治区旅游业的快速发展，为国际旅游目的地建设提供保障。

三、国际旅游市场营销

(一)塑造国际化旅游目的地形象,推进旅游品牌营销

品牌营销是指企业通过利用消费者对产品的需求，然后用产品的质量、文化以及独特性的宣传来创造一个牌子在用户心中的价值认可，最终形成品牌效益的营销策略和过程。国际旅游目的地的打造必须通过精品旅游产品的推出、特色旅游项目的策划、优质旅游服务的提供，利用大量的广告宣传和自我推广，最终使国内外游客及目标客源市场对于旅游产品产生心理的、生理的、综合性的肯定性感受和评价，获取良好的口碑和较高的品质认可度，提升国际知名度及美誉度以吸引更多潜在游客。

宁夏国际旅游品牌的打造，首先要树立大局观念，将旅游形象视为生命，突破传统的观念，立足全球高度，用世界的眼光定位、塑造和维护整体旅游形象，与此同时，要以整体形象推广为平台，以旅游产品为核心，以营造文化氛围为内容，设计合理的旅游宣传口号，统筹协调旅游利益相关者的关系，用和谐的旅游环境吸引游客。

宁夏生态旅游、探险旅游和沙漠旅游等国际旅游热点项目的推出，也要注重品牌营销，要通过宣传推广扩大品牌效应，开拓新的旅游市场，以高品位的新产品引导旅游消费，开拓旅游娱乐空间，吸引世界游客前来观光旅游。在服务上，要以品牌理念为指导，在基本旅游服务设施供应基础上，提高旅游相关人员的素质。导游和旅游公司成员要在工作当中注意仪表、举止、言谈等，在实际工作中努力为顾客留下良好的印象。恪守承诺，搞好服务，使游客有宾至如归的感受，扩大旅游口碑宣传效应，最终为宁夏国际旅游目的地建设增值溢价。

(二)利用先进科学技术,加大旅游网络营销

网络营销是指基于互联网平台，利用信息技术与软件工具满足景区与游客之间交换旅游产品、服务的过程，在网络营销过程中，通过在线活动创造、宣传，将旅游产品展示给游客，激发游客出行的意愿和兴趣。同时，网络营销还可以及时反馈游客意见，促进游客之间的信息交流，是一种新型有效的营销方案。在旅游活动中，要充分利用网络成本低，传播面广，形象传递丰富的特点，加大网络营销。

宁夏在国际旅游目的地营销过程中，首先要在互联网上建立具有国际化特色的旅游网站和景区宣传网页进行传播。宁夏对外的旅游目标市场主要是面向中东海湾地区的阿拉伯国家，因此，旅游网站的建立应该采用中阿双语文字，选取有特色和代表性的景区图片、摘录有深远意义的文化历史解说，且涵盖区位、地域特征、气候、交通等信息。在具体的景区宣传网页上，还要包括景区游览介绍，通达景区的方式、景点、路线，景区能够为游客提供的服务设施说明和为游客提供定票、咨询、导游等多种服务功能。宁夏在国内外建立的旅游网站和宣传网页还必须和搜索网站、知名旅游网站建立链接。

此外，要通过微博、微信、博客以及各类旅游网站、重要网站的旅游专题的论坛、贴吧以“驴友”身份，大量发布各种关于宁夏旅游景区的旅游贴，包括文字、图片和详细的路线介绍，广泛营造声势，尤其是要增加国外游客的评论和互动信息。加强网站管理，建设互动论坛，要指定人员专门负责对论坛进行回复、解答疑问，使旅游网站真正发挥其功效，成为现代化营销窗口。

(三)运用多元化促销手段,创新宣传推介方式

适时和多元化的促销可以向游客传递旅游产品的相关信息，增进游客对旅游产品和相关服务的了解和信赖，最终吸引游客前来旅游消费。宁夏国际旅游目的地的建设，要通过节庆和事件促销、旅游活动联合促销、广告宣传促销来提高旅游产品的知名度、传播度、影响度。

1. 节庆和事件促销

宁夏要加大与国外的沟通力度，进一步增加与客源国之间大型节事的举办，组织具有国际影响力的比赛和旅游活动，专门邀请有国际知名度的明星作为代言人进行宣传，同时邀请国外入境游客参加互动。宁夏目前组织的国际事件和旅游活动如“中阿论坛（中阿博览会）”“国际自行车旅游节”“纪念水洞沟遗址发现九十周年国际学术研讨会”“世界穆斯林旅行商大会”等，需要进一步加大宣传力度，扩大影响。除此之外，宁夏还要引入国际性的体育赛事、啤酒节、葡萄旅游节、旅游知识有奖竞赛、旅游摄影比赛、模特表演、旅游形象大使巡游等其他事件，提升宁夏旅游知名度。

2. 旅游活动联合营销

单一的旅游活动并不能吸引游客的兴趣，也不能达到最优的经济效益。宁夏国际旅游目的地的打造，在区内要将王牌景区沙坡头、沙湖、镇北堡西部影视城等放到一起进行捆绑销售。在区外要充分借助其他省市知名旅游景区，依托其辐射带动作用进行联合促销。宁夏在区位上与甘肃、陕西毗邻，而西安和敦煌又是具有较高影响力的国际旅游目的地，在旅游资源上也与宁夏差异性较大。因此，宁夏一定要加强与西安、敦煌旅游景区的合作，设计相通的旅游线路，推出差异化的旅游项目，与西安、敦煌互补共赢。

此外，宁夏要加强与各地（包括国外）旅游协会、摄影协会、户外运动俱乐部的联系与合作。把宁夏旅游景区信息积极主动地提供给这些组织，在吸引其前来旅游的同时扩大自身的知名度。为户外运动协会提供详细的行动攻略（线路、行程安排、费用等计划），在其论坛发邀请贴，同时在其各自网站和中国户外联盟网站上进行宣传。虽然这类旅游者消费低，但是投入成本也很低，几乎没有，而由此带来的传播效应和宣传机会却不可小觑。

宁夏还要加强旅游地与客运部门尤其是空运部门的合作，在旅游旺季开设旅游专线；与国际电信部门合作，定期提供宁夏旅游相关资讯；与国际出版发行系统合作，出版关于宁夏旅游的各种书报、杂志、音像制品等。

3. 广告宣传促销

广告推介是现代化营销的有力手段。宁夏国际旅游目的地的营销要经常利用报纸杂志、电视、电台等媒体，广泛宣传旅游公司和旅游服务项目、景点、产品。在具体的实施上，在国内要在北京、上海、广州等国际化大都市的机场、火车站、汽车站、地铁站等外国游客集散中心张贴宁夏景区宣传广告；要在各地国际饭店、宾馆内存放宁夏旅游宣传手册；要在各市区中心位置的 LED 屏幕上进行宣传介绍；还要在旅游产品包装上增加旅游促销内容，或同时附送宣传材料。

在国外要在客源市场的主要报纸、杂志进行旅游广告和“软性”宣传。杂志上要刊登宁夏旅游的游记、图片等；要适时亮相国外旅游节目，参与国外旅游节目访谈、文化录制等。2013 年 1 月，宁夏入选美国《纽约时报》全球最佳旅游地，点亮了宁夏在世界范围内的知名度。宁夏后续一定要以目标市场——中东阿拉伯国家作为重点，运用各类广告宣传促销手段，将宁夏的旅游形象、旅游产品、旅游服务植入游客心中。

(四)加强旅游国际合作,推进宁夏旅游互动营销

宁夏国际旅游目的地的营销，除了自身的对外推介外，还应注意互动营销，找到与国际目标市场共同的利益行为后，运用巧妙的沟通方法和手段，将二者结合起来以达到最优的旅游效果，进而提升国际旅游知名度和满意度。

宁夏的回族文化、旅游环境都是开发阿拉伯旅游市场的优势资源，宁夏面向伊斯兰世界的旅游产品营销可以从以下五个方面进行互动。

一是定期举办中阿专题旅游投资项目洽谈会，向中国和伊斯兰世界推介旅游投资项目，各自为对方提供旅游项目投资优惠政策。

二是组织旅游项目及旅游资源考察，开展旅游投资咨询服务；鼓励和支持区内竞争力较强的旅游企业开展外包业务，到阿拉伯国家和穆斯林地区开设分社。

三是和阿拉伯国家的旅游企业开展联合促销，建立无障碍旅游区。互

相开放国际旅游目的地与市场，支持旅行社通过参股、品牌输出等形式跨国设立法人资格分支机构。

四是完善保障机制，通过固定的会晤互访、检查落实，建立固定的联络机制和日常工作的联络处，负责旅游合作交流的具体日常性工作。

五是简化阿拉伯国家出入境旅游的相关手续，促进便捷流动。可以从实行落地签证政策，最后过渡到“中阿区域国民旅游互访10日内免签”制度，简化出入境办理手续，提高效率，促进游客的便捷流动。

(五)制定合理的价格标准,积极建立完备的旅游产品售后服务体系

宁夏各个旅游景区要在政府和企业共同协商下，制定合理的价格标准，积极建立完备的旅游产品售后服务体系。旅游产品售后服务体系对于宁夏国际旅游目的地的建设非常重要。它不仅可以帮助宁夏旅游景区及企业树立良好的旅游形象，建立口碑效应，为今后旅游服务产品的市场营销工作打下良好的基础，还可以避免宁夏旅游在国际市场营销中的主观性和盲目性，有利于营销工作的及时调整，有利于新的旅游产品的后续开发。宁夏旅游产品售后服务体系要包括：对国内游客和国外入境游客售后服务满意程度的跟踪调查，获取旅游者对旅游产品的要求和意见，针对不同地区、不同年龄、不同层次的旅游者建立一个完备的资料库，等等。这些都是宁夏国际旅游目的地打造和营销工作的基础条件，将为宁夏旅游业可持续发展提供重要保障。

(六)进一步深度开发宁夏回族文化旅游特色,与伊斯兰世界互融互通

回族文化是中国回族在形成与发展中，汲取了中华文明的优秀传统，艰辛创造、长期享用、世代传承的物质与精神的生产能力和积淀的物质与精神财富的总和。宁夏的回族文化类型众多，独具民族魅力与特色。这些文化特色体现在回族的经堂教育、清真饮食、节庆、婚丧嫁娶、服饰、口述历史、民间文学、音乐、医学、武术、商业文化、建筑景观、艺术、手工艺、传统手工业制作等社会生活的各个方面，其中的一部分内容完全可以开发成为具有鲜明区域特色的民族性文化产业。

进一步提炼回族民俗文化的旅游内涵，延伸宁夏文化旅游产业链。以

银川市、吴忠市、永宁县纳家户、灵武市、同心县、海原县、西吉县、泾源县等区域回族民俗文化发展为核心，深入推动回族文化与旅游产业的结合，对回族传统建筑（清真寺、拱北、古城、民居等）、民族服饰、清真食品、回族武术和医学传承、经堂教育传统、民间陶艺、剪纸、花儿、宁夏坐唱、杂技等一大批地方民俗文化深入挖掘，通过特色产品开发、特色演艺节目创新、回乡饮食推介，打造和完善形式丰富、内容多样的回族文化旅游产品，作为对宁夏地文旅游景观的有机补充，共同构成极具回族特色文化内涵的大旅游产业。依托传统回族城镇、以回族社会文化民俗生活场景为背景设计旅游项目。使国内外旅游者，尤其是在中阿经贸交流与人文互鉴互通过程中，使伊斯兰世界的穆斯林能够通过亲临其境，从民居、建筑、饮食、日常起居、服饰、节日、生产、娱乐、礼仪、道德、信仰、农耕、商贸等方面全方位立体体验回族的历史和文化，充分体现回族特色与伊斯兰文化。设计民族风味浓郁的体验场景，使游客在耳濡目染的浸透中实现情景、心境、意境的融会贯通，获得回乡“风”与“情”的深度体验。

第十章　建立完善的宁夏文化旅游产业体系的若干建议

文化旅游资源是宁夏回族自治区重要的优势资源。国务院《关于进一步促进宁夏经济社会发展的若干意见》和国家旅游局《关于支持宁夏国际旅游目的地建设备忘录》均明确提出，要充分发挥宁夏文化旅游资源优势，打造特色鲜明的国际旅游目的地。做大做强宁夏文化旅游产业，必须要进一步合理开发区域文化旅游资源，优化文化旅游产业布局，加大旅游基础设施建设，深入多视角的开发多元化旅游产品，延伸旅游产业链，实施旅游品牌战略和国际化战略，建立起民族型、地域特色型的独具魅力的宁夏文化旅游产业体系，争取成为率先落实《国务院关于加快发展旅游业的意见》的先行试点区。

一、构建宁夏文化旅游产业发展长期战略

在向西开放和"一带一路"建设国家战略背景下，宁夏作为中国第一个内陆开放型经济试验区，以打造特色鲜明的国际旅游目的地为重要产业发展突破口，科学确立宁夏打造国际旅游目的地的战略定位、发展目标、推进举措，围绕特色产品、产业融合、重大项目、节事活动、旅游线路、服务设施、住宿餐饮等，提出建设国际旅游目的地的思路、政策和办法，逐步构建起宁夏文化旅游产业发展的长期战略。这一长期战略在层面上至少应由文化旅游产业政策体系、文化旅游产品发展管理体系以及文化旅游产业创新创意体系构成。长效的宁夏文化旅游产业政策支持体系应通过宏观政策指导，运用各种政策工具如民族、区域特色文化产业发展优惠措

施、文化旅游产业项目财政金融扶持政策、区域经济调节政策，进一步激励各类主体进行文化旅游产业建设的积极性，稳步提高文化旅游产品质量。文化旅游产业的管理体系通过科学有效的实体管理体系层次设置，根据宁夏文化旅游产业发展趋势，适时合理制订文化旅游产业发展规划，效率优先，分类分区进行管控，发挥文化旅游产业的系统整体效应和联动产业优势，建立良性的宁夏文化旅游产业运转机制。宁夏文化旅游产业创新创意体系建设的主要作用是通过引入市场竞争机制，减少流通环节，促使文化旅游资源和要素自由流动，发展原创文化旅游产品、文化旅游创意产品市场和资本、产权、人才、信息、技术等文化旅游要素市场。推广科学的文化旅游产品创意体系，加快宁夏文化旅游产业的理念创新、创意创新、技术创新、制度创新、体制创新步伐，科学借鉴国内外先进文化旅游产业发展技术，强化我区产学研机构在文化旅游产业发展中的基础性创新作用。

二、逐步完善宁夏文化旅游产业的发展机制

宁夏文化旅游的发展机制应按照发展主体与旅游资源之间以及发展主体与联动产业之间相互作用的原理和外部性溢出理论，构建市场机制、宏观调控机制、信任机制、发展公平机制相互弥补的文化旅游产业发展的运行机制；建立符合科学发展观、构建和谐社会、西部大开发、向西开放、“丝绸之路”经济带、内陆开放型经济试验区建设对宁夏文化旅游产业发展要求的动力机制、整合机制、激励机制、协同发展机制。营造起宁夏文化旅游产业自治区主管部门主导推动、全社会广泛有序参与的网络环境。逐步建立起文化旅游产业“科学合理开发、全民受益、政府主导、社会统筹、多元投入”的发展机制，使文化旅游产业各构成要素、各相关产业之间能够相互联动，形成文化旅游产业发展网络。多部门协调、多产业衔接的文化旅游产业网络，能够使资源、生态、文化、经济、社会等的发展相互耦合，产生良好的文化旅游产业开发综合效益；努力形成“产业结构围绕旅游调整，消费产品围绕旅游开发，道路交通围绕旅游改善，城市建设围绕旅游规划，第三产业围绕旅游搞活，生态环境围绕旅游保护，文化建

设围绕旅游包装，品牌形象围绕旅游打造”的文化旅游发展新格局。文化旅游发展要与区域社会经济发展规划紧密结合，实现宁夏文化旅游与社会经济生态发展的多赢。

三、抓好重点工程，实施项目带动战略

借力国家向西开放、丝绸之路经济带建设宏观战略，围绕宁夏文化旅游产业发展的总体思路和目标，着力抓好重点工程。大力培育回族文化旅游、黄河文化旅游、沙漠文化旅游、山水文化旅游、历史文化遗产等品牌，提升宁夏文化的知名度和竞争力；打造“回乡风情”“江南水乡”“雄浑大漠”“西夏文化”“红色之旅”“产业文明”“丝路古韵”“生态屏障”等文化旅游精品；精心谋划“领略回族之乡、饱览塞上江南、探秘西夏王国、体验沙漠探险、品味黄河文化、感受红色旅游、重走丝绸古道、探寻长城秘境”等线路；着力开发“工农业观光游、休闲度假游、乡村游、生态游、节庆会展游、文化考古游、岩画游、古建筑观光游、体育游、自驾车游、探险游、红色游”等专项文化旅游产品；培育形成“文化娱乐业、工艺美术和创意设计业、演艺业、景区旅游业、旅游住宿业、旅游购物业、餐饮业、商务会展业、旅游房地产业、旅游农牧业、旅游金融保险业、康体保健业”等重点旅游产业；重点开拓阿拉伯国家及穆斯林地区、韩国、日本、欧洲等国际客源市场和珠江三角洲、长江三角洲、环渤海经济区等国内市场；加快发展一批重点文化旅游名城，推进五市特色文化旅游中心城市建设，将银川打造成我国最佳文化旅游城市；深入挖掘历史文化，打造一批拥有自主知识产权、具有广泛传播力和国际影响力的旅游演艺品牌。

四、加快宁夏特色鲜明的国际旅游目的地建设

准确定位、统筹谋划和建设丝绸之路经济带战略支点，把宁夏旅游产业放在全国大局中，科学确定角色和职责，用好中阿博览会、内陆开放型经济试验区平台，扩大开放，借船出海。宁夏文化旅游资源具有多样性、

独特性、垄断性等优势。加快推动宁夏建设面向国际的旅游产业，将文化旅游产业发展成为新兴产业增长极，逐步把宁夏建设成为我国黄河文化旅游的高地、回族文化旅游的核心区、西夏文化旅游的王牌区、沙漠文化旅游的示范区、山水文化旅游的精品区、丝绸之路文化旅游的重地、西部重要的国际旅游目的地。加快构建起以穆斯林旅游接待体系为中心的地方与国家标准体系。打造“黄河文化”“回乡风情”“西夏探秘”等国际旅游产品，与新疆、甘肃、青海等西北邻省联合打造丝路旅游文化品牌，积极吸引国际游客，将宁夏打造成为阿拉伯国家和穆斯林地区游客到中国旅游的第一站。形成宁夏文化旅游产业以形象整合与营销创新为重点的营销体系建设，以穆斯林市场为主体的市场营销创新，以回族特色和穆斯林风情为特色的国际旅游产品体系建设，以交通组织为重点的旅游基础设施建设，以要素优化为重点的旅游接待设施配套体系建设，以阿拉伯国家与伊斯兰世界为重点的国际合作，以优化语言环境为突破口的旅游公共服务体系建设等重点工程，全方位推动宁夏国际旅游目的地建设目标的实现。

五、实施精品驱动战略，深入开发宁夏核心景区的文化内涵

宁夏文化旅游产业应采取重点开发与协调发展相结合的旅游发展战略，以沙湖、西夏王陵、影视城、沙坡头等国内知名5A级地文景观旅游景区作为核心，强化核心景区文化内涵与旅游深度，在食、住、行、游、购、娱、康（体）、教（育）等多个方面做足文章，确立宁夏文化旅游产业核心景区的文化观念、市场观念、需求观念、创新观念及效益观念。以文化多样性、地域特色性、耐赏性、旅游服务综合性营造旅游精品，促进核心景区的旅游业由观光旅游逐步转向文化娱乐、休闲度假旅游，进一步塑造宁夏的核心景区品牌特色。对地域特色文化深入挖掘、合理开发，运用恰当的表现形式，增加现有景区（点）的知名度和文化内涵，提高吸引游客的魅力，促进旅游产业的发展，弘扬地域民俗文化特色，拓展文化产业市场，在区域内逐渐形成以历史文化为主线，以回族文化、西夏文化、塞上文化、山—河—沙文化为旅游特色，形成观光游、娱乐游、红色游、

探险游、产业游、休闲游、农家游、民俗游等多元化文化旅游产业内容。积极动员引导，促进各市县区深入挖掘中心城市的历史文化，打造一批拥有自主知识产权、具有广泛传播力和国际影响力的旅游演艺品牌；加快发展一批重点文化旅游名城（旅游名镇、名村）；率先将银川打造成我国最佳文化旅游城市，分步骤将中卫打造成为沙漠旅游示范城市，将吴忠打造成为回族旅游名城，将固原打造成为丝绸之路文化旅游名城，将青铜峡打造成为黄河文化旅游名城。

六、加快开放通道建设，进一步完善旅游服务体系设施

良好的开放通道是宁夏旅游产业发展的基石。宁夏开放通道建设是以区内主要航空口岸为中心，以陆路口岸为网络，“空—铁—公—海”多式联运，连接国际国内，高效、快捷、低成本、立体化的人流物流大通道。通道建设不仅要面向宁夏区内，同时也要面向包括阿拉伯国家在内的其他国家，还包括宁夏与周围省市的区域合作通道，实现西部的资源和东部的市场结合。综合宁夏铁路、机场、公路发展优势，形成“6、7、8”对外综合交通体系。打造开放型综合交通体系。积极利用好第五航权开放政策，开发经停银川至中东、东亚、东南亚国际客运航线，推动“天空开放”，吸引外航进入宁夏。进一步统筹谋划以机场为中心的现代综合交通运输体系，不断扩大机场服务和辐射区域范围，大力发展航空物流，拉动区域文化旅游产业发展。加强我国同阿拉伯国家及世界穆斯林地区的文明对话、经贸合作和人文交流，着力推动阿拉伯国家和伊斯兰世界人民逐渐通过“网上丝绸之路”和“空中丝绸之路”了解宁夏、游历宁夏、体验宁夏、感知宁夏。强化国际铁路通道建设。新建干武铁路复线，打通对外铁路通道，形成欧亚大陆桥新通道，向西形成四条通向阿拉伯国家和穆斯林地区以及欧洲的国际大通道；加强陆路口岸建设，增加对外通道。以银川为核心，构建八大对外交通运输通道，加强宁夏对外联系的便捷性。规划新建银色、银昆高速，加强宁夏与西安、重庆等城市的联系；打通荣乌高速，强化与呼和浩特、天津的联系。打通甘武高速，打通与乌鲁木齐的联

系，变宁夏区位的边缘劣势为丝绸之路经济带重要交通枢纽优势。吸引更多国际游客更便捷地进入宁夏进行经贸往来，文化交流、观光旅游。

科学规划区内各景区景点，加大基础设施建设，使区域旅游资源各构成要素之间能够相互有机联动，通过产业、交通、食、住、观、购等要素以文化旅游景观线路为基轴逐步形成宁夏文化旅游产业网络。简化国际游客的出入境手续，争取中东伊斯兰国家到宁夏的落地签、免签等更加便利的出入境政策；开展试验区旅游业试点，开放香港、澳门、台湾“自由行”旅游政策；积极开展阿拉伯国家和伊斯兰世界游客宁夏“回乡自由行”试点，推动中阿群众进一步加深人文交流互鉴，以大开放大包容的心态接纳国内外对于原生态回族文化的旅游兴趣，逐步打造起特色回族文化旅游模式；允许国外旅游企业来宁夏设立旅游和商务服务分支机构；比照海南国际旅游岛建设相关优惠政策，实施试验区旅游发展优惠政策。

七、创新机制，逐步推动宁夏文化旅游产业多元化制度改革

创新旅游发展机制。建立融合发展机制。成立宁夏旅游产业发展工作领导小组，下设专门工作组，细化职责分工，明确实施主体，实行“领导小组决策、专门工作组推进、实施主体落实”的三位一体管理模式，协调推进旅游与文化、城市建设、生态建设、农业、工业等融合发展。建立区域合作机制。加强宁夏与周边省市、东部省市的合作，与多省市建立“共塑市场、互送客源、同步宣传、共同发展”的区域旅游合作机制，使宁夏融入中国旅游经济联合体的销售网络。建立局区合作机制。积极与国家旅游局建立共同推进宁夏国际旅游目的地建设的局区合作机制，定期召开联席会议，出台特殊政策，支持宁夏旅游业发展进入国际合作平台。建立国际合作机制。充分利用国家支持宁夏向西开放的政策优势和中阿博览会的平台优势，积极推动建立中阿合作框架下的中阿旅游交流合作机制，支持宁夏与阿拉伯国家及世界穆斯林地区建立旅游交流合作机制。

宁夏文化旅游产业要从旅游区、旅游城市内部通过发掘和整合资源，建立起相应的市场机制，以观念、制度创新，形成自治区全民大旅游意识

转变，推动人人参与建设区域文化旅游。加快改革现行的宁夏文化旅游产业投资体制，在发挥好政府投资先导作用的同时，多渠道筹资，并按照谁投资谁受益的原则，打破地区、行业、所有制等之间的界限，通过独资、合资、股份制等形式，形成利益导向，以更广大的社会参与，吸引中外投资者共同参与宁夏文化旅游业的开发建设，以优胜劣汰的市场机制引导文化旅游业的发展，培育和壮大旅游业发展的企业主体。发挥龙头带动作用。积极引进和组建大型旅游集团，形成龙头企业，鼓励和支持中小型旅游企业的发展，构建大集团主导、中小企业均衡分布、新型业态不断涌现的旅游产业体系。构建宁夏文化旅游产业发展的多元化新制度体系，新制度应减少行政控制和执行，加强私人、公司、社会团体等多元化模式建设，调动各种经济成分参与文化旅游产业建设。各种社会主体均可在旅游法律条例允许框架内，通过承包、租赁、转让、拍卖、协商、划拨等形式，参与文化旅游产品、资源使用权在文化旅游产业发展中的合理流转。尽快组建宁夏旅游产业投融资公司。比照宁夏文化产业投融资有限公司等，创新投融资机制，加快旅游企业改革，整合资源，打破条块分割体制，建立旅游企业进入和退出机制，建立旅游产业发展的融资平台和投资主体，不断完善投融资体系建设。持续加大政府投入。

八、加快文化旅游产业建设立法，强化法律保障体系

积极立法，建立宁夏文化旅游产业发展的长效制度，使重要的旅游资源区有持续的保障能力。宁夏应加快制定地方的文化旅游产业发展条例，以可持续、科学、协调发展为原则建立自治区文化旅游产业宏观调控与管理制度、资源利益与负担评价制度、旅游资源开发利用许可证制度。建立高效的行政执法与法律监督机制。充分发挥各级旅游监察机构作用，加大行政执法力度，加强对各级政府和有关部门文化旅游产业开发执法的监督，规范执法人员行为，切实将宁夏文化旅游产业管理转变到行为规范、运转高效、上下协调、公正透明方面，促进宁夏文化旅游产业建设发展规范有序，依法进行。加大地区传统文化保护和旅游资源建设的宣传力度，促进全地区的旅游道德建设，转变观念，实现文化旅游产业发展中人与环境和谐共生和可持续发展。

九、构建合理的宁夏文化旅游产业建设发展评价指标体系

宁夏文化旅游产业建设发展评价指标体系应按照成本效益原则，分别构建宏观评价指标体系和微观评价指标体系。效益指标应遵循资源环境、社会、经济周期规律，合理划分评价的时间尺度和地域类型，体现不同类型旅游资源区的建设发展期、收益期。微观成本指标要体现各旅游产品的生产经营管理全部成本，宏观指标既要体现自治区和地方政府的投入，也要体现社会投入。另外，应加强宁夏文化旅游产业发展的政策评价，兼顾监督和监测功能，对宁夏文化旅游产业发展机制的发展变化过程进行长期系统、连续的监测，逐步建立宁夏文化旅游产业发展管理信息系统，实现宁夏文化旅游产业发展预期目标与实施效果的有效分析与预测。

十、加快宁夏文化旅游产业融合发展

加快旅游品牌与文化品牌深度融合。对宁夏地域特色文化深入挖掘、合理开发，运用恰当表现形式，增加现有景区（点）的知名度、提高吸引游客的魅力，促进旅游产业的发展，弘扬地域民俗文化特色，拓展文化产业市场，形成富有特色文化内涵的旅游产业，逐步构建成熟完善的文化旅游产业发展模式。促进旅游消费与文化消费深度融合，拓宽宁夏旅游市场广度与深度。把旅游、文化产业的保护与发展紧密地结合起来，深挖景区历史文化内涵，融入更多的文化元素，强化包装点缀，提高旅游产品的生命力和吸引力。推动宁夏旅游创新与文化创新深度融合，使之成为推动文化旅游产业升级、提升区域旅游竞争力的重要支点。文化与旅游的融合发展，既体现在对传统文化和景点的挖掘、整理和推陈出新上，也要强化对现有景区的提升、改造和重塑。

十一、加大宁夏文化旅游产业营销力度

进一步实施“客源倍增”文化旅游营销行动计划。加大宁夏文化旅游宣传促销资金投入，将宁夏文化旅游宣传纳入战略推广体系，加大与国内外主流媒体的宣传合作。积极发展新型旅游，广泛开发信息资源，充分运用信息渠道，积极发展智慧旅游、数字旅游等新型旅游形态，不断提升旅游产品的信息化水平。针对客源市场，综合采取平面媒体、网络媒体、新媒体宣传平台，结合动漫、影视、广告、大型旅游演艺制作等，推出高端宣传产品，全方位、立体式进行旅游宣传推介。积极发挥宁夏在全国的文化名人效应，利用各种场合，大力宣传宁夏独具魅力的旅游资源和日趋改善的旅游设施。进一步利用好中阿博览会这一国家级、国际性展会平台，高水平策划和实施好世界穆斯林旅行商大会，大力度进行旅游宣传推介和市场营销。积极参与国际性的旅游推介活动，主动搭建旅游宣传展示平台，有重点地选择一些阿拉伯国家和穆斯林地区，开展宁夏旅游宣传推介活动，不断拓展宁夏国际旅游目的地建设的展示平台。积极发挥重大节庆、高层论坛等活动在旅游宣传推介中的推动作用，高水平策划举办有新意、有创意、有影响的大型国际、国内旅游文化体育活动，形成吸引国内外游客的新亮点、新优势。加大旅游品牌战略和国际化战略，通过阳光沙疗福地、塞上避暑宝地、黄河金岸胜景、民族风情家园、西夏历史故地等品牌建设，让国内国际更多的游客了解宁夏，向往宁夏。进一步实施“战略合作伙伴”平台建设行动计划，与陕甘蒙青文化旅游区域合作成立文化旅游发展联盟，推进无障碍文化旅游区建设。加强与战略投资者、大型旅游企业的合作。与社会知名媒体和旅游专业化媒体建立战略合作伙伴关系。

十二、进一步提炼回族民俗文化内涵，延伸文化旅游产业链

以中阿博览会永久会址建设为契机，策划一批具有回族文化特色、针对不同客源市场的国际化主题形象和品牌形象，建设一批世界级文化旅游精品，打造一批精品节庆和文化演出项目，让世界认识宁夏，让宁夏走向

世界。以银川市、吴忠市、永宁县纳家户、灵武市、宁夏南部回族集聚的同心、海原、固原、泾源等区域回族民俗文化发展为核心，深入推动回族文化与旅游产业的结合，通过特色产品开发、特色演艺节目创新、回乡饮食推介，打造和完善形式丰富、内容多样的回族文化旅游产品，作为对宁夏地文旅游景观的有机补充，共同构成极具宁夏民族、地域文化特色内涵的大旅游产业。

参考文献

[1] 马晓冬，翟仁祥. 论旅游文化资源及其开发——以苏北地区为例[J]. 人文地理,2001,16(6):89~92.

[2] 郭少棠. 旅行:跨文化想象[M]. 北京:北京大学出版社,2005.

[3] 瓦伦·L. 史密斯主编，张晓萍译. 东道主与游客：旅游人类学研究[M]. 昆明:云南大学出版社,2002.

[4] Munsters W. *Cultural Tourism in Belgium* [A]. in: Richard G. Culture Tourism in Europe [C]. CAB International,1996:23~24,136~159.

[5] Reisinger Y. *Tourist–Host Contactas Part of Cultural Tourism* [J]. World Leisure and Recreation,1994,3(summer): 24~28.

[6] Jamieson W. *The Challenge of Cultural Tourism.Canadian Tourism*[J]. Bulletin,1994,3(2):3~4.

[7] Craik J. *The Culture of Tourism* [A]. Rojek,C.&Urry,J(ed.)Touring cultures:Transformation of Travel and Theory [C].NewYork:Routledge,1997:113~114.

[8] 王勇,吕迎春.《中国旅游文化》[M]. 大连:大连理工大学出版社,2009.

[9] Khalid S. Al Hagla. *Cultural sustainability: an asset of cultural tourism industry*[J]. Working Paper,2005.

[10] 邵金萍. 再论文化旅游产业的特征、作用及发展对策[J]. 福建论坛(人文社会科学版),2011,8:29~31.

[11] 姜淼. 城市功能重构视角下的工业遗产旅游开发模式及路径研究[D]. 银川:宁夏大学,2013.

[12] 厉新建,张凌云,崔莉. 全域旅游:建设世界一流旅游目的地的理念

创新——以北京为例[J]. 人文地理,2013,3:130~134.

[13] 保继刚, 孙九霞. 社区参与旅游发展的中西差异 [J]. 地理学报,2006,4:401~413.

[14] 王瑞红,陶犁. 社区参与旅游发展的形成及内涵[J]. 曲靖师范学院学报,2004,4:42~47.

[15] 北京同和时代旅游规划设计院, 北京同和山致景观设计有限公司莫克力. 微托邦[N]. 中国旅游报,2011-12-07.

[16] 迈克尔·波特著,李明轩,邱如美译.国家竞争优势[M]. 北京:华夏出版社:2002.

[17] Regional Technology Strategies,Carrboro North Carolina. The Experience Enterprise and Tourism Cluster,A Report to the Montana Governor´s Office of Economic Opportunity [EB/OL]. http://www.rtsinc.org/publications/MT%20t ourism.pdf,2006-12-21.

[18] Tebogo Molefe. South African Tourism Cluster Study Summary [EB/OL]. http://www.nedlac. org.za, 2006,12~19.

[19] Michael E,Porter. Clusters and the New Economics of Competition [J].Harvard Business Review,l998,11:77~90.

[20] Sara Nordin. Tourism Clustering & Innovation -Paths to Economic Growth & Development [EB/OL]. http://www.etour.se,2006-12-21.

[21] 冯卫红,苗长虹. 国内外关于旅游产业集群的研究综述[J]. 人文地理,2009,1(105):16-21。

[22] M .E. Porter. Location,Competition,and Economic Development: Local Clusters in a Global Economy. Economic Development Quarterly[J],14(1):1535,2000.

[23] Jamaica Promotion Corporation (JAMPRO). The importance of the Tourism Mega-Cluster in the National Export Strategy [EB/OL]. http:// www. oecd.org /dataoecd /27/5/36886099. pdf,2006-12-21.

[24] Richard Kwame Debrah. The Ghana Tourism Cluster Project [EB/

OL]. http:// www. Modernghana.com /news,2006-12-22.

[25] 孙虹. 绅士伦敦的艺术范儿漫游伦敦南岸艺术区 [J]. 旅游世界,2012,9:142~144.

[26] 曾珽. 文化创意产业集群化发展对策研究 [J]. 科技进步与对策,2012,15:71~75.

[27] 张振鹏，马力. 文化创意产业集群形成机理探讨 [J]. 经济体制改革,2011,2:176~180.

[28] 李毓. 传承与创新:民俗文化的舞台化研究[D]. 广东技术师范学院,2013.

[29] 赵玉宗,顾朝林,李东和,黄明丽. 旅游绅士化:概念、类型与机制[J]. 旅游学刊,2006,11:70~74.

[30] 黄宏,邓婕,常彦祥,李文凤,杨东方. SPSS 在旅游人数的预测应用[J]. 山地学报,2008,S1:77~80.

[31] 李陇堂. 宁夏自然旅游资源及其综合评价[J]. 宁夏大学学报(自然科学版) 2000,12.

[32] 薛正昌. 地域民族性:宁夏历史文化的底色[N]. 社会科学报,2008—10—16.

[33] 薛正昌. 宁夏历史地理与文化论纲[J]. 固原师范专科学校学报(社会科学版),2006,9.

[34] 薛正昌. 黄河文明的绿洲——宁夏历史文化地理[M]. 银川:宁夏人民出版社,2007.

[35] 张欢. 宁夏非物质文化遗产旅游开发模式研究[D]. 银川:宁夏大学,2014.

[36] 魏丽君. 长治市旅游资源空间结构研究[D]. 西安:陕西师范大学,2012.

[37] 吴必虎,唐俊雅,黄安民等. 中国城市居民旅游目的地选择行为研究[J] 地理学报,1997,52(2):97~103.

[38] 王瑛,王铮. 旅游业区位分析—以云南为例[J].地理学报,2000,55

(3):346~353.

[39] 牛亚菲. 旅游供给与需求的空间关系研究 [J]. 地理学报,1996,1:80~87.

[40] 国家旅游局,国家统计局. 中国国内旅游者抽样调查资料[M]. 北京:中国旅游出版社,1998.

[41] 张佑印,马耀峰,赵现红. 中国一级城市入境旅游流时空演变模式分析[J]. 城市问题,2008,2:90~94.

[42] 赵华,马耀峰,白凯. 外国游客旅游认知行为研究——以广州市为例[J]. 城市问题,2007,4: 54~58.

[43] 马红丽,马耀峰,李君轶,张佑印. 环渤海区入境旅游流西向扩散时空演变规律分析[J]. 统计与决策,2009,5:68~71.

[44] 刘宏盈, 马耀峰, 白凯, 贾英. 口岸入境旅游流扩散转移特征研究——以上海为例[J]. 社会科学家,2008,1:99~103.

[45] 万绪才. 中国国际旅游市场时空演变及其影响因素 [J]. 地域研究与开发,2013,32(6):74~79.

[46] 杜彦荣. 中国沿海省市入境旅游流市场结构及转移特征研究[D]. 青岛:中国海洋大学,2012.

[47] 任瑞萍,吴晋峰,王奕祺等. 美国出境旅游市场特征及旅华美国市场拓展对策研究[J]. 干旱区资源与环境,2013,27(8):202~208.

[48] 郑鹏, 马耀峰, 王洁洁. 来华外国旅游者推拉驱力的相关性研究[J]. 人文地理,2014,129(1):146~154.

[49] 马耀峰, 李天顺, 刘新平. 旅游者行为 [M]. 北京: 科学出版社,2008.

[50] 郁从喜,陆林. 国外近年来游客旅游偏好研究综述及启示[J]. 安徽师范大学学报(自然科学版),2008,31(6):590~595.

[51] 席宇斌. 德国旅华客源市场特征与拓展分析 [J]. 世界地理研究,2014,23(2):142~150

[52] 张凌云. 世界旅游市场——分析与统计手册(第二版)[M].北京:旅

游教育出版社,2012.

[53] 姚小云. 张家界韩国旅游市场游客特征及偏好研究[J]. 特区经济, 2013,3:154~156.

[54] 赵云. 云南省入境旅游客源市场研究 [D]. 昆明: 云南财经大学, 2010.

[55] Jafar Jafari,Noel Scott. Muslim world and its tourisms [J]. Annals of Tourism Research,2014,44:1~19.

[56] Mohamed Battour,Mohd Nazari Ismail,Moustafa Battor. The Impact of Destination Attributes on Muslim Tourist's Choice [J]. INTERNATIONAL JOURNAL OF TOURISM RESEARCH,2011,13,527~540.

[57] 冯会会.宁夏民族文化资源的旅游开发机制创新研究[D].银川:宁夏大学,2011.

[58] 李淑萍, 宋伯胤. 博物馆历史文选 [M]. 西安: 陕西人民出版社, 2000.

[59] 徐万邦,祁庆福. 中国少数民族文化通论[M] .北京:中央民族大学出版社,1996:365.

[60] 吴必虎, 余青. 中国民族文化旅游开发研究综述 [J]. 民族研究, 2000,4:85~95.

[61] 陈庆德, 马翀炜. 文化经济学 [M]. 北京: 中国社会科学出版社, 2007:65~66.

[62] 郑向春. 民族旅游文化符号系统构建研究[D]. 昆明:云南师范大学,2007:23~24.

[63] 张文磊,周忠发. 全域体验开发模式:区域旅游开发的新途径[J]. 生态经济,2013,2:29~32.

[64] 张欢.宁夏非物质文化遗产旅游开发模式研究[D].银川:宁夏大学,2014.

[65] Bruno Sarrasin (2013) Ecotourism,Poverty and Resources Management in Ranomafana [J],Madagascar,Tourism Geographies: An

International Journal of Tourism Space, Place and Environment, 15:1, 3~24.

[66] Yale P. From Tourist Attractions to Heritage Tourism [M]. Huntingdon: ELM Publications, 2004.

[67] Prentice ,R. Tourism and Heritage Attraction. London [J]: Routledge, 1993:39.

[68] SaarinenJ.Traditions of sustainability in tourism studies [J]. Annals of Tourism Research, 2006, 33(4):1121~1140.

[69] 管婧婧. 国外美食与旅游研究述评——兼谈美食旅游概念泛化现象[J]. 旅游学刊, 2012, 27(10):85~92.

[70] 林清清, 周玲. 国外葡萄酒旅游研究进展 [J]. 旅游学刊, 2009, 24(6):88~95.

[71] Les M. Lumsdon & Peter McGrath (2011): Developing a conceptual framework for slow travel: a grounded theory approach [J]. Journal of Sustainable Tourism, 19:3, 265~279.

[72] 李艳芳, 王进常. 河北省旅游信息化建设现状与对策[J]. 农业图书情报学刊, 2008, 20:22~24.

[73] Jetske Van Westering & Emmanuelle Niel (2003): The Organization of Wine Tourism in France [J]. Journal of Travel & Tourism Marketing, 14:3~4, 35~47.

[74] SaarinenJ.Traditions of sustainability in tourism studies [J]. Annals of Tourism Research, 2006, 33(4):1121~1140.

[75] 李蕾蕾. 旅游地形象策划:理论与务实[M]. 广州:广东旅游出版社, 1999:25.

[76] Crompton J L. An Assessment of the Image of Mexico as a Vacation Destination and the Influence of Geographical Location upon the Image [J]. Journal of Travel Research, 1979, 18(4):18~23.

[77] Tasci, A. D. A, Gartner, W.C., &Cavusgil, S. T. Conceptualization and Operationalization of Destination Image [J].Journal of Hospitality & Tourism

Researeh,2007,31:194~222.

[78] 苗红,马金涛,张欢. 基于网络文本内容分析的宁夏休闲农业开发与需求特征研究[J]. 开发研究,2014,2:104~108.

[79] 郭筠, 刘艳华. 宁夏打造面向阿拉伯国家旅游目的地着力点选择[J]. 宁夏社会科学,2013,4:131~134.

[80] 赵西萍. 旅游市场营销学[M]. 北京:高等教育出版社,2011.

[81] 邹统钎,王欣. 旅游目的地管理(2 版)[M]. 北京:北京师范大学出版社,2012.

[82] 李先锋,张红梅,普学明. 基于 SWOT—PEST 分析的宁夏农业旅游发展战略选择[J]. 产业经济,2008,12:328~329.

[83] 吕兢. 中越边境旅游发展的 PEST 分析 [J]. 东南亚纵横,2012,7:18~22.

[84] 王杨,庞建忠,马飒. 河北省旅游信息化建设现状与发展构想[J]. 石家庄学院学报,2006,6:72~77.

[85] 钟军. 海南文化旅游产业建设研究[D]. 长沙:中南大学,2011.

[86] 吕璐颖. 文化旅游产业创新体系构建及运行机制分析 [D]. 济南:山东大学,2010.

[87] 辛欣. 文化产业与旅游产业融合研究:机理、路径与模式——以开封市为例[D]. 开封:河南大学,2013.

[88] 张敏. 基于 GIS 空间缓冲区分析的西北地区非物质文化遗产旅游资源开发模式研究[D].银川:宁夏大学,2012.

[89] 孙春兰. 山东省文化旅游产业研究[D]. 青岛:中国海洋大学,2013.

[90] 张海燕, 王忠云. 产业融合视角下的民族文化旅游品牌建设研究[J]. 中央民族大学学报(哲学社会科学版),2011,38(4):17~23.

[91] 何彤慧,闫颖慧,张媛. 宁夏文化旅游资源及其开发定位研究[J]. 干旱区资源与环境,2007,21(5):150~154.

附　录

附录 1

主类	亚类	基本类型	代表性资源单体	数量
A 地文景观	AA 综合自然旅游地	AAA 山丘型旅游地	贺兰山、滚钟口莲花山、天都山(西华山)、南华山、马万山、香山、卧龙山、六盘山、罗山、月亮山	10
		AAB 谷地型旅游地	黄旗口、长流水峡谷、黄草沟、归德沟、须弥山桃花沟、小南川、野荷谷、凉殿峡、二龙河、清水河谷地、火石寨丁香谷	11
		AAD 滩地型旅游地	陈袁潭	1
		AAG 垂直自然地带	六盘山	1
	AB 沉积与构造	ABA 断层景观	贺兰山东麓断层、海原断裂带、香山—天景山断裂带、罗山东麓断裂层	4
		ABB 褶曲景观	贺兰山褶皱带、六盘山褶皱带、牛首山褶皱带、罗山—云雾山隆起带	4
		ABD 地层剖面	石峡沟泥盆系地质剖面保护区	1
		ABG 生物化石点	西河桥古生物化石	1
	AC 地质地貌过程形迹	ACE 奇特与象形山石	骆驼山、石嘴子、五峰山、睡佛山	4
		ACF 岩壁与岩缝 段落	寺口子攀岩壁、火石寨高寿崖	2
		ACG 峡谷段落	苏峪口樱桃谷、贺兰山岩画峡谷、兵沟峡谷、长流水峡谷、老龙潭、白桦林大峡谷、沙塘峡、黄河大峡谷、胭脂峡牡丹湾	9
		ACI 丹霞	火石寨、须弥山、寺口子、米钵山	4
		ACJ 雅丹	水洞沟魔鬼城、兵沟雅丹地貌、寺口子	3
		ACL 岩石洞与岩穴	贺兰山岩洞、寺口子圈羊洞、伏羲崖、六盘山岩洞	4
		ACM 沙丘地	沙坡头鸣沙山、沙湖沙丘、白芨滩、大海子、哈巴湖沙漠旅游区	5
		ACN 岸滩	南长滩、北长滩	2
	AD 自然变动遗迹	ADC 地震遗迹	海原甘盐池、党家岔堰塞湖、海原菜园遗址断层	3
B 水域风光	BA 河段	BAA 观光游憩河段	艾依河休闲景观带、黄河九龙湾、葫芦河、苦水河乡村旅游景观	4
		BBA 观光游憩湖区	阅海、鹤泉湖、鸣翠湖、腾格里湖、长山头天湖、星海湖、康熙饮马湖、威震湖、西沙湖、庙庙湖、北联湖、沙湖、朝那湖、花马湖、四儿滩湖(寺儿滩湖)	15

续表

主类	亚类	基本类型	代表性资源单体	数量
B 水域风光	BB 天然湖泊与池沼	BBB 沼泽与湿地	黄沙古渡湿地、鹤泉湖湿地、金马河湿地、三丁湖湿地、沙湖湖东湿地、清水河湿地、腾格里湖湿地	7
		BBC 潭池	月牙湖、龙宫湖、龙湖	3
	BC 瀑布	BCA 悬瀑	茹河瀑布、山河桥小壶口瀑布、老龙潭瀑布、胭脂峡瀑布群、红果子瀑布	5
		BCB 跌水	长流水瀑布群	1
	BD 泉	BDA 冷泉	鸭儿涧泉、滚泉、长流水泉、小口子泉、艾泉、石炭井甘泉、龙泉寺泉、和尚铺泉、十里滩泉、香水泉	10
		BDB 地热与温泉	庙山泉、鸽子山温泉	2
C 生物景观	CA 树木	CAA 林地	六盘山国家森林公园、马万山林场、挂马林场、罗山青海云杉林	4
		CAB 丛树	河畔胡杨林、陈俊村古树枣园	2
		CAC 独树	纳家户清真寺古树、贺兰雄英村古桑树、灵武长枣王、哨马营震柳、海原“大梓树”、须弥山——鳄鱼拜佛、菩提树、左公柳、旱塬核桃王	9
	CB 草原与草地	CBA 草地	云雾山草原、马兰花草原（宝丰生态牧场）、南华山草原、贺兰山国家自然保护区（四合木）、盐池草原	5
	CC 花卉地	CCA 草场花卉地	滨海新区万亩薰衣草园、金沙岛薰衣草园、西昱普罗旺斯薰衣草园	3
		CDB 陆地动物栖息地	苏峪口国家森林公园	1
		CDC 鸟类栖息地	沙湖·鸟岛、青铜峡鸟岛	2
D 天象与气候景观	DA 光现象	DAB 光环现象观察地	牛首山佛光	1
	DB 天气与气候现象	DBA 云雾多发区	六盘山云海	1
		DBB 避暑气候地	六盘山、罗山、贺兰山	3
		DBE 物候景观	贺兰晴雪、长河落日	2
E 遗址遗迹	EA 史前人类活动场所	EAA 人类活动遗址	三道沟新时期文化遗址、鸳鸯湖新石器遗址、水洞沟遗址、中卫酿酒作坊、一碗泉旧石器晚期遗址、凤凰岭“马家窑文化”、果家山遗址、小河湾遗址、鸽子山遗址、双曲砖拱形粮仓、北破城遗址	11

续表

主类	亚类	基本类型	代表性资源单体	数量
E 遗址遗迹	EA史前人类活动场所	EAC 文物散落地	页河子新石器遗址、周家嘴口新石器遗址、古城新石器遗址、马坊新石器时代遗址、麻家畔新石器时代遗址、三滴水新石器时代文化遗址、哈巴湖新石器文化遗址、光武新田北新石器文化遗址、芦沟湖新石器文化遗址、哨池子新石器遗址、薄荷井新石器时代遗址、张家场新石器遗址、大口子沟遗址、盐池官滩遗址	14
	EB 社会经济文化活动遗址遗迹	EBA 历史事件发生地	祁家堡、舟塔乡国民党八十一军起义谈判地遗址、宁夏民国政府旧址、红军西征纪念园	4
		EBB 军事遗址与古战场	藏兵洞、大寺沟、中卫大战场、七营北嘴古城、塌城、大营古城遗址、石门关、小水沟遗址、宋夏好水川之战遗址、鹦哥嘴战斗遗址、安家川乡苏维埃政府旧址、中共小园子支部旧址、中共峁堡地下交通站旧址、中共红河地下支部旧址、唐朝七关遗址、八步战台、杨家堡子、下马关古城、高庄滩红军西征遗址、萌城战斗遗址、余家桥战斗遗址	21
		EBC 废弃寺庙	隆德石窑寺遗址、唐景云寺故址	2
		EBD 废弃生产地	磁窑堡—回民巷西夏瓷窑遗址、贺兰山大十字沟古石灰窑群、下河沿元代瓷窑遗址、照壁山古铜矿遗址、宣和林场汉代烧窑址、石嘴山国家矿山公园	6
		EBE 交通遗迹	萧关道遗址、乌氏道遗址、鸡头道遗址	3
		EBF 废城与聚落遗迹	横城堡、红山堡、清水营古城遗址、贺兰山樊家营子驿站、安化古城遗址、西安州古城、菜园遗址、柳州古城、脱烈堡、定戎古堡、大湾村秦代汉代砖瓦遗址、凤凰古城址、中卫长流水唐代古城遗址、西夏省嵬城遗址、西夏离宫遗址、李王殿遗址、固原古城(安边门、和平门、靖朔门)、黄铎堡古城遗址、开城安西王府遗址、老县衙、朝那古城遗址、耳朵古城遗址、闫家庄古城遗址、果家山遗址、城阳古城址、火家集古城址、偏城古城址、哨河古城址、羊牧隆城、红寺堡古城旧址、红寺堡移民旧址保护区、英雄城堡、沙嘴古城址、杨柳堡古城、高平堡古城、花马池古城、野狐井古城、惠安堡古城、金鸡儿古城、韦州古城、兴武营古城、张家场古城遗址、铁柱泉古城遗址、插旗口古代遗址	44

续表

主类	亚类	基本类型	代表性资源单体	数量
E 遗址遗迹	EB社会经济文化活动遗址遗迹	EBG 长城遗迹	宁河台小龙头长城、五虎墩长城遗址、兵沟浑怀障军遗址、四方墩遗址、旧北长城错位遗址、同心长城塬、瓦亭驿、北岔口古长城、固原战国秦长城、盐池隋长城、长城关、三关口长城、胜金关遗址、青铜峡明长城	14
		EBH 烽燧	第一烽火台、黑山嘴烽火台、胜金烽火台、石沟驿古城烽火墩、长流水烽火台	5
F 建筑与设施	FA综合人文旅游地	FAA 教学科研实验场所	宁夏园艺产业园、宁夏林业研究所、黄灌区现代农业科技示范基地、宁夏伊斯兰经学院、水洞沟遗址研究院、同心阿拉伯语学校	6
		FAB 康体游乐休闲度假地	银川游乐园、森淼生态休闲区、颐和高尔夫乡村俱乐部、松涛庄园、钟灵毓秀庄园、新牛山庄、万义生态园、贺兰晴雪酒庄、志辉源石山庄、三沙源生态旅游新城、中粮长城云漠酒庄、西夏王酒庄、巴格斯酒庄、酩悦轩尼诗夏桐酒庄、玉泉葡萄庄园、金山生态产业园、长河湾国际度假中心、大海子沙漠旅游区、北长滩自驾车营地、沙坡头、金沙岛度假区、大漠边关旅游区、韭菜沟、金岸红柳湾生态园、拉巴湖沙漠旅游区、泉子湾生态度假村、罗家园、庙庙湖、神林山庄、范家峡森林公园、老巷子民俗村、青铜峡黄河大峡谷景区、哈巴湖生态旅游景区、罗山国家自然保护区、吉水湾休闲度假村、林枫生态园、黄河生态园、金沙假日酒店、金沙湾生态园区、南海子生态旅游区	40
		FAC 宗教与祭祀活动场所	灵光寺、三清观、滚钟口宗教建筑群、马鞍山甘露寺、北关清真大寺、高墩庙、高庙保安寺、香岩寺、米钵寺、海原清真大寺、老君台、北武当庙、平罗玉皇阁、固原城隍庙、圆光寺、二十里铺拱北、火石寨——黑窑拱北、千石窑拱北、陕义堂、白云寺、洪岗子拱北、九彩坪拱北、香山寺、弘佛寺、罗山云青寺、板桥道堂、鸿乐府道堂、大西天寺、牛首古寺庙群、小西天寺、红城水古城庙、老南寺、莲花山寺、天台山寺、同心清真大寺、花马寺、黄河祭台、中华黄河坛、南关清真大寺、纳家户清真大寺、雷台庙、显圣寺、平罗高庙观音殿	45
		FAD 园林游憩区域	天山海世界、黄河明珠、来仪公园、黄河外滩公园、中山公园、览山公园、银川绿博园、宝湖公园、世界枣树博览园、桑杏园（灵武长流水）、白芨滩大泉林场、唐徕公园、河滨公园、北武当森林公园、黄河红柳公园、牌路山森林公园、青山公园、古雁公园、西湖公园、龟山公园、隆德清凉世界、三山公园、古柳公园、卧龙山公园、三关口公园、茹河文化园	25

续表

主类	亚类	基本类型	代表性资源单体	数量
F 建筑与设施	FA 综合人文旅游地	FAE 文化活动场所	银川三馆两中心、穆斯林城、华夏河图、黄河生态园、宁夏文化馆、银川市文化艺术中心、“五七干校”文化园、中华奇石城、石嘴山影视基地、马兰花影视城、回族砖雕文化园、萧关遗址文化园、罗山航空基地、罗山狩猎场、黄河文化园、大禹文化园、吴忠文化艺术馆、吴忠伊斯兰文化中心、回族历史人物园	19
		FAF 建设工程与生产地	滨河新区万亩葡萄园、万亩果园、德龙酒庄、类人首酒庄、宁爵酒庄、宁夏红酒业、中卫硒砂瓜种植基地、贺东庄园、惠农万亩枸杞园、长湖清真产业园、张程梯田、大沟湾生态流域梯田景观、阳洼生态流域梯田景观、弘德工业园、宁东工业旅游示范区、新庄集葡萄小镇、中圈塘葡萄种植示范村、孙家滩国家级现代农业示范基地、吴忠清真产业示范园、御马酒庄、简泉西甜瓜种植基地	21
		FAG 社会与商贸活动场所	中阿之轴文化景观带、枸杞交易中心	2
		FAH 动物与植物展示地	中宁万亩杞园、六盘山珍稀植物园、六盘山特色花卉综合示范基地	3
		FAI 军事观光地	黄河军事文化博览园、银川舰	3
		FAK 景物观赏点	滨河新区观景台、芦花谷、贺兰山东麓景观长廊	3
	FB 单体活动场馆	FBB 祭拜场馆	孔子纪念馆	1
		FBC 展示演示场馆	宁夏奇石馆、西夏艺术馆、湿地文化科普中心(鸣翠湖湿地公园)、吴忠水工博物馆、湿地宣教馆、中国枸杞馆、银川世界岩画博物馆、贺兰山博物馆、西夏史话艺术馆、西夏博物馆、沙特馆、邦克楼、回族文化博物馆、银川美术馆、水洞沟遗址博物馆、灵武恐龙化石遗址园、宁夏军区军史馆、宁夏人民会堂、中阿经贸论坛永久会址、宁夏地质博物馆、宁夏邮政博物馆、世界水车博览园(在建)、沙漠博物馆、中国枸杞博物馆、海原大地震博物馆、中卫宁夏酒博物馆、小渠子沟生态博物馆、沙湖·毛泽东像章馆、沙湖·宁夏农垦博物馆、沙湖·宁夏湿地博物馆、塞上江南博物馆、星海湖历史文化展示馆、固原市博物馆、西北农耕博物馆、须弥山博物馆、建设成就纪念馆、三军会师纪念馆、西吉县钱币博物馆、六盘山红军长征纪念馆、六盘山隆德博物馆、中华龙文化宫、六盘山生态博物馆、吴忠回族民俗博物馆、中华黄河坛、白春兰绿色家园、哈巴湖生态博物馆、盐池革命烈士纪念馆、苏维埃纪念馆、盐池历史文化名人纪念馆、中国滩羊馆	50

续表

主类	亚类	基本类型	代表性资源单体	数量
F 建筑与设施	FB 单体活动场馆	FBD 体育健身馆场	宁夏体育馆、银川体育馆、亲水体育馆、固原体育场	4
		FBE 歌舞游乐场馆	西夏乐舞宫、檀溪谷水世界、奥特莱斯盒子广场、宁夏大剧院	4
	FC 景观建筑与附属型建筑	FCA 佛塔	海宝塔、承天寺塔、拜寺口东塔、拜寺口西塔、拜寺口方塔、李俊塔、宏佛塔、镇河塔、鸣沙塔、宁舟塔、文星塔、田州塔、须弥山——喇嘛塔、一百零八塔、康济寺塔	16
		FCD 石窟	石空大佛寺、金佛沟石窟、凤岭龙山寺石窟、须弥山——大佛楼、第一窟、相国寺、子孙宫、火石寨——云台山石窟、扫竹岭金顶、禅佛寺、无量山石窟、石窟寺遗址、延岭寺石窟、石寺山石窟、石窑湾石窟、禅塔山石窟、尖尖山石窟寺	17
		FCE 长城段落	秦长城、隋长城、明长城	3
		FCF 城(堡)	石城堡、梁家堡	2
		FCG 摩崖字画	贺兰山岩画、山关口摩崖石刻、大麦地岩画、中卫岩画、广武古城及广武岩画、黑石峁岩画、西夏石刻、干沟题刻、照壁山岩画	9
		FCH 碑碣(林)	石雕力士志文支座、西夏残陵碑碑林、宁夏解放纪念碑、银川凤凰碑、青石嘴战斗纪念碑、将台堡革命纪念碑、单家集纪念碑、豫旺堡红军西征纪念碑	8
		FCI 广场	皇甫谧文化广场、解放广场	2
		FCK 建筑小品	山上人家、贺兰山房、沙坡头沙雕、沙湖——沙湖渔女沙雕、庙学雕石、山门牌坊、将军翰墨、六盘山红军长征景区——红军小道、镇河牛、马月坡寨子	10
	FD 居住地与社区	FDA 传统与乡土建筑	宁园、岩画古村、张三小店、水洞沟村、吴忠板桥村	5
		FDB 特色街巷	明城、清城、老银川一条街、中华回乡第一街、隆德文化城、老巷子(商业街)、青铜古镇	7
		FDC 特色社区	灵武中北村回乡风情园、单家集、红崖村老巷子、穆民新村、冶家村农家乐	5
		FDD 名人故居与历史纪念建筑	民国宁夏政府旧址、宋美龄居住旧址、王洛宾文化园、单家集红军长征纪念地、小岔沟毛泽东宿营地旧址、乔家渠毛主席宿营地旧址、中共固原县委旧址、董府、盐池县委县政府旧址(麻黄山李塬畔革命旧址)、苏维埃革命老区驻地遗址、吊堡子西征红军总指挥部旧址	11

续表

主类	亚类	基本类型	代表性资源单体	数量
F 建筑与设施	FD 居住地与社区	FDE 书院	黄河书院	1
		FDG 特色店铺	百瑞源枸杞、老毛手抓、迎宾楼、德隆楼	4
		FDH 特色市场	银川文化城、隆德六盘山文化城	2
	FE 归葬地	FEA 陵区陵园	西夏陵、银川八里桥革命烈士公墓、任山河烈士陵园、沙沟回教陵园、韦州明王陵、涝河桥烈士陵园	6
		FEB 墓(群)	兵沟汉墓群、贺兰暖泉汉墓群、春秋青铜短剑墓葬群、张家山汉墓群、宣和林场汉墓群、龙坑汉墓、春秋战国青铜文化墓葬群、北魏漆棺画墓、北周李贤墓、南郊隋唐家族墓地、东峡涝池古墓、窨子梁唐墓群、关马湖汉墓、东塔古墓群、倒墩子匈奴墓、张家场墓葬、红梁子汉墓、惠安堡古墓葬、金国正墓	19
	FF 交通建筑	FFA 桥	黄渠桥、黄河大桥	2
		FFB 车站	银川火车站	1
		FFC 港口渡口与码头	康熙渡黄河渡口、仁存渡口、黄河古渡口	3
		FFE 栈道	崖壁栈道	1
	FG 水工建筑	FGA 水库观光游憩区段	沈家河水库、须弥山—香水海、前庄水库、西峡水库、孙家滩渔光湖、甜河水库	6
		FGC 运河与渠道段落	新开渠、西干渠、白马拉缰河道、汉渠、秦渠、唐徕渠古渠引水口、青铜峡古渠口	7
		FGD 堤坝段落	青铜峡水利枢纽拦河大坝	1
		FGE 灌区	宁夏平原黄河灌区、固原新灌区、同心新灌区	3
		FGF 提水设施	黄河水车、黄河梯级大泵扬水站	2
G 旅游商品	GA 地方旅游商品	GAA 菜品饮食	油香、馓子、手抓羊肉、八宝盖碗茶、搅团、糖蚂蚁、黄渠桥羊羔肉	7
		GAB 农林畜产品与制品	黑山羊、发菜、简泉西甜瓜、硒砂瓜、固原草编、滩羊皮、羊皮筏子、沙棘、灵武长红枣、羊羔酒	10
		GAD 中草药材及制品	甘草、枸杞	2
		GAE 传统手工产品与工艺品	贺兰砚、宁夏地毯、魏氏砖雕、杨氏泥塑、民间绘画、剪纸、回族刺绣、西吉木雕、沙画、沙雕、西夏陶艺品、口弦	12
		GAF 日用工业品	太西煤	1
		GAG 其他物品	池盐	1

续表

主类	亚类	基本类型	代表性资源单体	数量
H人文活动	HA人事记录	HAA 人物	明庆王朱栴、西夏文字创制者野利仁荣、清朝回民起义领袖马化龙、李元昊、成吉思汗四子拖雷、苏武、皇甫谧、东汉名将皇甫规、王洛宾与五朵梅、白春兰、甘军创始人董福祥、民国军阀马鸿逵、回医正骨医技张氏	13
		HAB 事件	唐肃宗灵武登基、红军六盘山长征会师、郭守敬宁夏治水、海原大地震、秦始皇朝拜六盘山、蒙恬开边	6
	HB艺术	HBA 文艺团体	宁夏艺术团、宁夏歌舞团、宁夏话剧团、宁夏京剧团、合唱艺术团、西夏乐舞蹈艺术团、杂技团、说唱艺术团、秦腔剧团、中卫歌舞团、固原剧团、吴忠回族艺术团	12
		HBB 文学艺术作品	回乡风情剧——回乡婚礼、民族舞剧——西夏女、月上贺兰、海上升明月、西夏之恋、泾源回族民间故事、西吉社火春官词、隆德民间社火脸谱、王贵与李香香	9
	HC民间习俗	HCA 地方风俗与民间礼仪	回族婚庆习俗、回族丧葬习俗、回族汤瓶八诊医疗、回族马氏口弦制作工艺、贺兰砚制作工艺、二毛皮制作技艺	7
		HCB 民间节庆	回族开斋节、古尔邦节、圣纪节，隆德民间祭山、六盘山九龙莲花池民俗祭祀活动、隆德高台马社火	6
		HCC 民间演艺	银川民间说唱、皮影戏、秦腔、花儿、回族乐器表演、舞狮、中卫舞龙、中卫隋唐秧歌、石嘴山宣卷曲艺、泾源回族踏脚、眉户戏、方棋、南营武术杂技、张家枪、银川回族武术鱼尾剑、魔术仙人摘豆、杂技飞叉	17
		HCD 民间健身活动与赛事	海原打梭、泾源回族赶牛、吴忠何家棍	3
		HCE 宗教活动	马鞍山甘露寺佛教音乐、穆斯林礼拜、北武当庙寺庙音乐	3
		HCF 庙会与民间集会	中卫香山水会、香山寺庙会、北武当庙会、须弥山庙会、北莲池庙会、同心莲花山青苗水会	6
		HCG 饮食习惯	回族清真饮食	1
		HCH 特色服饰	回族服饰	1
	HD现代节庆	HDA 旅游节	中国宁夏大漠黄河旅游节、宁夏冰雪旅游节、中国银川赏石旅游节、银川清真美食旅游文化节、中国回乡文化旅游节、黄河金岸文化旅游节、水洞沟文化旅游节、牛首山文化旅游节、沙坡头黄河梨花节、中卫硒砂瓜大漠文化旅游节、大漠国际沙雕大赛、石嘴山民俗文化旅游节、北武当登高旅游文化节、沙湖冰雪文化旅游节、塞上湖泊湿地节、宁夏红色旅游文化节、宁夏“清凉六盘山消夏之旅”旅游节、六盘山山花旅游节、固原须弥山文化旅游节、吴忠高峡长河旅游节、青铜峡黄河文化旅游节、贺兰山东麓葡萄节	22

续表

主类	亚类	基本类型	代表性资源单体	数量
H人文活动	HD 现代节庆	HDB 文化节	中国宁夏国际文化艺术旅游博览会、中国西部"花儿"演唱会、中国宁夏国家岩画探讨会、贺兰山岩画艺术节、中国宁夏国际西夏学学术研讨会、宁夏文化艺术节、"清凉六盘山，文化固原"秦腔艺术节、吴忠黄河金岸赏石文化节、吴忠清真美食文化节、青铜峡黄河祭祀大典	10
		HDC 商贸农事节	中阿经贸论坛、中国宁夏国际投资贸易洽谈会、中国宁夏贺兰山东麓葡萄产业发展高峰论坛、中国西部(宁夏·固原)马铃薯节、中国清真食品穆斯林用品节、青铜峡葡萄文化节、宁夏盐池滩羊文化节、吴忠旅游产品博览会	8
		HDD 体育节	中国银川黄河金岸国际马拉松赛、宁夏贺兰山户外运动旅游节、宁夏国际自驾车旅游节、宁夏全民健身节、石嘴山星海湖龙舟赛、"沙漠杯"国际龙舟赛、六盘山登山节、红寺堡航空旅游节、中国宁夏国际汽车摩托旅游节	9
8 主类	31 亚类	155 基本类型		830

附录 2

资源单体	资源要素价值(85 分)					资源影响力(15 分)		附加值	总得分	等级
	观赏游憩使用价值 30 分	历史文化科学艺术价值 25 分	珍稀奇特程度 15 分	规模丰度与概率 10 分	完整性 5 分	知名度和影响力 10 分	适游期或使用范围 5 分	环境保护和环境安全		
贺兰山岩画	28	24	14	9	4	8	4	3	91	5
贺兰山岩画博物馆	27	24	15	8	5	9	4	3	92	5
镇北堡西部影视城	29	23	14	9	4	9	4	3	92	5
西夏王陵	27	24	15	9	5	8	4	3	92	5
水洞沟旅游区	28	23	13	9	5	9	4	3	91	5
中华回乡文化园	29	24	14	7	4	9	5	3	92	5
贺兰山东麓葡萄景观长廊	29	24	15	8	5	8	4	3	93	5
三沙源国际生态文化旅游度假区	28	24	14	9	4	8	4	3	91	5
中阿博览	27	24	15	8	5	9	4	3	92	5
沙湖生态旅游区	27	24	15	9	5	8	4	3	92	5
青铜峡黄河大峡谷	30	23	14	9	5	10	5	3	96	5
须弥山大佛石窟	29	23	14	9	4	9	4	3	92	5
火石寨国家地质(森林)公园	27	24	15	9	5	8	4	3	92	5
六盘山国家森林公园	28	24	14	9	4	8	4	3	91	5
六盘山红军长征景区	28	23	13	9	5	9	4	3	91	5
沙坡头旅游区	29	24	14	7	4	9	5	3	92	5
中宁枸杞	30	23	14	9	5	10	4	3	95	5
苏峪口国家森林公园	25	24	13	8	3	7	2	3	82	4
艾依河休闲景观带	27	22	12	6	4	6	4	3	81	4
中阿之轴文化景观带	29	23	10	8	3	8	4	3	85	4
阅海国家湿地公园	27	23	14	7	4	8	3	3	89	4

续表

资源单体	资源要素价值(85 分)					资源影响力(15 分)		附加值	总得分	等级
	观赏游憩使用价值30 分	历史文化科学艺术价值25分	珍稀奇特程度15 分	规模丰度与概率10分	完整性5 分	知名度和影响力10分	适游期或使用范围5分	环境保护和环境安全		
西夏风情园	25	24	13	8	4	7	4	3	85	4
拜寺口双塔	25	24	13	8	3	7	2	3	82	4
滚钟口风景区	27	22	12	6	4	6	4	3	81	4
岩画古村	27	22	12	6	4	6	4	3	81	4
西夏博物馆	24	23	14	9	4	8	3	3	85	4
石雕力士志文支座	28	20	12	8	4	5	4	3	81	4
妙音鸟	24	20	13	7	2	7	3	3	76	4
颐和高尔夫园	24	21	12	6	3	6	3	3	75	4
黄河横城旅游休闲度假区	25	24	13	8	4	7	4	3	85	4
长城小龙头遗址公园	28	20	12	8	4	5	4	3	81	4
南关清真大寺	20	24	13	7	2	7	3	3	76	4
鸣翠湖国家湿地公园	27	22	11	6	4	6	4	3	82	4
黄沙古渡月牙湖湿地	27	22	13	8	4	5	4	3	83	4
宝丰生态牧场	28	20	12	8	4	5	4	3	81	4
华夏河图	22	24	13	7	2	7	3	3	78	4
韩美林艺术馆	27	22	11	6	4	6	4	3	82	4
宁夏科技馆	25	23	14	9	4	8	3	3	86	4
银川文化城	22	24	14	7	2	7	3	3	79	4
玉泉营葡萄旅游区	20	24	13	7	2	7	3	3	76	4
西夏王酒庄	27	22	11	6	4	6	4	3	82	4
中粮长城云漠酒庄	27	22	13	8	4	5	4	3	83	4
酩悦轩尼诗夏桐酒庄	28	20	12	8	4	5	4	3	81	4

续表

资源单体	资源要素价值(85分)					资源影响力(15分)		附加值	总得分	等级
	观赏游憩使用价值30分	历史文化科学艺术价值25分	珍稀奇特程度15分	规模丰度与概率10分	完整性5分	知名度和影响力10分	适游期或使用范围5分	环境保护和环境安全		
长流水生态旅游区瀑布群	22	24	13	7	2	7	3	3	78	4
白芨滩	27	22	11	6	4	6	4	3	82	4
奥特莱斯盒子乐园	27	22	13	8	4	5	4	3	83	4
宁夏园艺产业园	28	20	12	8	4	5	4	3	81	4
中阿穆斯林城	26	23	14	9	4	8	4	3	88	4
灵武恐龙国家地质公园	27	22	11	6	4	6	4	3	82	4
黄河军事博览园	27	22	13	8	4	5	4	3	83	4
纳家户清真大寺	28	21	12	8	4	5	4	3	82	4
海宝塔寺	22	24	13	7	2	7	3	3	78	4
回族民间乐器——马氏口弦	27	22	11	6	4	6	4	3	82	4
贺兰砚制作技艺	25	23	14	9	4	8	3	3	86	4
贺兰山东麓葡萄节	21	24	14	7	2	7	3	3	78	4
中国宁夏国家汽车摩托旅游节	28	22	11	6	4	6	4	3	83	4
星海湖	25	23	14	9	4	8	3	3	86	4
北武当庙	22	24	14	7	2	7	3	3	79	4
北武当地质公园	21	24	13	7	2	7	3	3	77	4
中华奇石山	25	23	14	9	4	8	4	3	87	4
黄河红柳林游区	27	22	11	6	4	6	4	3	82	4
罗山国家自然保护区	27	23	13	8	4	5	4	3	84	4
中华黄河坛	28	21	12	8	4	5	4	3	82	4
青铜峡鸟岛	21	24	14	7	2	7	3	3	78	4
青铜古镇	28	22	11	6	4	6	4	3	83	4

续表

资源单体	资源要素价值(85 分)					资源影响力(15 分)		附加值	总得分	等级
	观赏游憩使用价值30分	历史文化科学艺术价值25分	珍稀奇特程度15分	规模丰度与概率10分	完整性5分	知名度和影响力10分	适游期或使用范围5分	环境保护和环境安全		
金沙湾度假区	25	23	14	9	4	8	3	3	86	4
一百零八塔	22	24	14	7	2	7	3	3	79	4
黄河楼	21	24	13	7	2	7	3	3	77	4
牛首山寺庙群	25	23	14	9	4	8	4	3	87	4
苦水河乡村旅游休闲带	27	22	11	6	4	6	4	3	82	4
青铜峡水利枢纽拦河大坝	27	23	13	8	4	5	4	3	84	4
同心红军西征纪念园	20	24	13	7	2	7	3	3	76	4
同心清真大寺	27	21	11	6	4	6	4	3	81	4
盐池革命烈士纪念园	27	22	13	8	4	5	4	3	83	4
花马寺国家森林公园	28	20	12	8	4	5	3	3	80	4
哈巴湖沙漠生态林	22	24	13	7	2	7	3	3	78	4
长城关	27	22	11	6	4	6	4	3	82	4
张家场古城遗址	25	23	13	9	4	8	3	3	85	4
兴武营古城	22	24	14	7	2	7	3	3	79	4
宁夏移民博物馆	20	24	13	7	2	7	3	3	76	4
吴忠清真美食节	27	22	13	8	4	5	4	3	83	4
吴忠手抓羊肉	28	20	12	8	4	5	3	3	80	4
滩羊皮	22	24	14	7	2	7	3	3	79	4
固原博物馆	27	22	11	6	4	6	4	3	82	4
将台堡红军长征会师纪念园	25	23	12	9	4	8	3	3	84	4
大石城	27	22	13	8	4	5	4	3	83	4
党家岔震湖	28	20	12	8	4	5	3	3	80	4
六盘山长征纪念馆	22	24	12	7	2	7	3	3	77	4

续表

资源单体	资源要素价值(85分)					资源影响力(15分)		附加值	总得分	等级
	观赏游憩使用价值30分	历史文化科学艺术价值25分	珍稀奇特程度15分	规模丰度与概率10分	完整性5分	知名度和影响力10分	适游期或使用范围5分	环境保护和环境安全		
六盘山小南川	27	22	11	6	4	6	4	3	82	4
六盘山凉殿峡	26	24	14	9	4	8	3	3	88	4
红崖老巷子文化民俗村	21	24	14	7	2	7	3	3	78	4
北联天池	28	22	11	6	4	6	4	3	83	4
老龙潭	25	23	14	9	4	7	3	3	87	4
中华龙文化宫	22	24	14	7	2	7	3	3	79	4
六盘山大雪山	21	24	13	7	2	7	3	3	77	4
胭脂峡瀑布群	25	23	14	9	4	8	4	3	87	4
阳洼小流域生态示范园	28	22	11	6	4	6	4	3	83	4
茹河瀑布	27	23	13	8	4	5	4	3	84	4
金沙岛旅游度假区	28	21	12	8	4	5	4	3	82	4
腾格里沙漠湿地旅游区	21	24	14	7	2	7	3	3	78	4
大漠边关旅游区	22	24	12	7	2	7	3	3	77	4
高庙	27	22	11	6	4	6	4	3	82	4
大麦地岩画	26	24	14	9	4	8	3	3	88	4
沙坡头鸣沙山	21	24	14	7	2	7	3	3	78	4
长山头天湖	28	22	11	6	4	6	4	3	83	4
南长滩	25	23	14	9	4	7	3	3	87	4
北长滩自驾车营地	22	24	14	7	2	7	3	3	79	4
石空寺石窟	21	24	13	7	3	7	3	3	78	4
海原大地震博物馆	25	23	14	9	4	8	4	3	87	4
柳州古城	28	22	11	6	4	6	4	3	83	4
寺口子旅游区	27	23	13	8	4	5	4	3	84	4
羊皮筏子	28	21	12	8	4	5	4	3	82	4
硒砂瓜	21	24	14	7	2	7	3	3	78	4

续表

资源单体	资源要素价值(85分)					资源影响力(15分)		附加值	总得分	等级
	观赏游憩使用价值30分	历史文化科学艺术价值25分	珍稀奇特程度15分	规模丰度与概率10分	完整性5分	知名度和影响力10分	适游期或使用范围5分	环境保护和环境安全		
苏峪口樱桃谷	20	24	11	7	2	7	3	3	74	3
黄旗口	12	11	6	3	3	3	3	3	41	1
万义生态园	15	10	7	6	3	4	2	3	47	2
红柳湾山庄（志辉源石酒庄）	13	9	5	5	3	3	4	3	42	1
贺兰晴雪酒庄	12	11	6	3	3	3	3	3	41	1
张裕葡萄酒庄	15	20	7	4	2	4	3	3	55	2
兰一山庄	17	16	9	7	3	6	3	3	61	3
钟灵毓秀庄园	12	11	6	3	3	3	3	3	41	1
贺兰西昱普罗旺斯薰衣草园	16	10	7	6	3	4	2	3	48	2
金山生态产业园	11	10	7	3	2	3	2	3	38	1
洪广古城	15	10	7	6	3	4	2	3	47	2
银川绿博园	12	10	5	3	3	3	3	3	39	1
水洞沟遗址红山堡	12	11	6	3	3	3	3	3	41	1
水洞沟魔鬼城	13	9	5	5	3	3	4	3	42	1
贺兰山1985旅游区	17	14	7	5	3	5	4	3	55	2
宏佛塔	11	10	7	3	2	3	2	3	38	1
银泰庄园	12	11	6	3	3	3	3	3	41	1
薰衣草生态庄园	11	10	7	3	2	3	2	3	38	1
天山海世界黄河公园	11	10	7	3	2	3	2	3	38	1
滨河新区万亩葡萄园	17	16	9	7	3	6	3	3	61	3
来仪公园	16	10	7	6	3	4	2	3	48	2
黄河外滩公园	17	14	7	5	3	5	4	3	55	2
黄河观景台	17	16	9	7	3	6	3	3	61	3
胡杨（湖畔胡杨旅游区）	20	16	9	8	4	6	5	4	68	3

续表

资源单体	资源要素价值(85分)					资源影响力(15分)		附加值	总得分	等级
	观赏游憩使用价值30分	历史文化科学艺术价值25分	珍稀奇特程度15分	规模丰度与概率10分	完整性5分	知名度和影响力10分	适游期或使用范围5分	环境保护和环境安全		
檀溪谷水世界	21	12	11	7	5	7	4	4	67	3
兵沟汉墓群	15	12	10	7	3	7	2	3	56	3
兵沟自驾车营地	15	10	7	6	3	4	2	3	47	2
黄河书院	13	9	5	5	3	3	4	3	42	1
甘露寺	12	11	6	3	3	3	3	3	41	1
马鞍山生态园	15	20	7	4	2	4	3	3	55	2
金马河湿地公园	17	16	9	7	3	6	3	3	61	3
森淼生态休闲园	12	11	6	3	3	3	3	3	41	1
纤夫湾	16	10	7	6	3	4	2	3	48	2
宁东工业旅游示范区	11	10	7	3	2	3	2	3	38	1
大海子景区	15	10	7	6	3	4	2	3	47	2
世界枣树博览园	12	10	5	3	3	3	3	3	39	1
大泉林场	12	11	6	3	3	3	3	3	41	1
长河湾国际生态度假区	13	9	5	5	3	3	4	3	42	1
中华回乡第一街	17	14	7	5	3	5	4	3	55	2
鹤泉湖湿地公园	11	10	7	3	2	3	2	3	38	1
览山公园	12	11	6	3	3	3	3	3	41	1
黄河高尔夫园	11	10	7	3	2	3	2	3	38	1
月亮湾宁爵庄园	11	10	7	3	2	3	2	3	38	1
巴格斯酒庄	17	16	9	7	3	6	3	3	61	3
玉泉葡萄酒庄	15	10	7	6	3	4	2	3	47	2
三关口长城	12	10	5	3	3	3	3	3	39	1
中山公园	12	11	6	3	3	3	3	3	41	1
承天寺塔	13	9	5	5	3	3	4	3	42	1
鼓楼	17	14	7	5	3	5	4	3	55	2
玉皇阁	11	10	7	3	2	3	2	3	38	1
中国枸杞馆	12	11	6	3	3	3	3	3	41	1
皮影戏	11	10	7	3	2	3	2	3	38	1

续表

资源单体	资源要素价值(85 分)					资源影响力(15 分)		附加值	总得分	等级
	观赏游憩使用价值30 分	历史文化科学艺术价值25分	珍稀奇特程度15 分	规模丰度与概率10分	完整性5 分	知名度和影响力10分	适游期或使用范围5分	环境保护和环境安全		
宁夏民间说唱	11	10	7	3	2	3	2	3	38	1
杂技——飞叉	17	16	9	7	3	6	3	3	61	3
魔术——仙人摘豆	12	11	6	3	3	3	3	3	41	1
回族民间武术——鱼尾剑	15	10	7	6	3	4	2	3	47	2
羊羔酒制作技艺	13	9	5	5	3	3	4	3	42	1
甘露寺佛教音乐	12	11	6	3	3	3	3	3	41	1
银川黄河金岸马拉松赛	15	20	7	4	2	4	3	3	55	2
回族开斋节	17	16	9	7	3	6	3	3	61	3
圣纪节	12	11	6	3	3	3	3	3	41	1
古尔邦节	12	11	6	3	3	3	3	3	41	1
灵武长红枣	15	10	7	6	3	4	2	3	47	2
西夏陶艺品	13	9	5	5	3	3	4	3	42	1
回族刺绣工艺品	17	16	9	7	3	6	3	3	61	3
羊羔酒	12	11	6	3	3	3	3	3	41	1
中国宁夏贺兰山东麓葡萄带产业发展高峰论坛	16	10	7	6	3	4	2	3	48	2
五七干校	11	10	7	3	2	3	2	3	38	1
黑石峁岩画	15	10	7	6	3	4	2	3	47	2
归德沟	12	10	5	3	3	3	3	3	39	1
韭菜沟	12	11	6	3	3	3	3	3	41	1
北武当森林公园	13	9	5	5	3	3	4	3	42	1
贺东庄园	17	14	7	5	3	5	4	3	55	2
罗家园子生态旅游区	11	10	7	3	2	3	2	3	38	1
石嘴山风景区	12	11	6	3	3	3	3	3	41	1
石嘴山国家矿山公园	12	11	6	3	3	3	3	3	41	1
田州塔	13	9	5	5	3	3	4	3	42	1

续表

资源单体	资源要素价值(85分)					资源影响力(15分)		附加值	总得分	等级
	观赏游憩使用价值30分	历史文化科学艺术价值25分	珍稀奇特程度15分	规模丰度与概率10分	完整性5分	知名度和影响力10分	适游期或使用范围5分	环境保护和环境安全		
石嘴山影视基地	17	14	7	5	3	5	4	3	55	2
黄金渡影视城	11	10	7	3	2	3	2	3	38	1
庙庙湖	12	11	6	3	3	3	3	3	41	1
塞上江南博物馆	11	10	7	3	2	3	2	3	38	1
天河湾	11	10	7	3	2	3	2	3	38	1
西沙湖	17	16	9	7	3	6	3	3	61	3
拉巴湖旅游区	15	10	7	6	3	4	2	3	47	2
平罗玉皇阁	12	10	5	3	3	3	3	3	39	1
大水沟岩画	12	11	6	3	3	3	3	3	41	1
西夏离宫遗址	13	9	5	5	3	3	4	3	42	1
大川	17	14	7	5	3	5	4	3	55	2
珍稀植物四合木	11	10	7	3	2	3	2	3	38	1
北武当登高旅游文化节	12	11	6	3	3	3	3	3	41	1
沙湖冰雪文化旅游节	11	10	7	3	2	3	2	3	38	1
石嘴山奇石展览文化节	11	10	7	3	2	3	2	3	38	1
北武当庙佛教音乐	17	16	9	7	3	6	3	3	61	3
罗山航空基地	12	11	6	3	3	3	3	3	41	1
罗山青海云杉林	15	10	7	6	3	4	2	3	47	2
中圈塘万亩葡萄种植基地	13	9	5	5	3	3	4	3	42	1
新庄集葡萄小镇	12	11	6	3	3	3	3	3	41	1
穆民新村	15	20	7	4	2	4	3	3	55	2
吴忠回族民俗博物馆	17	16	9	7	3	6	3	3	61	3
板桥道堂	17	16	9	7	3	6	3	3	61	3
鸿乐府	12	11	6	3	3	3	3	3	41	1

续表

资源单体	资源要素价值(85 分)					资源影响力(15 分)		附加值	总得分	等级
	观赏游憩使用价值30 分	历史文化科学艺术价值25分	珍稀奇特程度15 分	规模丰度与概率10分	完整性5 分	知名度和影响力10分	适游期或使用范围5分	环境保护和环境安全		
红寺堡新庄集移民旧址	16	10	7	6	3	4	2	3	48	2
鸽子山遗址	11	10	7	3	2	3	2	3	38	1
黄河文化园	15	10	7	6	3	4	2	3	47	2
大禹文化园	12	10	5	3	3	3	3	3	39	1
庙山湖古城遗址	12	11	6	3	3	3	3	3	41	1
黄河生态园	13	9	5	5	3	3	4	3	42	1
青铜峡渠首	17	14	7	5	3	5	4	3	55	2
董府	11	10	7	3	2	3	2	3	38	1
清真产业园	12	11	6	3	3	3	3	3	41	1
水工博物馆	12	11	6	3	3	3	3	3	41	1
北岔口长城	13	9	5	5	3	3	4	3	42	1
红城水古城	17	14	7	5	3	5	4	3	55	2
下马关古城遗址	11	10	7	3	2	3	2	3	38	1
韦州古城	17	16	9	7	3	6	3	3	61	3
回族砖雕文化园	12	11	6	3	3	3	3	3	41	1
康济寺塔	16	10	7	6	3	4	2	3	48	2
安定堡	11	10	7	3	2	3	2	3	38	1
铁柱泉古城遗址	15	10	7	6	3	4	2	3	47	2
花马寺	15	10	7	6	3	4	2	3	47	2
甘草	13	9	5	5	3	3	4	3	42	1
池盐	12	11	6	3	3	3	3	3	41	1
二毛皮制作技艺	15	20	7	4	2	4	3	3	55	2
青铜峡黄河文化旅游节	17	16	9	7	3	6	3	3	61	3
青铜峡黄河祭祀大典	12	11	6	3	3	3	3	3	41	1
红寺堡航空旅游节	12	11	6	3	3	3	3	3	41	1

续表

资源单体	资源要素价值(85分)					资源影响力(15分)		附加值	总得分	等级
	观赏游憩使用价值30分	历史文化科学艺术价值25分	珍稀奇特程度15分	规模丰度与概率10分	完整性5分	知名度和影响力10分	适游期或使用范围5分	环境保护和环境安全		
秦长城遗址	15	10	7	6	3	4	2	3	47	2
古雁公园	13	9	5	5	3	3	4	3	42	1
固原古城墙	15	10	7	6	3	4	2	3	47	2
大营古城遗址	13	9	5	5	3	3	4	3	42	1
安西王府遗址	12	11	6	3	3	3	3	3	41	1
西北农耕博物馆	15	20	7	4	2	4	3	3	55	2
中国古钱币博物馆	17	16	9	7	3	6	3	3	61	3
古柳公园	12	11	6	3	3	3	3	3	41	1
二十里铺拱北	15	10	7	6	3	4	2	3	47	2
黄铎堡古城遗址	13	9	5	5	3	3	4	3	42	1
干石窑拱北	17	16	9	7	3	6	3	3	61	3
月亮山	12	11	6	3	3	3	3	3	41	1
东岳山	16	10	7	6	3	4	2	3	48	2
云雾山自然保护区	11	10	7	3	2	3	2	3	38	1
页和子新石器遗址	15	10	7	6	3	4	2	3	47	2
隆德六盘山文化城	12	10	5	3	3	3	3	3	39	1
神林山庄	12	11	6	3	3	3	3	3	41	1
伏羲崖	13	9	5	5	3	3	4	3	42	1
场河水库	17	14	7	5	3	5	4	3	55	2
张程梯田	11	10	7	3	2	3	2	3	38	1
白桦林大峡谷	12	11	6	3	3	3	3	3	41	1
六盘山国际狩猎场	12	11	6	3	3	3	3	3	41	1
范家峡水库	13	9	5	5	3	3	4	3	42	1
清凉世界	17	14	7	5	3	5	4	3	55	2
黄草沟	11	10	7	3	2	3	2	3	38	1

续表

资源单体	资源要素价值(85 分)					资源影响力(15 分)		附加值	总得分	等级
	观赏游憩使用价值30分	历史文化科学艺术价值25分	珍稀奇特程度15 分	规模丰度与概率10分	完整性5 分	知名度和影响力10分	适游期或使用范围5分	环境保护和环境安全		
冶家村	12	11	6	3	3	3	3	3	41	1
弹筝峡	15	10	7	6	3	4	2	3	47	2
六盘山野荷谷	13	9	5	5	3	3	4	3	42	1
白云寺庙群	17	16	9	7	3	6	3	3	61	3
中共固原县委旧址	12	11	6	3	3	3	3	3	41	1
朝那湫	16	10	7	6	3	4	2	3	48	2
单家集毛主席宿营地	11	10	7	3	2	3	2	3	38	1
乔家渠民俗风情园	15	10	7	6	3	4	2	3	47	2
小岔沟毛主席宿营地	12	10	5	3	3	3	3	3	39	1
战国秦长城	12	11	6	3	3	3	3	3	41	1
朝那古城	13	9	5	5	3	3	4	3	42	1
茹河生态园	17	14	7	5	3	5	4	3	55	2
大沟湾生态梯田	11	10	7	3	2	3	2	3	38	1
鹦鸽嘴战斗遗址	12	11	6	3	3	3	3	3	41	1
萧关文化园	12	11	6	3	3	3	3	3	41	1
挂马林场	13	9	5	5	3	3	4	3	42	1
无量山石窟	17	14	7	5	3	5	4	3	55	2
回族剪纸	11	10	7	3	2	3	2	3	38	1
回族民间刺绣	12	11	6	3	3	3	3	3	41	1
隆德杨氏彩塑	15	10	7	6	3	4	2	3	47	2
固原草编	13	9	5	5	3	3	4	3	42	1
泾源回族踏脚舞	11	10	7	3	2	3	2	3	38	1
回族砖雕	17	16	9	7	3	6	3	3	61	3
沙棘	12	11	6	3	3	3	3	3	41	1
“清凉六盘山,文化固原”秦腔艺术节	15	10	7	6	3	4	2	3	47	2

续表

资源单体	资源要素价值(85分)					资源影响力(15分)		附加值	总得分	等级
	观赏游憩使用价值30分	历史文化科学艺术价值25分	珍稀奇特程度15分	规模丰度与概率10分	完整性5分	知名度和影响力10分	适游期或使用范围5分	环境保护和环境安全		
高墩庙	13	9	5	5	3	3	4	3	42	1
黄河九龙湾	12	11	6	3	3	3	3	3	41	1
沙坡头沙漠博物馆	15	20	7	4	2	4	3	3	55	2
长流水	17	16	9	7	3	6	3	3	61	3
照壁山岩画	12	11	6	3	3	3	3	3	41	1
万亩枸杞观光园	12	11	6	3	3	3	3	3	41	1
中宁枸杞交易中心	15	10	7	6	3	4	2	3	47	2
香山寺	13	9	5	5	3	3	4	3	42	1
米钵寺	17	16	9	7	3	6	3	3	61	3
海原清真大寺	12	11	6	3	3	3	3	3	41	1
牌路山森林公园	16	10	7	6	3	4	2	3	48	2
九彩坪拱北	11	10	7	3	2	3	2	3	38	1
南华山	15	10	7	6	3	4	2	3	47	2
天都山石窟	12	10	5	3	3	3	3	3	39	1
海原大地震甘盐池(震中)	12	11	6	3	3	3	3	3	41	1
西安州古城	13	9	5	5	3	3	4	3	42	1
菜园遗址	17	14	7	5	3	5	4	3	55	2
塌城梁遗址	11	10	7	3	2	3	2	3	38	1
洪岗子拱北	12	11	6	3	3	3	3	3	41	1
中国枸杞博物馆	12	11	6	3	3	3	3	3	41	1
沙画	13	9	5	5	3	3	4	3	42	1
中卫舞狮	17	14	7	5	3	5	4	3	55	2
隋唐秧歌	11	10	7	3	2	3	2	3	38	1
宁夏枸杞文化节	12	11	6	3	3	3	3	3	41	1

附录 3

宁夏国家级自然与人文旅游资源名录

级别	保护区名称	主要保护对象
国家级沙漠资源生态保护区	沙坡头	荒漠生态系统,野生动植物,人工植被
国家级水利风景区	沙湖	湖泊湿地生态系统,珍禽
国家级自然保护区	贺兰山自然保护区	干旱区山地森林生态系统,珍稀动植物,地质遗迹
	六盘山国家级自然保护区	半湿润区山地森林生态系统,珍稀动植物,地质遗迹
	白芨滩国家级自然保护区	荒漠生态系统，天然柠条母树林，沙生植被
	罗山自然保护区	干旱区山地森林生态系统以及珍稀野生动植物
	哈巴湖自然保护区	荒漠生态系统,野生动植物,地下水资源
	南华山自然保护区	水源涵养林,野生动植物
	火石寨自然保护区	“丹霞”地貌
国家级湿地公园	黄沙古渡	黄河湿地
	鸣翠湖国家湿地公园	湿地生态保护区
	星海湖国家湿地公园	星海湖湿地
	阅海国家湿地公园	湿地保护区
国家重点文物保护单位、国家地质公园	水洞沟遗址	史前文化遗址
国家级重点文物保护单位	须弥山石窟	石窟
	贺兰山岩画	遗存岩画
	108 塔	喇嘛塔群
	照壁山铜矿遗址	我国西北最古老的铜矿遗址
	鸽子山遗址	旧石器时代文化遗址
	张家场城址	汉代古城遗址
	菜园遗址	新石器文化遗址
	同心清真大寺	宁夏境内年代最久、规模最大的清真寺
	将台革命遗址	近现代(1936 年)重要史迹
	承天寺塔	清代古建筑
	董府	清末著名将领甘肃提督董福祥的府邸
	拜寺口双塔	西夏国王李元昊离宫建筑的一个组成部分,一对古塔
	秦长城、明长城遗址	中国长城的一部分
	开城遗址	元代古城遗址
	灵武窑址	瓷窑遗址
	海宝塔寺	佛教建筑遗产

续表

级别	保护区名称	主要保护对象
国家重点文物保护单位、国家重点风景名胜区	西夏王陵	皇家陵寝
国家级文化产业示范基地	中华回乡文化园	展示回族、伊斯兰建筑文化，礼俗文化，饮食文化，宗教文化，农耕与商贸文化
	黄河横城旅游度假区	
国家级重点博物馆	固原博物馆	民族历史文物
国家级农业产业化龙头企业	玉泉营葡萄庄园	葡萄种植